Uni-Taschenbücher 1948

UTB
FÜR WISSEN
SCHAFT

Eine Arbeitsgemeinschaft der Verlage

Wilhelm Fink Verlag München
Gustav Fischer Verlag Jena und Stuttgart
A. Francke Verlag Tübingen und Basel
Paul Haupt Verlag Bern · Stuttgart · Wien
Hüthig Fachverlage Heidelberg
Leske Verlag + Budrich GmbH Opladen
Lucius & Lucius Verlagsgesellschaft Stuttgart
J. C. B. Mohr (Paul Siebeck) Tübingen
Quelle & Meyer Verlag · Wiesbaden
Ernst Reinhardt Verlag München und Basel
Schäffer-Poeschel Verlag · Stuttgart
Ferdinand Schöningh Verlag Paderborn · München · Wien · Zürich
Eugen Ulmer Verlag Stuttgart
Vandenhoeck & Ruprecht in Göttingen und Zürich

Dorothee Volkert

Ernährung im Alter

Unter Mitarbeit von Helmut Heseker

Quelle & Meyer Wiesbaden

Dr. Dorothee Volkert
Institut für Ernährungswissenschaft
Rheinische Friedrich-Wilhelms-Universität
Endenicher Allee 11-13
53115 Bonn

Die Deutsche Bibliothek – CIP-Einheitsaufnahme
Volkert, Dorothee:
Ernährung im Alter / Dorothee Volkert. Unter Mitarbeit von
Helmut Heseker. - Wiesbaden : Quelle und Meyer, 1997
(UTB für Wissenschaft : Uni-Taschenbücher ; 1948)
ISBN 3-8252-1948-8 (UTB)
ISBN 3-494-02223-2 (Quelle und Meyer)
NE: UTB für Wissenschaft / Uni-Taschenbücher

ISBN 3-494-02223-2

Einbandgestaltung: Alfred Krugmann, Stuttgart
Druck und Verarbeitung: Allgäuer Zeitungsverlag, Kempten
Printed in Germany/Imprimé en Allemagne

ISBN 3-8252-1948-8 (UTB-Bestellnummer)

Inhalt

Vorwort

Immer mehr Menschen werden immer älter. Längst ist diese Erkenntnis ins öffentliche Bewußtsein gedrungen. Weniger bekannt ist dagegen, mit welchen Veränderungen ältere Menschen konfrontiert sind und wie der sogenannte dritte Lebensabschnitt am besten gestaltet werden kann.

Die Ernährung spielt eine wichtige Rolle bei der Erhaltung von Gesundheit und Wohlbefinden bis ins hohe Alter. Ernährungsfaktoren haben sowohl Einfluß auf die Entstehung vieler sogenannter Alterskrankheiten als auch auf die Lebenserwartung.

Zahlreiche Fragen drängen sich in diesem Zusammenhang auf: Wie und in welchem Ausmaß beeinflußt die Ernährung Alterungsprozesse, Krankheitsentstehung und Lebensdauer? Welche Veränderungen ergeben sich durch Alterungsprozesse für den Energie- und Nährstoffbedarf, welche praktischen Konsequenzen für die tägliche Ernährung und die Auswahl der Lebensmittel? Der erste Teil dieses Buchs beschäftigt sich mit diesen Fragen.

Eine kurze Darstellung häufiger ernährungsabhängiger Gesundheitsprobleme alter Menschen schließt sich an. Während bei jüngeren Senioren ebenso wie in mittleren Altersgruppen die durch Überernährung bedingten Probleme dominieren, sind Senioren im fortgeschrittenen Alter mit zunehmender Häufigkeit von Unterernährung betroffen. Die Probleme und Gefahren von Ernährungsdefiziten sind bisher wenig bekannt und beachtet. Auf Grund eigener Arbeiten zu dieser Thematik im Bethanien-Krankenhaus, Heidelberg, wurde hier ein besonderer Schwerpunkt gesetzt.

Praktischen Aspekten im Umgang mit häufigen Ernährungsproblemen alter Menschen ist ein eigenes Kapitel gewidmet. Schließlich werden die bisherigen Erkenntnisse über die Ernährungsgewohnheiten älterer Menschen beschrieben und die Problematik der Ernährung in der Gemeinschaftsverpflegung von Senioren umrissen.

Das vorliegende Buch stellt den derzeitigen Stand des Wissens auf dem Gebiet der Altersernährung dar und liefert allen, die mit alten Menschen und ihrer Ernährung im weitesten Sinn zu tun haben, Informationen und Anregungen – sowohl in wissenschaftlicher wie in praktischer Hinsicht.

Ganz herzlich danken möchte ich allen, die mich bei der Erstellung des Manuskripts unterstützt haben, namentlich Dr. Helmut Heseker für seine Mitarbeit. Mein besonderer Dank gilt Prof. Dr. Günter Schlierf, der mir über Jahre die Auseinandersetzung mit Ernährungsproblemen alter Menschen ermöglicht hat.

Bonn, im November 1996 Dorothee Volkert

1 Ernährung und Alter

Zur Klärung von Ernährungsfragen älterer Menschen ist die Kenntnis demographischer Trends in Richtung „ergrauende Welt" sowie der üblichen Lebens- und Gesundheitsbedingungen in dieser Bevölkerungsgruppe notwendig.

In diesem Kapitel soll außerdem der Frage nachgegangen werden, wie Altern zu definieren ist und welche Rolle die Ernährung im Alternsprozeß, für Mortalität und Morbidität spielt.

Schließlich wird die Rolle von Ernährungsmaßnahmen im Rahmen von Prävention und Gesunderhaltung umrissen.

1.1 Bevölkerungsgruppe Senioren

1.1.1 Definition Alter – Wer gehört zur Gruppe der Senioren?

Unter Alter wird beim Menschen allgemein der letzte Lebensabschnitt vor dem Tod verstanden, auch als „drittes Lebensalter" nach Kindheit/Jugend und Erwachsenen-/Erwerbstätigenalter bezeichnet.

Der Beginn des Alters wird unterschiedlich gewählt. Üblicherweise wird ab einem Lebensalter von 65 Jahren von „Senioren" gesprochen, häufig werden jedoch auch die 60-64jährigen bereits zu den Senioren gerechnet. Der Eintritt ins Rentenalter (Übergang vom Erwerbsleben in den Ruhestand) markiert damit den neuen Lebensabschnitt.

1.1.2 Wieviele Senioren gibt es? – Die demographische Entwicklung und ihre Bedeutung

1.1.2.1 Zunahme des Anteils der Senioren an der Gesamtbevölkerung

Die Altersstruktur unserer Bevölkerung hat sich in den letzten 100 Jahren wesentlich verändert. Nie zuvor in der Geschichte gab es so viele alte Menschen, noch nie war der Anteil von Senioren an der Gesamtbevölkerung so groß wie heute.

Von knapp 80 Mio Bundesbürgern sind derzeit etwa 12 Mio (15 %) 65 Jahre oder älter (STATIST. BUNDESAMT 1992a). Werden die 60-64jährigen in die Betrachtung mit einbezogen, erhöht sich der Anteil der Senioren auf 16 Mio bzw. 20 %. Die Hälfte der Senioren ist derzeit zwischen 60 und 70 Jahre alt, knapp 1/5 älter als 80 (Tab. 1.1).

Tab. 1.1: Bevölkerungsaufbau 1990 nach dem Alter in 1000 (STATIST. BUNDESAMT 1992b).

Alter [Jahre]	frühere BRD	ehemalige DDR	gesamt	% der Bevölkerung	% der über 60jährigen
60 - <65	3500,9	850,0	4350,9	5,4	26,8
65 - <70	3145,3	696,2	3841,5	4,8	23,6
70 - <75	1981,3	433,0	2414,3	3,0	14,8
75 - <80	2153,4	492,2	2645,6	3,3	16,3
80 - <85	1526,8	354,5	1881,3	2,4	11,6
85 - <90	703,4	150,9	854,3	1,1	5,3
95 - <95	199,4	35,8	235,2	0,3	1,4
≥95	34,5	5,6	40,1	0,1	0,2
			16263,2	20,4	100,0

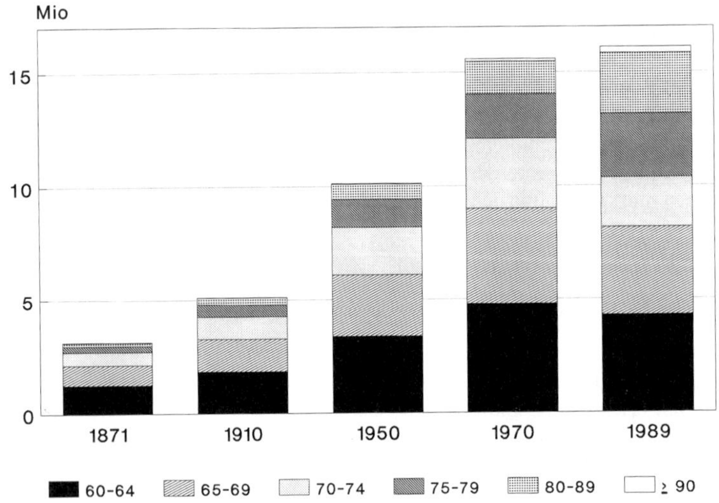

Abb. 1.1: Bevölkerung im Alter von 60 Jahren und älter zu verschiedenen Zeitpunkten zwischen 1871 und 1989 (STATIST. BUNDESAMT 1992b).

Abb. 1.1 veranschaulicht die rapide Zunahme der Zahl alter Menschen in Deutschland. Während 1871 lediglich 3,1 Mio Menschen 60 Jahre oder älter waren, vervierfachte sich die Anzahl der Senioren in weniger als 100 Jahren auf 1,4 Mio im Jahre 1960.

Insbesondere bei den Hochbetagten war in den letzten Jahrzehnten eine enorme Zunahme zu verzeichnen. Zwischen 1960 und 1991 stieg die Zahl der 80jährigen und Älteren von 1,1 auf 3,0 Mio, ihr Anteil an der Gesamtbevölkerung von 1,5 auf 3,8 %.

Eine weitere Alterung der Bevölkerung wird erwartet. Prognosen gehen davon aus, daß im Jahr 2010 ein Viertel und im Jahr 2025 ein Drittel der deutschen Bevölkerung 60 Jahre oder älter sein wird (Statist. Bundesamt 1992b).

1.1.2.2 Anstieg der Lebenserwartung

Diese demographische Entwicklung ist einerseits durch einen Rückgang der Geburtenzahlen bedingt, andererseits ganz wesentlich der enormen Zunahme der Lebenserwartung zuzuschreiben, die sich in den letzten 100 Jahren im früheren Bundesgebiet mehr als verdoppelt hat.

1871/81 wurde ein neugeborener Junge im Mittel 35,6 Jahre, ein neugeborenes Mädchen 38,5 Jahre alt, 1991/93 lag die durchschnittliche Lebenserwartung für Männer bei 72,5 und für Frauen bei 79 Jahren.

Auch die Lebenserwartung der älteren Menschen stieg deutlich und beträgt heute für 60jährige Frauen noch weitere 22,2 Jahre, für gleichaltrige Männer 17,7 Jahre. Im Alter von 65 Jahren hat eine Frau in der Bundesrepublik im Durchschnitt noch weitere 18 Jahre vor sich, ein Mann noch 14 Jahre, und hat man das Alter von 80 erst einmal erreicht, stehen einer Frau im Mittel noch weitere 8 Jahre bevor, einem Mann weitere 6 Jahre (Tab.1.2).

Die Abnahme der Säuglings- und Kindersterblichkeit, verbesserte hygienische Verhältnisse und die Möglichkeit antibiotischer Therapie bei Infektionskrankheiten haben dazu beigetragen, daß sich die Hauptsterberaten in diesem Jahrhundert von den jüngsten in höhere Altersgruppen verschoben haben.

Daneben sind die wesentlich veränderten Lebensbedingungen mit geringerer körperlicher Beanspruchung durch Arbeitsbelastung, mit ausreichender Ernährung und einem breiten, für alle Schichten zugänglichen medizinischen Angebot in entwickelten Ländern ebenfalls für die Erhöhung der Lebenserwartung mitverantwortlich.

Durch bessere medizinische Versorgung und gesündere Lebensweisen wird in Industrieländern mit einer weiteren Erhöhung der Lebenserwartung in den nächsten 20 Jahren um etwa 3 Jahre gerechnet (Lehr 1996).

Immer mehr Menschen nähern sich somit der genetisch begrenzten maximalen Lebenserwartung von etwa 110-120 Jahren an.

Tab. 1.2: Lebenserwartung 1986/88 (frühere BRD) bzw. 1987/88 (ehemalige DDR) und 1901/10 (Deutsches Reich) (in Jahren; M = Männer, F = Frauen) (Statist. Bundesamt 1992a).

	Frühere BRD		ehemalige DDR		Dt. Reich	
	M	F	M	F	M	F
bei der Geburt	72,2	78,7	69,8	75,9	44,8	48,3
im Alter von 65 J.	14,1	17,8	12,7	15,6	10,4	11,1
70 J.	10,9	14,0	9,8	12,0	8,0	8,5
75 J.	8,2	10,5	7,3	8,9	6,0	6,3
80 J.	6,1	7,6	5,3	6,3	4,4	4,7
85 J.	4,4	5,3	3,9	4,4	3,2	3,4
90 J.	3,3	3,7	2,9	3,0	2,4	2,6

1.1.2.3 Bedeutung der Bevölkerungsentwicklung

Mit der Zahl alter Menschen wächst deren Bedeutung, und die Tatsache, daß Senioren ein Viertel unserer Gesellschaft repräsentieren, bleibt nicht ohne Folgen für das gesellschaftliche, soziale und wirtschaftliche Leben.

War es früher eher eine Ausnahme, 80 Jahre alt zu werden, so ist dies heute bereits zur Normalität geworden, und es ist alltäglich, Senioren jeden Alters in allen Bereichen des gesellschaftlichen Lebens anzutreffen. Schon heute dominieren vielerorts die Angebote von Seniorenvereinen und Jahrgangstreffen der älteren Generation das Freizeitangebot der Gemeinden.

Sowohl die Senioren selbst als auch die gesamte Gesellschaft sind mit einer neuen Situation, neuen Aufgaben, neuen Problemen konfrontiert. Ein neuer Lebensabschnitt muß von und für eine große Bevölkerungsgruppe bestmöglichst gestaltet werden. Probleme und Bedürfnisse von Senioren rücken zunehmend in den Blickpunkt des allgemeinen Interesses.

Bemerkenswert sind die *veränderten Familienstrukturen*, die durch die steigende Zahl alter Menschen bei abnehmendem Anteil jüngerer entstehen. Die geringere Geburtenrate hat zur Folge, daß Ältere weniger Kinder und Enkelkinder haben, die im Bedarfsfall wirtschaftliche und emotionale Unterstützung liefern oder bei Alltagsaufgaben helfen. Einzelne Kinder können nicht gleichzeitig mehrere Eltern und Schwiegereltern versorgen.

Die Hilfsdienste und Pflegeaufgaben, die derzeit überwiegend von der Familie wahrgenommen werden, einschließlich Lebensmitteleinkauf, Zubereitung und Darreichen der täglichen Mahlzeiten, müssen in Zukunft vermehrt von öffentlichen, gemeinnützigen oder privaten Unternehmen oder auch von Selbsthilfegruppen geleistet werden.

Da ältere Menschen durch ihre steigende Zahl zunehmend hohe Forderungen an das Renten- und Gesundheitssystem stellen, ist die Bevölkerungsentwicklung unter *volkswirtschaftlichen Aspekten* von wesentlicher Bedeutung. Immer weniger Erwachsene im Erwerbstätigenalter müssen für die Versorgung von immer mehr Senioren aufkommen, und es ist anzunehmen, daß Ältere in guter Gesundheit zukünftig in größerem Maß ihre Arbeit über das jetzige Rentenalter hinaus fortsetzen werden.

Bereits heute sind ältere Menschen die Hauptnutzer der Gesundheitsresourcen einschließlich Arztbesuche und Krankenhausaufenthalte, Medikamenten- und Hilfsmittelverordnungen sowie Pflegedienste. Die Realisierung der Pflegeversicherung stellt einen ersten Schritt zur Bewältigung dieser Anforderungen der Bevölkerungsentwicklung an unser Sozialsystem dar. Gesundheitsfördernde Aktivitäten bereits in jungen und mittleren Jahren, aber auch im Alter zur Erhaltung von Gesundheit und Minimierung von Krankheiten im Alter müssen in Zukunft verstärkt unternommen werden.

Auch für die *Wirtschaft* werden ältere Menschen zunehmend interessant und als finanzkräftige Verbrauchergruppe entdeckt. Da die Zahl älterer Menschen mit Kaufkraft steigt, wird sich der Markt mehr als bisher auf diese Konsumenten einstellen. Die Ernährungsindustrie wird sich in Zukunft ebenfalls vermehrt an den Bedürfnissen der zunehmenden Zahl älterer und ganz alter Menschen orientieren.

Insgesamt macht die steigende Zahl alter Menschen in vielerlei Hinsicht ein Umdenken notwendig. Eine positivere Haltung unserer sehr stark jugendorientierten Gesellschaft gegenüber Senioren und eine intensivere Auseinandersetzung mit Fragen des Altwerdens und des Altseins sind im Hinblick auf eine möglichst hohe Lebensqualität dieser Bevölkerungsgruppe erforderlich.

1.2 Lebens- und Gesundheitssituation von Senioren – Besonderheiten im Alter

Nicht nur die Zahl alter Menschen, sondern auch ihre Lebens- und Gesundheitssituation hat sich in den letzten Jahrzehnten wesentlich verändert, und ebenso wie sich das Leben älterer Menschen gewandelt hat, verändert sich allmählich auch die Vorstellung vom Alter. Das bisher eher negative, von Gebrechlichkeit, körperlichem und geistigem Verfall geprägte Bild des alten Menschen wandelt sich hin zum rüstigen, selbständigen, unabhängigen Senior, der mit Kompetenz und Lebenserfahrung seinen Alltag meistert.

Schon immer haben Beispiele hochbetagter Künstler wie Arthur Rubinstein, Wissenschaftler wie Linus Pauling oder Politiker wie Konrad Adenauer demonstriert, daß auch im hohen Alter außergewöhnliche Leistungen möglich sind. Gerontologische und geriatrische Studien der letzten Jahre bestätigen dies und sprechen alten Menschen heute generell mehr Fähigkeiten und Kompetenz zu als bisher.

Die meisten 60jährigen entsprechen tatsächlich längst nicht mehr den althergebrachten Klischeevorstellungen vom hinfälligen alten Menschen, der das Leben hinter sich und nur noch den Tod zu erwarten hat, sondern sind an einer aktiven Gestaltung dieses Lebensabschnitts nach ihren Bedürfnissen und Vorstellungen interessiert.

Da sowohl die Lebenssituation als auch die gesundheitlichen Verhältnisse in engem Zusammenhang mit Ernährungsproblemen und Ernährungszustand alter Menschen stehen und Kenntnisse über die Zielgruppe auch für zielgruppenorientierte Ernährungsmaßnahmen notwendig sind, folgt ein kurzer Abriß der derzeitigen Lebens- und Gesundheitsbedingungen alter Menschen in der Bundesrepublik.

1.2.1 Lebenssituation von Senioren

Hoher Frauenanteil – Stichwort „Feminisierung"

In der Bundesrepublik sind z. Z. 25 % der Frauen, aber nur 15 % der Männer älter als 60 Jahre. Durch kriegsbedingt hohe Sterberaten bei den Männern und die höhere Lebenserwartung von Frauen besteht die Gruppe der Senioren derzeit überwiegend aus Frauen. Fast zwei Drittel der über 65jährigen sind weiblichen Geschlechts, ihr Anteil steigt bei den über 85jährigen auf 75 % und bei den über 100jährigen auf 85 %.

Ehestand

Die Lebenssituation älterer Männer und Frauen unterscheidet sich im Hinblick auf Familienstand und Haushaltsgröße.

Insgesamt sind 56 % der über 60jährigen verheiratet, 35 % verwitwet und 9 % ledig oder geschieden. Während 1992 mit 80 % der Großteil älterer Männer (60 Jahre und älter) verheiratet war, betrug der Anteil der

Verheirateten bei den weiblichen über 60jährigen nur 39 %. Mit 48 % ist fast die Hälfte der älteren Frauen über 60 verwitwet, bei Männern beträgt dieser Anteil dagegen nur 13 %.

Die deutlichen Unterschiede im Familienstand zwischen Männern und Frauen sind wiederum in höheren Altersgruppen besonders ausgeprägt. Bei 75jährigen und älteren Frauen liegt der Anteil der Verheirateten nur noch bei 18 % und 71 % sind verwitwet (STATIST. BUNDESAMT 1994).

Wohnsituation – Stichwort „Singularisierung"

Mit steigendem Lebensalter sinkt die Haushaltsgröße, viele ältere Menschen wohnen allein. Diese „Singularisierung" ist mit dem Risiko sozialer Isolation und Einsamkeit verbunden und stellt eine gesellschaftliche Herausforderung dar (GLATZER 1992).

Während von 45-64jährigen nur 13 % in Einpersonenhaushalten leben, sind dies bei den 65jährigen und älteren 41 %. Weitere 43 % der Senioren leben mit ihrem Ehepartner zusammen und nur 13 % in Haushalten mit 2 oder mehreren Generationen (STATIST. BUNDESAMT 1994).

Männer erleben ein höheres Lebensalter zusammen mit ihrer Ehefrau, dagegen sind Frauen im Alter häufig auf sich allein gestellt und müssen die Anforderungen einer selbständigen Haushalts- und Lebensführung bewältigen. Ältere Männer (über 60jährige) wohnen mit 14 % deutlich seltener allein als Frauen (47 %). Der Anteil der allein Lebenden nimmt bei Männern und Frauen mit dem Alter zu. Er steigt bei Frauen von 25 % bei 60-64jährigen auf 67 % bei den über 75jährigen.

Es ist bemerkenswert, daß 1993 mit 5 % lediglich ein geringer Teil der über 65jährigen in einem Altenwohn-, Alten- oder Pflegeheim lebte, der weitaus größte Teil dagegen in Privathaushalten (STATIST. BUNDESAMT 1992a). Bei den 85-89jährigen steigt der Anteil der Heimbewohner auf 18 %, bei den über 90jährigen beträgt er 34 % (LEHR 1996), d. h., auch im hohen und ganz hohen Alter leben die meisten älteren Menschen zuhause.

Einkommen und Vermögen

Einkommens- und Vermögensverhältnisse von Senioren sind ähnlich unterschiedlich wie in der Gesamtbevölkerung, eine allgemeine Beurteilung ist daher kaum möglich.

Insgesamt hat die Einkommensentwicklung bei älteren Menschen mit der allgemeinen Einkommensentwicklung der letzten Jahrzehnte Schritt gehalten. Die Einkommens- und Vermögensdifferenzierung aus dem Berufsleben spiegelt sich im Alter wieder (GLATZER 1992). 15 % der über 65jährigen verfügen über ein Vermögen von weniger als 2500 DM, andererseits haben 18 % der Senioren ein Vermögen von über 50 000 DM (STATIST. BUNDESAMT 1992a).

Insgesamt kann die Vermögenslage älterer Menschen als zufriedenstellend beurteilt werden, die soziale Ungleichheit schafft allerdings auch unter den älteren Menschen Problemgruppen. Bestimmte Teilgruppen wie ältere Frauen oder Senioren mit geringem Bildungsgrad haben für bestimmte Probleme wie Einsamkeit oder Armut ein erhöhtes Risiko.

1.2.2 Gesundheitszustand im Alter

Der Gesundheitszustand im Alter ist extrem variabel.

Während die Senioren unter 75 Jahren in der Mehrzahl gesund und selbständig sind, steigt die Wahrscheinlichkeit für Krankheiten mit zunehmendem Alter. Vor allem im höheren Lebensalter treten immer mehr Krankheiten auf, die ältere Menschen in ihrer Selbständigkeit und Aktivität einschränken und sich auch auf die Ernährung – auf Einkauf, Essenszubereitung und Nahrungsaufnahme – auswirken.

Generell nimmt sowohl die Häufigkeit von chronischen als auch von akuten Beschwerden und Gesundheitsproblemen mit dem Alter zu. Mit steigender Zahl alter und ganz alter Menschen ist daher auch mit einer Zunahme der Krankheitshäufigkeit in unserer Gesellschaft insgesamt zu rechnen, wenn nicht Vorsorgemaßnahmen und medizinische Fortschritte für einen Rückgang bestimmter Krankheiten sorgen können.

1.2.2.1 Häufigkeit von Krankheiten

Obwohl Ältere sowohl pro Kopf als auch insgesamt den weitaus größten Anteil der Kosten im Gesundheitswesen verursachen, ist das in der Bundesrepublik vorliegende Datenmaterial über die Häufigkeit von Krankheiten, Behinderungen und Gesundheitsrisiken im Alter äußerst mangelhaft. Repräsentative Daten über die Morbidität alter Menschen sind mit Ausnahme der meldepflichtigen Infektionskrankheiten nicht verfügbar (Schlierf et al. 1990).

Zur Beurteilung der Gesundheitssituation muß daher auf Statistiken über Todesursachen zurückgegriffen werden. Sie können Anhaltspunkte für häufige Gesundheitsprobleme alter Menschen geben, sind jedoch auch unvermeidbar ungenau. In verschiedenen nicht-repräsentativen Studien wurden Häufigkeiten bestimmter Diagnosen und geriatrischer Syndrome und der Medikamentenkonsum zur Beschreibung der Gesundheitssituation herangezogen.

Todesursachen
Mortalitätsstatisiken ist zu entnehmen, daß bösartige Tumore und Erkrankungen des Kreislaufsystems im Vordergrund der Diagnosen bei alten Menschen stehen. Sie machen dabei mehr als drei Viertel aller Todesursachen von über 65jährigen aus (Tab. 1.3) (BMG 1991).

Tab. 1.3: Sterbefälle nach ausgewählten Todesursachen und Altersgruppen 1989 (Anzahl Gestorbene, in Klammern: %). (Nach BMG 1991.)

Alter	45-54 Jahre	55-64 Jahre	65-74 Jahre	75-84 Jahre	85Jahre und älter
Gestorbene insgesamt	39 717 *(100,0)*	75 362 *(100,0)*	123 692 *(100,0)*	263 665 *(100,0)*	160 774 *(100,0)*
Bösartige Neubildungen	15 220 *(38,3)*	29 565 *(39,2)*	41 076 *(33,2)*	57 728 *(21,9)*	20 974 *(13,0)*
Krankheiten des Kreislaufsystems	10 085 *(24,4)*	26 206 *(34,8)*	55 028 *(44,5)*	146 624 *(55,6)*	101 145 *(62,9)*
Krankheiten der Atmungsorgane	1 001 *(2,5)*	3 085 *(4,1)*	6 997 *(5,7)*	17 526 *(6,6)*	12 056 *(7,5)*
Krankheiten der Verdauungsorgane	3 964 *(10,0)*	5 263 *(7,0)*	5 764 *(4,7)*	10 014 *(3,8)*	5 397 *(3,4)*
Unfälle	1 757 *(4,4)*	1 606 *(2,1)*	1 697 *(1,4)*	4 442 *(1,7)*	4 097 *(2,5)*

Im Vergleich zu jüngeren Altersgruppen sind Krankheiten des Kreislaufsystems und der Atmungsorgane als Todesursache wesentlich häufiger, dagegen sterben weniger Ältere an Tumoren, Erkrankungen des Verdauungssystems und an den Folgen von Unfällen.

Während Tumore bei 45-55jährigen 38 % aller Todesursachen ausmachen, sind diese bei über 75jährigen nur noch für 19 % der Todesfälle verantwortlich, bei über 85jährigen noch für 13 %. Auch die Häufigkeit einzelner Tumorarten ändert sich mit dem Alter. Im mittleren Alter sind Tumore der Brustdrüse und der Lunge die führenden Krebstodesursachen, in höheren Altersgruppen dagegen Tumore des Dickdarms und Mastdarms. Auch Magentumore nehmen als Todesursache an Häufigkeit zu (BMG 1991).

Krankheiten des Kreislaufsystems verursachen 25 % der Todesfälle bei 45-55jährigen, dieser Anteil steigt auf über 50 % bei den über 65jährigen, bei 85jährigen und älteren machen sie sogar 63 % aller Todesfälle aus. Bei den Kreislauferkrankungen nimmt der Anteil ischämischer Herzkrankheiten, darunter auch der akute Myokardinfarkt, als Todesursache mit zunehmendem Alter deutlich ab, Herzinsuffizienz und zerebrovaskuläre Krankheiten werden dagegen häufiger (BMG 1991).

Unfälle sind ebenfalls eine wichtige Todesursache älterer Menschen. Ältere haben zwar eine geringere Unfallrate als jüngere, wahrscheinlich durch risikoärmeres Verhalten, die Folgen von Unfällen sind bei älteren jedoch dramatischer. Stürze sind im Alter die Hauptursache der Unfalltode.

Diagnosen und geriatrische Syndrome

Todesstatistiken sind im Hinblick auf Krankheitshäufigkeiten mit deutlichen Ungenauigkeiten behaftet, denn obwohl die meisten älteren Menschen am Lebensende mehrere medizinische Probleme haben, wird nur eine einzige Todesursache festgelegt. Bestimmte Krankheiten wie z. B. Diabetes mellitus, orthopädische Probleme einschließlich Osteoporose, Demenzen unterschiedlicher Genese oder Parkinson-Syndrom sind unterrepräsentiert, weil bei mehreren Krankheiten üblicherweise kardiovaskuläre Krankheit oder Infektion als Todesursache angegeben wird.

Bei über 75jährigen Patienten einer medizinisch-geriatrischen Klinik in Heidelberg waren kardiale Erkrankungen (60 %), meist chronischer Art wie Herzinsuffizienz oder Rhythmusstörungen, die weitaus häufigsten Diagnosen bei der Aufnahme ins Krankenhaus, gefolgt von Demenzen (38 %), Diabetes mellitus (28 %), Erkrankungen des Respirationstrakts (22 %) und Hirninfarkte oder -blutungen (20 %) (VOLKERT 1990).

Typisch für alte Menschen ist das meist gleichzeitige Vorhandensein mehrerer Gesundheitsstörungen (*Multimorbidität*).

In Heidelberg wurde bei 300 über 75jährigen Patienten während des Klinikaufenthalts durchschnittlich 5,6 verschiedene Diagnosen pro Patient gestellt (VOLKERT 1990).

Des weiteren ist bemerkenswert, daß *Krankheitssymptome* im Alter oft *weniger ausgeprägt* und *weniger typisch* für eine bestimmte Krankheit sind als in jüngeren Jahren. Meist ist ein gemeinsames Vorkommen von physischen, psychischen und sozialen Problemen auffällig. Im Vergleich zu jüngeren sind ältere Menschen daher anfälliger für krankheitsbedingte Komplikationen und Behinderungen.

Viele Krankheiten verlaufen im Alter *chronisch* und führen zu Behinderung im Alltag und Einschränkung der Aktivität.

4 von 5 über 65jährigen sind in den USA (US Senat 1990 nach SCHLENKER 1993) von mindestens einer chronischen Gesundheitsbeeinträchtigung betroffen, viele wiederum gleichzeitig von mehreren. Als häufigste chronische Gebrechen werden

Herzkrankheiten, Bluthochdruck, Arthrosen, orthopädische Probleme, Hörprobleme und Sehstörungen genannt. Die Häufigkeit dieser chronischen Krankheiten ist RUBENSTEIN (1990) zufolge bei über 65jährigen bis zu doppelt so hoch wie bei 45-64jährigen. In einer Untersuchung von FORD et al. (1988) war der Großteil an Behinderungen bei 74-95jährigen Senioren Arthritis und Rheuma, Schlaganfall, Sehstörung, Herzbeschwerden und Demenz zuzuordnen.

Weitere *Syndrome*, die im Alter häufig auftreten, meist das Wohlbefinden empfindlich beeinträchtigen und mit Hilfsbedarf, Abhängigkeit und infolgedessen Einbußen der Lebensqualität verbunden sind, sind Schwindel und Stürze, Immobilität, Inkontinenz, Exsikkose (Wassermangel), Ödeme und Dekubiti (Druckgeschwüre).

Bei über 75jährigen geriatrischen Patienten wurden die genannten Probleme mit Häufigkeiten zwischen 16 % und 65 % festgestellt (VOLKERT 1990) (Tab. 1.4).

Tab. 1.4: Häufige geriatrische Syndrome bei über 75jährigen Patienten (Bethanien-Ernährungsstudie – VOLKERT 1990).

Stürze / Schwindel	64,7 %	Sehstörungen	48,7 %
Exsikkose	45,7 %	Schwerhörigkeit	32,6 %
Inkontinenz	42,7 %	Ödeme	27,7 %
Immoblitiät	49,3 %	Dekubiti	15,7 %

Medikamenteneinnahme

Die hohe Krankheitshäufigkeit alter Menschen spiegelt sich im Medikamentenkonsum wieder. Multimorbidität im Alter ist begleitet von multipler Medikamenteneinnahme (*Multimedikation*). Die meisten Senioren nehmen täglich eine Vielzahl verschiedener Präparate ein. Senioren sind nicht nur die Hauptkunden von Ärzten, sondern auch von Apotheken.

Eine repräsentative Befragung im Rahmen der Heidelberg-Michelstadt-Berlin-Studie ergab 1982/83, daß 86 % der 65-74jährigen Senioren mindestens 1 Medikament regelmäßig einnehmen. Ein Viertel der Befragten nimmt mindestens 5 verschiedene Präparate am Tag gleichzeitig, Frauen deutlich mehr als Männer (ARAB 1985).

Von 300 über 75jährigen Patienten, die in Heidelberg akut in die Klinik eingewiesen wurden, nahmen 94 % 1 bis 14 unterschiedliche Medikamente ein. Bei der Klinikaufnahme lag die durchschnittliche Zahl eingenommener Präparate bei 4,3 am Tag, bis zur Entlassung konnte die Anzahl auf 2,8 Medikamente pro Tag reduziert werden (MICOL 1996).

Durch unerwünschte Nebenwirkungen von Arzneimitteln, Interaktionen verschiedener Präparate sowie häufige Einnahmefehler entstehen zusätzliche Gesundheitsstörungen und Klinikaufenthalte, deren Ursache oft gar nicht erkannt wird.

Diagnosen versus Funktionen
Diagnosen und Symptome sind objektive Parameter, die üblicherweise zur Charakterisierung des Gesundheitszustands herangezogen werden. Da die gleiche Krankheit jedoch im Einzelfall durch unterschiedlichen Schweregrad, akuten oder chronischen Verlauf und andere Begleiterkrankungen ein anderes Erscheinungsbild, unterschiedliche Funktionseinbußen und Konsequenzen für die Bewältigung des Alltags zur Folge haben kann, sind krankheitsorientierte Modelle zur Beschreibung der Behinderung und ihrer Bedeutung für die Lebensqualität eines älteren Menschen nur begrenzt geeignet. Ein Schlaganfall kann beispielsweise je nach Ausprägung mit den unterschiedlichsten Beeinträchtigungen und Behinderungen verbunden sein, verschiedene Formen der Demenz haben abhängig vom Krankheitsstadium ganz unterschiedliche Konsequenzen für den Betroffenen.

Sinnvoller als eine alleinige Beschreibung der Gesundheitssituation anhand von Diagnosen und Symptomen ist bei älteren Menschen daher zusätzlich die Beurteilung der Funktionseinbußen und Behinderungen bzw. der noch vorhandenen Fähigkeiten zur Bewältigung des Alltags – auch im Hinblick auf die Fähigkeit einzukaufen, Essen zuzubereiten und aufzunehmen. Unabhängig von Diagnosen und Krankheiten können Einschränkungen der selbständigen Lebensführung und Hilfsbedarf bestimmt werden (s. u.).

1.2.2.2 Häufigkeit von Beeinträchtigungen und Behinderungen

Entgegen der weit verbreiteten Meinung, daß Alter wenn auch nicht immer mit Krankheit so doch mit Behinderung verbunden ist, ist der weitaus größte Teil alter Menschen frei von schwerwiegenden Beeinträchtigungen und Behinderungen. Nach Lehr (1996) sind 98 % der 60-70jährigen und 88 % der 70-80jährigen kompetent, d. h. im Alltag selbständig, und obwohl die Häufigkeit körperlicher und geistiger Beeinträchtigungen und definierbarer Behinderungen mit dem Alter steigt, sind noch 70 % der 80-90jährigen und immerhin 59 % der über 90jährigen in der Lage, sich selbst zu versorgen.

Arab (1985) berichtet bei gesunden 65-74jährigen Senioren im Raum Heidelberg von Einschränkungen des Wohlbefindens und der körperlichen Fähigkeiten bei 10-26 % der befragten Probanden (Tab. 1.5).

Tab. 1.5: Einschränkungen des Wohlbefindens und der körperlichen Fähigkeiten bei 65-74jährigen Senioren (Heidelberg-Michelstadt-Berlin-Studie – Arab 1985).

Kräfte- oder Koordinationsverlust	23 %
Schwierigkeiten, etwas vom Boden aufzuheben	21 %
Schwierigkeiten, eigene Fußnägel zu schneiden	20 %
Schwierigkeiten, auch mit Brille eine Zeitung zu lesen	10 %
Schwierigkeiten beim Beißen oder Kauen der Nahrung	15 %
Unwohlsein oder Schmerzen nach dem Essen (Druckgefühl, Übelkeit)	26 %

Zur standardisierten Erfassung von Beeinträchtigungen und Behinderungen bzw. der vorhandenen funktionellen Fähigkeiten wurden verschiedene Instrumente entwickelt, die vergleichbare Aussagen bei verschiedenen Untersuchungen ermöglichen (Funktionelles Assessment).

Zwei weit verbreitete Verfahren zur Beurteilung funktioneller Fähigkeiten und Abschätzung des Hilfsbedarfs sind die sogenannten „Aktivitäten des täglichen Lebens" (ADL, activities of daily living) (Mahoney & Barthel 1965) und die „instrumentellen Aktivitäten des täglichen Lebens" (IADL; instrumental activities of daily living) (Lawton & Brody 1969). Unter „Aktivitäten des täglichen Lebens" werden Essen, Waschen, Anziehen, Toilettenbenutzung, Urin- und Stuhlkontrolle, Transfer zwischen Bett und Stuhl, Gehen und Treppensteigen verstanden. Die Fähigkeit, diese Aktivitäten auszuüben, ist Voraussetzung zur selbständigen Bewältigung des Alltags. Bei den IADL wird erfaßt, ob Hilfsbedarf bei erweiterten Aktivitäten wie Haushalts- und sozialen Aufgaben, Essenszubereitung, Einkauf und beim Umgang mit Geld besteht.

In einer nationalen Untersuchung in den USA (Leon & Lair 1990 nach Schlenker 1993) hatten knapp 13 % nichtinstitutionalisierter über 65jähriger Schwierigkeiten bei mindestens einer Aktivität des täglichen Lebens. Die meisten hatten dieses Problem bereits länger als 3 Monate. Baden (9 %) und Gehen (8 %) verursachen die meisten Schwierigkeiten. Eine größere Zahl (18 %) hatte Schwierigkeiten mit mindestens einer IADL-Aufgabe. Mobilitäts- (14 %) und Einkaufsprobleme (11 %) waren am häufigsten. Mit zunehmendem Alter waren Funktionseinschränkungen häufiger: Nur 6 % der 65-69jährigen hatten Schwierigkeiten mit mindestens einer Aktivität des täglichen Lebens im Vergleich zu 34 % bei den 80-84jährigen. Bei Haushaltsaufgaben war der Altersunterschied noch ausgeprägter. Über 50 % der 80-84jährigen berichteten Probleme bei mindestens einer IADL-Tätigkeit.

Im Zusammenhang mit Gesundheitsstörungen ist die Selbständigkeit weiter eingeschränkt, häufig verschlechtert sich die funktionelle Situation durch eine akute Krankheit und damit verbundene Krankenhausaufenthalte.

Von den über 75jährigen Patienten der Bethanien-Ernährungsstudie benötigten vor Eintritt der akuten Krankheit 61 % Hilfe bei alltäglichen Verrichtungen: 16 % beim

Baden, 14 % zusätzlich beim Waschen und Anziehen, 17 % zusätzlich beim Bett-Stuhl-Transfer und 14 % waren darüber hinaus beim Essen auf Hilfe angewiesen. Durch die akute Krankheit hatte sich der Anteil Selbständiger bei der Entlassung aus der Klinik verringert, der Anteil derer, die Hilfe bei allen 4 Aktivitäten einschließlich beim Essen benötigen, erhöht (Tab. 1.6) (Volkert 1990).

Tab. 1.6: Hilfs- und Pflegebedürftigkeit bei über 75jährigen geriatrischen Patienten vor der Aufnahme und bei Entlassung aus der Klinik (Bethanien-Ernährungsstudie – Volkert 1990).

	vor Aufnahme	bei Entlassung
selbständig	39,3 %	30,7 %
Hilfe beim Baden	16,3 %	18,5 %
zusätzlich Hilfe beim Waschen und Anziehen	13,7 %	16,6 %
zusätzlich Hilfe beim Bett-Stuhl-Transfer	16,7 %	17,3 %
zusätzlich Hilfe beim Essen	14,0 %	17,0 %
verstorben	–	7,7 %

Neben körperlichen Behinderungen nehmen auch **geistige Funktionseinbußen** mit dem Alter an Häufigkeit zu. Der Grad der Beeinträchtigung kann von leichten kognitiven Einbußen bis hin zu schweren Formen der Demenz reichen und ist dementsprechend für das Ausmaß an Hilfsbedarf und Abhängigkeit verantwortlich. Die Häufigkeit chronischer Verwirrtheitszustände wird bei 65jährigen auf 2-3 % geschätzt, bei den über 80jährigen steigt der Anteil auf 20 % an (Oster 1990). Jenseits von 85 Jahren steigt das Risiko für Demenz drastisch. Schätzungen zur Prävalenz schwanken jedoch aufgrund verschiedener Formen, unterschiedlicher Definitionen und diagnostischer Kriterien und unterschiedlicher Kollektive.

Eine grobe Einschätzung der geistigen Leistungsfähigkeit ist mit Hilfe verschiedener standardisierter Fragebögen (z. B. „Short protable mental status questionnaire“ nach Pfeiffer [1975], „Mini mental state examination“ nach Folstein et al. [1975]) möglich.

1.2.2.3 Subjektive Einschätzung des Gesundheitszustands

Neben der Erfassung von Diagnosen, Symptomen und Funktionen ermöglicht die subjektive Einschätzung eine Aussage über Gesundheitszustand und Lebensqualität. Obwohl oft große Unterschiede zum ärztlichen Urteil vorliegen, wurde gezeigt, daß das subjektive Empfinden ein aussagekräftiger Indikator für den weiteren Krankheits- und Lebensverlauf ist (Weinberger et al. 1986).

Im Vergleich zu jüngeren sind ältere Menschen verständlicherweise häufiger mit ihrer Gesundheitssituation unzufrieden (GLATZER 1992). Trotz der zunehmenden Häufigkeit chronischer Krankheiten und Behinderungen im hohen Alter beurteilen die meisten älteren Menschen ihren Gesundheitszustand jedoch als gut oder sogar sehr gut.

Einer Befragung von BRODHAGEN et al. (1990) zufolge waren dies 54 %, weitere 23 % bezeichneten ihre Gesundheit als „zufriedenstellend" (Abb. 1.2). Der Anteil derer, die ihren Gesundheitszustand mit „sehr schlecht" beschreiben, lag in dieser Befragung bei den 60-64jährigen bei 3 % und stieg bei 80jährigen und älteren auf 13 % an.

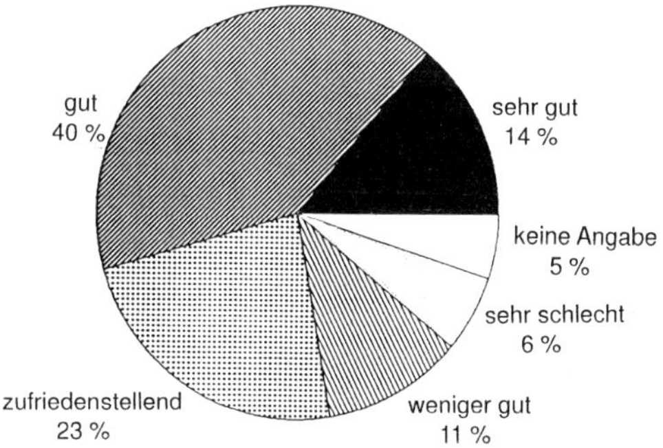

Abb. 1.2: Subjektive Einschätzung des Gesundheitszustands von 60-85jährigen Senioren (BRODHAGEN et al. 1990).

1.2.3 Ständiger Wandel der Generationen

Die vorangegangene Beschreibung der Lebens- und Gesundheitssituation soll nicht darüber hinwegtäuschen, daß die Gruppe der Senioren im Rahmen der gesellschaftlichen Weiterentwicklung einem ständigen Wandel unterliegt. Die Charakteristika einer Kohorte älterer Menschen sind nicht zeitlos gültig und nicht ohne weiteres übertragbar, die heutigen Lebens- und Gesundheitsverhältnisse von Senioren werden für nachfolgende Generationen sicher nur begrenzt zutreffen.

Dic vielfältigen politischen, historischen, gesellschaftlichen und sozialen Einflüsse im Lauf eines Lebens prägen Einstellungen und Verhalten und sind sowohl für die Unterschiede zwischen den Generationen als auch für die fortlaufende Veränderung jeder Generation verantwortlich. So wurden z. B. die heute über 85jährigen vor 1910 geboren, haben die Zeit der

Industrialisierung erlebt, die unterschiedlichsten politischen Systeme mit zwei Weltkriegen, sowohl materielle Notzeiten und Wirtschaftskrisen als auch wirtschaftlichen Aufschwung. Bei den heute 60jährigen – 1935 geboren – war die Kindheit vom zweiten Weltkrieg, Jugend und Erwachsenenalter von der Zeit des Wiederaufbaus und wirtschaftlichen Wachstums geprägt. Bereits diese Generation hat ebenso wie die nachfolgenden Senioren den Großteil ihres Lebens unter den Bedingungen einer modernen Industriegesellschaft verbracht.

1.2.4 Das Spektrum alter Menschen – Heterogenität und mögliche Einteilungen der Gruppe der Senioren

1.2.4.1 Heterogenität

Bei einer möglichen Lebensdauer von über 100 Jahren kann der Lebensabschnitt des Alters über 40 Jahre umfassen, eine Zeitspanne, die ganz offensichtlich enorme Unterschiede in der Lebens- und Gesundheitssituation, in körperlicher und psychischen Verfassung und sozialer Situation einschließt.

In keiner anderen Altersgruppe sind die Unterschiede zwischen verschiedenen Personen so groß wie bei der Gruppe der Senioren. Dabei sind nicht nur enorme Unterschiede zwischen 60-, 75- und 90jährigen festzustellen, auch Gleichaltrige sind im höheren Alter so unterschiedlich wie in keiner jüngeren Altersgruppe.

Gemeinsamkeiten zwischen Individuen einer Altersgruppe liegen in der gleichzeitig verbrachten Lebenszeit unter gleichen gesellschaftlichen und historischen Bedingungen. Die verschiedenen Lebensphasen Kindheit, Jugend und Erwachsenenalter wurden in der gleichen politischen Umgebung verbracht. Trotz dieses gemeinsamen Erfahrungshintergrunds durch die gleichen historischen Rahmenbedingungen und obwohl alle Senioren sich in einer späten Phase des Alternsprozesses befinden, bestehen enorme Unterschiede zwischen den Individuen.

Zusätzlich zu den Unterschieden zu jüngeren Altersgruppen sind folglich die unterschiedlichen Situationen innerhalb einer Alterskohorte von Interesse und müssen berücksichtigt werden. Eine differenzierte Betrachtung der Gruppe der Senioren ist erforderlich.

1.2.4.2 Einteilung

Als die Zahl älterer Menschen, ihr Anteil an der Bevölkerung und ihre Lebenserwartung geringer waren, wurden in Statistiken alle über 65jährigen als eine einheitliche Gruppe betrachtet, ungeachtet der Unterschiede und Veränderungen, die mit höherem Alter auftreten. Mit zunehmender Lebenserwartung und zunehmender Zahl alter und ganz alter Menschen wird jedoch eine weitere Kategorisierung notwendig.

Einteilung in Altersgruppen
Üblicherweise wird eine weitere Unterteilung nach dem Lebensalter gewählt, wobei unterschiedliche Altersgrenzen und Bezeichnungen verwendet werden.

Amerikanische Statisitiken unterteilen die Gruppe der Alten weiter in die „jungen oder aktiven Alten" (65-74jährige), die „alten Alten" (75-84jährige) und die „ältesten Alten", die über 85jährigen (Rudman & Feller 1989).

Bei uns werden über 75jährige häufig als „Hochbetagte", über 90jährige als „Höchstbetagte" und über 100jährige als „Langlebige" bezeichnet (Franke 1987).

Watkin (1987) wählt basierend auf der maximal möglichen Lebensspanne von 120 Jahren ungewöhnliche Altersgrenzen und unterscheidet „middle aged" (60-71jährige), die mindestens die Hälfte des Höchstalters erreicht haben, von „aging" (72-79jährigen), „elderly" (80-89jährigen), die mindestens 2/3 und „aged" (90jährige und ältere), die mindestens 3/4 der maximal möglichen Lebensspanne erreicht haben.

Einteilung nach funktionellen Aspekten
Die enormen Unterschiede in der Gesundheits- und Lebenssituation Gleichaltriger zeigen jedoch, daß das Lebensalter allein zur Charakterisierung von Senioren nicht ausreicht und starre Altersgrenzen wenig hilfreich sind. Viele Beispiele rüstiger 90jähriger und hilfs- oder sogar pflegebedürftiger 65jähriger belegen, daß chronologisches und sogenanntes biologisches Lebensalter häufig weit auseinanderklaffen und daß das chronologische Alter kein gutes Maß für Vitalität, körperliche Gesundheit oder geistige Beweglichkeit einer älteren Person darstellt.

Entscheidend für die Lebensqualität im Alter ist weniger die Zahl gelebter Jahre als die vorhandenen körperlichen und geistigen Fähigkeiten und Funktionen sowie die soziale und ökonomische Situation. Diese hängen viel weniger vom Lebensalter an sich als von genetischer Ausstattung, Lebensstil, Biographie und den alltäglichen Anforderungen ab.

Besser als die Einteilung der großen Gruppe der Senioren in Altersgruppen ist daher eine Einteilung nach vorhandenen Funktionen, wie sie im angloamerikanischen Sprachraum bereits mit Begriffen wie „go goes" für selbständige mobile Senioren, „slow goes" für diejenigen, bei denen alles bereits etwas langsamer und mühsamer geht, und „no goes" für völlig abhängige, pflegebedürftige Senioren üblich ist, und originell und treffend unterschiedliche Gesundheitssituationen charakterisiert.

Auch Ernährungsbedürfnisse und das Risiko für Ernährungsprobleme sind weniger vom kalendarischen Alter abhängig, sondern variieren stark zwischen verschiedenen Individuen in unterschiedlicher physischer und psychischer Verfassung, unterschiedlicher Gesundheits- und Lebenssituation. Unter Ernährungsaspekten ist es daher ebenfalls sinnvoll, ältere Erwachsene eher innerhalb von breiten funktionellen Gruppen zu betrachten als in chronologischen Altersgrenzen.

MOBARHAN und TRUMBORE (1991) schlagen folgende Einteilung vor:

1. **Unabhängige Senioren**: Sie haben trotz hohem Lebensalter ihre Fähigkeit zum selbständigen Leben erhalten, sind weitgehend mobil und unabhängig bei alltäglichen Verrichtungen. Ihre psychische und soziale Situation ist zufriedenstellend. Im allgemeinen liegen keine offensichtlichen Ernährungsprobleme vor. Ernährungs*risiken* können allerdings vorhanden sein. Regelmäßige Untersuchungen sind sinnvoll, um Risikofaktoren für Ernährungsprobleme rechtzeitig zu erkennen (Ernährungs-Screening – s. Kap. 8.2). Sie stellen den weitaus größten Teil der Gruppe der Senioren dar, der wesentlich von präventiven Maßnahmen und Aufklärungsprogrammen profitieren könnte.
2. **Hilfsbedürftige Senioren**: Belastendere Gesundheitsprobleme und ein deutlich eingeschränkter funktioneller Status erfordern im alltäglichen Leben Unterstützung von Angehörigen oder Sozialdiensten. Die Wahrscheinlichkeit für einen schnellen funktionellen Abbau beim Auftreten einer akuten Krankheit oder Verschlimmerung einer vorhandenen chronischen Erkrankung ist groß, da adäquate physiologische und sozioökonomische Reserven fehlen. Die Ernährungsversorgung dieser Gruppe von Senioren ist mit abhängig von der Qualität der Gesamtpflege, von Ernährungswissen und -einstellungen der versorgenden Personen.
3. **Pflegebedürftige Senioren**: Bei extremer körperlicher Abhängigkeit oder deutlichem Abbau der geistigen Leistungsfähigkeit wird intensive Pflege notwendig, die oft nur in Institutionen gewährleistet werden kann. Ein Großteil dieser Senioren benötigt spezielle Aufmerksamkeit und Hilfe beim Essen, besondere Kostformen, Nahrungssupplemente oder sogar Sondenernährung als Teil der Pflege. Durch schwere Behinderung, Multimedikation, häufige Infektionen und psychische Probleme besteht außerdem ein hohes Risiko für Ernährungsprobleme.

Bisherige Studien an Senioren unterscheiden üblicherweise je nach Wohnsituation zwischen „free living", also in der Gemeinde im eigenen Haushalt lebenden, oder „institutionalized elderly", die in einer Institution leben. Letztere werden weiter in Pflegeheimbewohner („nursing home residents"), Lanzeitpflegepatienten („long-term care patients") und akut kranke geriatrische Patienten („geriatric patients") differenziert. In der Gemeinde lebende Senioren werden allgemein als gesund, institutionalisierte Senioren als gebrechlich („frail"), behindert, chronisch und/oder akut krank betrachtet. Da innerhalb dieser Gruppen jedoch auch große Unterschiede im Gesundheitszustand und im Grad der Beeinträchtigung und Hilfsbedürftigkeit bestehen können, ist eine genauere Charakterisierung und Differenzierung nach funktionellen Gesichtspunkten in jedem Fall sinnvoll.

Rudman und Feller (1989) unterscheiden 4 Gruppen hinsichtlich Wohnort und Grad der Abhängigkeit: Senioren, die im privaten Haushalt leben und entweder völlig unabhängig, eingeschränkt unabhängig oder abhängig („homebound") sind, sowie Pflegeheimbewohner, die in der Regel von Pflegepersonen versorgt werden.

Eine weitere Unterteilung hinsichtlich körperlicher Behinderung und chronischer Krankheiten sowie sozialer, ökonomischer und ethnischer Faktoren ist möglich und ergibt ein immer differenzierteres Bild bei gleichzeitig rasch steigender Zahl verschiedener Untergruppen.

Die Vielzahl möglicher Einflußfaktoren, die im komplexen Bereich der Ernährung eine Rolle spielen, erfordert bei allen Aussagen über alte Menschen eine genaue Charakterisierung der Gesundheits- und Lebenssituation, um mögliche Einflußfaktoren abschätzen zu können.

1.3 Altern

1.3.1 Definition

Altern kann als komplexe Interaktion zwischen einem Individuum und seiner Umwelt im Verlauf der Zeit definiert werden (Lipschitz 1992).

Im Gegensatz zur gesellschaftlichen Definition, nach der unter Alter die Zeit nach der Pensionierung gesehen wird, schließt sich das Altern biologisch gesehen direkt an die Entwicklungsphase in Kindheit und Jugend an, beginnt nach der Pubertät und endet mit dem Tod. Der Alternsprozeß ist ein Kontinuum während dieser Zeitspanne und ebenso wie die Entwicklungsphase durch strukturelle und funktionelle Veränderungen gekennzeichnet. Mit steigendem Alter werden Veränderungen auf molekularer und zellulärer Ebene, in Organen und Organsystemen beobachtet. Im Gegensatz zur Phase der Entwicklung ist Altern mit einer stetigen Abnahme körperlicher Funktionen und einer Häufung von Funktionsstörungen verbunden.

Die Heterogenität der Gruppe alter Menschen zeigt, daß Altern nicht einheitlich verläuft und zu einer Zunahme der inter- und intraindividuellen Variabilität führt. Altersveränderungen verlaufen zwar bei allen Individuen in der gleichen Richtung, aber in individuell unterschiedlichem Ausmaß. Innerhalb eines Individuums sind einzelne Organe und Organsysteme ebenso in unterschiedlichem Ausmaß von Altersveränderungen betroffen.

1.3.2 Alternstheorien

Obwohl das Phänomen des Alterns schon immer fasziniert hat, ist die wissenschaftliche Beschäftigung mit Alternsfragen noch relativ jung und unser Wissen über Altersveränderungen und deren Ursachen bisher sehr begrenzt. Verschiedene Theorien wurden entwickelt, um die beobachteten Veränderungen mit zunehmendem Alter zu erklären. Keine einzelne Theorie kann dabei eine vollständige Erklärung liefern, und zahlreiche Theorien wurden aufgrund von Widersprüchen wieder verworfen.

Von den meisten Theorien existieren verschiedene Varianten, viele überlappen sich, interagieren oder sind sich sehr ähnlich. Die meisten Theorien über Ursachen des Alterns beinhalten eine Art von somatischer Schädigung, die im Lauf der Zeit akkumuliert. Die Rate der Schädigung ist dabei von verschiedenen Faktoren abhängig (Vijg & Wie 1995).

1.3.2.1 Altern durch Veränderungen interner und externer Faktoren

Generell kann zwischen primärem und sekundärem Altern unterschieden werden. Unter primären Alternsprozessen werden dabei interne, genetisch festgelegte, programmierte und unbeeinflußbare Veränderungen verstanden. Sekundäres Altern ist bedingt durch externe Faktoren – persönliche, soziale und Umwelteinflüsse, darunter auch die Ernährung –, die die primären Vorgänge beeinflussen und in gewissem Maß veränderbar sind.

Interne Faktoren: Man geht heute davon aus, daß zum Großteil genetische Faktoren für die Alternsvorgänge und die Lebenserwartung eines Individuums verantwortlich sind.

Die sogenannte *Genregulationstheorie* basiert auf der Annahme, daß der Alternsprozeß durch Aktivierung bzw. Repression bestimmter Gene gesteuert wird. Diese Theorie wird unterstützt durch die Tatsache, daß alte Menschen mit großer Wahrscheinlichkeit Eltern hatten, die ebenfalls ein hohes Alter erreicht haben. Die längere Lebenserwartung von Frauen im Vergleich zu Männern macht das Geschlecht zu einem offensichtlichen genetischen Merkmal, das die Lebenserwartung beeinflußt. Ein weiterer Hinweis zur Unterstützung der genetischen Kontrolle des Alterprozesses kommt von der Beobachtung, daß eineiige Zwillinge mit identischer genetischer Anlage eine sehr ähnliche Lebensspanne haben, zweieiige dagegen nicht (Shock 1968).

Der Mechanismus der genetischen Kontrolle ist bisher allerdings ungeklärt, verschiedene Möglichkeiten werden diskutiert. Zum einen wird vermutet, daß die genetische Kontrolle des Alternsprozesses durch die Regulation der Proteinsynthese erfolgt. Dies erscheint plausibel, wenn man bedenkt, daß die Fähigkeit, bestimmte Proteine in bestimmter Menge zu bilden, für alle Körperfunktionen essentiell ist. Die genetische Kontrolle der Lebensdauer könnte auch über eines der regulatorischen Systeme Hypothalamus, endokrines oder Immunsystem ausgeübt werden oder auch mit der vererbten Anlage für bestimmte Krankheiten zusammenhängen.

Externe Faktoren: Umwelt- und Lebensstilfaktoren sind in der Lage, die genetische Grundausstattung zu modifizieren, genetisch bedingte Vorgänge zu beschleunigen oder zu verlangsamen. Ernährung, Strahlungsbelastung, Exposition toxischer Substanzen und hygienische Verhältnisse sind bedeutende Umweltfaktoren mit Einfluß auf genetisches Material und Alternsvorgänge.

Im Tierversuch wurde z. B. gezeigt, daß chronische UV-Bestrahlung durch genetische Mutation und folgende Bildung fehlerhafter Proteine den Alternsprozeß beschleunigt (Cristofalo 1990). Übermäßige Strahlenbelastung der menschlichen Haut ist mit Veränderungen im Hautkollagen und dadurch charakteristischen Hautfalten – vorzeitiger Alterung der Haut – und mit erhöhter Hautkrebsrate verbunden.

Das Phänomen des Alterns wird somit als eine Mischung von Veränderungen innerhalb des Organismus verstanden, die speziesspezifisch und umweltbedingt sind, das Produkt von Interaktionen zwischen genetischen und Umwelt- und Lebensstilfaktoren (Evans 1992, Hazzard 1987). Der Zustand im Alter ist das Resultat von Wechselwirkungen zwischen internen und externen Einflüssen, der lebenslangen Auseinandersetzung des Indviduums mit seiner Umwelt.

Aus dieser Theorie folgt, daß der Alternsprozeß durch Optimierung der Umweltbedingungen einschließlich Lebensstil beeinflußt werden kann. Der Ernährung und dem Umgang mit Genußmitteln sowie körperlicher Aktivität wird dabei als Faktoren des Lebensstils ein wesentliches Potential zur Beeinflussung von Alternsprozessen zugesprochen.

1.3.2.2 Altersveränderungen auf molekularer, zellulärer und systemischer Ebene

Altersphänomene werden auf molekularer, zellulärer und systemischer Ebene beobachtet. Die Veränderungen auf Organ-Ebene spiegeln dabei funktionelle Veränderungen auf Zellniveau wieder, die durch Veränderungen molekularer Mechanismen bedingt sind.

Tab. 1.7 zeigt verschiedene Alternstheorien im Überblick.

Tab. 1.7: Alternstheorien.

Altern auf molekularer Ebene
– durch Häufung metabolischer Fehler bzw. irreparabler Schäden
– durch Veränderungen im Gleichgewicht verschiedener Stoffwechselwege
Altern auf zellulärer Ebene
– durch genetisch festgelegte begrenzte Teilungsfähigkeit der Zellen
– durch Häufung abnormaler zellulärer Proteine
– durch abnehmende Fähigkeit der Zellen zum Stoffaustausch
– durch mechanische Beanspruchung der Zellen
– durch Anhäufung freier Radikale bzw. Schäden durch freie Radikale
Altern auf systemischer Ebene
– durch Altersveränderungen regulatorischer Systeme
– durch Verlust an Komplexität und Anpassungsfähigkeit

Altern auf molekularer Ebene

Eine Alternshypothese geht davon aus, daß die Akkumulation von Fehlern bei molekularen Abläufen und biochemischen Reaktionen zu Funktionsstörungen in Zellen und Organen führt. Nach der Irrtumskatastrophen-Theorie wird Altern als Resultat von Fehlern bei der Informationsübertragung für die Proteinsynthese angesehen. Mutationen der mitochondrialen DNA wurden in den letzten Jahren als wesentlicher Faktor im Alternsprozeß und bei der Entstehung degenerativer Alterskrankheiten wie Parkinson-Syndrom, Diabetes mellitus und Alzheimer-Demenz diskutiert (Morley & Solomon 1994).

Daneben kann man sich vorstellen, daß Altersveränderungen auf molekularer bzw. biochemischer Ebene durch Veränderungen im Gleichgewicht zwischen verschiedenen Stoffwechselwegen zustandekommen. So beschreibt EVANS (1992) die Theorie der metabolischen Umschaltung von Reproduktion auf Lebensverlängerung in Abhängigkeit von den Umweltbedingungen. Um länger zu leben, muß eine metabolische Änderung stattfinden, metabolische Ressourcen müssen von der Reproduktion umverlagert werden auf Erkennung und Reparatur der unvermeidbaren Schäden durch ständige Umwelteinflüsse wie Hitze, Strahlung und freie Radikale.

Altern auf zellulärer Ebene

Lange Zeit hat sich die Forschung auf Altersveränderungen der Zelle konzentriert.

Die klassischen Untersuchungen zur zellulären Alterung stammen von HAYFLICK und MOORHEAD (1961) an Kulturen undifferenzierter Bindegewebszellen. HAYFLICK postulierte die These der begrenzten Teilungsfähigkeit der Zellen, die genetisch festgelegt ist. Die Zahl der Teilungen ist dabei abhängig von der Spezies und dem Alter des Spenders.

Bei Bindegewebszellen der Maus, die eine Lebenserwartung von 3,5 Jahren hat, wurden 21 Zellteilungen beobachtet, bei menschlichen Zellen 50 Teilungen. Während sich bei jungen Männern 60 % der Bindegewebszellen mindestens 8 mal in 2 Wochen teilen, sind dies bei älteren Männern nur 2 % der Zellen (US Department of Health 1984 nach SCHLENKER 1993).

Maximale Lebensdauer, allmählicher Verlust von Zellfunktionen und Zelltod sind nach dieser Theorie genetisch vorprogrammiert, die genauen Mechanismen, die zum Zelltod führen, sind jedoch nicht bekannt.

Da hochdifferenzierte Zellen in Muskel- oder Nervengewebe ihre Teilungsfähigkeit sehr früh im Leben verlieren und Leber- und Nierenzellen ihre Teilungsfähigkeit zwar erhalten, sich unter normalen Bedingungen jedoch nicht teilen, wird die begrenzte Fähigkeit zur Teilung nicht allgemein als Grundlage von Altersveränderungen in Organen und Geweben anerkannt (SCHLENKER 1993).

Eine weitere Hypothese begründet Altern durch Häufung abnormaler zellulärer Proteine. Mit zunehmendem Alter nehmen die Konzentrationen von normalen zellulären Proteinen ab, während sich abnormale zelluläre Proteinc häufen. So wurde beobachtet, daß falsche Enzymmoleküle mit dem Alter in den Zellen in vivo akkumulieren, was mit einer 30-70%igen Reduktion spezifischer Enzymaktivitäten verbunden ist. Die Gegenwart abnormaler Proteine in alten Zellen kann dabei sowohl durch eine veränderte Proteinsynthese als auch durch mangelnde Fähigkeit zur Beseitigung dieser Proteine erklärt werden und führt letztendlich zum Zelltod (Cristofalo 1990, Holliday 1990).

Daneben wird eine zunehmenden Unfähigkeit, Stoffwechselendprodukte auszuscheiden, beschrieben sowie eine abnehmende Fähigkeit der Zellen, die für ihr Weiterleben notwendigen Stoffe aufzunehmen und zu verarbeiten.

Sugarman und Munro (1980a) haben die Zinkaufnahme aus einem Kulturmedium in Lungenfibroblasten untersucht und bei gealterten Zellen eine deutlich verringerte Aufnahme beobachtet. Studien an isolierten Adipozyten von 12 und 24 Monate alten Ratten ergaben eine Verringerung der Zinkaufnahme um 38 % bei den älteren Ratten (Sugarman & Munro 1980b).

Diese Studien lassen vermuten, daß die Kapazität der Zellen, Nährstoffe aus dem Blutstrom aufzunehmen, mit den Alter abnehmen könnte.

Anhäufung von Schäden, die durch freie Radikale im normalen Zellstoffwechsel entstehen, und mechanische Beanspruchung werden ebenfalls für zelluläre Alternsprozesse verantwortlich gemacht. Ebenso soll die Anhäufung freier Radikale durch verminderte Aktivität der Superoxiddismutase zu verringerter Widerstandskraft der Zelle gegenüber intra- und extrazellulärer Verletzung führen und wird in Zusammenhang mit der Entstehung typischer Alterskrankheiten wie Arteriosklerose und Parkinson-Syndrom gesehen (Morley & Solomon 1994).

Altern auf systemischer Ebene

Fast alle physiologischen Systeme sind von Altersveränderungen betroffen, eine progressive Abnahme der funktionellen Kapazität vieler Organe und Gewebe mit zunehmendem Alter ist zu beobachten (s. Kap. 1.3.3 und Kap. 2).

Systemische Theorien gehen davon aus, daß übergeordnete regulatorische Systeme, die ihrerseits wieder vernetzt sind und die Funktion von Geweben und Organen kontrollieren – Nervensystem, endokrines und Immunsystem –, durch eigene Änderungen im Lauf der Zeit Einfluß auf das Altern des gesamten Organismus haben (Hazzard 1987). Unklar ist dabei, wodurch die Altersveränderungen dieser übergeordneten Systeme verursacht werden.

Eine weitere Theorie führt Funktionseinbußen im Alter auf einen zunehmenden Verlust an Komplexität und Anpassungsfähigkeit zurück (s. Kap. 1.3.3).

1.3.3 Altern und Funktionsfähigkeit des Organismus

Abnahme physiologischer Funktionen

Altern ist mit einer kontinuierlichen Abnahme physiologischer Funktionen verbunden (vgl. Kap. 2).

Die umfassendsten Erkenntnisse über die Veränderungen, die sich bei normalem Altern in verschiedenen Organen und im Hinblick auf physiologische Funktionen abspielen, stammen aus der Baltimore Longitudinal Study of Aging (BLSA).

Die BLSA wurde 1958 von Nathan SHOCK mit über 1000 gesunden Männern unterschiedlichen Alters begonnen. In Querschnittsuntersuchungen wurde ermittelt, wie sich verschiedene Funktionen zwischen dem 30. und dem 80. Lebensjahr verändern (Abb. 1.3). Große Variationen im Ausmaß der Veränderungen wurden festgestellt.

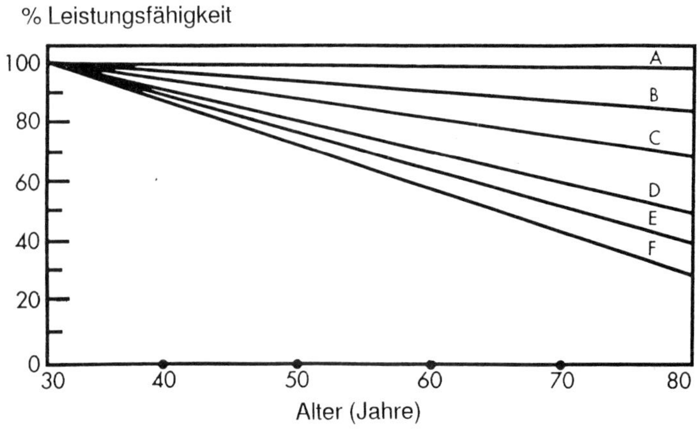

Abb. 1.3: Altersveränderungen physiologischer Funktionen bei 30-80jährigen Männern der Baltimore Longitudinal Study of Aging (BLSA). (US DEP. OF HEALTH AND HUMAN SERVICES 1984 nach SCHLENKER 1993.) – A: Nüchternblutzucker; B: Nervenleitgeschwindigkeit, Aktivitäten einiger zellulärer Enzyme; C: Herzindex (bei Ruhe); D: Renaler Blutfluß; E: Maximale Atemkapazität; F: Maximale Sauerstoffaufnahme.

Die Altersveränderungen sind nicht nur je nach betrachteter Funktion unterschiedlich, sondern verlaufen auch in individuell unterschiedlichem Ausmaß (vgl. Kap. 1.3.1). Manche Individuen erhalten das Leistungsniveau von wesentlich jüngeren Erwachsenen, während andere mehr oder weniger deutliche Einbußen physiologischer Funktionen zeigen. Die Abnahme der körperlichen und geistigen Leistungsfähigkeit in individuell unterschiedlichem Ausmaß führt zu einer größeren Spannbreite „normaler" Befunde im Alter (vgl. Kap. 1.2.4).

Verlust an Komplexität – schlechtere Koordination

Für die Funktionsfähigkeit des Organismus im Alter sind nicht nur Funktionseinbußen einzelner physiologischer Variablen von Bedeutung. Eine gesunde physiologische Funktion ist vielmehr charakterisiert durch komplexe Interaktionen zahlreicher Kontrollmechanismen, die ein Individuum in die Lage versetzen, sich den vielfältigen Einflüssen und Anforderungen im täglichen Leben anzupassen.

Lipsitz und Goldberger (1992) kommen in einer Übersichtsarbeit zu dem Ergebnis, daß physiologisches Altern mit Störungen im komplexen Zusammenspiel der Organfunktionen verbunden ist.

Ein Vergleich einfacher und komplexer Vorgänge macht deutlich, daß der benötigte Koordinationsgrad zwischen verschiedenen Organsystemen für die Abnahme einer bestimmten Funktion mitentscheidend ist. Eine alte Person kann meist ohne Probleme auf einer ebenen Fläche gehen, während Treppensteigen – verbunden mit mehr Muskelarbeit und höherem Sauerstoffverbrauch – mehr Koordination und eine große Anstrengung bedeutet. Auch die Nahrungszubereitung, die sowohl visuelle als auch motorische Koordination erfordert, kann schwierig werden.

Veringerte Anpassungsfähigkeit – anfälligere Homöostase

Physiologisches Altern ist charakterisiert durch eine kontinuierliche Abnahme der homöostatischen Reserven jedes Organsystems. Die Fähigkeit auf interne und externe Reize und Veränderungen schnell und adäquat zu reagieren, ist verringert. Das bestehende Gleichgewicht ist leichter störbar, die Homöostase labiler. Die Fähigkeit des älteren Organismus, sich an Streß anzupassen, ist geringer (Evans 1992). Alte Menschen sind daher anfälliger gegenüber unvorhergesehenen äußeren Einflüssen und Störungen jeder Art. Lipsitz und Goldberger (1992) stellten die Hypothese auf, daß die beeinträchtigte Anpassungsfähigkeit an physiologischen Streß durch den beschriebenen Komplexitätsverlust bedingt ist.

Die Wiederherstellung eines gestörten Gleichgewichts, der Homöostase, ist andererseits verzögert, was sowohl durch verringerte Sensitivität von Kontrollrezeptoren als auch durch aktuelle Veränderung der Gewebe- und Organfunktion erklärt werden könnte.

Trotz Veränderungen und Verlusten der funktionellen Kapazität, Komplexität und Anpassungsfähigkeit treten unter normalen alltäglichen Bedingungen üblicherweise keine Probleme auf. Bei den meisten Organen beträgt die maximale Leistungsfähigkeit ein Vielfaches der durchschnittlichen Anforderungen, so daß ein gewisses Maß an Verlusten ohne merkliche Veränderung der Funktion auftreten kann. Die Verluste werden jedoch spürbar und offensichtlich, wenn extreme Anforderungen gestellt werden, z. B. durch Belastungen wie Krankheit, Medikamente oder Umweltstreß, oder wenn die funktionellen Verluste übermäßig groß sind.

Insgesamt ist das Ausmaß der Veränderungen mit dem Alter in jedem Fall geringer als bei funktionellen Störungen oder bei Krankheit. Die *Homöostase* bleibt beim normalen Alternsprozeß *erhalten*, während Krankheit in allen Altersgruppen einen Angriff auf die Homöostase darstellt. Bei akuten Krankheiten ist das vorhandene Gleichgewicht deutlich gestört, bei chronischen Krankheiten wird ein neues Gleichgewicht unter veränderten Bedingungen hergestellt.

1.3.4 Altern und Krankheit – „successful aging"

Altern ist in individuell unterschiedlichem Maß mit Krankheit, Behinderung und Beeinträchtigung verbunden. Meist treten Alter und chronische Krankheiten gleichzeitig auf, und es bestehen unterschiedliche Meinungen darüber, inwieweit die beiden Phänomene miteinander verbunden bzw. voneinander zu trennen sind. Pathologische Veränderungen können als altersbedingt betrachtet werden, umgekehrt gehen Altersveränderungen vielfach mit Krankheit einher. Zweifellos nimmt die Gebrechlichkeit mit dem Alter auch ohne Krankheit zu.

Einerseits wird die Ansicht vertreten, daß Altern nicht zwangsläufig mit Krankheit und Verschlechterung des Gesundheitszustands verbunden ist, andererseits werden selbst altersbegleitende Störungen wie die senile Demenz vom Alzheimer-Typ als Alternsprozeß und nicht als Krankheit betrachtet (Forbes & Hirdes 1993).

Zur Differenzierung von Alters- und Krankheitseffekten wurde von Rowe und Kahn (1987) die **Theorie des erfolgreichen Alterns** („successful aging") aufgestellt. Es handelt sich um ein Modell zur Trennung von physiologischen und pathologischen Altersveränderungen, das davon ausgeht, daß unterschiedliche Umwelteinflüsse und Krankheiten zu einem unterschiedlichen Maß an Alterung führen.

Bei diesem Konzept wird zwischen üblichem und erfolgreichem Altern unterschieden. Unter „usual aging" sind dabei altersbedingte Veränderungen zu verstehen, die durch Krankheit, negative Umwelt- und Lebensstilfaktoren gesteigert sind. „Sucessful aging“ oder erfolgreiches Altern zeigt sich dagegen bei Personen, deren altersbedingte Veränderungen nicht durch Krankheit, Umwelteinflüsse oder negativen Lebensstil verstärkt oder beschleunigt wurden. Durch Vergleiche von üblich und erfolgreich gealterten Personen werden Hinweise auf die Art der entscheidenden Einflußfaktoren und ein besseres Verständnis der Beziehung zwischen Altern und Krankheit erwartet.

1.4 Bedeutung der Ernährung im Alterungsprozeß

Seit jeher suchen die Menschen nach Möglichkeiten, den Alternsprozeß zu verhindern und ihre Jugend zu erhalten oder wiederzugewinnen. Heutzutage verspricht uns die Werbung, daß Stärkungsmittel und Geriatrika, Kräuter, Vitamine, Knoblauchpillen und immer wieder neue Produkte auch mit zunehmender Zahl an Lebensjahren jung und gesund halten. Altgewordene berichten von Hausmitteln und Geheimrezepten, denen sie ihr hohes Alter zu verdanken haben. „Morgens Haferschleim, mittags Babykost und abends einen Klaren“ verriet vor einiger Zeit eine 109jährige Düsseldorferin ihren Speiseplan, dem sie ihr hohes Alter mit zuschreibt.

Wenn auch klar ist, daß es weder ein Rezept noch irgendwelche Wundermittel zur Vermeidung des Alterns gibt, wird die Ernährung doch als wichtiger Faktor des Lebensstils angesehen, der zu Gesundheit und Funktionsfähigkeit eines Organismus in jedem Lebensalter beiträgt.

Durch die vielfältigen lebensnotwendigen Funktionen der Nährstoffe als Körpersubstanz und Stoffwechselmediatoren erscheint es plausibel, daß bestimmte Nährstoffmengen für optimale Körperzusammensetzung und Stoffwechselabläufe nötig sind und dadurch zu optimaler Funktionserhaltung beitragen. Ernährung zählt zu den externen Faktoren, die den Alternsprozeß möglicherweise zu beeinflussen vermögen (vgl. Kap. 1.3.2.1). Lipschitz (1992) mißt der Ernährung die größte Bedeutung unter den externen Einflußfaktoren auf den Alternsprozeß zu.

Dabei stellt sich die Frage, wie und in welchem Ausmaß Ernährungsfaktoren Alternsvorgänge und die Entwicklung chronischer Krankheiten und damit Lebenserwartung und Lebensqualität im Alter beeinflussen können.

Es wäre z. B. denkbar, daß die bei alten Menschen beobachtete verringerte Nährstoffzufuhr im Vergleich zu jüngeren (s. Kap. 10) zum altersbegleitenden Verlust von Gewebefunktionen beiträgt. Könnte eine bessere Ernährung den fortschreitenden Verlust physiologischer Funktionen verlangsamen und die Entstehung chronischer Krankheiten verhindern?

Im Gegensatz zu den genetischen Determinanten des Alternsprozesses sind Ernährungsfaktoren zugänglich für Interventionsmaßnahmen auf gesellschaftlicher und individueller Ebene, und Modifikationen sind in gewissem Rahmen denkbar.

Bei entsprechendem Wissen über die Zusammenhänge zwischen Nahrungsmenge und -qualität in verschiedenen Lebensabschnitten und Altersveränderungen, über die Effekte verminderter oder erhöhter Aufnahme von Energie oder einzelnen Nährstoffen, könnten daraus abgeleitete gezielte Ernährungsmaßnahmen dazu beitragen, daß Alternsprozesse langsamer fortschreiten, Alterskrankheiten seltener oder später auftreten, Lebenserwartung und Lebensqualität steigen.

Die Haupterkenntnisse über den Einfluß der Ernährung auf den Alternsprozeß stammen aus Tierstudien, die in erster Linie die Effekte quantitativer, aber auch qualitativer Ernährungsveränderungen untersucht haben. Im Tierexperiment wurde gezeigt, daß Nahrungsmenge und -zusammensetzung in erheblichem Maß Einfluß auf die Regulation von Zell- und Organfunktionen und damit auf Gesundheit und Lebensspanne haben.

1.4.1 Ernährung und Altern im Tiermodell

1.4.1.1 Ernährung und physiologische Alternsprozesse im Tiermodell

Tiermodelle liefern deutliche Hinweise dafür, daß das Altern physiologischer Funktionen durch die Ernährung beeinflußt werden kann. Verschiedene Studien haben gezeigt, daß begrenzte Nahrungsaufnahme und chronische *Restriktion der Energiezufuhr* bei Nagetieren eine ganze Reihe altersbegleitender physiologischer Veränderungen verzögert oder verhindert. Beispielhaft seien folgende Punkte genannt:

- Der altersbegleitende Konzentrationsanstieg von Plasma-Cholesterin erfolgt wesentlich später und weniger stark (Liepa et al. 1980).
- Die Akkumulation von Körperfett und Plasma Cholesterin ist weniger ausgeprägt (Bertrand et al. 1980, Liepa et al. 1980).
- Die Reaktion von Adipozyten auf Hormone bleibt besser erhalten (Voss et al. 1982, Yu et al. 1980).

- Veränderungen von Hormonspiegeln und endokriner Funktionen sind verringert bzw. verzögert (Kalu et al. 1988, Masoro 1993, Reaven & Reaven 1981, Segall et al. 1978, Levin et al. 1981).
- Altersbedingte Verluste im Immunsystem sind reduziert (Fernandez 1984, Good 1981, Weindruch & Suffin 1980, Weindruch et al. 1982).

1.4.1.2 Ernährung und chronische Krankheit im Tiermodell

Eine *Begrenzung der Nahrungsmenge* führt bei Tieren nicht nur zur Verringerung bzw. zur Verlangsamung von Alternsprozessen, sondern auch zu einer langsameren Entwicklung chronischer Krankheiten. Wird die Energiezufuhr von frühem Alter an begrenzt, ändert sich auch das Krankheitsmuster bei Nagern. Nach Masoro (1990) können die meisten altersbegleitenden Krankheitsprozesse durch Begrenzung der Nahrungsmenge verzögert oder verhindert werden. In zahlreichen Studien an Ratten und Mäusen wurde gezeigt, daß Häufigkeit und Schweregrad von Herz- und Nierenkrankheiten deutlich reduzierbar sind. Die Entwicklung von Magengeschwüren, Muskel- und Knochendystrophie, von Katarakt, Brust- und Lungentumoren, Leukämie und Pankreasadenomen war durch Energierestriktion deutlich verlangsamt (Masoro 1993).

Neben der Energiemenge als solcher scheint die *Zusammensetzung der Energiemenge* aus Protein, Fett und Kohlenhydraten für auftretende Krankheitsmuster von Bedeutung zu sein. Während eine proteinreiche Ernährung zu schnellerem Wachstum, erhöhtem Körpergewicht und kürzerer Lebensdauer führt (Weindruch & Walford 1988), bewirkt Begrenzung der Proteinmenge oder Ersatz von tierischem Protein durch Sojaprotein eine geringere Häufigkeit von Nierenschäden (Masoro 1990).

1.4.1.3 Ernährung und Lebenserwartung im Tiermodell

Die klassischen Studien von McCay et al. (1935, 1939) in den 30er Jahren, die mittlerweile wiederholt bestätigt wurden, haben gezeigt, daß Ratten, deren Wachstum durch *Energierestriktion* von frühem Alter an deutlich verlangsamt war, länger leben. Die Diät war lediglich in ihrem Energiegehalt begrenzt und enthielt ausreichende Mengen an Protein, Vitaminen und Mineralstoffen. Die Energierestriktion ist am effektivsten, wenn sie zum Zeitpunkt des Abstillens begonnen wird, zeigt aber auch noch Wirkung, wenn sie bei Nagern im jungen Erwachsenenalter (Nolen 1972) oder sogar erst im mittleren Alter einsetzt (Weindruch & Walford 1982).

Abb. 1.4 veranschaulicht den Unterschied in der Lebensdauer von Ratten mit unbegrenztem Nahrungsangebot im Vergleich zu Tieren, die 60 % der Energiemenge der ersten Gruppe erhielten (Yu et al. 1982).

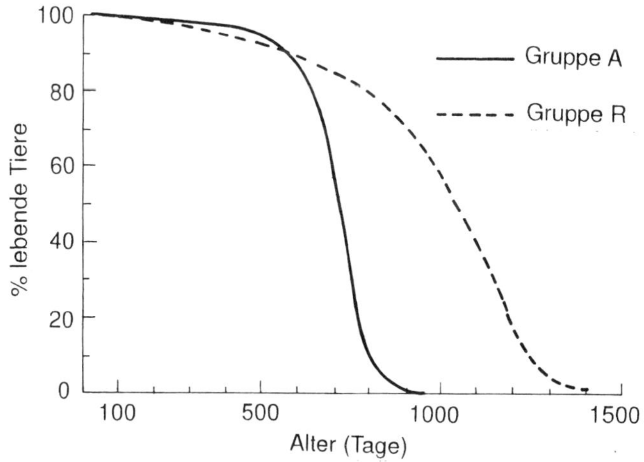

Abb. 1.4.: Überlebenskurven von Ratten mit begrenzter und unbegrenzer Energieaufnahme (Yu et al. 1982). – Gruppe A: unbegrenzte Nahrungsmenge (ad libitum); Gruppe R: 60 % der mittleren Nahrungsmenge von ad libitum gefütterten Ratten.

Es wurde gezeigt, daß neben der Energierestriktion körperliche Bewegung die Lebenserwartung der Ratte verlängert (Goodrick et al. 1983), was Munro (1984) dazu veranlaßte, die käfiggehaltene Ratte mit unbegrenztem Nahrungsangebot mit dem modernen Menschen zu vergleichen: Nahrungsüberfluß und Bewegungsmangel führen nach seiner Ansicht zu einer Verkürzung der Lebenserwartung, während begrenztes Nahrungsangebot und körperliche Aktivität die Ausnutzung der theoretisch möglichen Lebensspanne eher ermöglichen.

Verschiedene Studien haben ergeben, daß auch die *Restriktion einzelner Nährstoffe* – Fett, Protein, Vitamine, essentielle Fettsäuren oder Zink (Beach et al. 1982, Hurd et al. 1981, Kayser et al. 1972, Miller & Payne 1968) – zu einer Lebensverlängerung bei Ratten führt, was aber eher auf die geringere Energieaufnahme zurückgeführt wird, die mit geringerem Wachstum verbunden war (Munro 1988).

Insgesamt scheint die Gesamt-Energieaufnahme für die Lebensdauer von größerer Bedeutung zu sein als die Zusammensetzung der Energiemenge aus Protein, Fett und Kohlenhydraten.

Zusammenfassend kann festgehalten werden, daß Energierestriktion bei Mäusen und Ratten sowohl altersbegleitende Einbußen physiologischer Funktionen verlangsamt oder verringert, als auch altersabhängige Krankheitsprozesse verzögert oder verhindert und die Lebensdauer verlängert.

1.4.1.4 Mögliche Erklärungen für den Effekt von Energierestriktion auf die Lebenserwartung

Die verlängerte Lebenserwartung durch Energierestriktion kann durch Verzögerung altersbegleitender physiologischer Veränderungen und durch Verlangsamung der Entwicklung chronischer Krankheiten erklärt werden. Da die Verzögerung altersbegleitender physiologischer Veränderungen lange vor den Alterskrankheiten eintritt, wird sie als wesentlicher Mechanismus zur Lebensverlängerung angesehen (MASORO & MCCARTER 1990).

Verschiedene Theorien zur Erklärung wurden entwickelt:

Da die beobachteten Phänomene durch Begrenzung der Energiemenge verursacht wurden, nimmt man an, daß *Veränderungen im Energiestoffwechsel* zugrunde liegen. Die Energiemenge scheint fundamentale Stoffwechselprozesse zu kontrollieren, die die Lebensspanne beeinflussen. Energierestriktion führt zu schlankeren, aktiveren Tieren, die ihre Energie effizient nutzen. Die verfügbare Energie kann auf die wesentlichen Funktionen gerichtet werden und es müssen keine unnötigen Prozesse zur Verarbeitung und Verwaltung überschüssiger Energie ablaufen. Die lebenslange Verringerung der Stoffwechselaktivität wird von LIPSCHITZ (1992) als wesentlicher Faktor für die Lebensverlängerung angesehen. Der genaue Mechanismus, wie diese Effizienzsteigerung den Alternsprozeß beeinflussen kann und zu einer Lebensverlängerung führt, ist bisher allerdings nicht bekannt.

MASORO (1993) ist dagegen der Ansicht, daß nicht die Rate, sondern bestimmte Charakteristika des Energiestoffwechsels durch Energierestriktion moduliert werden, vermittelt durch endokrine oder neurale Regulationsmechanismen, was letztendlich zu einer Verlangsamung der Alternsvorgänge führt.

Nach der *Radikaltheorie* trägt vermehrte Bildung freier Radikale zu degenerativen Veränderungen bei. Es wurde beobachtet, daß Tiere mit begrenzter Energiezufuhr und dadurch längerer Lebensspanne höhere Mengen an antioxidativ wirksamen Enzymen und Molekülen bilden und damit die Körperabwehr gegenüber altersbegleitenden Schäden erhöhen (KOIZUMI et al. 1987). Demnach ist das Ausmaß oxidativer Schäden bei begrenzter Energiezufuhr geringer. Der Versuch, durch Gabe hoher Mengen an Vitaminen oder anderen antioxidativ wirksamen Substanzen den Alternsprozeß zu beeinflussen, war allerdings nicht erfolgreich. Die Tiere zeigten zwar ein verringertes Maß an Lipidperoxidationsreaktionen in den Geweben, ihre Lebensspanne war jedoch unverändert (SCHLENKER 1993).

Anderen Hypothesen zufolge wird die Lebensverlängerung durch Energierestriktion mit *hormonellen Mechanismen* erklärt (MASORO & MCCARTER 1990).

Außerdem wird angenommen, daß das *Immunsystem* wesentlich an der Lebensverlängerung durch Energierestriktion beteiligt ist (MUNRO 1988).

Trotz verschiedener Hinweise kann keine dieser Theorien eine komplette Erklärung für das beobachtete Phänomen liefern. Für keine Theorie ist die Kausalität der Beziehungen erwiesen.

1.4.2 Bedeutung der Tierversuche für den Menschen

Da die Ergebnisse von Tierstudien nicht direkt auf den Menschen übertragen werden können, bleibt die Bedeutung dieser Beobachtungen an Tieren für das menschliche Altern leider unklar. Zweifellos spielt die Ernährung jedoch auch beim Menschen eine bedeutende Rolle für die Lebensdauer und die Entstehung vieler der sogenannten „Alterskrankheiten" und kann möglicherweise Alternsprozesse beeinflussen.

Interessant ist, daß in historischen Berichten über gesunderhaltende Ernährung des Menschen immer wieder der Aspekt der begrenzten Nahrungsmenge auftaucht.

Der Arzt und Naturforscher Paracelsus von Hohenheim empfiehlt z. B. bereits Anfang des 16. Jahrhunderts „Maßhalten in allen Dingen" – so auch beim Essen –, um Gesundheit und Wohlbefinden zu erhalten. Benjamin Franklin betont 1733, die Nahrungsmenge zu begrenzen – „essen um zu leben und nicht leben um zu essen" („eat to live and not live to eat").

Eine Begrenzung der Energiezufuhr ist in jedem Fall im Sinne einer Vermeidung von Übergewicht auch für die menschliche Gesundheit und Lebensdauer von Bedeutung. Dabei sind die Effekte einer Nahrungsrestriktion im Erwachsenenalter für die menschliche Situation sicher relevanter als eine Restriktion, die im Kindesalter beginnt und möglicherweise die optimale Entwicklung beeinträchtigt.

Der Befund bei Tieren, daß die Art der Energiequelle weniger wichtig ist als die konsumierte Gesamtmenge, muß beim Menschen näher untersucht werden, denn sowohl Menge als auch Art von Fett scheinen beim

Menschen mit der Entstehung chronischer Krankheiten verbunden zu sein. Nicht nur Energiemenge und Nährwertrelation, auch Überfluß oder Mangel einzelner Nährstoffe stehen beim Menschen mit der Entstehung ernährungsabhängiger Krankheiten in Zusammenhang.

Bisher sind die Zusammenhänge beim Menschen allerdings unzureichend untersucht, weitere Informationen über die optimale Nährstoffaufnahme zur Erhaltung der Funktionen und zum Vermeiden von nachteiligen Gewebeveränderungen, die zu chronischen Krankheiten führen, sind erforderlich.

Da nicht nur aktuelle, sondern lebenslange Ernährungsmuster Einfluß auf Alternsprozesse und Wohlbefinden im Alter haben, ist für Aussagen und Erkenntnisse über die genauen Zusammenhänge zwischen Ernährungsfaktoren und Gesundheitszustand im Alter die Kenntnis langfristiger, idealerweise lebenslanger Ernährungsgewohnheiten erforderlich.

Nur durch Langzeitstudien, die die Ernährung in Beziehung zum Gesundheitszustand im Verlauf der Zeit – unter Berücksichtigung anderer Einflußfaktoren – untersuchen, können die entsprechenden Erkenntnisse gewonnen werden.

Aufgrund ihrer kurzen Lebensdauer eignen sich Nager hervorragend für derartige Untersuchungen. Langzeitstudien beim Menschen sind dagegen wesentlich aufwendiger und wurden bisher nur vereinzelt und über relativ kurze Zeiträume mit begrenzter Teilnehmerzahl durchgeführt.

Bisherige Langzeitstudien, die Ernährungsaspekte miteinbeziehen, konzentrieren sich vor allem auf kardiovaskuläre Krankheiten und beschränken sich dabei auf die Betrachtung einzelner relevanter Nährstoffe, wie Art und Menge des verzehrten Fetts (Kannel 1990), oder beschreiben lediglich Altersveränderungen bestimmter Parameter, ohne den Bezug zur Gesundheitssituation herzustellen (Elahi et al. 1983, Flynn et al. 1992, Garry et al. 1992, Hallfrisch et al. 1990).

Wünschenswert wären Studien über die lebenslange Ernährung von Individuen in Beziehung zu ihrer körperlichen Gesundheit und chronischen Krankheiten in späteren Jahren.

1.4.3 Ernährung und Altern beim Menschen

1.4.3.1 Ernährung und physiologische Alternsprozesse

Auch beim Menschen wurde gezeigt, daß die Ernährung eine wichtige Rolle bei Altersveränderungen physiologischer Funktionen spielen kann (Masoro 1990).

So wird berichtet, daß die Abnahme der Glucosetoleranz mit dem Alter durch Verringerung der Energiezufuhr zum Großteil vermieden (SMITH et al. 1988) und Bluthochdruck im Alter oft durch Verringerung der Energie- und/oder Natriumzufuhr verringert werden kann (KANNEL 1988).

Außerdem ist bekannt, daß die lebenslange Calciumaufnahme für Knochenfestigkeit und Alterungsprozesse des Skeletts von entscheidender Bedeutung ist.

Es ist durchaus denkbar, daß Veränderungen der Nahrungsaufnahme und Nährstoffversorgung im Alter zu altersbedingten Gewebe- und Funktionsveränderungen beitragen. Auf welche Weise Ernährungsfaktoren den Alternsprozeß allerdings genau beeinflussen, ist bisher größtenteils unklar und muß Gegenstand zukünftiger Forschung sein.

1.4.3.2 Ernährung und chronische Alterskrankheiten beim Menschen

Die Ernährung wird als Faktor bei der Verursachung chronischer Alterskrankheiten angesehen. Bei vielen Krankheiten, die im Alter vermehrt auftreten, ist eine Ernährungskomponente mit an der Entstehung beteiligt bzw. wird ein Ernährungseinfluß vermutet und diskutiert (vgl. Kap. 5). Auch die wesentlichen Todesursachen alter Menschen – Herz-Kreislauferkrankungen und Tumore (vgl. Kap. 1.2.2.1) – haben eine Ernährungskomponente.

Die Folgen vorangegangener, oft jahrzehntelanger Fehlernährung zeigen sich häufig erst im Alter. Chronische Krankheiten entwickeln sich oft über Jahre oder Jahrzehnte, um dann im Alter Krankheitswert zu erreichen. Langjährige Fehlbelastungen von Stoffwechsel und Organen können im Alter vielfach nicht mehr kompensiert werden, der gealterte Organismus kann ihnen nicht mehr standhalten. So ist ein suboptimaler Antioxidantienstatus jahrelang ohne Krankheitswert, geht jedoch mit erhöhtem Krebsrisiko einher und schlägt sich im Alter in einer höheren Tumorhäufigkeit nieder. Arteriosklerotische Gefäßverengungen, die sich über Jahre und Jahrzehnte entwickeln, erreichen im Alter einen Grad, der den reibungslosen Blutfluß oft nicht mehr gewährleistet.

Für die Entstehung ernährungsmitbedingter Krankheiten sind sowohl Menge als auch Zusammensetzung der Nahrung von Bedeutung (vgl. Kap. 5).

Das zentrale Problem ist dabei *Überernährung* in den mittleren Lebensjahrzehnten – ernährungsabhängige Krankheiten sind hauptsächlich durch überreichliche Ernährung in den vorangegangenen Lebensjahren mitbedingt. Häufige Gesundheitsprobleme im Alter wie Diabetes mellitus,

Arteriosklerose, Bluthochdruck, Herz-Kreislauf-Krankheiten, zerebrale Durchblutungsstörungen oder degenerative Erkrankungen von Wirbelsäule und Gelenken werden durch langjährige Überernährung begünstigt.

Daß sich auch *Ernährungsmängel* langfristig auswirken, zeigt sich in Form einer weiteren bedeutsamen Alterskrankheit, der Osteoporose, die ihre Wurzeln u. a. in einer unzureichenden Calciumaufnahme in früheren Lebensjahren hat (s. Kap. 5.5). Eine anhaltend zu geringe Ballaststoffzufuhr, wie sie in unseren Regionen üblich ist, führt zu Darmträgheit und Obstipation, ein Problem, das im Alter deutlich an Häufigkeit zunimmt (s. Kap. 9.3).

Obwohl es nur wenig longitudinale Studien an Menschen gibt, legen die Hinweise nahe, daß eine Ernährung mit moderaten Mengen an Energie und Fett, Reduktion tierischer Lebensmittel, aber großzügigem Konsum an pflanzlichen Lebensmitteln die Erhaltung der Gesundheit fördert. Die begrenzte Aufnahme von Fett und vermehrter Konsum von Carotinoid- und Vitamin-C-reichem Obst und Gemüse scheint einen gewissen Schutz vor der Entwicklung von Krebs zu bieten (s. Kap. 5.2.3).

1.4.3.3 Ernährung und Langlebigkeit beim Menschen

Kann die richtige Ernährung Leben verlängern? Gibt es eine spezielle Ernährungsweise zum Erreichen hohen Alters?

Auch wenn es keine Diät zur Vermeidung des Alterns gibt, bestehen keine Zweifel darüber, daß eine Beziehung zwischen Ernährungsfaktoren einerseits und der Lebenserwartung andererseits besteht. Neben anderen Faktoren gilt auch die Ernährung als Korrelat der Langlebigkeit (Abb. 1.5). Im komplizierten Zusammenwirken zahlreicher Faktoren trägt die Ernährung – selbst von verschiedenen Faktoren beeinflußt – zu körperlicher und psychischer Befindlichkeit bei und hat Einfluß auf die Lebensdauer.

Sowohl Unterernährung als auch Überernährung sind mit erhöhter Mortalität und verkürzter Lebensdauer verbunden.

Verkürzte Lebenserwartung durch Unterernährung

Unzureichende Ernährung führt in jedem Lebensalter zu Defiziten im Ernährungszustand mit geringerer Widerstandskraft gegenüber negativen Umwelteinflüssen. Die in diesem Jahrhundert in unserer Gesellschaft deutlich verbesserte Ernährungssituation mit ausreichendem, vielfältigem Nahrungsangebot gewährleistet eine optimale Entwicklung im Kindesalter, verbessert Widerstandskraft und Leistungsfähigkeit und hat zur Steigerung der Lebenserwartung wesentlich beigetragen. Noch heute führt ein

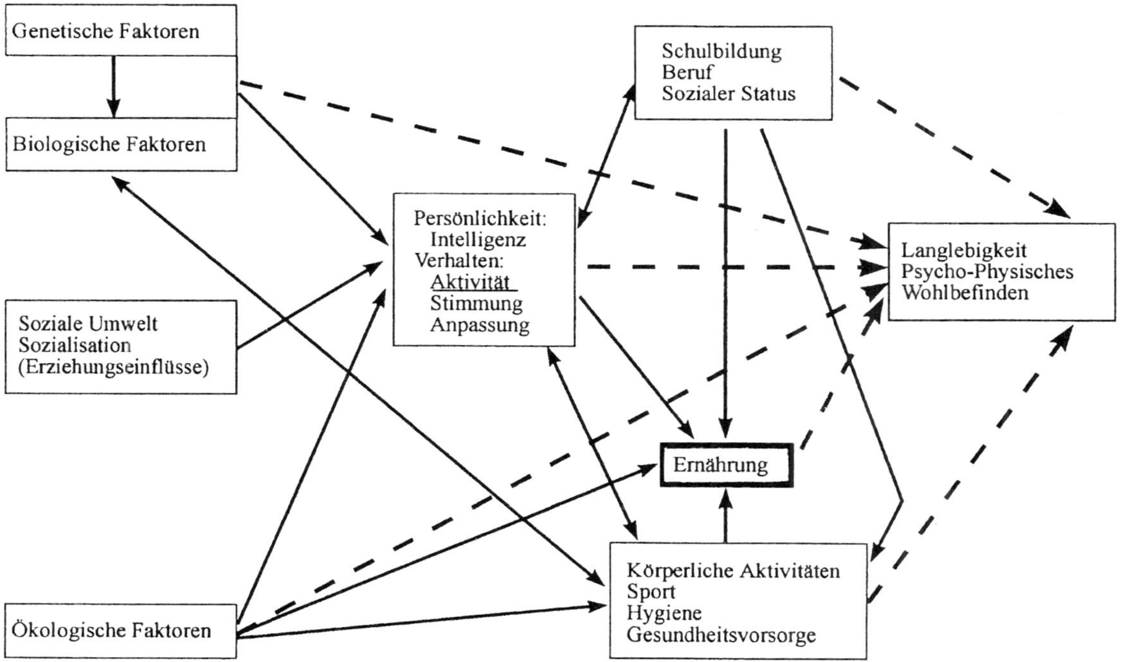

Abb. 1.5: Ernährung als Korrelat der Langlebigkeit. (Aus LEHR 1996.)

ungenügendes Nahrungsangebot in Entwicklungsländern zu Mangelernährung und damit verbundenem Tod in jungen Lebensjahren. Mangelernährung im Alter, ein Problem unserer eigenen Gesellschaft, ist ebenfalls mit verkürzter Lebenserwartung und deutlich erhöhter Mortalität verbunden (s. Kap. 7).

Verkürzte Lebenserwartung durch Überernährung

Die hohen Mortalitätsraten an Krankheiten, die durch Ernährungsfaktoren mitbedingt sind, zeigen ebenfalls, daß ungünstige Ernährung die Lebensdauer verkürzen kann. Am Beispiel von Arteriosklerose und Herzinfarkt oder bestimmten Tumoren wird deutlich, daß übermäßige bzw. in ihrer Zusammensetzung unausgewogene Nahrungsaufnahme zu einer begrenzten Lebensdauer beitragen kann.

Die Begrenzung der Energiezufuhr zur Vermeidung von Übergewicht und übermäßiger Fettakkumulation kann in diesem Sinne die menschliche Lebensspanne beeinflussen. Die beschriebenen Erfolge einer begrenzten Energiezufuhr sind sicher eher durch die Vermeidung von Übergewicht erklärbar als durch positive Effekte von Untergewicht per se.

Studien an Langlebigen

Um genaueren Einblick in die Zusammenhänge zwischen Ernährung, Gesundheit im Alter und Langlebigkeit zu bekommen, wurden verschiedene Untersuchungen mit gesunden Hochbetagten und Gruppen von 100jährigen, also „erfolgreich Gealterten“, durchgeführt.

In **Gießen** wurden 1989 600 **über 80jährige** über ihr Ernährungsverhalten in Vergangenheit und Gegenwart befragt (MENDEN et al. 1989). Die hochbetagten, gesunden Senioren gaben an, ihr Leben lang regelmäßige Mahlzeiten und mehrere Mahlzeiten am Tag eingehalten zu haben. Von einer abwechslungsreichen gemischten Kost mit hohem Anteil an Getreideprodukten, Milch und Milchprodukten, Obst und Gemüse wird berichtet. Ein Vorteil einer bestimmten extremen Ernährungsform als Voraussetzung für ein gesundes, langes Leben konnte in dieser Untersuchung nicht gefunden werden. Die Ergebnisse zeigen, daß man sich bei Vermeidung jeder Einseitigkeit mit sehr unterschiedlichen Lebensmitteln vollwertig ernähren und gesund alt werden kann. Die Tatsache, daß die Eltern der meisten Befragten bereits ein sehr hohes Alter erreichten, unterstreicht die Bedeutung geeigneter genetischer Voraussetzungen für erfolgreiches Altern.

Eine Studie an 30 **über 100jährigen in Kentucky** (KINZEL et al. 1986) bestätigt ebenfalls die Bedeutung genetischer Faktoren insofern, als die Eltern der meisten Befragten älter als 70 Jahre alt wurden. Keiner der Teilnehmer war zur Zeit der Untersuchung Raucher und nur einer hatte jemals im Leben geraucht. Alle Befragten tranken nie übermäßig viel Alkohol. Trotz chronischer Krankheiten war die Hälfte noch mäßig aktiv und ging regelmäßig außer Haus.

Es ist interessant, daß zwei Charakteristika dieser über 100jährigen – Nichtrauchen und körperliche Aktivität – auch in der **Alameda-Studie in Kalifornien** Prädiktoren für langes Leben waren. Diese Longitudinalstudie untersucht seit 1965 soziale, demographische und Verhaltenseinflüsse auf die Häufigkeit von Krankheit und Tod bei fast 7000 Einwohnern von Alameda County (KAPLAN et al. 1987). Eine Erhebung nach 17 Jahren bei anfangs 60-94jährigen ergab 4 Faktoren, die das Todesrisiko deutlich verringerten. Neben Nichtrauchen und regelmäßiger körperlicher Bewegung handelte es sich dabei um ein angemessenes Körpergewicht (nicht mehr als 10 % unter oder mehr als 30 % über dem durchschnittlichen Gewichts-Größen-Index) und ein regelmäßiges Frühstück. Leider liefert diese Studie keine weiteren Informationen über die Ernährung. Es kann nur vermutet werden, daß Menschen, die ihr Frühstück wichtig nehmen und kein extremes Körpergewicht haben, auch allgemein ernährungsbewußt sind.

In der **Georgia Centenarian Study** (JOHNSON et al. 1992) wurden die aktuellen Ernährungsmuster von 24 über 100jährigen mit denen von 54 60-69jährigen und 47 80-89jährigen verglichen. Im Vergleich zu den jüngeren hatten die über 100jährigen ebenfalls regelmäßigere Frühstücksgewohnheiten und vermieden Reduktionsdiäten und große Schwankungen im Körpergewicht. Der Gemüseverzehr war etwas höher als in den jüngeren Altersgruppen, keiner der ganz Alten war jedoch Vegetarier.

Untersuchungen über die Ernährungsgewohnheiten besonders **langlebiger Populationen** in verschiedenen Regionen der Welt beschreiben unterschiedliche Ernährungsmuster (SCHLENKER 1993). Während sich die Einwohner von Vilcabamba, einem Dorf im Andenhochland von Ecuador, und die Bewohner von Hunza, einem kleinen Gebiet im Himalaya in Pakistan, überwiegend vegetarisch ernähren, wird von Hochbetagten aus der Republik Georgia im Kaukasus eine gemischte Ernährung mit Fleisch und Milchprodukten berichtet. Übereinstimmend wurde allerdings eine geringe bis mittlere tägliche Energieaufnahme festgestellt bei einem gleichzeitig hohen Maß an körperlicher Aktivität bis ins hohe Alter. Allen drei Bevölkerungsgruppen gemeinsam waren außerdem Kohlenhydrate als Hauptenergiequelle, vermutlich mit hohem Ballaststoffanteil.

Studien an Hochbetagten geben damit Hinweise, die genauen Zusammenhänge sind jedoch weitgehend unklar. Die komplexe Zusammensetzung der Nahrung, komplizierte Wechselwirkungen zwischen Ernährung und anderen Faktoren, komplexes Zusammenspiel einer Vielzahl von Faktoren, die an Alternsvorgängen beteiligt sind, und unser mangelhaftes Verständnis dieser Vorgänge lassen die Frage, wie und in welchem Ausmaß Ernährungsfaktoren die menschliche Lebenserwartung, Gesundheitszustand und Alternsprozesse beeinflussen, für den Menschen derzeit nicht zufriedenstellend beantworten.

1.5 Ernährungsmaßnahmen im Alter – Ziele und Nutzen

1.5.1 Warum Gesundheitsmaßnahmen im Alter?

Das Ziel aller Interventionsmaßnahmen im Alter ist letztendlich die Erhaltung oder Verbesserung der Lebensqualität durch Minimierung von physiologischen Altersveränderungen, Erhaltung von Funktionen, Vermeidung bzw. Verzögerung von Krankheiten und dadurch Erhaltung der Selbständigkeit und Verminderung vorzeitiger Hinfälligkeit und Pflegebedürftigkeit. Eine weitere Steigerung der Lebenserwartung steht dabei nicht im Vordergrund.

KATZ et al. (1983) unterteilen die verbleibende Lebenszeit im Alter in abhängige und unabhängige Jahre. Unter Verwendung von Aufstehen vom Bett, Baden, Anziehen und Essen ohne Hilfe als Kriterien für unabhängiges Leben schätzten sie die Jahre funktionellen Wohlbefindens, die älteren Menschen in Massachusetts verbleiben. Dabei zeigte sich, daß Männer zwischen 65 und 69 Jahren eine durchschnittliche Zeit von weiteren 9,3 aktiven, unabhängigen Jahren gefolgt von 3,8 Jahren mit unterschiedlichem Grad an Abhängigkeit hatten. Für Frauen zwischen 65 und 69 Jahren betrug die unabhängige Zeit durchschnittlich 10,6 Jahre, danach folgten weitere 8,9 Jahre der Abhängigkeit vor dem Tod (Tab. 1.8).

Tab. 1.8: Mittlere Lebenserwartung (in Jahren) und Anzahl verbleibender unabhängiger Jahre ohne Einschränkung der Aktivitäten des täglichen Lebens bei selbständigen älteren Männern (M) und Frauen (F) in Massachusetts (KATZ et al. 1983).

	Mittlere Lebenserwartung		unabhängige Jahre	
	M	F	M	F
65 - 69 J.	13	20	9	11
70 - 74 J	12	16	8	8
75 - 79 J.	10	13	7	7
80 - 84 J.	7	10	5	5
≥85 J.	7	8	3	3

Ziel von Interventionsmaßnahmen muß es sein, die unabhängige Zeit auf Kosten der abhängigen zu verlängern. Erfolgreiches Altern soll gefördert, Krankheit und Behinderung vermieden werden.

Ein anderes Modell von FRIES (1992) bezieht neben der Morbidität die angestrebte Lebensdauer mit ein. Als kritische Zeitpunkte für die Lebensqualität im Alter sieht er zum einen den Beginn der Morbidität, das Auftreten der ersten größeren Krankheit oder Behinderung im Alter, an und zum anderen den Zeitpunkt des Todes. Drei mögliche Entwicklungen sind seiner Meinung nach für zukünftige Morbidität im Alter und Lebenserwartung denkbar (Abb. 1.6):

1. Lebensverlängerung: Eine weitere Erhöhung der Lebenserwartung bei gleichbleibendem Morbiditätsbeginn würde zur Verlängerung der abhängigen Jahre führen.

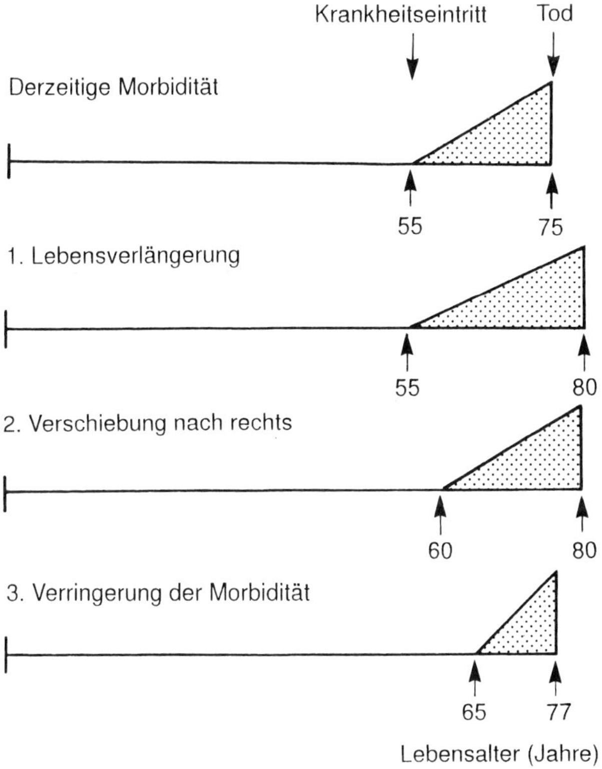

Abb. 1.6: Szenarios für zukünftige Morbidität und Lebenserwartung. (Aus FRIES 1992.)

2. Verschiebung nach rechts: Sowohl Krankheitsbeginn als auch Tod werden verzögert und treten später ein als bisher. Dies hätte keine Veränderung des Hilfsbedarfs und der Pflegebedürftigkeit zur Folge.
3. Anzustreben ist die dritte Möglichkeit, die eine Verringerung der Morbidität beinhaltet: Der Morbiditätsbeginn wird verzögert, Krankheiten setzen bei ähnlicher Lebenserwartung später ein. Die Zahl der abhängigen Jahre wäre damit verringert.

Eine wesentliche Verbesserung der Gesundheitssituation im Alter kann von Vorsorgemaßnahmen erwartet werden. Präventive Maßnahmen, die zu einer Verringerung oder Vermeidung von Risikofaktoren für chronische Krankheiten und beschleunigte Alternsprozesse beitragen, könnten bewirken, daß das durchschnittliche Alter beim Eintreten der ersten chronischen Krankheit steigt.

Die Verhütung von Krankheiten, Rückfällen und Verschlechterung von Krankheitszuständen sowohl in jüngeren Jahren als auch im Alter kann zur Erhaltung bzw. Verbesserung der Lebensqualität im Alter beitragen.

1.5.2 Warum Ernährungsmaßnahmen?

Ernährung ist ein Faktor des Lebensstils, der durch den einzelnen in gewissem Rahmen modifiziert werden kann und der öffentlichen Interventionen zugänglich ist.

Die beschriebenen Zusammenhänge zwischen Ernährungsfakoren einerseits, Alternsvorgängen, häufigen Krankheiten im Alter und Lebensdauer andererseits sprechen Ernährungsmaßnahmen ein Potential zur Beeinflussung der Gesundheitssituation im Alter zu. Neben anderen Bemühungen können Ernährungsmaßnahmen zur Vermeidung von Krankheiten und zur Verbesserung der Lebensqualität im Alter beitragen.

Ziel von Ernährungsmaßnahmen ist es, durch eine optimale Nährstoffaufnahme den Organismus mit allen benötigten Nährstoffen in adäquater Menge zu versorgen. Ernährungsinterventionen können so die Erhaltung bzw. Wiederherstellung eines zufriedenstellenden Ernährungszustands gewährleisten, zur optimalen Unterstützung des Stoffwechselgeschehens und letztendlich zur Erhaltung des Gesundheitszustands beitragen.

Aus den bisher geschilderten Zusammenhängen zwischen Ernährung, Krankheit und Lebenserwartung ergeben sich zwei große Problem- und Interventionsbereiche:

1.5.2.1 Maßnahmen im mittleren Alter bzw. *vor* dem Alter

Nach Ansicht verschiedener Autoren besteht der größte Wert der Ernährung in der Prophylaxe ernährungsabhängiger degenerativer Krankheiten (Lehr 1996, Morley 1990a).

Da der Gesundheitszustand im Alter wesentlich durch die bisherige Lebensweise mitbestimmt wird, ist ganz klar, daß effektive Intervention zur Verzögerung oder Vermeidung vieler altersbedingter chronischer Krankheitsprozesse lange vor dem Alter beginnen muß. Primärprävention für das Alter beginnt in der Kindheit und umfaßt Interventionen während des ganzen Lebens. Auch Ernährungsstrategien müssen bereits viel früher im Leben einsetzen, weil sich zum einen die Folgen von Ernährungsfehlern erst nach Jahren oder Jahrzehnten zeigen, aber auch weil Ernährungsgewohnheiten sich bereits früh im Leben entwickeln, über Jahrzehnte festigen und später wesentlich schwieriger modifizierbar sind.

Ziel von Maßnahmen im mittleren Lebensalter bzw. *vor* dem Alter ist die Prävention ernährungsabhängiger Krankheiten im Alter durch gesundheitsfördernde Maßnahmen – insbesondere durch Vermeidung von Übergewicht und übermäßigem Alkoholkonsum (vgl. Kap. 5).

1.5.2.2 Maßnahmen *im* Alter

Die Ziele präventiver Maßnahmen *im* Alter unterscheiden sich von denen *vor* dem Alter:

Auch im Alter zielt Prävention auf die Erhaltung der Gesundheit ab. Während dies im jüngeren Alter vorrangig durch die Vermeidung zukünftiger Krankheiten erreicht werden soll, zielen Ernährungsmaßnahmen im Alter hauptsächlich auf die Prävention von Unterernährung und die Erhaltung eines guten Ernährungszustands und damit auf die aktuelle Gesundheit ab.

Hemmnisse effektiver Ernährung müssen sowohl bei zuhause lebenden als auch bei institutionalisierten Senioren erkannt und beseitigt werden, die Aufmerksamkeit sollte dabei besonders gefährdeten Risikogruppen gelten.

Ernährungsinterventionen bei Senioren können dabei sowohl öffentliche Ernährungsaufklärung und Schulung von Mitarbeitern in Sozialstationen und Seniorenheimen und von Multiplikatoren im Gesundheitswesen als auch Ernährungsberatung für Senioren und pflegende Angehörige umfassen (s. Kap. 8). Die Qualitätsicherung der Essensversorgung in Heimen, bei Gemeinschaftsessen in Seniorenzentren und von Essen auf Rädern ist eine weitere Maßnahme, die zur Optimierung der Ernährungssituation alter Menschen beitragen kann (s. Kap. 11). Schließlich ist die Versorgung geriatrischer Patienten sowohl in der Hausarztpraxis als auch im Krankenhaus ein großer Bereich zum Einsatz präventiver und therapeutischer Ernährungsmaßnahmen, sei es durch routinemäßige Erfassung des Ernährungszustands, vermehrte Aufmerksamkeit für Ernährungsprobleme und deren Ursachen oder auch durch Einsatz enteraler oder parenteraler Maßnahmen im Bereich der klinischen Ernährung (s. Kap. 8).

Neben der Prävention von Unterernährung ist die frühzeitige Erkennung und Therapie ernährungsabhängiger Krankheiten (Sekundärprävention) ein weiteres wichtiges Ziel präventiver Maßnahmen im Alter. Darüber hinaus soll das Fortschreiten chronischer Krankheiten vermieden werden (Tertiärprävention). Ziel der Ernährung bei chronischen Krankheiten im Alter kann selbstverständlich nicht die Beseitigung des Gesundheitsproblems sein – dazu müßten Prävention und Intervention in viel früherem Alter einsetzen –, sondern die Erhaltung eines stabilen Zustands.

Während in jüngeren Jahren und auch bei jüngeren Senioren Langzeitaspekte im Vordergrund stehen, verlagert sich der Schwerpunkt von Interventionsmaßnahmen mit zunehmendem Alter auf Kurzzeitprobleme und deren Lösungen. Aktuelle Verträglichkeit und Optimierung des aktuellen Stoffwechselgeschehens gewinnen gegenüber präventiven Aspekten mit Langzeitcharakter an Bedeutung. Darüber hinaus rückt im hohen Alter subjektives Wohlbefinden gegenüber objektiven Parametern in den Vordergrund (Ollenschläger 1993).

1.5.3 Erfolg von Ernährungsmaßnahmen

Insgesamt ist unser Wissen über den Erfolg von Ernährungsmaßnahmen zur Verzögerung oder Vermeidung altersabhängiger Krankheiten bisher sehr begrenzt. Ernährungsmaßnahmen werden zu wenig eingesetzt und erprobt, das Präventionspotential der Ernährung wird bisher völlig unzureichend genutzt.

In einzelnen Studien werden die Effekte bestimmter gezielter Maßnahmen untersucht und positive Effekte von Interventionen im Ernährungsbereich beschrieben (s. Kap. 8).

In zukünftigen Studien muß sowohl die Umsetzung der bisherigen Erkenntnisse vermehrt erprobt und deren Erfolg überprüft als auch das bisher lückenhafte Wissen über die Zusammenhänge zwischen Ernährung und Gesundheit im Alter vervollständigt werden.

Ernährungsinterventionen müssen als fester Teil der Gesundheitsversorgung betrachtet werden – sowohl vor dem Alter als auch im Alter.

1.5.4 Ernährung in Kombination mit anderen Interventionen

Entstehung und Verlauf von Krankheiten im Alter werden nicht nur durch die Ernährung, sondern durch den gesamten Lebensstil mitbestimmt. Ernährungsstrategien müssen daher zusammen mit anderen Interventionen eingesetzt werden. Weitere modifizierbare Risikofaktoren, die an der Entstehung ernährungsabhängiger Gesundheitsprobleme beteiligt sind, müssen bei Präventionsmaßnahmen berücksichtigt werden. Körperliche Aktivität, Rauchen und Genußmittelkonsum spielen neben der Ernährung eine wesentliche Rolle. Individuelle soziale und berufliche Belastungen sind ebenso zu verringern wie Umweltgefahren durch toxische Substanzen, unbefriedigende hygienische Verhältnisse oder Gefahrenquellen in Zusammenhang mit erhöhtem Sturzrisiko.

Neben Ernährungsmaßnahmen sollten insbesondere systematische Bewegungsprogramme für alte Menschen gefördert werden. Zahlreiche Studien belegen mittlerweile selbst bei gebrechlichen Alten die positiven Effekte von körperlicher Aktivität auf Gesundheit und Wohlbefinden (s. Kap. 8.4.7).

Daneben muß dem allgemeinen Gesundheitsverhalten, insbesondere der Verringerung des Genußmittelkonsums, besondere Aufmerksamkeit gelten. Sowohl Nichtrauchen als auch Reduzierung des Alkoholkonsums wird ein beträchtliches Potential zur Verbesserung der Gesundheitssituation im Alter beigemessen.

Über die Aktivitäten im Gesundheitsbereich hinaus dürfen soziale und ökonomische Maßnahmen nicht vergessen werden. Nur ein ganzheitlicher Ansatz, der auf Optimierung möglichst vieler Einflußfaktoren abzielt, kann erfolgversprechend sein.

2 Altersveränderungen

Welche Besonderheiten treten im Organismus alter Menschen im Vergleich zu jungen auf? Wie unterscheiden sich Organfunktionen, Körperzusammensetzung und Stoffwechselprozesse alter Menschen von denen junger Erwachsener?

Im folgenden werden mit zunehmendem Alter auftretende Veränderungen unter besonderer Berücksichtigung der Verdauungsorgane und der Körperzusammensetzung beschrieben. Die Bedeutung der Altersveränderungen für Ernährung und Ernährungszustand und ihre Beziehung zu Ernährungsfaktoren wird dargestellt.

2.1 Appetit und Durstempfinden

Nahrungs- und Flüssigkeitsaufnahme werden wesentlich vom Hunger- und Durstempfinden gesteuert, Hunger, Appetit und Durst sind die Antriebsfedern für die Ernährung.

Mögliche Altersveränderungen von Appetit- und Durstempfinden können sich über eine veränderte Nahrungsaufnahme auf den Ernährungzustand auswirken.

2.1.1 Appetit

Die Regulation der Nahrungsaufnahme ist äußerst komplex und unterliegt komplizierten Mechanismen. Die appetitanregende Qualität der Lebensmittel (Aussehen, Geruch, Geschmack, Textur), neurale und hormonelle Signale aus dem Magen-Darm-Trakt spielen eine Rolle. Die Zusammensetzung der Nahrung und die Nährstoffe selbst sind an der Sättigungsregulation beteiligt. Die Anwesenheit von Nahrung im Verdauungstrakt wirkt sich über Rezeptoren, die Dehnung, Osmolarität oder Nährstoffe erkennen, auf die weitere Nahrungsaufnahme aus. Psychologische Faktoren wie erlernte Aversionen, ökologische und soziologische Faktoren sind beteiligt.

Zum besseren Verständnis wird zwischen dem *peripheren Sättigungssystem*, das Signale aus dem Magen-Darm-Trakt auf hormonellem Weg (z. B. über Verdauungshormone wie Cholecystochinin, Bombesin, Enterogastron) oder auf neuralem Weg zum Gehirn sendet, und dem *zentralen*

Sättigungssystem im Gehirn, das die ankommenden Signale mit Hilfe einer Vielzahl von Neurotransmittern (z. B. Catecholamine, Acetylcholin, Serotonin, endogene Opioide) integriert, unterschieden. Ein empfindliches Gleichgewicht verschiedener Neurotransmitter im Gehirn scheint dafür verantwortlich zu sein, ob ein Verlangen nach Nahrung besteht oder nicht (Morley & Levine 1985, Schmidt & Thews 1995).

Oft wird bei alten Menschen ein schlechter Appetit beobachtet und als wesentliche Ursache für geringe Nährstoffaufnahme und Mangelernährung im Alter angesehen. Neben anderen Einflußfaktoren auf den Appetit werden altersbedingte Veränderungen der regulatorischen Mechanismen diskutiert. Altersveränderungen hinsichtlich Appetitregulation, Hunger- und Sättigungsmechanismen sind bisher zwar nicht definitiv geklärt (Rolls 1992, 1993), neurologischen Untersuchungen zufolge wird jedoch eine spezielle Altersanorexie (Appetitlosigkeit im Alter) für wahrscheinlich erachtet, die nach Morley und Silver (1988) sowohl Veränderungen im peripheren als auch im zentralen Sättigungssystem umfaßt.

Ein verringertes Verlangen nach Nahrung kann durch die geringere Stoffwechselrate und körperliche Aktivität im Alter entstehen sowie durch ein verringertes Lustempfinden beim Essen infolge der abnehmenden Sinneswahrnehmungen Geschmack, Geruch (s. Kap. 2.2.1.1) und Sehen bedingt sein. Eine gesteigerte Aktivität von Sättigungsfaktoren und ein verringertes Eßbedürfnis durch Neurotransmitterveränderungen werden als weitere physiologische Altersveränderungen mit Auswirkungen auf den Appetit diskutiert (Tab. 2.1).

Tab. 2.1: Altersanorexie – mögliche Erklärungen. (Nach Morley & Silver 1988.)

1. Verringertes Verlangen durch verringerte Stoffwechselrate und verringerte körperliche Aktivität.
2. Abnehmende Sinnesqualitäten: Geschmack, Geruch, Sehen.
3. Erhöhte Aktivität von Sättigungsfaktoren (z. B. Cholecystokinin).
4. Verringerter Eßantrieb durch Veränderungen von
   * Neurotransmittern (z. B. endogene Opioide)
   * Ernährungsfaktoren (z. B. Zink).

Peripheres Sättigungssystem: erhöhte Aktivität von Sättigungsfaktoren

Frühe Sättigung ist ein häufig beklagtes Problem bei älteren Menschen und man nimmt an, daß Änderungen der Antwort gastrointestinaler Hormone, die während der Nahrungspassage freigesetzt werden, zur frühen Sättigung und Beendigung einer Mahlzeit beitragen. *Cholecystochinin*

(*CCK*) ist das am besten untersuchte periphere Sättigungssignal, ein Polypeptidhormon, das durch Essen freigesetzt wird. Die Sättigungsbotschaft gelangt durch Aktivierung aufsteigender Vagusfasern zum Gehirn.

In Tierstudien wurde gezeigt, daß ältere Tiere eine erhöhte Sensitivität gegenüber der Aktivität von CCK aufweisen. Beim Menschen wurden erhöhte CCK-Spiegel im Alter berichtet (Khalil et al. 1985a, Morley & Silver 1988), die die frühe Sättigung erklären könnten. In einer neueren Studie (Berthélemy et al. 1992) wurde die postprandiale CCK-Freisetzung (Freisetzung nach der Mahlzeit) genauer untersucht. Die Autoren fanden bei 7 jungen (mittleres Alter 29 Jahre) und 7 alten (mittleres Alter 80 Jahre) Testpersonen nach Verabreichung einer standardisierten Flüssigmahlzeit ähnliche Anstiege der CCK-Plasmakonzentration. Dagegen waren die Werte bei einer Gruppe von 7 im Mittel 85jährigen Personen mit Protein-Energie-Mangelernährung mehr als doppelt so hoch. Der Anstieg von CCK scheint dieser Studie zufolge eher mit Mangelernährung als mit dem Alter verbunden zu sein. Ursachen und Folgen des CCK-Anstiegs auf eine Mahlzeit sind jedoch offen und Berthélemy et al. spekulieren, daß der beschriebene Anstieg durchaus zur Anorexie bei unterernährten alten Patienten beitragen kann.

Daneben wird eine langsamere Magenentleerungsrate im Alter für frühe Sättigung mitverantwortlich gemacht (Horowitz et al. 1984) (vgl. Kap. 2.2.1.3).

Zentrales Sättigungssystem: verringerter Eßantrieb
Innerhalb des Zentralnervensystems wurde eine Reihe von Monoaminen – Noradrenalin, Serotonin, Dopamin – und Peptiden mit dem Eßantrieb in Verbindung gebracht. Opioid-Peptide verbessern die Nahrungsaufnahme nach zentraler Gabe, Neuropeptid Y scheint vor allem die Kohlenhydrataufnahme zu erhöhen. Den endogenen Opioiden wird außerdem eine Rolle bei der Geschmackswahrnehmung zugesprochen. Studien an Nagetieren haben gezeigt, daß die opioid-vermittelte Reaktion mit dem Alter abnimmt. Die Rolle des Opioidsystems im menschlichen Eßverhalten wird kontrovers betrachtet (Übersicht bei Hetherington et al. 1991). Bevor die Zusammenhänge bei jungen gesunden Menschen jedoch nicht eindeutig geklärt sind, ist es schwierig, die Rolle der endogenen Opioide bei der Appetitlosigkeit im Alter zu definieren (Rolls 1992).

An der Ratte wurde gezeigt, daß Zinkmangel zu Anorexie führt (Essatara et al. 1984). Es wurde vermutet, daß Zink an der Regulation der Opioidrezeptoren beteiligt ist und Zinkmangel durch Abnahme der Aktivität des Opioid-Systems bei der Entstehung der Alteranorexie eine Rolle spielen kann.

Viele Fälle von Anorexie im Alter sind nicht als normale Alterserscheinung, sondern in Zusammenhang mit Krankheiten zu sehen. Pathologisch kann Anorexie z. B. durch Neurotransmitterveränderungen bei Demenz und Depressionen oder durch Bildung anorektischer Substanzen bei Krebs und Infektionen entstehen. Vermehrte Anstrengung und Schmerzen beim Essen und Medikamenteneffekte können zu Appetitlosigkeit führen. Daneben können psychische und soziale Faktoren eine Rolle spielen (s. Kap. 7.1).

Es ist anzunehmen, daß Appetitmangel im Alter zu einer verringerten Nahrungsaufnahme führt und zur Entstehung von Energie- und Nährstoffdefiziten beiträgt (vgl. Kap. 7.1.1).

Systematische Studien über Veränderungen von Appetit, Hunger und Sättigung und ihre möglichen Auswirkungen auf das Eßverhalten wurden bisher allerdings nicht durchgeführt. Eine detaillierte Analyse von Eßverhalten und Nahrungsauswahl wäre zunächst nötig, um zu klären, ob sich Änderungen von Appetit, Hunger und Sättigung im Eßverhalten widerspiegeln (ROLLS 1992).

Über praktische Aspekte im Umgang mit Appetitlosigkeit s. Kap. 9.1.1.

2.1.2 Durst

Das Durstempfinden dient der Versorgung des Organismus mit Wasser. Durst entsteht normalerweise, wenn der Körper mehr als 0,5 % seines Gewichts an Wasser verliert oder bei Anstieg der Plasmaosmolarität. Die Regulation der Flüssigkeitsaufnahme erfolgt über die intra- und extrazelluläre Osmolarität und das intravasale Volumen (SCHMIDT & THEWS 1995).

PHILLIPS et al. (1984) konnten zeigen, daß das Durstempfinden im Alter selbst bei gesunden Senioren deutlich reduziert ist.

Nach einem 24stündigen Flüssigkeitsentzug war trotz ähnlichen Gewichtsverlusten bei jungen und alten Testpersonen das Verlangen nach Flüssigkeit im Alter deutlich verringert. Während die 20-31jährigen extrem durstig waren und über schlechten Geschmack im Mund klagten, hatten die 67-75jährigen nur wenig Durst und unangenehmen Geschmack. Im Zustand der Dehydration haben Ältere offensichtlich weniger Durst und trinken bei unbegrenztem Angebot deutlich weniger als junge Menschen (3,4 ml/kg Körpergewicht vs. 8,5 ml/kg Körpergewicht). Die Flüssigkeitsaufnahme reichte bei alten Menschen nicht zum völligen Ausgleich des Defizits aus. Trotz offensichtlichem Wassermangel verspüren ältere Menschen demnach kein angemessenes Verlangen nach Flüssigkeit.

MIESCHER und FORTNEY (1989) zeigten, daß das Durstempfinden bei Älteren auch nach Hitzebelastung deutlich geringer war als bei Jüngeren.

Nach PHILLIPS et al. (1991) kommen die Störungen des Durstempfindens durch Änderung von Rezeptoren im ZNS zustande, die Änderungen der Plasma-Osmolarität erkennen. Ältere scheinen eine geringere Fähigkeit zur Messung der Serumosmolarität bzw. zur adäquaten Reaktion auf erhöhte Osmolarität zu haben.

Das reduzierte Durstempfinden im Alter ist für die Flüssigkeitsaufnahme bestimmend und kann drastische gesundheitliche Auswirkungen haben, wenn nicht auf eine reichliche Flüssigkeitszufuhr besonders geachtet wird. Zusammen mit dem geringeren Körperwassergehalt im Alter (s. Kap. 2.3.3.2), der leichteren Anfälligkeit für Homöostasestörungen jeder Art sowie der langsameren Wiederherstellung des alten Gleichgewichts (s. Kap. 1.3.3) führt eine unzureichende Flüssigkeitsaufnahme schnell zu Austrocknungszuständen mit weitreichenden Folgen (s. Kap. 9.2).

2.2 Organfunktionen

2.2.1 Verdauungssystem

Der Gastrointestinaltrakt hat die Funktion, die aufgenommene Nahrung zu verdauen und die dabei freigesetzten Nährstoffe zu resorbieren. Mögliche Altersveränderungen im Verdauungstrakt können Resorption und Bioverfügbarkeit von Nährstoffen beeinflussen und sind daher für den Ernährungszustand und Nährstoffbedarf im Alter von Bedeutung.

Die Annahme, daß gastrointestinale Funktionen altersbedingt reduziert sind und sich diese Alterseinbußen negativ auf die Nährstoffversorgung auswirken, ist weit verbreitet.

Es ist denkbar, daß Altersveränderungen im Verdauungstrakt durch den ständigen direkten Kontakt mit der Nahrung von deren Zusammensetzung beeinflußt werden.

Im folgenden werden Veränderungen im Verdauungstrakt mit zunehmendem Alter und häufige pathologische Veränderungen im Alter, ihr Einfluß auf Ernährung und Ernährungszustand (s. auch Kap. 7.1) und mögliche Effekte der Ernährung auf die Altersveränderung beschrieben.

2.2.1.1. Mund

Der Verdauungsvorgang beginnt im Mund mit der mechanischen Zerkleinerung der Nahrung und Vermischung mit Speichel.

Zähne / Kauen

Kauen ist eine der wichtigsten Funktionen der Mundhöhle und dient dazu, die Nahrung zum Schlucken zu zerkleinern, die Speichelproduktion anzuregen und Geschmacks- und Geruchsstoffe aus der Nahrung zur Stimulation der Geschmacks- und Geruchsrezeptoren freizusetzen. Gründliche Zerkleinerung der Nahrung im Mund erleichtert zudem die weitere Verdauung und Nährstoffverwertung.

Im Rahmen der „Normative Aging Study" in den USA wurden bei 1200 Männern zwischen 25 und 75 Jahren Altersveränderungen der Kauleistung untersucht (Feldman et al. 1980). Nur Personen mit eigenen Zähnen oder fester Zahnprothese mit mindestens 10 Zähnen auf jeder Seite wurden einbezogen, die Auswertung erfolgte in drei Altersgruppen (< 40, 40-49 und ≥ 50 Jahre). Sowohl bei Personen mit kompletten Zähnen (14-16 Zähne pro Seite) als auch bei Personen mit teilweise reduziertem Zahnstatus (10-13 Zähne pro Seite) war die Kauleistung, definiert als Partikelgröße einer Testmahlzeit von 3 g frischer Karotte nach einer definierten Anzahl von 40 Kauschlägen auf einer Seite, vom Alter unabhängig.

Bei Personen mit kompletten oder teilweise reduzierten Zähnen ändert sich dieser Studie zufolge die Kauleistung mit dem Alter also nicht.

Dagegen war die Kauleistung in allen Altersgruppen bei komplettem Zahnstatus besser als bei geringerer Anzahl vorhandener Zähne (Feldman et al. 1980). Andere Autoren bestätigen ebenfalls, daß die Kaueffizienz vom Zustand des Gebisses abhängig und die Kauleistung durch fehlende Zähne und Zahnprothesen deutlich beeinträchtigt ist (Kaurich 1990).

Auch vollständige Zahnprothesen sind mit reduzierter Kaufähigkeit verbunden. Es wird berichtet, daß die Kaueffizienz mit einem kompletten Gebiß nur 1/6 der der natürlichen Zähne beträgt (Gordon et al. 1985). Bei Gebißträgern wurden außerdem Störungen sensorischer und motorischer Funktionen festgestellt und eine verringerte Fähigkeit, verschiedene Texturen von Lebensmitteln zu unterscheiden (Kaurich 1990).

Die Häufigkeit von Zahnverlust und Zahnprothesen nimmt mit dem Alter deutlich zu und infolgedessen die Kauleistung als kumulativer Effekt von Zahnkrankheiten während des ganzen Lebens letztendlich ab. Kaubeschwerden durch Zahnverlust und schlechtsitzende Prothesen sind im Alter üblich.

Zur Häufigkeit von Zahnverlust und Kaubeschwerden s. Kap. 7.1.4.

Zahn-, Gebiß- und Kieferprobleme und daraus resultierende Kaubeschwerden werden allgemein als wesentliche Ursache für eine unbefriedigende Nahrungsaufnahme angesehen. Es ist plausibel, daß als Folge von Schwierigkeiten beim Kauen weniger gegessen wird, bestimmte harte Lebensmittel gemieden werden und eine begrenzte Auswahl besonders weicher, breiiger Lebensmittel und Speisen erfolgt.

Zum Einfluß von Kauproblemen auf die Lebensmittelauswahl und Nährstoffaufnahme und Bedeutung für den Ernährungszustand s. Kap. 7.1.4.

Darüberhinaus wurde auch vermutet, daß beeinträchtigte Kauleistung die Verdauung erschwert und eine schlechtere Ausnutzung der Nahrung zur Folge hat. Nachdem eine Untersuchung aus dem Jahr 1947 (RODRIGUEZ-OLLEROS) Zahnverlust als Ursache für Gastritis beschrieb, wurden sogar gesundheitliche Schäden durch schlecht gekaute Nahrung erwogen. Bei normaler Verdauungsfunktion sind dadurch jedoch keine Verdauungsstörungen zu erwarten. Die Kaufähigkeit gewinnt allerdings an Bedeutung, wenn normale gastrointestinale Funktionen gestört sind und durch schlecht zerkaute Nahrung eine zusätzliche Belastung entsteht (GEISSLER & BATES 1984).

Während Zahnverlust bei der derzeit älteren Generation üblich ist, lassen Verbesserungen der zahnärztlichen Versorgung, von Zahnpflege und Mundhygiene in jüngerer Zeit vermuten, daß Zahnverlust in Zukunft weniger verbreitet sein wird (BOWMAN et al. 1992).

In der Göteborg-Longitudinalstudie in Schweden konnte bereits innerhalb von 10 Jahren eine deutliche Verbesserung der Zahngesundheit festgestellt werden. Während im Jahr 1972 in einer 70jährigen Kohorte die Häufigkeit von Zahnlosigkeit bei 52 % lag, betrug dieser Anteil in einer 70jährigen Kohorte 1982 nur noch 43 % (ÖSTERBERG et al. 1990).

Der Einfluß vorangegangener Ernährung auf die Mund- und Zahngesundheit im Alter ist unklar. Soweit bisher bekannt, spielen der Verzehr von Lebensmitteln mit hohem Gehalt an leicht fermentierbaren Kohlenhydraten und der Verzehr antikariogener Lebensmittel wie bestimmter Käsearten zusammen mit der Zahnhygiene sowie der Fluoridgehalt der Nahrung bei der Entstehung von Karies eine Rolle (CARLOS & WOLFE 1989). Darüber hinaus gibt es bisher keine überzeugenden Hinweise dafür, daß weitere Ernährungsfaktoren den derzeitigen Mundgesundheitszustand älterer Menschen beeinflußt haben.

Bei Personen mit Vitamin-C-Mangel wird vermehrt Zahnfleischbluten festgestellt. Bei ausgeprägtem Mangel bewirken auch verschiedene andere Vitamine Schädigungen der Mundschleimhaut. Dehydration und Mundtrockenheit fördern Karies und Infektionen im Mund (CARLOS & WOLFE 1989).

Speichelproduktion

Speichel wird in den sogenannten Azinuszellen der Speicheldrüsen gebildet und durch ein System von Ausführgängen sezerniert. Die Speichelproduktion wird durch Geruchs- und Geschmacksreize, Berührung und Kauen ausgelöst. Durch Speichelbildung wird das Kauen erleichtert und der Nahrungsbissen in einen gleitfähigen Zustand überführt. Speichel fördert die Geschmacksentwicklung und schützt die Zähne vor Karies.

Mit zunehmendem Alter wurden fasrige oder fettige Infiltration der Speicheldrüsen und Atrophie der sekretorischen Zellen beobachtet (Kaurich 1990). Die Zahl an Azinuszellen der Speicheldrüsen ist bei älteren Menschen verringert, über 75jährige haben etwa ein Drittel weniger sezernierende Zellen (Scott 1977, Baum 1989). Dennoch sind sowohl die spontanen als auch die stimulierten Speichelflußraten im Alter normalerweise unverändert (Baum 1981, Bowman et al. 1992, Chauncey et al. 1981, Heft & Baum 1984, Kaurich 1990). Es ist davon auszugehen, daß die verbleibenden Speichel-Azinuszellen im Alter in ihrer Funktion effizienter werden oder die Speicheldrüsen eine enorme Reservekapazität haben, die im späteren Leben genutzt wird.

Eine größere Abnahme der Speichelflußrate ist eher auf Krankheiten oder Medikamente zurückzuführen als durch normales Altern bedingt (Thorselius et al. 1988). Dehydration, Medikamentennebenwirkungen und Strahlentherapie können den Speichelfluß deutlich beeinträchtigen. Eine gerringere Speichelproduktion erschwert Kauen, Schmecken und Schlukken, erhöht das Kariesrisiko und kann zu Mundtrockenheit (Xerostomie) führen.

Mundtrockenheit (Xerostomie)

In verschiedenen Studien (Johnson et al. 1984, Österberg et al. 1984, 1992, Screebny & Valdini 1987) wird Xerostomie bei älteren Menschen mit Häufigkeiten zwischen 10 und 55 % beschrieben.

In einer erst kürzlich durchgeführten Untersuchung von Loesche et al. (1995) bei 529 im Mittel 70jährigen Senioren in unterschiedlichem Gesundheitszustand berichteten 72 % der Befragten von Mundtrockenheit im Verlauf eines Tages! Bei den betroffenen Personen war der stimulierte Speichelfluß siginifikant geringer als bei den Personen, die nicht über Xerostomie klagten. Das Gefühl der Mundtrockenheit war allerdings nicht immer mit geringerem Speichelfluß verbunden.

Als Hauptursache wird die Einnahme bestimmter Medikamente angesehen. Eine Vielzahl von Medikamenten wurde mit der Entstehung von Xerostomie in Verbindung gebracht. Als Nebenwirkung fundiert ist Xerostomie laut Loesche et al. (1995) bei trizyklischen Antidepressiva, anticholinergen Mitteln, bestimmten psychotropen Medikamenten, Antihistaminika und möglicherweise Diuretika. Darüber hinaus soll es Zusammenhänge zwischen der Anzahl eingenommener Medikamente pro Tag und Xerostomie geben (Österberg et al. 1984, Thorselius et al. 1988).

Personen mit Xerostomie haben häufiger Schwierigkeiten beim Kauen und bei Beginn des Schluckaktes und häufiger Karies. Bestimmte trockene, klebrige oder auch knackige Lebensmittel wie Brot, Erdnußbutter oder Gemüse werden von den Betroffenen häufiger gemieden (Loesche et al.

1995). Möglicherweise kann Mundtrockenheit so zu Ernährungsdefiziten beitragen.

Auch von anderen Autoren wird Xerostomie als Risikofaktor für unzureichende Nahrungsaufnahme, Gewichtsverlust und Unterernährung angesehen (Rhodus 1990, Rhodus & Brown 1990, Schlenker 1993, Sullivan et al. 1993). Untersuchungen über den Ernährungszustand bei Xerostomie fehlen.

Als weitere Folgen von Mundtrockenheit können Infektionen und Ulzera in der Mundhöhle auftreten (Bowman et al. 1992, Kaurich 1990).

Zur Vermeidung von Xerostomie und deren Folgen sollten Medikamente mit bekanntem Effekt auf die Speichelproduktion wenn möglich durch andere ersetzt werden. Dehydrationsbedingte Xerostomie sollte durch reichliche Flüssigkeitszufuhr vermieden werden.

Weiche Lebensmittel mit hohem Flüssigkeitsgehalt und verschiedenen Texturen können bei Mundtrockenheit eine höhere Nahrungsaufnahme bewirken. Süß-saure Speisen, säuerliche Getränke oder saure Drops zum Lutschen sind empfehlenswert, da sie die Speichelproduktion anregen.

Geschmack und Geruch

Die Geschmackswahrnehmung erfolgt über Geschmacksknospen auf der Zunge, die Geruchswahrnehmung durch Sinneszellen im Riechepithel der Nase. Beide Sinnesempfindungen erfordern bestimmte Mindestkonzentrationen der zu schmeckenden bzw. zu riechenden Substanz, sogenannte Schwellenkonzentrationen. Durch Geruch und Geschmack werden Speichel- und Magensaftproduktion ausgelöst.

Geschmacks- und Geruchsempfinden spielen eine Schlüsselrolle für den Appetit und für die Akzeptanz bzw. das Ablehnen von Speisen und sind daher für Nahrungsauswahl und Verzehrsmenge von wesentlicher Bedeutung.

Abnahmen der Geruchs- und Geschmackswahrnehmung mit dem Alter sind gut dokumentiert (Murphy 1992, Schiffman 1993, Weiffenbach 1984, Weiffenbach et al. 1990).

Es ist allgemein anerkannt, daß die Anzahl der *Geschmack*sknospen im Alter deutlich reduziert ist (Morley & Silver 1988, Prinsley 1989). Verschiedene Autoren sind jedoch der Ansicht, daß Geschmacksverluste im Alter weniger durch die abnehmende Zahl der Papillen oder Geschmacksknospen bedingt sind als durch Veränderungen der Rezeptoren (Arvidson 1979, Bradley et al. 1985, Bradley 1988). Bradley et al. (1985) beschreiben eine große Variation in der Zahl der Geschmacksknospen von Person zu Person, aber keine Abnahme mit dem Alter.

Höhere Schwellenwerte für die Wahrnehmung aller vier Geschmacksqualitäten im Alter gelten als gesichert. Süß, sauer, bitter und salzig werden erst bei höheren Konzentrationen wahrgenommen als in jüngeren Jahren (BUSSE 1987, GRZEGORZYK et al. 1979, STEVENS et al. 1984, WEIFFENBACH et al. 1990). Die Verluste sind allerdings uneinheitlich und variieren mit der chemischen Struktur der Geschmacksstoffe. Bei salzig und bitter sind sie ausgeprägter als bei süß und sauer. Im Mittel ist die Wahrnehmungsschwelle im Alter etwa 2,5mal höher als bei jungen Erwachsenen (SCHIFFMAN 1993). STEVENS et al. (1984) zeigten, daß die Verluste nicht nur bei reinen Substanzen wie z. B. einer Kochsalzlösung auftreten, sondern auch bei Lebensmitteln und Gerichten. So brauchen Ältere z. B. mehr Salz in der Suppe, um dies zu erkennen. Andererseits reagieren viele Ältere sehr empfindlich auf salzige Gerichte. Die individuellen Unterschiede der Veränderungen sind auch bei den sensorischen Funktionen groß.

DOTY et al. (1984) belegen in ihrer Untersuchung die reduzierte *Geruchs*erkennung im Alter. Über 60 % der 65-80jährigen und sogar 80 % der über 80jährigen haben dieser Studie zufolge ein Geruchsdefizit. Nach SCHIFFMAN und WARWICK (1988) können die Geruchswahrnehmungsgrenzen im Alter 12mal höher sein als bei jungen Personen. Die Fähigkeit, zwischen einer großen Spanne unterschwelliger Aromen zu unterscheiden, geht im Alter verloren.

Ein Vergleich der blinden Geschmackserkennung bestimmter Lebensmittel zwischen alten und jungen Personen ergab deutliche Unterschiede: Während jüngere Testpersonen 41 % der Lebensmittel korrekt identifizierten, waren ältere nur bei 24 % erfolgreich. Dieses Ergebnis war hauptsächlich mit einer Abnahme der Geruchserkennung verbunden (SCHIFFMAN 1993).

Weiterhin wird eine Veränderung der *geschmacksspezifischen Sättigung* im Alter beschrieben (ROLLS & MCDERMOTT 1991). Während normalerweise das Vergnügen beim Essen eines bestimmten Lebensmittels mit der aufgenommenen Menge abnimmt und der Wunsch nach Abwechslung auftritt, ist dies im Alter weniger der Fall. Nach einer Studie von ROLLS & MCDERMOTT (1991) tritt beim Verzehr einer bestimmten Speise das Verlangen nach einer geschmacklichen Variante im Alter später ein als bei jungen Menschen. Die Ursachen dafür sind bisher nicht klar. Die Autoren vermuten, daß zusätzlich zur sensorischen eine kognitive Komponente beteiligt ist, die Wahrnehmung, daß ein bestimmtes Lebensmittel soeben gegessen wurde.

Die Bedeutung der Altersveränderungen im sensorischen System ist nicht systematisch untersucht. Trotz der offensichtlichen Schlüsselfunktion von Geschmack und Geruch für die Schmackhaftigkeit von Speisen gibt es leider wenig Informationen darüber, wie sich Veränderungen in der Geruchs- und Geschmackswahrnehmung auf Nahrungsaufnahme und Lebensmittelauswahl auswirken. Denkbar sind Appetiteinbußen, veränderte oder reduzierte Lebensmittelwahl. Die Warnfunktion vor verdorbenen Speisen durch unangenehmen Geruch und Geschmack könnte verloren gehen und dazu führen, daß verdorbene Produkte verzehrt werden.

Möglicherweise tragen die Veränderungen der geschmacklichen Wahrnehmung zu einer monotoneren Ernährungsweise im Alter bei, wie sie beispielsweise bei selbständigen Senioren im 1977-78 US National Food Consumption Survey (FANELLI & STEVENHAGEN 1985) oder auch bei institutionalisierten Senioren (BROWN 1976) festgestellt wurde. Da Abwechslung bei der Ernährung nach wie vor als der beste Weg zur Sicherung einer adäqaten Zufuhr aller Nährstoffe angesehen wird, können begrenzte Lebensmittelauswahl und monotone Ernährung ernste Folgen für Ernährungs- und Gesundheitszustand haben. ROLLS (1992) ist der Ansicht, daß sich die Abnahme der geschmacksspezifischen Sättigung auch negativ auf die Gesamt-Nahrungsmenge auswirkt. Ein vielfältiges Angebot hat im Alter nicht mehr die stimulierende Wirkung auf die Nahrungsmenge wie in jüngeren Jahren.

Oft wird der senorische Verlust von älteren Personen selbst gar nicht wahrgenommen, und viele Ältere nennen den Geschmack als Hauptdeterminante ihrer Lebensmittelwahl (KRONDL et al. 1982). CHAUHAN et al. (1987) sind der Ansicht, daß sich die höhere Wahrnehmungsschwelle nicht auf die Geschmackswahrnehmung auswirkt, da die meisten Lebensmittel Geschmacksstoffe in weit höheren Konzentrationen enthalten als nötig.

Neben dem normalen Alternsprozeß wird die Geschmacks- und Geruchswahrnehmung durch andere Faktoren beeinflußt. Verschiedene Krankheiten (neurologische, endokrine, virale Störungen) und eine Vielzahl von Medikamenten spielen eine Rolle. Zusammenhänge zwischen schlechter Mundhygiene und beeinträchtigtem Geschmacksempfinden sind denkbar (KAURICH 1990, RUSSELL 1992, SHAMBUREK & FARRAR 1990). Auch Zahnprothesen sollen sich negativ auswirken.

Weiterhin wird angenommen, daß Mangelernährung durch verringerte Umsatzraten der Rezeptoren von Zunge und Riechepithel zu den Wahrnehmungsverlusten beitragen kann (SCHIFFMAN & WARWICK 1988).

Als Ursache für verringerte Geschmackswahrnehmung im Alter wurde auch Zinkmangel diskutiert (SANSTEAD et al. 1982). Versuche mit Zinksupplementen waren jedoch im Hinblick auf die Beseitigung beobachteter Geschmacksanomalien nicht erfolgreich (GREGER & GEISSLER 1978).

2.2.1.2 Schluckakt – Speiseröhre (Ösophagus)

Der Schluckakt ist ein komplexer Vorgang, der in 3 Phasen unterteilt wird. In der *oralen*, willentlich kontrollierten Phase wird aus der zerkleinerten und eingespeichelten Nahrung von der Zungenspitze ein Bolus abgetrennt und mit Hilfe der Zunge nach hinten in den Rachen (Pharynx) gepreßt. Wenn dieser Bissen den Pharynx erreicht hat, setzt die reflekorische ablaufende *pharyngeale Phase* ein. Die Verbindung zwischen Mund- und Nasenhöhle wird unterbrochen, die Atmung hört für einen Moment auf, die Luftröhre wird vom Kehlkopfdeckel (Epiglottis) verschlossen und der obere Ösophagussphinkter entspannt. In der *ösophagalen Phase* wandert der Bolus durch Schwerkraft und peristaltische Wellen der Muskulatur durch den Ösophagus nach unten, der untere Ösophagusspinkter öffnet sich, die Epiglottis geht in ihre normale Stellung zurück und die Atmung wird fortgesetzt (SCHMIDT & THEWS 1995, TRIPP & CORDERO 1991).

Die orale Phase ist im Alter üblicherweise nicht verändert – mit der Einschränkung, daß häufige Alterserscheinungen wie Zahnverlust, schlecht sitzende Prothesen, Veränderungen der Speichelproduktion oder Muskelschwächen die Vorbereitung zum Schlucken erschweren können. Auch in der pharyngealen Phase scheint der Schluckvorgang im Alter unverändert zu sein. Jenseits des 80. Lebensjahrs wurde allerdings eine Reduktion der Stärke pharyngealer Peristaltik beschrieben, die bewirken kann, daß Essensreste im Pharynx verbleiben. Hinsichtlich der Ösophagusmotilität (Bewegungsvermögen des Ösophagus) wurden geringfügige Veränderungen festgestellt (sog. Presbyösophagus) (SCHLENKER 1993, TRIPP & CORDERO 1991). Leichte manometrische Veränderungen wie eine Abnahme der Kontraktionsamplitude, leichte Zunahme der Häufigkeit gestörter Kontraktionen und eine Abnahme der Regelmäßigkeit, mit der peristaltische Wellen nach dem Schlucken auftreten, werden beschrieben (HOLLIS & CASTELL 1974, KHAN et al. 1977), die jedoch ohne Symptome sind und keinerlei klinische Bedeutung haben.

Bei den meisten Erwachsenen scheint eine normale Ösophagusfunktion bis ins hohe Alter erhalten zu bleiben (BOWMAN et al. 1992, RUSSELL 1990).

Schluckstörung (Dysphagie)

Dennoch sind Schluckstörungen im Alter häufig, sie sind jedoch keine normale Alterserscheinung, sondern treten als Folge *pathologischer Prozesse* auf. Alle Phasen des Schluckvorgangs können betroffen sein. Schluckstörungen können von gutartigen Verengungen von Rachenraum oder Speiseröhre, maligner Krankheit oder neuromuskulären Störungen herrühren. Bei zerebrovaskulären Unfällen, Diabetes mellitus, Morbus Parkinson oder bei Demenz kann die neurale Kontrolle der in den Schluckvorgang einbezogenen Muskeln gestört sein.

Auch die Einnahme bestimmter *Medikamente* wird mit Schluckstörungen ursächlich in Verbindung gebracht: Neuroleptika zur Behandlung von Verwirrtheitszuständen können z. B. zu neurologischen Störungen mit parkinsonähnlicher Ausprägung und zu Schluckstörungen führen (NEHEN 1992).

Von VELDEE und PETH (1992) wurde die Hypothese aufgestellt, daß auch Protein-Energie-*Mangelernährung* durch reduzierte Muskel- und Nervenfunktion die Schluckfunktion negativ beeinflussen kann, was in manchen Fällen sogar klinische Bedeutung erlangt. Zumindest wird eine vorhandene Schluckstörung durch Mangelernährung und damit verbundene Muskelschwäche verstärkt.

Schluckstörungen nehmen insgesamt im Alter an Häufigkeit zu und erhöhen die Morbidität und Mortalität durch Aspirationspneumonie (SHAMBUREK & FARRAR 1990), wenn Nahrung in die Luftwege gelangt. Schluckstörungen können die Nahrungsaufnahme deutlich beeinträchtigen und zur Entstehung von Mangelernährung beitragen (s. Kap. 7.1.4) und stellen eine Indikation für künstliche Ernährung dar. Sie sollten deshalb immer ernst genommen und die Ursachen abgeklärt werden.

Über praktische Aspekte der Ernährung bei Schluckstörungen s. Kap. 9.1.3.

2.2.1.3 Magen

Im Magen werden die geschluckten Speisen mit Magensaft gemischt, zerkleinert, homogenisiert, gespeichert und in kleinen Portionen an den Dünndarm weitergegeben.

Der Magensaft wird von der Magenschleimhaut sezerniert und besteht im wesentlichen aus Salzsäure, Intrinsic-Faktor, Pepsinogen, Schleim und Bikarbonat. Intrinsic-Faktor ist zur Bindung von Vitamin B_{12} und dessen Resorption im Dünndarm essentiell.

Die Regulation der Magenentleerung erfolgt reflektorisch über den Nervus Vagus unter Beteiligung verschiedener gastrointestinaler Hormone.

Der Magen ist von den gravierendsten Altersveränderungen im Gastrointestinaltrakt betroffen (Tab. 2.2). So wurde festgestellt, daß die Blutversorgung der Magenmukosa im Alter verringert ist und Energiestoffwechsel und Bildung energiereicher Stoffwechselprodukte in der menschlichen Mukosazelle verlangsamt sind (KAWANO et al. 1991). Die ständige Zellerneuerung der Magenmukosa ist im Alter durch geringere Zellteilungsraten und erhöhte Zellverluste begrenzt.

Tab. 2.2: Altersveränderungen im Magen.

– Blutversorgung der Mukosa verringert
– Energiestoffwechsel der Mukosazellen verlangsamt
– Zellteilungsraten der Mukosa verringert
– Zellverluste erhöht

Die Integrität der Mukosa kann dadurch leicht gestört sein, Atrophie, Ulzeration und verringerte Funktionsfähigkeit sind die Folge.

Es wurde weiterhin gezeigt, daß die basale und maximale Magensäureproduktion mit dem Alter abnimmt, was jedoch auf den Einschluß von Personen mit atrophischer Gastritis zurückzuführen ist. Die Abnahme der Säureproduktion steht in engem Zusammenhang mit der steigenden Häufigkeit von Krankheitszuständen, die von der oberflächlichen Gastritis über atrophische Gastritis bis zur Magenatrophie reichen (Shamburek & Farrar 1990).

Atrophische Gastritis ist ein chronisch entzündlicher Zustand des Magens mit Schädigung der Mukosa. Die *Häufigkeit* atrophischer Gastritis steigt im Alter drastisch an. Einer Bostoner Untersuchung zufolge sind 21 % der 60-69jährigen, 31 % der 70-79jährigen und 37 % der über 80jährigen davon betroffen (Krasinki et al. 1986). Andererseits bleibt bei vielen Älteren eine normale Säuresekretion erhalten, diese kann sogar erhöht sein (Goldschmiedt et al. 1991).

Physiologische *Folgen* einer Atrophie der Magenmukosa sind verringerte Magensäuresekretion (Hypochlorhydrie), verringerte Sekretion von Pepsinogen und Intrinsic-Faktor.

Die verringerte Säuresekretion führt zu einem höheren pH im Magen und proximalen Dünndarm und bringt die Gefahr **übermäßigen Bakterienwachstums** („bacterial overgrowth") im Dünndarm mit sich. Die Bedeutung einer derartigen Bakterienvermehrung wird unterschiedlich beurteilt.

Haboubi et al. (1988) und McEvoy et al. (1983) beschreiben übermäßiges Bakterienwachstum im Dünndarm als mögliche Ursache von Malabsorption und folgender Mangelernährung im Alter. McEvoy et al. (1983) fanden bei 24 von 55 mangelernährten geriatrischen Patienten Malabsorption, bei 17 der 24 Patienten war der Dünndarm bakteriell kontaminiert. Haboubi et al. (1988) zeigten bei 71-88jährigen Patienten mit bakterieller Überwucherung nach antibiotischer Behandlung eine deutliche Gewichtszunahme und Verbesserung anthropometrischer Parameter.

Eine neuere Studie von MacMahon et al. (1994) an einer Zufallsauswahl von 30 akut kranken geriatrischen Patienten zwischen 68 und 90 Jahren bestätigt zwar die große Häufigkeit von übermäßigem Bakterienwachstum im Dünndarm – 20 der 30 Patienten waren betroffen –, die Autoren sehen dies jedoch als gutartigen Zustand an, der keiner routinemäßigen Behandlung bedarf. Auch einer Untersuchung von

LIPSKI et al. (1992) zufolge ist übermäßiges Bakterienwachstum im Dünndarm sowohl bei gesunden Senioren als auch bei älteren Langzeitpflegepatienten üblich. Die Autoren werten dies ebenfalls eher als Begleiterscheinung normalen Alterns, die nicht unbedingt mit Krankheit verbunden ist.

SALTZMAN et al. (1994) überprüften die Fett- und Kohlenhydratresorption von 17 gesunden älteren Personen mit bakterieller Überbesiedelung des Dünndarms aufgrund von atrophischer Gastritis oder Einnahme des magensäurehemmenden Medikamentes Omeprazol und fanden keine Hinweise auf klinisch relevante Malabsorption. Die Autoren sind der Meinung, daß diese Art des Bakterienwachstums, die in Zusammenhang mit atrophischer Gastritis im Alter auftritt, keine klinische Bedeutung hat (im Gegensatz zum „bacterial overgrowth"-Syndrom mit Malabsorption, Durchfällen, Bauchschmerzen und Mangelernährung bei der klassischen Ursache „blind loop" durch anatomische Anomalien oder Operation) (KIRSCH 1990).

Mangel an Magensäure wirkt sich auch negativ auf die Löslichkeit und Bioverfügbarkeit von Calcium und Eisen sowie auf die Bioverfügbarkeit von Folat, Vitamin B_6 und proteingebundenem Vitamin B_{12} aus. Es konnte jedoch gezeigt werden, daß erhöhte bakterielle Vitaminsynthese und intraluminale Freisetzung von **Folat** und **Vitamin B_6** die negativen Effekte fehlender Magensäure kompensieren und einen Mangel dieser Vitamine verhindern können (BOWMAN et al. 1992) (Tab. 2.3).

Tab. 2.3: Effekt von Hypochlorhydrie auf die Nährstoffbioverfügbarkeit. (Nach BOWMAN et al. 1992.)

Nährstoff	Bioverfügbarkeit	Mechanismus
Calcium	verringert	verringerte Löslichkeit
Eisen	verringert	verringerte Löslichkeit verringerte Resorption
Folat	verringert erhöht	verringerte Resorption erhöhte Bakteriensynthese
Vitamin B_6	verringert erhöht	verringerte Verdauung erhöhte Bakteriensynthese
Vitamin B_{12}	verringert	verringerte Verdauung und Resorption von proteingebundenem Vitamin B_{12} erhöhte bakterielle Aufnahme

Trotz verringerter Sekretion von Intrinsic-Faktor bei leichter und mittelschwerer atrophischer Gastritis reicht die Sekretion jedoch aus, um Malabsorption von **Vitamin B_{12}** zu verhindern. Die klassische perniziöse Anämie tritt daher nur bei kompletter Atrophie der Magenmukosa auf (RUSSELL 1992).

Dennoch wurde eine verringerte Resorption von Vitamin B_{12} bei atrophischer Gastritis beobachtet, was auf die beeinträchtigte Freisetzung von Vitamin B_{12} aus Nahrungsprotein aufgrund fehlender Salzsäure zurückgeführt wird. Eine Aufnahme des Vitamins von Bakterien im Magen oder proximalen Dünndarm wird ebenfalls als wahrscheinlich erachtet (RUSSELL 1992). Diese Annahme wird durch eine Studie von SUTER et al. (1991) gestützt, in der gezeigt wurde, daß sich die beeinträchtigte Resorption von proteingebundenem Vitamin B_{12} bei atrophischer Gastritis durch Antibiotika-Gabe normalisiert.

Untersuchungen der Göteborg-Longitudinalstudie zeigen, daß Vitamin B_{12} bei normaler Magenfunktion auch im Alter normal resorbiert wird. Niedrige Vitamin B_{12}-Blutwerte sind demzufolge nicht als normale Alterserscheinung anzusehen, sondern Folge von Krankheit, insbesondere atrophischer Gastritis (NILSSON-EHLE et al. 1989).

Eine weitere Folge von Mangel an Magensäure kann **Eisen**mangelanämie sein, da einmal die Löslichkeit verringert ist und zum andern dreiwertige Eisenionen aus der Nahrung nicht in leichter resorbierbare zweiwertige Eisenionen umgewandelt werden können.

Der Einfluß von Hypochlorhydrie auf die **Calcium**-Bioverfügbarkeit ist umstritten. Es wird angenommen, daß Löslichkeit und Freisetzung aus Nahrungskomplexen verringert sind (RUSSELL 1992). Kürzliche Studien haben gezeigt, daß Calcium bei Patienten mit schwerer atrophischer Gastritis in Form von Calciumcarbonat zwar schlecht verfügbar ist, jedoch gut resorbiert wird, wenn es in Form normaler Lebensmittel aufgenommen wird.

Magenentleerung: Angaben über die Magenentleerungsraten bei Älteren sind widersprüchlich.

Eine Studie von WEGENER et al. (1988) zeigt, daß die Magenentleerung nach einer gemischten Mahlzeit im Alter deutlich verlangsamt ist. Die gesamte intestinale Transitzeit war jedoch bei älteren und jüngeren Ewachsenen gleich.

Auch HOROWITZ et al. (1984) beschreiben bei älteren eine deutlich langsamere Entleerung von Flüssigkeiten und Feststoffen aus dem Magen.

Eine andere Studie kam zu dem Ergebnis, daß die Magenentleerung nach einer flüssigen Mahlzeit im Alter nicht wesentlich anders ist als bei jüngeren Menschen (KUPFER et al. 1985). GAINSBOROUGH et al. (1993) stellten keine Unterschiede in der Magenentleerung zwischen 19 jungen und 19 älteren gesunden Personen fest.

Obwohl auch darüber widersprüchliche Berichte vorliegen, scheint die Abnahme der Säuresekretion die Motilität nicht zu beeinflussen.

Eine verzögerte Magenentleerung kann zu Völlegefühl führen und den Appetit hemmen und für die Resorption und den Wirkungsbeginn von Medikamenten eine Rolle spielen.

2.2.1.4 Pankreas (Bauchspeicheldrüse)

Das exokrine Pankreas produziert und sezerniert bei Stimulation ein alkalisches Sekret, das den größten Anteil an Verdauungsenzymen liefert. Die Sekretion wird in erster Linie durch die gastrointestinalen Hormone Sekretin und Cholecystokinin vermittelt.

Morphologische Veränderungen des Pankreas mit erhöhtem Bindegewebsanteil und Fettablagerungen wurden mit zunehmendem Alter festgestellt, deren funktionelle Bedeutung jedoch nicht klar ist (PRINSLEY 1989).

Während bei älteren Ratten im Vergleich zu jungen eine deutlich geringere Pankreassekretion hinsichtlich Volumen und Enzymkonzentration festgestellt wurde (KHALIL et al. 1985b), konnte dieser Alterseffekt in Humanstudien nicht eindeutig bestätigt werden.

Die Änderungen der Pankreassekretion mit dem Alter werden kontrovers beschrieben.

BARTOS und GROH (1969) und GULLO et al. (1986) fanden bei älteren Menschen keine Unterschiede in der Pankreassekretion nach Stimulation mit Sekretin oder Cholecystokinin im Vergleich zu jungen. Nach wiederholter Stimulation wurde bei Älteren allerdings eine geringere Sekretion beschrieben.

FIRKY (1968) und TISCORNIA et al. (1986) fanden dagegen deutliche Altersunterschiede. Auch in einer Studie von VELLAS et al. (1988) waren die Konzentrationen von Bikarbonat, Lipase und Chymotrypsin im Duodenalaspirat bei im Mittel 72jährigen nach Stimulation der Pankreassekretion mit Sekretion und Caerulein deutlich geringer als bei einer Gruppe junger Erwachsener.

Die Bedeutung der beobachteten Veränderungen ist bisher unklar. VELLAS et al. (1990a) vermuten einen nachteiligen Effekt auf das Wachstum der intestinalen Mukosa durch die verringerte Pankreassekretion. Für die Verdauungsleistung ergeben sich nach bisherigen Erkenntnissen keinerlei Beeinträchtigungen. Die Verdauungsfunktion scheint bei üblichen Nahrungsmengen gut erhalten zu sein, ernste Funktionsstörungen des exokrinen Pankreas treten im Alter üblicherweise nicht auf (BOWMAN et al. 1992, SHAMBUREK & FARRAR 1990), was auf die große Reservekapazität der sekretorischen Zellen zurückgeführt wird (GULLO et al. 1986). So wurde bis ins hohe Alter keine Fettmalabsorption festgestellt (ARORA et al. 1989). CASHMAN (1991) schreibt, daß die funktionelle Reserve so groß ist, daß 90 % der sekretorischen Kapazität verloren gehen können, bevor klinische Folgen auftreten.

Steigt der Fettgehalt der Nahrung jedoch auf 115-120 g/Tag, zeigen manche Ältere eine erhöhte Fettausscheidung im Stuhl (WERNER & HAMBREUS 1972 nach RUSSELL 1992). Ähnliche Beobachtungen wurden bei der Proteinverdauung gemacht. Bei Proteinmengen über 1,5 g/kg Körpergewicht/Tag ist die fäkale Stickstoffausscheidung bei älteren Probanden erhöht, während bei 1,0 g/kg Körpergewicht/Tag kein Unterschied zwischen alten und jungen Erwachsenen besteht (Werner & Hambreus 1972 nach Russell 1992).

2.2.1.5 Galle

Galle wird in der Leber gebildet und in der Gallenblase eingedickt und gespeichert. Nach Stimulation durch Cholecystokinin (CCK) fließt gleichzeitig mit der Pankreassekretion Galle ins Duodenum (Zwölffingerdarm). Die wichtigsten Bestandteile sind Gallensäuren, Cholesterin, Phospholipide und der Gallenfarbstoff Bilirubin.

Im Alter ist die Sensitivität des Gallenblasenmuskels gegenüber CCK-Stimulierung zwar verringert, bedingt durch eine geringere CCK-Rezeptordichte, dies wird jedoch durch vermehrte Freisetzung von CCK nach einer fettreichen Mahlzeit kompensiert (Khalil et al. 1985b).

Im Alter enthält die Galle mehr Cholesterin, ist dickflüssiger und in der Menge reduziert (Bertolini 1969), was mit der vermehrten Bildung von Gallensteinen in Verbindung stehen könnte. Bei Ausfällung von Cholesterin bilden sich Cholesterinsteine (etwa 80 % aller Gallensteine).

Die Häufigkeit von **Gallensteinen** steigt mit dem Alter (Shamburek & Farrar 1990). Frauen sind davon häufiger betroffen als Männer. Nach Krasman et al. (1991) die steigt Häufigkeit bei Frauen von 15 % bei 40-49jährigen auf 30 % bei 60-69jährigen. Die meisten Gallensteine verursachen jedoch keine Beschwerden und bleiben daher unerkannt. Auch von nachgewiesenen Gallensteinen verursachen nur etwa 15 % Symptome (Shamburek & Farrar 1990).

Ernährungsgewohnheiten können zur Entstehung von Gallensteinen beitragen. Sowohl der aktuelle Konsum von Protein, Fett und Ballaststoffen ist bei älteren Menschen mit der Häufigkeit von Steinen korreliert als auch die frühere Aufnahme dieser Nährstoffe. Wenn im Kindes- und jungen Erwachsenenalter relativ wenig Fett und Protein und relativ viel Ballaststoffe aufgenommen werden, scheint die Häufigkeit von Gallensteinen im mittleren und späteren Alter geringer zu sein (Gilat et al. 1985).

2.2.1.6 Leber

Die Leber spielt eine zentrale Rolle im Kohlenhydrat-, Lipid-, Protein- und Hormonstoffwechsel und erfüllt darüberhinaus Entgiftungs- und Speicherfunktionen. Die meisten Medikamente werden durch die Leber verstoffwechselt und ausgeschieden.

Auch beim Abbau von Alkohol in der Leber wurde keine Altersabhängigkeit festgestellt.

Dagegen wird bei der Bildung von Serumalbumin eine leichte Abnahme beobachtet, die nicht mit unzureichender Proteinernährung zusammenhängt. Da die Serumkonzentration allerdings um nur 0,54 g/l pro Dekade sinkt (Campion et al. 1988), sollten verringerte Albuminspiegel nicht dem Alter zugesprochen werden, auffällige Änderungen sind auf Krankheiten oder Mangelernährung zurückzuführen (s. Kap. 6.1.4.1).

Eine detaillierte Übersicht über zelluläre und funktionelle Altersveränderungen der Leber lieferten Van Thiel und Gavaler (1990).

2.2.1.7 Dünndarm

Die wesentlichen Funktionen des Dünndarms bestehen im Transport des Speisebreis, der Durchmischung mit Verdauungsenzymen, weiterer Verdauung sowie Resorption der Nährstoffe durch die Darmschleimhaut (Mukosa). Die Nährstoffresorption hängt dabei von der Vollständigkeit der Verdauung ab, von der Integrität der intestinalen Mukosa, von der Blutversorgung der resorbierenden Oberfläche, der Größe der Oberfläche, von der Passagezeit sowie von der Anwesenheit fördernder oder hemmender Stoffe (Schmidt & Thews 1995).

Mit zunehmendem Alter wird eine Abnahme der Zottenhöhe und eine leichte Zunahme der Zottenbreite im Dünndarm beschrieben, was ingesamt mit einer Abnahme der geschätzten Mukosaoberfläche verbunden ist.

Die Durchblutung des gesamten intestinalen Bereichs ist im Alter geringer.

Allgemein wird von einer leicht verringerten Motilität im Alter ausgegangen. Eine kürzere Transitzeit wäre im Hinblick auf die Zeit zur Nährstoffresorption ungünstig, es gibt jedoch keine Hinweise auf klinisch bedeutsame Veränderungen der Dünndarmmotiltiät bei gesunden alten Menschen (Schlenker 1993).

Anuras und Sutherland (1984) finden anhand von Druckmessungen im Dünndarm in der Nüchternphase keine Unterschiede zwischen 10 gesunden im Mittel 72jährigen und 10 gesunden jungen Erwachsenen (mittleres Alter 25 Jahre). Nach einer Mahlzeit war die intestinale Motilität bei den älteren jedoch deutlich geringer als in der jungen Vergleichsgruppe.

Die gesamte intestinale Transitzeit vom Mund zum Coecum ist verschiedenen Autoren zufolge im Alter unverändert (Holt 1993, Piccone et al. 1990, Wegener et al. 1988). Dagegen berichten Haboubi und Montgomery (1992) von einer längeren Mund-Coecum-Transitzeit (Verweildauer der

Da bei Ratten eine erhöhte **Vitamin-A**-Resorption im Alter beobachtet wurde und die Vitamin-A-Blutspiegel bei älteren Menschen nach Toleranztests erhöht waren, wurde dasselbe auch für den Menschen vermutet. Infusionen von Vitamin-A-reichem Plasma haben jedoch gezeigt, daß der erhöhte Vitamin-A-Spiegel eher durch verringerte Clearanceraten der Leber bedingt ist als durch erhöhte resorptive Fähigkeiten des Dünndarms (Krasinski et al. 1986, Russell 1992).

Für **Vitamin D** werden Resorptionseinbußen beschrieben, die jedoch verglichen mit der verringerten Hautsynthese von Vitamin D und der geringeren renalen Synthese von 1,25-Dihydroxy-Vitamin D als Ursache für Vitamin D-Mangel nicht relevant sind (Russell 1990)

Die Resorption von **Vitamin B_{12}** im Ileum ist im Alter unverändert – mit Ausnahme bei atrophischer Gastritis (s. Kap. 2.2.1.3).

Für andere Mikronährstoffe gibt es wenig Hinweise auf Malabsorption.

Es werden zwar oft niedrige Blutvitaminwerte beobachtet, diese normalisieren sich jedoch nach Supplementgabe, was vermuten läßt, daß eher die Vitaminzufuhr als die Resorption unbefriedigend ist (Bowman et al. 1992).

Auch die intestinale Resorption der meisten Medikamente scheint aufgrund der vorliegenden Studien nicht verringert zu sein (James 1983).

Im Tierexperiment wurde bei Ratten gezeigt, daß die Permeabilität des alternden Dünndarms für mittelgroße Polyethylenglykolmoleküle (PEG 900) zunimmt. Diese Beobachtung scheint interessant im Hinblick darauf, daß eine verringerte Fähigkeit im Alter, große Moleküle am Durchtritt durch die Darmmukosa zu hindern, dazu führen könnte, daß z. B. mutagene oder antigene Substanzen in den Körper gelangen (Katz et al. 1987).

Insgesamt sind die normalen Altersveränderungen aufgrund enormer Reservekapazitäten nicht von klinischer Bedeutung. In Zusammenhang mit Krankheiten, Medikamenteneinnahme oder übermäßiger Belastung durch große Nahrungsmengen sind Motilitäts-, Verdauungs- und Resorptionsstörungen jedoch nicht ungewöhnlich (Shamburek & Farrar 1990, Simko & Shoukry 1989).

Zahlreiche **Verdauungsbeschwerden** – Übelkeit, Erbrechen, Völlegefühl, Bauchschmerzen, Blähungen – werden im Alter häufig berichtet. Über die genauen Häufigkeiten im Vergleich zu jüngeren Altersgruppen gehen die Meinungen auseinander, repräsentative Studien liegen nicht vor.

Verdauungsbeschwerden im Alter werden unter anderem auf Unverträglichkeit von Milch- und Milchprodukten aufgrund eines Mangels des milchzuckerspaltenden Enzyms **Laktase** zurückgeführt. Tatsächlich sinkt die Laktaseaktivität im Jejunum (an den Zwölffingerdarm anschließender

Teil des Dünndarms) bei einigen Personen mit dem Alter, wohingegen die Aktivität von Maltase und Sukrase relativ konstant bleibt (Bowman et al. 1992, Russell 1990). Erstaunlich ist die Beobachtung, daß Menschen mit nachgewiesener Laktoseintoleranz nach Aufnahme von großen in Wasser gelösten Laktosemengen keine Beschwerden zeigen, jedoch beim Verzehr von Milchprodukten in einer normalen Mahlzeit.

Eine Studie an 87 älteren Einwohneren von Boston mit einem mittleren Alter von 77 Jahren bestätigte, daß außer der physiologischen Reaktion auf Laktose andere Faktoren für die Entwicklung von Symptomen nach dem Verzehr von Milchprodukten eine Rolle spielen müssen. Malabsorption von Laktose war nicht mit Symptomen verbunden. Etwa jeweils 30 % der Personen mit und ohne Resorptionsstörungen klagten über Verdauungsbeschwerden nach laktosehaltigen Drinks. Mehr als die Hälfte der Personen mit Laktosemalabsorption berichtete regelmäßigen täglichen Milchkonsum (Rorick & Scrimshaw 1979).

2.2.1.8 Dickdarm (Coecum und Kolon) und Mastdarm (Rektum)

Die Hauptfunktion des Dickdarms besteht in der Resorption von Wasser, Elektrolyten und Gallensalzen, im Rektum wird der eingedickte Darminhalt vor der Stuhlentleerung gespeichert.

Über altersbedingte morphologische und funktionelle Veränderungen gibt es wenig Information (Schlenker 1993).

Ein verringerter Defäkationsreflex im Alter wird beschrieben. Der Stuhldrang wird weniger wahrgenommen, zur Auslösung des Defäkationsreflexes ist ein größeres Volumen erforderlich als bei jüngeren Menschen. Dies könnte durch abnehmende Sensibilität und geschwächte Muskulatur im Rektum bedingt sein, vermutet werden neuropathische Änderungen im Bereich des Anorektums (Füsgen 1992).

Eine verringerte Stuhlfrequenz (**Obstipation**) kann die Folge sein. Sie wird als häufigste funktionelle Änderung des Kolons und als klassische Alterserscheinung angesehen. Die Häufigkeit von Obstipation nimmt im Alter deutlich zu, an ihrer Entstehung sind jedoch auch andere Faktoren wie geringe Ballaststoff- und Flüssigkeitsaufnahme und Bewegungsmangel beteiligt (s. Kap. 9.3.).

Durchfälle werden im Alter ebenfalls häufig beschrieben (Pentland & Pennington 1980).

Durch verringerten Sphinktertonus oder erhöhten Wassergehalt des Stuhls kann es zur **Stuhlinkontinenz** kommen mit der Folge körperlicher Abhängigkeit und Isolation, erhöhtem Risiko für Dekubitus (Druckgeschwüre) und Harnwegsinfekte.

Als häufigste strukturelle Änderung wird die **Kolondivertikulose** angesehen (SCHLENKER 1993). Ihre Entstehung ist nicht eindeutig geklärt, eine Theorie geht jedoch davon aus, daß sie als Folge von Obstipation durch den erhöhten intraluminalen Druck entsteht. Die Häufigkeit von Divertikeln, sackartigen Ausstülpungen der inneren Kolonwand, steigt in westlichen Ländern mit dem Alter deutlich an. Im Alter von 80 Jahren haben mehr als die Hälfte der Bevölkerung Divertikel im Kolon (SHAMBUREK & FARRAR 1990), die jedoch meist keinerlei Beschwerden verursachen. Bauchschmerzen und gestörte Darmentleerung – Durchfall oder Verstopfung – können jedoch auftreten. Nach FÜSGEN (1992) erleidet immerhin jeder zweite eine Attacke akuter Divertikulitis (Entzündungen der Divertikel, die zu Blutungen oder Schädigungen des Darms führen).

2.2.2 Nieren

Die Aufgabe der Nieren besteht in der kontinuierlichen Exkretion von Abfallprodukten des zellulären Stoffwechsels und anderen Fremdstoffen aus dem Blutstrom, um schädliche Konzentrationsanstiege zu verhindern. Die Nieren halten durch Regulation von Wasser-, Elektrolyt- und Säure-Basen-Haushalt Zusammensetzung und Volumen der Körperflüssigkeit konstant. Die Harnbildung erfolgt durch Filtration des Bluts in den Glomeruli und anschließender Rückresorption von Wasser und wichtiger Substanzen, die nicht ausgeschieden werden sollen, in den Nierentubuli.

Daneben erfüllen die Nieren endokrine Funktionen durch Bildung von Erythropoetin, 1,25-Dihydroxycholecalciferol, von Renin und Prostaglandinen.

Mit zunehmendem Alter werden strukturelle und funktionelle Veränderungen beobachtet. Sowohl Volumen als auch Gewicht der Nieren nehmen ab, die Anzahl der Glomeruli sinkt, die verbleibenden Glomeruli zeigen degenerative Veränderungen. Außerdem ändert sich die Form der Glomeruli, verbunden mit einem Verlust an Oberfläche, an der die Blutfiltration stattfinden kann (WHITBOURNE 1985).

Die renale Durchblutung nimmt ab, folglich ist weniger Blut pro Zeiteinheit verfügbar, um Abfallprodukte effizient zu eliminieren.

Die glomeruläre Filtrationsrate, d. h. die Rate, mit der aus dem Blutstrom, der durch die Glomeruli fließt, Filtrat gebildet wird, ist verringert.

In der BLSA (Baltimore Longitudinal Study of Aging) wurde eine Abnahme von 140 ml/Minute bei Männern zwischen 25 und 34 Jahren auf 97 ml/Minute bei 75-84jährigen festgestellt, was etwa 1 ml/Minute pro Jahr nach dem 30. Lebensjahr entspricht (US DEPARTMENT OF HEALTH 1984 nach SCHLENKER 1993).

Oberflächenverlust und verringerte Durchblutung zusammen bewirken eine *verringerte exkretorische Effizienz* – d. h. Stoffwechselendprodukte und Fremdsubstanzen wie Medikamente werden im Alter langsamer aus dem Blut entfernt als bei jungen Erwachsenen.

Weiterhin wird bei alten Menschen eine *verringerte Urinkonzentrationsfähigkeit* beobachtet. Die Fähigkeit, nach begrenzter Flüssigkeitszufuhr einen konzentrierten Urin zu bilden, ist deutlich geringer als bei Erwachsenen im mittleren und jüngeren Alter (LINDEMAN & GOLDMAN 1986). Diese Fähigkeit der Niere, die Urinosmolarität bei Bedarf zu steigern, erfordert einen adäquaten Transport der Stoffe durch die Tubulusmembran. In Querschnittsstudien wurden Abnahmen des tubulären Transports mit dem Alter festgestellt, was zu übermäßigen Wasserverlusten führt, die insbesondere bei geringer Flüssigkeitszufuhr und hoher Aufnahme von Protein und Elektrolyten kritische Folgen haben können.

Trotz der genannten Altersveränderungen sind die Nieren auch im hohen Alter noch in der Lage, schädliche Abfallprodukte auszuscheiden und Zusammensetzung und Volumen der Körperflüssigkeit zu kontrollieren. Bei starker Belastung, z. B. durch übermäßige körperliche Anstrengung, Hitze, Krankheit oder hohe Medikamenteneinnahme werden die Altersunterschiede in der renalen Effizienz allerdings offensichtlich (WHITBOURNE 1985).

Inwieweit die Altersveränderungen der Niere durch Ernährungsfaktoren mitbeeinflußt werden, ist unklar. Die Beobachtung im Tierversuch, daß sowohl die Nahrungsmenge als auch die Art und Menge des verzehrten Proteins Einfluß auf das Auftreten und das Ausmaß von altersbegleitenden Nierenschädigungen hat, lassen vermuten, daß die Proteinmenge in Zusammenhang mit chronischen Nierenkrankheiten von Bedeutung sein kann (vgl. Kap. 1.4.1.2). Beim Menschen ist bisher fraglich, inwieweit eine proteinreiche Ernährung die Entstehung einer chronischen Niereninsuffizienz fördert und ob durch Begrenzung der Proteinmenge das chronische Fortschreiten der Krankheit verringert werden kann (BOSCH 1995).

BLUM et al. (1989) stellten bei einer Gruppe 30-80jähriger mit hoher Proteinzufuhr (ca. 110 g/Tag) und einer Gruppe gleichaltriger Vegetarier mit einer Proteinaufnahme von ca. 35 g/Tag die gleiche Abnahme der Kreatinin-Clearance mit zunehmendem Alter fest, was darauf hindeutet, daß die altersbedingte Abnahme der Nierenfunktion unabhängig vom Proteingehalt der Nahrung ist.

Aus den beschriebenen Altersveränderungen ergibt sich für die Ernährung im Alter die Notwendigkeit einer regelmäßigen reichlichen Flüssigkeitszufuhr (s. Kap. 3.3.5, Kap. 4.2.4 und Kap. 9.2). Empfehlungen zur Proteinzufuhr s. Kap. 3.3.1.

2.2.3 Übergeordnete regulatorische Systeme

Zu den übergeordneten regulatorischen Systemen, die die Funktion von Geweben und Organen kontrollieren, gehören endokrines, Immun- und Nervensystem. Alle drei Systeme sind von Altersveränderungen betroffen und haben auf diese Art Einfluß auf das Altern des gesamten Organismus (HAZZARD 1987).

Da alle drei Systeme auch in Zusammenhang mit Ernährungsfaktoren zu sehen sind, sollen die wesentlichen Altersveränderungen hier kurz beschrieben werden.

2.2.3.1 Endokrines System

Das endokrine System regelt mit Hilfe der Hormone, die in endokrinen Drüsen gebildet werden und über den Blutkreislauf zu den Zielgeweben gelangen, Organfunktionen und Stoffwechselvorgänge.

Hormone, die für den Stoffwechsel und die Körperzusammensetzung – und damit den Ernährungszustand – eine Rolle spielen, umfassen Androgene, Östrogene, Wachstumshormon (growth hormone, GH), IGF-1 (insulin-like growth factor), Glukokortikoide, Insulin, Glukagon und Catecholamine. Die Schilddrüsenhormone Thyroxin und Triiodthyronin sind an der Regulation des Energiestoffwechsels beteiligt. Parathormon, Calcitonin und Calcitriol regulieren den Calcium- und Knochenstoffwechsel, Aldosteron, ADH, Renin und Angiotensin steuern den Wasser- und Elektrolythaushalt und sind daher unter Ernährungsaspekten ebenfalls von Interesse.

Insgesamt zeigen die Studien über endokrine Drüsen, die in die Kontrolle metabolischer Funktionen involviert sind, kein einheitliches Muster an Altersveränderungen. Sowohl bei den endokrinen Drüsen selbst als auch bei der Hormonbildung werden unterschiedliche Alterseffekte beobachtet.

Insgesamt überwiegt der Eindruck der Stabilität. Die komplexen Rückkopplungsmechanismen zur hormonellen Kontrolle bleiben in nahezu allen Systemen bis ins Alter erhalten (WHITBOURNE 1985).

Neben dem generellen Erhalt der Funktionsfähigkeit endokriner Systeme scheinen in allen Subsystemen Änderungen der *Hormoneffektivität* auf Körperzellen, auf die sie wirken, vorhanden zu sein (WHITBOURNE 1985). Es wurde gezeigt, daß die Zahl intrazellulärer Rezeptoren für verschiedene Hormone (Androgene, Östrogene und Kortikosteroide) mit dem Alter abnimmt. An Leberzellen von Ratten wurde gezeigt, daß die Latenzzeit bis zur Enzymantwort nach hormoneller Behandlung mit dem Alter steigt, der Wirkungsbeginn erfolgt erst später (ADELMAN 1975). Folglich ist anzunehmen, daß die hormonvermittelte Adaptation mit dem Alter sinkt.

Für Hormonspiegel im Blut werden unterschiedliche Altersveränderungen beschrieben (Tab. 2.5).

Tab. 2.5: Alterveränderungen von Hormon-Serumkonzentrationen. (Nach MORLEY & SOLOMON 1994, SOLOMON 1990.)

Abnahme:	Östrogen bei Frauen in der Menopause, Testosteron bei Männern, Wachstumshormon, Renin, DHEA
keine Änderung:	Adrenalin, Cortisol, Thyroxin, Aldosteron
Zunahme:	Noradrenalin, ADH, Insulin, Parathormon

Für zahlreiche Hormone wird mit zunehmendem Alter eine Abnahme der Serumspiegel festgestellt. Außer der bekannten und drastischen Abnahme von Östrogen bei Frauen in der Menopause ist dies auch für Testosteron bei Männern, für Wachstumshormon (GH), Renin und das Androgen DHEA (Dehydroepiandrosteron) der Fall. Mit der Abnahme von Testosteron bei Männern sinkt die Fähigkeit, eine positive Proteinbilanz zu erhalten. Bei Frauen ist die Abnahme der Östrogene mit einer negativen Calciumbilanz und Abnahme der Knochendichte verbunden.

Die deutlichen Abnahmen von GH und IGF-1 werden mit dem Anstieg des Körperfetts und der Abnahme der fettfreien Körpermasse und der Muskelmasse in Verbindung gebracht (s. Kap. 2.3.3) (RUDMAN 1985).

Von Noradrenalin, ADH, Insulin und Parathormon werden dagegen Zunahmen der Serumkonzentration mit dem Alter beschrieben.

Die Bedeutung dieser Veränderungen ist unklar. Eine erhöhte Hormonkonzentration ist nicht mit verstärkter Wirkung gleichzusetzen, sie kann vielmehr wie im Fall von Insulin mit einer Resistenz der Zielorgane erklärt werden. So wird auch trotz der erhöhten ADH-Konzentration im Alter eine verringerte Fähigkeit zur Urinkonzentration beobachtet.

Die Spiegel von Adrenalin, Cortisol, Thyroxin und Aldosteron ändern sich soweit bekannt nicht (MORLEY & SOLOMON 1994, SOLOMON 1990).

Das endokrine System beeinflußt nicht nur Ernährungszustand und Nährstoffstoffwechsel, umgekehrt kann der Ernährungszustand die endokrine Funktion beeinflussen. Blutproteine, deren Syntheserate und Konzentration ernährungsabhängig ist, dienen als Transportproteine und beeinflussen die Umwandlung von Hormonvorstufen in die aktive Form.

Im Tiermodell wurde gezeigt, daß die Ernährung Einfluß auf Altersveränderungen im endokrinen System hat. Nahrungsrestriktion führt bei Ratten zur Erhaltung von Rezeptoren zumindest für einige Hormone (vgl. Kap. 1.4.1.1).

2.2.3.2 Immunsystem

Altersveränderungen der Immunfunktion sind in Zusammenhang mit der Ernährung von besonderem Interesse, da sich Defizite vieler Nährstoffe auf die Immunfunktion auswirken und damit Immunmodulationen durch Ernährungsmaßnahmen denkbar sind.

Das Immunsystem schützt den Organismus vor körperfremden Stoffen, sogenannten Antigenen, mit Hilfe antigen-spezifischer und unspezifischer Abwehrmechanismen.

Die Hauptkomponenten der antigen-spezifischen Abwehr sind humorale und zellvermittelte Immunantwort, die wiederum synergistisch mit verschiedenen unspezifischen Faktoren der Abwehr interagieren.

Die *humorale Immunantwort* erfolgt durch B-Zellen, die im Knochenmark reifen und zu Plasmazellen differenzieren. Diese bilden spezifische Proteine, sogenannte Antikörper, die in Lymphe und Blut sezerniert werden und beim Menschen 5 verschiedenen Klassen von Immunglobulinen angehören (IgG, IgA, IgM, IgD, IgE).

Die zweite Art antigenspezifischer Abwehr, die *zellvermittelte Immunantwort*, ist primär von den in der Thymusdrüse gebildeten T-Lymphozyten abhängig.

Das *unspezifische Immunsystem* besteht vor allem aus Makrophagen und neutrophilen Granulozyten, die Fremdstoffe durch Phagozytose beseitigen.

Immunregluatorische Mechanismen bestimmen Art und Geschwindigkeit der Immunantwort.

Altersbegleitende Funktionabnahmen im Immunsystem betreffen vor allem die *zellvermittelte Immunantwort*. Mit zunehmendem Alter werden Größenabnahme der Thymusdrüse, nachlassende Thymusfunktion und veränderte T-Lymphozytenpopulationen beobachtet. Die Zahl zirkulierender T-Lymphozyten ist leicht verringert. Auch qualitative Änderungen der T-Zellen werden beschrieben, die z. B. die Rezeptordichte betreffen. Bei den T-Zell-Subpopulationen ist die Anzahl von T4+-Helferzellen leicht verringert oder normal, während der Anteil von T8+-Supressorzellen oft deutlich verringert ist. Damit einher gehen funktionelle Änderungen wie eine verringerte proliferative (Wucherung des Gewebes durch Zellvermehrung) Antwort auf Mitogene (Substanzen, die Zellteilungen induzieren) und Antigene (Substanzen, die eine Immunreaktion auslösen) und eine verringerte Bildung von Lymphokinen. Sowohl die Anzahl als auch die Größe positiver Hautreaktionen nach intradermaler Applikation weitverbreiteter Antigene – ein Maß für die zellvermittelte Immunantwort in vivo – ist im Alter generell verringert. Anergie, d. h. völlig fehlende Hautreaktion, ist im Alter häufig (Waldorf 1968). Die Reifung und Differenzierung der T-Zellen wird von einer Reihe induktiver Faktoren (wie z. B. Thymulin) reguliert, die größtenteils vom Thymus gebildet werden. Diese Thymushormone spielen bei der Entwicklung und Erhaltung der T-Zell-abhängigen Immunantwort eine wichtige Rolle. Veränderungen, die hier mit dem Alter auftreten, können die immunologische Abnahme zum Teil erklären. So ist bei über 40jährigen bereits eine deutliche Abnahme von Serumkonzentration und Aktivität dieser Faktoren festzustellen, bei über 65jährigen ist die Aktivität fast nicht mehr nachweisbar.

Auch *humorale Immunantwort* und Antikörper-Funktion können im Alter verändert sein. Die Bildung von B-Zellen ist infolge einer abnehmenden Zahl an Knochenmarksstammzellen verringert. Messungen von Ig-Serumkonzentrationen ergaben generell eine Abnahme von IgG und eine erhöhte Konzentration von IgA bei älteren.

Die *unspezifische Abwehr* in Form von Phagozytose bleibt größtenteils erhalten (Chandra 1992a, Hazzard 1987, James et al. 1990).

Die Abnahme der Immunantwort erfolgt in individuell sehr unterschiedlichem Ausmaß und ist somit nicht zwingend mit dem Alternsprozeß verbunden. Bei durchschnittlich geringerer Immunantwort im Alter ist die Spanne möglicher Reaktionen wesentlich größer als in jüngeren Jahren. Viele Senioren haben ein intaktes Immunsystem, bei einigen ist die Immunfunktion mit der junger Erwachsener vergleichbar, andere zeigen deutliche Funktionseinbußen. Zudem können verschiedene Komponenten des Immunsystems unterschiedlich von Altersveränderungen betroffen sein.

Die Folgen der eingeschränkten Immunfunktion im Alter sind weitreichend. Die Anfälligkeit für Infektionskrankheiten ist deutlich erhöht, es treten mehr Komplikationen auf, deren Verlauf zudem oft schwerer ist.

Die progressive Abnahme der T-Zell-Funktion wurde mit der Entstehung vieler chronischer degenerativer Krankheiten wie Arthrose, Krebs, Gefäßverletzungen und Autoimmun-Komplex-Krankheiten in Verbindung gebracht (Chandra 1992a, James et al. 1990).

Immunmechanismen werden auch von Ernährungsfaktoren beeinflußt. Die kurze Halbwertszeit und der aktive Stoffwechsel vieler Immunzellen machen das Immunsystem sehr sensitiv gegenüber Ernährungsmanipulation. Sowohl Protein-Energie-Mangelernährung (PEM) als auch Defizite einzelner Nährstoffe wirken sich negativ auf die Immunfunktion aus (s. Kap. 7.3.1).

Inwieweit Ernährungsfaktoren die altersbedingte Abnahme der Immunfunktion verringern können, ist bisher nicht bekannt.

Einem moderaten Überschuß bestimmter Nährstoffe (β-Carotin, Vitamin E, Arginin, Glutamin, Zink, spezielle Fettsäuren, Nukleotide) wird ein positiver Effekt auf das Immunsystem zugeschrieben. Es ist denkbar, daß sich eine gezielte Verabreichung dieser Nährstoffe positiv auf Immunfunktion und Krankheitsabwehr auswirken könnte (Meydani 1993). Weitere Untersuchungen hierzu sind jedoch erforderlich.

2.2.3.3 Nervensystem

Das Zentralnervensystem koordiniert alle ankommenden Informationen von außerhalb und innerhalb des Körpers und liefert über die ableitenden Nervenbahnen angemessene Reaktionen. Die Leitung von Nervenimpulsen erfordert die Freisetzung von Transmittern in bestimmten Mengen aus den Nervenzellen.

Über Alterseffekte auf neuroendokrine Funktionen, Gehirnstrukturen, Stoffwechsel und Funktion von Neurotransmittern finden sich in der umfassenden Literatur allerdings viele widersprüchliche Befunde.

Frühere Annahmen, daß normales Altern mit einer Gehirnatrophie und Verlust von Neuronen einhergeht, sind umstritten. Das alternde Gehirn scheint sogar in begrenztem Umfang zur Regeneration fähig zu sein und behält die Fähigkeit, zusätzliche Dentrite zu bilden und dadurch neue Neuronenverbindungen herzustellen (Joynt 1990, Schlenker 1993).

Dennoch werden mit steigendem Alter Gedächtnisverluste und Demenzen mit zunehmender Häufigkeit festgestellt, wobei nicht eindeutig geklärt ist, ob Alterns- oder Krankheitsprozesse für die Funktionseinbußen verantwortlich sind (vgl. Kap.1.3.4).

Bei alten Menschen werden geringere Neurotransmitterkonzentrationen im Gehirn beobachtet, die mit einer verringerten Synthese erklärt werden. Aus dem Blickwinkel der Ernährung sind Neurotransmitter Stoffe, die von Nährstoffen, hauptsächlich von Aminosäuren, abgeleitet werden. Dopamin und Noradrenalin werden aus Tyrosin gebildet, Serotonin aus Tryptophan. In Neuronen älterer Menschen sind die Enzyme, die zur Umwandlung dieser Aminosäuren in Transmitter benötigt werden, verringert (Schlenker 1993). Es wurde die These aufgestellt, daß die Bereitstellung bestimmter Nährstoffe als begrenzender Faktor bei der Neurotransmittersynthese fungiert (Wurtman 1982).

Aufgrund großer Reservekapazitäten der Neurotransmitter sind normale Alternsprozesse wohl nicht mit Veränderungen der Gehirnfunktion verbunden. Die Bildung von Neurotransmittern kann um 20-30 % abnehmen, ohne die normale Gehirnfunktion zu beeinträchtigen (Meier-Ruge et al. 1991).

Defizite bestimmter Vitaminc und Elektrolyt-Imbalancen können die kognitive Funktion stören und das Bild einer Demenz ergeben. Dabei gibt es Hinweise, daß nicht nur ausgeprägte Mängel, sondern auch subklinische Defizite die Funktionsfähigkeit des Nervensystems beeinflussen. Da Zusammenhänge zwischen Vitamindefiziten und kognitiven Funktionen von verschiedenen Autoren beschrieben werden, wurde die Hypothese aufgestellt, daß geringe Störungen im Vitaminstatus einige der neurokognitiven Störungen in Verbindung mit dem Alternsprozeß erklären können (ROSENBERG & MILLER 1992).

Zu Folgen von Ernährungsdefiziten für die geistige Funktion s. auch Kap. 7.3.2.

2.3 Körpergröße, Körpergewicht, Körperzusammensetzung

2.3.1 Körpergröße

Die Körpergröße nimmt mit zunehmendem Alter ab, alte Menschen sind meist um einige Zentimeter kleiner als im jungen Erwachsenenalter. Diese Abnahme ist in erster Linie auf eine Kompression der Zwischenwirbelscheiben zurückzuführen. Auch die stärkere Rückenkrümmung im Brustwirbelbereich (Kyphose) trägt vielfach dazu bei. Die langen Röhrenknochen ändern ihre Länge mit zunehmendem Alter dagegen nicht (TROTTER & GLESER 1951).

Zu diesem individuellen Rückgang der Körpergröße kommen säkulare Trends. Alte Menschen sind auch deshalb kleiner als jüngere, da jede nachfolgende Generation größer ist als die vorhergehende.

In einer umfassenden Literaturübersicht kommen BORKAN et al. (1983 nach FORBES 1987) zu dem Ergebnis, daß die Körpergröße eines Menschen zwischen dem 22. und dem 82. Lebensjahr um durchschnittlich 4,3 cm abnimmt. Querschnittsdaten berichten von einer Abnahme von 7,3 cm, die Differenz von 3 cm ist als säkularer Effekt zu erklären.

2.3.2 Körpergewicht / Bodymass-Index (BMI)

Das Körpergewicht ist ein wichtiger, einfach zu bestimmender Parameter des Ernährungszustands. Körpergewicht und Gewichtsveränderungen sind sowohl im Hinblick auf Über- als auch auf Untergewicht von enormer gesundheitlicher Bedeutung.

Der Gewichtsverlauf während des Lebens ist von verschiedenen Faktoren abhängig. Die gesellschaftlichen Bedingungen und die persönliche Situation spielen durch Faktoren wie Lebensmittelangebot, Lebensstil und

Aktivität, Veranlagung, Ernährungsgewohnheiten und Schlankheitsideal eine wesentliche Rolle.

Gewichtsveränderungen mit dem Alter werden beschrieben, inwieweit diese jedoch dem Alternsprozeß zuzuschreiben sind, läßt sich aufgrund der genannten Einflußfaktoren schwer sagen. Enorme Spannbreiten und individuelle Gewichtsschwankungen machen Aussagen zum Gewichtsverlauf mit zunehmendem Alter schwierig.

Verschiedene Studien berichten von einer Zunahme des Körpergewichts im mittleren Lebensalter gefolgt von einer Abnahme im hohen Alter.

In der Nationalen Verzehrsstudie (NVS), einer repräsentativen bundesweiten Untersuchung mit knapp 20 000 Teilnehmern, wurde bei Männern das höchste Körpergewicht in der Altersgruppe der 36-50jährigen festgestellt (80 kg im Vergleich zu 75 kg bei 19-35jährigen und ebenfalls 75 kg bei über 65jährigen). Frauen waren mit 66 kg in der Altesgruppe der 51-65jährigen am schwersten (verglichen mit 60 kg bei 19-35jährigen und 65 kg bei über 65jährigen) (HESEKER 1995a). Nach amerikanischen Statistiken steigt das Gewicht bei Männern bis zum Alter von etwa 55 Jahren, bei Frauen erreicht das Gewicht den Höhepunkt im Alter zwischen 45 und 64 Jahren (SCHLENKER 1993).

Das geringere Gewicht in älteren Altersgruppen kann einen tatsächlichen Gewichtsverlust anzeigen, aber auch durch frühe Mortalität der Personen mit höherem Gewicht bedingt sein.

Der **Bodymass-Index** (BMI = Körpergewicht in kg / (Körpergröße in m)^2) berücksichtigt bei der Beurteilung des Gewichts die Körpergröße. Bei abnehmender Körpergröße mit dem Alter und zunehmendem oder gleichbleibendem Gewicht steigt der BMI.

Daten der Nationalen Verzehrsstudie (ADOLF et al. 1995) zufolge steigt in der Bundesrepublik der Anteil stark übergewichtiger Personen (BMI > 30 kg/m^2) von 3 % bei 18-34jährigen über 8 % im mittleren Lebensalter (35-54jährige) auf 11 % bei den 55-74jährigen.

In den USA wird eine mittlere Zunahme des BMI bei Männern von 23,6 kg/m^2 im Alter von 20-25 Jahren auf 25,3 kg/m^2 im Alter von 60-70 Jahren beschrieben, bei Frauen entsprechend von 22,2 auf 25,6 kg/m^2 (NATIONAL CENTER FOR HEALTH STATISTICS 1979 nach FORBES 1987).

Ergebnisse der NHANES-Studie ergaben die größte Häufigkeit von Übergewicht bei Männern zwischen 45 und 54 Jahren (bei 30 % lag der BMI ≥ 27,8 kg/m^2), bei Frauen zwischen 65 und 74 Jahren (bei 36 % lag der BMI ≥ 27,3 kg/m^2) (US DEPARTMENT OF HEALTH 1986, 1987 nach SCHLENKER 1993).

Zum Körpergewicht im Alter und der Häufigkeit von Über- und Untergewicht bei Älteren s. Kap. 6.2; wünschenswertes Körpergewicht s. Kap. 6.1.3.1.

2.3.3 Körperzusammensetzung

2.3.3.1 Allgemeines – Modelle – Methoden

Der Begriff Körperzusammensetzung bezieht sich auf die Größe, Lokalisierung und den relativen Anteil verschiedener Körperbestandteile.

Im Vergleich zum Körpergewicht ermöglicht die Kenntnis der Körperzusammensetzung eine differenziertere Betrachtung des Ernährungszustands. Schätzungen des Energieumsatzes sind möglich, Gesundheitsrisiken können besser beurteilt werden. Die Ergebnisse und Effekte von Ernährungsinterventionen, therapeutischen Maßnahmen oder körperlichem Training können genauer quantifiziert werden, als dies mit Hilfe des Körpergewichts allein möglich wäre.

Die Körperzusammensetzung wird wie das Gewicht von inneren und äußeren Faktoren beeinflußt. Neben genetischen und hormonellen Faktoren, Krankheitsprozessen und körperlicher Aktivität sind sowohl das Alter als auch die Ernährung wesentliche Einflußfaktoren.

Die Körperzusammensetzung verändert sich kontinuierlich während des Lebens. Änderungen der Körperzusammensetzung gehören im Hinblick auf Energie- und Nährstoffbedarf, Stoffwechsel und Organfunktionen, Krankheitsanfälligkeit und Prognose zu den bedeutendsten Altersveränderungen.

Bevor auf die Altersveränderungen näher eingegangen wird, sollen zum besseren Verständnis zunächst die verschiedenen Modelle zur Einteilung des Körpers und Methoden zur Bestimmung der Körperzusammensetzung beschrieben werden.

Modelle

Die Körperzusammensetzung kann auf verschiedenen Ebenen betrachtet werden (Abb. 2.1).

Aufgrund der unterschiedlichen physikalischen und chemischen Eigenschaften von Fett und fettfreier Masse wurde der Körper zunächst in die zwei Kompartimente Fettmasse und fettfreie Masse (FFM) oder Körpermagermasse (lean body mass, LBM) unterteilt (Zweikompartimentmodell). Die FFM ist ein sehr heterogenes Kompartiment, das auf molekularer, zellulärer und Organebene differenzierter betrachtet werden kann. Da insbesondere die verschiedenen Bestandteile der FFM von Interesse sind, stützen sich aktuelle Untersuchungen auf Vierkompartimentmodelle.

Körpergewicht

a) Fett | Magermasse (LBM)

b) Fett | Protein | Min | Körperwasser (TBW)

c) Fettzellen | stoffwechselaktive Zellmasse (BCM) | ECW | ECS

d) Fettgewebe | Muskel | andere Organe | Knochen

Abb. 2.1: Modelle der Körperkompartimentierung. – a) Zwei-Kompartiment-Modell; b) - d) Vier-Kompartiment-Modelle: b) molekulare Ebene, c) zelluläre Ebene, d) Organebene. – Min = Mineralstoffe, ECW = Extrazelluläres Wasser, ECS = Extrazelluläre Feststoffe. (Nach HEYMSFIELD et al. 1993.)

Bestimmungsmethoden und ihre Eignung für Ältere

Generell stellt sich die Frage, ob die Methoden und Techniken, die bei jungen Erwachsenen zur Bestimmung der Körperzusammensetzung entwickelt und validiert wurden, auch bei älteren Menschen praktikabel sind und zuverlässige Ergebnisse liefern (HEYMSFIELD et al. 1989).

Die klassischen Methoden basieren auf der Bestimmung der Körperdichte durch Unterwasserwiegen (*Hydrodensitometrie*), Bestimmung des Körperwassergehalts durch *Isotopenverdünnungsmethoden* bzw. der Bestimmung von *Gesamtkörperkalium* durch Messung der emitierten Strahlung des natürlichen radioaktiven Isotops ^{40}K, das einen bestimmten Anteil des natürlichen Kaliums im Körper ausmacht. Die Methoden basieren auf der Annahme konstanter Dichte, konstantem Wasser- bzw. konstantem Kaliumgehalt der FFM, und es ist nicht auszuschließen, daß diese Grundannahmen bei alten Menschen nicht mehr genauso zutreffen wie bei jungen Erwachsenen, und infolgedessen die gleichen Meß- und Umrechnungsmethoden bei alten Menschen zu falschen Informationen führen. Validierungsstudien für alte Menschen fehlen bisher weitgehend.

Die relativ neue Methode der *in-vivo Neutronenaktivierungsanalyse (IVNAA)* ermöglicht die mengenmäßige Bestimmung der Elemente Kohlenstoff, Stickstoff, Calcium, Kalium, Natrium und Chlor. Zusammen mit einer Bestimmung des Körperwassergehalts können daraus die Komponenten des Körpers auf molekularer Ebene bestimmt werden. Die Berechnungen beruhen auf der Annahme, daß Kohlenstoff, Stickstoff und Calcium einen bestimmtem konstanten Anteil von Fett, Protein bzw. Knochenmineralien ausmachen. Ein interessanter Aspekt ist die Tatsache, daß für diese Beziehungen keine Altersabhängigkeit bekannt ist (HEYMSFIELD et al. 1993). Ein wesentlicher Nachteil ist allerdings der große technische Aufwand dieser Methode.

Dies gilt leider auch für die *Dual-Photonen-Absorptiometrie*, die es ermöglicht, bei relativ geringer Strahlenbelastung durch Messung von Geschwindigkeitsänderungen von auf den Körper gerichteten Photonen Knochenmineralien, Fett, Wasser und fettfreies, mineralienfreies Gewebe zu unterscheiden.

Im Gegensatz dazu stellt die *Bioelektrische Impedanz-Analyse* eine vielversprechende Methode für den Routine-Einsatz dar, da sie einfach und schnell mit geringem apperativem Aufwand und auch bei gebrechlichen und bettlägrigen Personen durchgeführt werden kann (KUSHNER 1992). Die Methode beruht auf der unterschiedlichen Leitfähigkeit der verschiedenen Körperkompartimente, ein schwacher Wechselstrom passiert den Körper zwischen rechter Hand und rechtem Fuß, gemessen werden Widerstände, die der Körper diesem Strom entgegensetzt. Die Nachteile der Methode bestehen darin, daß bisher keine akzeptablen altersspezifischen Gleichungen zur Berechnung der Körperkompartimente aus den Widerständen zur Verfügung stehen und Dehydration oder Ödeme die Berechnungen gravierend stören (s. auch Kap. 6.1.3.3).

Auch die klassischen *anthropometrischen Methoden* erfordern keine aufwendigen Geräte, sind praktikabel, einfach, preiswert und schnell durchführbar. Körperumfänge und Hautfaltendicken an bestimmten definierten Körperstellen liefern durch Vergleich mit Standardwerten Anhaltspunkte zur Abschätzung von Muskelmasse und Unterhautfettgewebe. Aus der Hautfaltendicke an mehreren definierten Körperstellen kann der Körperfettgehalt berechnet werden. Altersspezifische Formeln stehen dafür zur Verfügung, allerdings nur für bis zu 50-72jährige als älteste Altersgruppe (DURNIN & WOMERSKY 1973). Fehlende Standards für alte und ganz alte Menschen erschweren die Interpretation von Hautfaltenmessungen bei alten Menschen insgesamt. Ein weiterer Nachteil ergibt sich durch relativ hohe Meßungenauigkeiten zwischen verschiedenen Untersuchern. Dennoch sind anthropometrische Messungen zur orientierenden Information über Fettreserven und Muskelmasse auch im Alter sinnvoll und nützlich (vgl. Kap. 6.1.3.3).

Altersveränderungen der Körperzusammensetzung
Die wesentlichen Änderungen, die mit normalem Altern einhergehen, umfassen eine Abnahme der fettfreien Körpermasse, die die Atrophie der Skelettmuskulatur, Abnahme des Körperwassergehalts und der Knochenmasse miteinschließt, eine Expansion von Fettgewebe und die Umverteilung von Fett von peripheren zu zentralen Speichern (Tab. 2.6).

Tab. 2.6: Altersveränderungen der Körperzusammensetzung. – LBM = Körpermagermasse, ECW = Extrazelluläres Wasser, ICW = Intrazelluläres Wasser.

LBM ↓ :	Muskelmasse ↓	
	Körperwasser ↓ :	ECW = / ↓
		ICW ↓
	Knochenmasse ↓	
Fett ↑		

Über das genaue Ausmaß der Veränderungen und die Körperzusammensetzung im Alter, besonders im hohen Alter, gibt es bisher relativ wenig Information (Kuczmarski 1989). Die derzeit verfügbaren Daten stammen aus Querschnittsuntersuchungen, ergänzt durch einzelne Langzeitbeobachtungen (Flynn et al. 1989, 1992, Forbes & Reina 1970, Steen et al. 1979), die sich allerdings auf kleine Probandenzahlen stützen, und können lediglich eine Orientierung hinsichtlich Geschlechts- und Altersunterschieden der Körperzusammensetzung sein. Kleinere Studien kommen vielfach zu unterschiedlichen Ergebnissen, die zum großen Teil methodisch bedingt sind, auf unterschiedliche Kollektive, kleine Probandenzahlen und auf unterschiedliche Bezugssysteme (pro Person, pro Einheit Körpergewicht, pro Einheit fettfreie Körpermasse) zurückzuführen sind.

Die Untersuchungen von Cohn et al. (1980), die mittels IVNAA und Tritium-Isotopenverdünnung die Körperbestandteile von 135 gesunden Personen in verschiedenen Altersgruppen zwischen 20 und 79 Jahren bestimmten, liefern bisher die umfassendsten Informationen über Altersveränderungen im Vierkompartimentmodell (Tab. 2.7) (Hill & Beddoe 1988).

Auf große individuelle Unterschiede ist bei der Körperzusammensetzung ebenso wie bei Körpergröße, Gewicht und verschiedenen Körperfunktionen hinzuweisen.

Tab. 2.7: Altersveränderungen der Körperzusammensetzung Erwachsener. – LBM = Körpermagermasse, BCM = Köperzellmasse, TBW = Gesamtkörperwasser. (Nach Cohn et al. 1980.)

Männer:							
Altersgruppe	(J.)	20-29	30-39	40-49	50-59	60-69	70-79
	(n)	(24)	(10)	(10)	(10)	(10)	(9)
Gewicht	(kg)	79,5	72,8	80,5	82,4	78,7	79,8
Größe	(cm)	178	175	178	178	177	170
Fett	(kg)	14,3	16,0	18,5	19,8	22,0	23,9
	(%)	18	22	23	24	28	30
LBM	(kg)	64,2	56,2	61,2	61,9	56,2	55,2
	(%)	81	77	76	75	71	70
BCM	(kg)	33,2	29,1	30,0	30,2	28,0	25,5
	(%)	42	40	37	37	36	32
Muskelmasse	(kg)	24,2	19,5	19,6	21,4	17,3	13,3
Nicht-Muskelmasse	(kg)	37,0	36,0	37,7	34,6	37,2	38,4
Körperprotein	(kg)	12,9	11,8	12,0	11,9	11,3	11,1
TBW	(l)	46,9	41,0	44,7	45,2	41,0	40,3
	(%)	59	56	56	55	52	51
Knochenmineralien	(kg)	5,87	5,56	5,58	5,65	5,44	5,30
Calcium	(kg)	1,22	1,16	1,16	1,17	1,13	1,11
Frauen:							
Altersgruppe	(J.)	20-29	30-39	40-49	50-59	60-69	70-79
	(n)	(10)	(10)	(10)	(10)	(14)	(8)
Gewicht	(kg)	60,1	66,4	64,3	73,2	63,0	59,3
Größe	(cm)	165	165	163	164	158	155
Fett	(kg)	16,2	21,9	21,2	30,7	23,3	21,3
	(%)	27	33	33	42	37	36
LBM	(kg)	44,1	45,3	43,1	43,8	39,0	36,3
	(%)	73	68	67	60	62	61
BCM	(kg)	20,3	21,2	19,5	19,0	16,3	15,2
	(%)	34	32	30	26	26	26
Muskelmasse	(kg)	9,9	12,8	10,3	11,5	6,8	5,9
Nicht-Muskelmasse	(kg)	32,1	29,0	29,0	25,7	27,7	27,3
Körperprotein	(kg)	9,1	8,9	8,5	7,9	7,5	7,3
TBW	(l)	32,2	33,1	31,5	32,0	28,5	26,6
	(%)	54	50	49	44	45	45
Knochenmineralien	(kg)	4,44	4,37	4,29	3,87	3,50	3,20
Calcium	(kg)	0,92	0,91	0,89	0,81	0,73	0,67

Die genauen Mechanismen, die den Altersveränderungen der Körperzusammensetzung zugrunde liegen, sind bisher nicht völlig geklärt. Man geht davon aus, daß die Änderungen durch endokrines System und Immunsystem vermittelt werden. Dabei wird der abnehmenden Bildung von Wachstumshormon und den Geschlechtshormonen eine wesentliche Rolle zugesprochen. Das Immunsystem scheint über die Cytokine Interleukin-1β und Tumornekrosefaktor-α und deren Effekte auf LBM und Proteinstoffwechsel beteiligt (Roubenoff 1993, Roubenoff & Rall 1993). Inaktivität und unzureichende Nahrungsaufnahme verstärken die intern ausgelösten Effekte.

Altersveränderungen von LBM und Muskelmasse, Körperwassergehalt, Knochenmasse sowie des Körperfettgehalts werden im folgenden näher beschrieben.

2.3.3.2 Fettfreie Körpermasse (FFM) = Körpermagermasse (LBM)

Die fettfreie Körpermasse (FFM) oder Körpermagermasse (LBM), definiert als Nichtfettanteil des Körpers, besteht auf molekularer Ebene zum Großteil aus Wasser, Protein und Mineralien, auf zellulärer Ebene aus Zellmasse, extrazellulärem Wasser und extrazellulären festen Bestandteilen und auf Organebene aus Muskeln und inneren Organen, Blut, Haut und Knochen (Abb. 2.1).

Trotz dieser heterogenen Zusammensetzung hat die LBM einen sehr konstanten Wassergehalt von 73 %, eine konstante Dichte von 1,1 g/l und einen konstanten Kaliumgehalt von 2,66 (Männer) bzw. 2,50 (Frauen) g/kg Körpergewicht aufzuweisen, was man sich bei der Messung mit Hilfe von Hydrodensitometrie, Isotopenverdünnungsmethoden und Kaliumganzkörperzählungen zunutze macht.

Unter üblichen Bedingungen – d. h. ohne übermäßige anhaltende Trainingsprogramme oder Einnahme von Androgenen – bleibt die LBM nach dem Alter von 25 Jahren zunächst relativ konstant, im höheren Alter wird jedoch eine Abnahme beobachtet. Sowohl in Querschnitts- als auch in Längsschnittsstudien wurde die kontinuierliche Abnahme der Körpermagermasse mit dem Alter gezeigt.

Ergebnisse der BLSA ergaben anhand anthropometrischer Messungen bei 75-84jährigen Männern im Vergleich zu 25-34jährigen einen Verlust der LBM von 12 % (Borkan & Norris 1977).

Mit Messungen der Strahlung von ^{40}K wurde in mehreren Querschnitts- und Longitudinalstudien die progressive Abnahme des Gesamtkörperkaliumgehalts (TBK) mit dem Alter bei Männern und Frauen belegt (Forbes 1987). In einer Longitudinalstudie von Flynn et al. (1989) über 20 Jahre wurde bei 564 Männern und 61

Frauen, die zu Beginn der Studie überwiegend zwischen 30 und 60 Jahre alt waren, gezeigt, daß die Abnahme der LBM (nach Korrektur der Körpergröße) bei Männern ab dem 40. Lebensjahr beginnt und zwischen 40 und 60 Jahren am ausgeprägtesten ist. Bei den Frauen war die Abnahme bis zum 60. Lebensjahr nur gering, danach jedoch wesentlich stärker als bei den Männern. ALOIA et al. (1991) beschreiben bei Frauen eine deutliche Abnahme der LBM nach der Menopause.

Nach COHN et al. (1980) sinkt der Anteil der LBM am Gesamtkörpergewicht von 81 % bei einem 20-29jährigen Mann auf 70 % im Alter von 70-79 Jahren, bei Frauen von 73 auf 61 %.

FORBES (1987) beschreibt den Verlauf von Größe, Gewicht und LBM bei 3 Einzelpersonen, die sich im Alter zwischen 45 und 80 Jahren longitudinal über 26, 27 bzw. 31 Jahre regelmäßigen Messungen unterzogen. Die Abnahme der LBM betrug bei diesen Personen 0,4 %, 2,3 % bzw. 3 % pro Dekade. Die LBM zeigte im Verlauf der Zeit wesentlich weniger Variation als das Körpergewicht, was darauf schließen läßt, daß Gewichtsveränderungen hauptsächlich durch Änderung der Fettmasse bedingt sind.

Eine Abnahme der LBM ist ein Kennzeichen des Alterns, von Krankheit oder anhaltender Mangelernährung und hat wesentliche Bedeutung für Organfunktionen, Gesundheit und Stoffwechsel. Ausgeprägte Verluste gehen mit abnehmender Immunkompetenz einher, führen zu größerer Infektionshäufigkeit, Komplikationen im Verlauf von Krankheiten, dadurch bedingt längeren Krankenhausaufenthalten und schließlich zum Tod. Ein Verlust von mehr als 40 % der LBM ist mit dem Leben nicht vereinbar (HILL & BEDDOE 1988).

Muskelmasse

Die Skelettmuskulatur macht etwa die Hälfte der LBM aus und ist mit über 40 % des Körpergewichts im jungen Erwachsenenalter das größte Körperorgan. Mechanische Arbeitsleistung und aerobe Stoffwechselkapazität werden von der Skelettmuskulatur bestimmt. Die Muskeln spielen eine zentrale Rolle bei der Nährstoffverwertung und der Energiegewinnung und leisten einen wichtigen Beitrag zur Anpassung des Stoffwechsels an Streßsituationen bei Krankheit oder unterbrochener Nahrungsaufnahme. Da Kalium im Muskel konzentriert ist, ist es möglich, durch Kaliummessungen mit zusätzlichen Bestimmungen des Gesamtkörperstickstoffs mittels IVNAA zwischen Muskel- und Nichtmuskelkomponente der LBM zu unterscheiden.

COHN et al. (1980) konnten aufgrund größerer Kaliumreduktion im Vergleich zu den Stickstoffverlusten so zeigen, daß mit zunehmendem Alter in erster Linie Muskelmasse abgebaut wird, während die restliche LBM fast unverändert bleibt. Zwischen 20 und 80 Jahren wurde ein fast 50 %iger Abbau der Muskelmasse festgestellt. Dagegen zeigen die Nichtmuskelgewebe nur relativ geringe Proteinverluste.

Autopsiebefunde zeigen, daß 70jährige 40 % der Muskelmasse eines jungen Erwachsenen verloren haben. Bei verschiedenen anderen Organen liegt der Verlust lediglich zwischen 9 % (Nieren) und 18 % (Leber). Der Anteil der Skelettmuskulatur am Körpergewicht beträgt bei über 70jährigen nur noch 27 % im Vergleich zu 45 % bei jungen Erwachsenen (KORONCHEVSKY 1961 nach MUNRO 1988).

Auch die mit zunehmendem Alter deutlich sinkende Ausscheidung von Kreatinin im Urin, das vom Muskelkreatin stammt und in konstanter Relation zur Muskelmasse ausgeschieden wird, und von 3-Methylhistidin, das den Muskelabbau widerspiegelt, bestätigen den deutlichen Muskelabbau mit zunehmendem Alter (MUNRO & YOUNG 1978).

TZANKOFF und NORIS (1977) beschreiben eine Abnahme der Kreatinin-Exkretion im Urin um 20 % zwischen dem 20. und 60. Lebensjahr und um 50 % zwischen 20 und 90 Jahren.

Morphologisch wird die Abnahme der Muskelmasse durch einen Verlust von Muskelfasern und die Reduktion der Muskelfaserdurchmesser erklärt (COGGAN et al. 1992, LEXELL et al. 1988).

Neben der Atrophie der Muskeln werden mit zunehmendem Alter Bindegewebs- und Fetteinlagerungen beschrieben.

Eine ältere Untersuchung von INOKUCHI et al. (1975 nach FORBES 1987) zeigte anhand von mikroskopischer Vermessung von Muskelschnitten des Rectus Abdominus von 20- bis 80jährigen Unfallopfern, daß die von Bindegewebe eingenommene Fläche von 3 % bei 20jährigen auf 20 % bei 50jährigen ansteigt ohne weitere Änderung mit zunehmendem Alter. Die von Fett eingenommene Fläche stieg von 1-5 % im Alter von 20 Jahren auf 40-50 % im Alter von 80 Jahren. Computertomographische Aufnahmen zeigen, daß Bündel kontraktiler Muskeln innerhalb eines Muskels getrennt werden, was auf Fetteinlagerungen zurückgeführt wird (MUNRO 1988).

ROSENBERG (1992) hält keine Altersveränderung für funktionell so bedeutsam wie die Abnahme der LBM bzw. der Muskelmasse. Wesentliche Konsequenzen ergeben sich für Muskelkraft und Stoffwechselkapazität, für die Anpassung des Stoffwechsels an Streßsituationen, für den Energiebedarf und möglicherweise für den Proteinbedarf.

Die Abnahme der Muskelmasse ist mit einer parallelen Abnahme der Muskel*kraft* verbunden. Es wurde beobachtet, daß die Muskelstärke von Bein- und Rückenmuskeln zwischen dem 30. und 80. Lebensjahr um 30 bis 40 % abnimmt (LARSSON et al. 1979).

Auch Handkraftmessungen ergaben eine progressive Abnahme der Muskelstärke mit zunehmendem Alter (MUNRO et al. 1988) (Abb. 2.2).

Untersuchungen von FRONTERA et al. (1991) bei 200 gesunden Männern zwischen 45 und 78 Jahren haben durch parallele Abnahme von Muskelmasse und Muskelstärke gezeigt, daß die Abnahme der Stärke in erster

Linie durch Abnahme der Muskelmasse bedingt ist und keine Störung der internen Fähigkeit der Muskelzellen, Kraft aufzubauen, besteht.

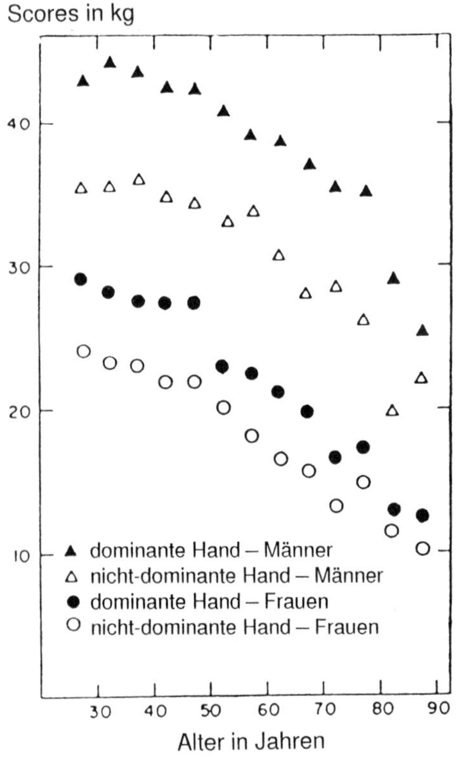

Abb. 2.2: Abnahme der Handmuskelkraft mit zunehmendem Alter. (Nach MUNRO 1988.)

Geringere Muskelmasse und Muskelkraft im Alter bringen eine geringere körperliche Leistungsfähigkeit mit sich, im hohen Alter sind häufig Mobilitäts- und Gleichgewichtsprobleme die Folge, verbunden mit einem erhöhten Sturzrisiko und zunehmender Abhängigkeit.

Die Abnahme der körperlichen Leistungsfähigkeit mit dem Alter selbst bei hohem Grad körperlicher Aktivität ist von Profisportlern bekannt, Inaktivität und Nichtnutzung der Muskulatur verstärken jedoch die altersbedingte Abnahme von Muskelmasse und -kraft deutlich. Umgekehrt ist es auch im hohen Alter möglich, Muskelmasse und Muskelkraft durch regelmäßiges Krafttraining zu erhalten bzw. zu steigern (vgl. Kap. 8.4.7).

Im Hinblick auf Energie-, Protein- und Kohlenhydratstoffwechsel bedeutet eine geringere Muskelmasse Stoffwechselveränderungen durch weniger stoffwechselaktive, energieliefernde Zellen, geringeren Körperproteingehalt, andere Verteilung des Körperproteins auf verschiedene Organe und geringere Glykogenreserven.

Durch die geringere Muskelmasse und die wichtige Rolle des Muskels im Streßstoffwechsel könnte die geringere Widerstandsfähigkeit gegenüber Krankheitsstreß und höhere Anfälligkeit für Mangelernährung im Alter zu erklären sein (s. Kap. 2.4.2).

Zur Bedeutung der abnehmenden Muskelmasse für Energie- und Proteinbedarf s. Kap. 3.

Körperwassergehalt (TBW)

Wasser ist mit 73 % der Hauptbestandteil der LBM, etwa je zur Hälfte verteilt auf intrazellulären (55 %) und extrazellulären (45 %) Raum. Wasser ist zudem der Hauptbestandteil des menschlichen Körpers, der Anteil am Körpergewicht beträgt beim Neugeborenen etwa 80 %, und sinkt beim Erwachsenen auf etwa 65 % (Reiff 1989). Der Wassergehalt des weiblichen Körpers liegt etwa 5-10 % niedriger als bei Männern.

Die Messung erfolgt üblicherweise mit Isotopenverdünnungsmethoden.

Mit der LBM nimmt auch der Wassergehalt des Körpers mit zunehmendem Alter ab.

Die Studien von Steen et al. (1979, 1985, 1988, 1989) beschreiben bei 70-80jährigen einen Wassergehalt von unter 60 % bei Männern und unter 50 % bei Frauen.

Cohn et al. (1980) beschreiben eine Abnahme des Körperwassers von 59 % bei 20-29jährigen auf 51 % bei 70-79jährigen Männern und von 54 % auf 45 % entsprechend bei Frauen.

Eine Literaturübersicht verschiedener Querschnittsuntersuchungen mit in vivo-Verdünnungsmethoden bei Erwachsenen zwischen 17 und 86 Jahren kommt zu dem Ergebnis, daß der Wassergehalt des männlichen Körpers vom jungen Erwachsenenalter bis zum Alter von 70-80 Jahren kontinuierlich um etwa 0,3 kg/Jahr abnimmt. Bei Frauen bleibt der Wassergehalt im mittleren Alter dagegen nahezu konstant und sinkt erst nach dem 70. Lebensjahr deutlich um etwa 0,7 kg/Jahr. Bezogen auf 1 kg Körpergewicht ist im Erwachsenenalter eine leichte Abnahme des Wassergehalts festzustellen und ab 70 Jahren eine Zunahme, die durch die Zu- bzw. Abnahme von Körperfett erklärt werden kann (Watson et al. 1980 nach Schöller 1989).

Verschiedene Querschnittsstudien (Fülöp et al. 1985, Lesser & Markofsky 1979, Shock et al. 1963) ergaben, daß die Abnahme hauptsächlich durch Abnahme des intrazellulären Wassers (ICW) bedingt ist. Da beim extrazellulären Wasser (ECW) überwiegend keine Änderungen nachgewiesen wurden, wird die Abnahme des Wassers dem intrazellulären Anteil zugesprochen und mit der Abnahme der Körperzellmasse erklärt. Ergebnisse der Göteborg-Longitudinalstudie (STEEN 1985) weisen dagegen darauf hin, daß die Abnahme des Körperwassergehalts vor allem durch Reduktion der extrazellulären Wassermenge bedingt ist.

Übereinstimmend wird somit von verschiedenen Autoren von einer Abnahme des Gesamtwassergehalts mit zunehmendem Alter ausgegangen. Über die genauen Änderungen des Körperwassergehalts und seiner Verteilung auf ICW und ECW besteht allerdings Uneinigkeit.

Darüberhinaus ist bisher nicht geklärt, inwieweit sich der Wassergehalt der einzelnen Zelle mit dem Alter verändert. REIFF (1989) sieht genügend Grund zur Annahme tiefgreifender Veränderungen im chemischem Potential innerhalb und außerhalb der Zelle aufgrund steigender Makromolekül-Interaktionen oder Aggregationen (Cross-linking, Polymerisation, Unlöslichkeit) verbunden mit einer Unfähigkeit, Wasser in ausreichender Menge zu halten.

Diese Ansicht ist besonders interessant in Zusammenhang mit der kürzlich von HÄUSSINGER et al. (1993) aufgestellten Hypothese, daß Proteinabbau und -synthese durch den Wassergehalt der Zelle kontrolliert werden. Eine Abnahme der zellulären Hydration von Leber und Muskel soll die Proteinkatabolie verschiedener Krankheiten auslösen. Möglicherweise sind die katabolen Alternsprozesse in Zusammenhang mit einem abnehmenden intrazellulären Wassergehalt mit steigendem Alter zu sehen. Untersuchungen des chemischen Potentials von Wasser und dem Wassergehalt einzelner Zellen als Funktion des Alters sind zur Klärung dieser Zusammenhänge notwendig (REIFF 1989).

Auch die Frage, ob sich der Hydrationszustand der fettfreien Körpermasse mit dem Alter ändert, ist bisher unzureichend geklärt. Nach SCHÖLLER (1989) weisen verschiedene Kadaveranalysen, Tierstudien und eine Querschnittsstudie am Menschen darauf hin, daß der Wassergehalt der FFM mit dem Alter geringfügig zunimmt, diese Änderung jedoch im Normalfall minimal und ohne Bedeutung für die Körperzusammensetzung ist. Auch HEYMSFIELD et al. (1993) beschreiben bei 25 Personen zwischen 20 und 80 Jahren eine geringfügige, aber nicht signifikante Zunahme des Wassergehalts der fettfreien Masse von ca. 72 % auf 74 % und schließen daraus, daß das Alter nur geringfügigen Einfluß auf die Hydration der FFM hat.

Aufgrund der zahlreichen Funktionen von Wasser im menschlichen Körper haben Änderungen des Körperwassergehalts weitreichende Folgen. Ein verringerter Körperwassergehalt geht mit einer erhöhten Anfälligkeit für Störungen im Wasserhaushalt einher. Das Risiko für Dehydrierung steigt in Zusammenhang mit dem geringeren Durstempfinden (s. Kap. 2.1.2) und der geringeren Konzentrationsfähigkeit der Nieren (s. Kap. 2.2.2), die Reaktion auf Wasserverluste z. B. durch Diuretika, Fieber oder

Durchfälle ist empfindlicher (vgl. Kap. 9.2). Eine geringere Wassermenge erschwert die Temperaturregulation, insbesondere die Anpassung an stark schwankende Umgebungstemperaturen. Änderungen der verschiedenen Verteilungsräume können zudem pharmakokinetische und pharmakodynamische Eigenschaften von Medikamenten verändern und müssen bei der Medikamentendosierung im Alter berücksichtigt werden.

Knochenmasse

Das Skelett macht weniger als 10 % der Körpermasse aus, ist jedoch in Zusammenhang mit der enormen Häufigkeit von Osteoporose und Frakturen im Alter von Interesse und Bedeutung. Komplexe Regulationsmechanismen bestimmen den Calciumstoffwechsel des Knochens und das Gleichgewicht zwischen Knochenaufbau- und -abbauprozessen.

Zur Bestimmung der Knochenmasse sind aufwendige Methoden wie IVNAA oder Dualphotonenabsorptiometrie erforderlich.

Die Knochendichte entwickelt sich in der Kindheit und Jugend und erreicht ein Maximum, die sogenannte Spitzenknochenmasse, im jungen Erwachsenenalter. Ab dem 30. bis 40. Lebensjahr werden bei Männern und Frauen Abnahmen der Knochenmasse festgestellt, die bei Frauen nach der Menopause ein besonders hohes Ausmaß ereichen und danach langsam abflachen bzw. zum Stillstand kommen. Im Alter von 80 Jahren hat sich die Knochendichte eines Mannes um 12 %, die einer Frau um 25 % verringert (Heaney et al. 1982).

Cohn et al. (1980) bestimmten den Calciumgehalt des Körpers im Verlauf des Lebens in zwei Querschnittstudien mit Hilfe der Neutronenaktivierungsanalyse. Bei Männern wurde eine Abnahme von 1220 auf 1006 g (20-29jährige verglichen mit 70-79jährigen) festgestellt, dies entspricht einer Abnahme von 36 g/Dekade. Bei Frauen wurde in der gleichen Studie eine Abnahme von 924 g auf 671 g beobachtet. Eine frühere Untersuchung im Jahr 1976 ergab eine Abnahme von 785 g bei 30-39jährigen auf 634 g bei 70-79jährigen Frauen. Aus diesen beiden Studien ergibt sich bei Frauen eine Reduktion des Calcium-Körpergehalts von 38-51 g/Dekade (Forbes 1987).

Frauen treten demnach mit einem geringeren Calciumgehalt ins Erwachsenenalter ein als Männer und verlieren es schneller. Cohn et al. (1980) stellten außerdem eine enge Beziehung zwischen Stickstoff- und Calciumverlusten fest, was eine Verbindung von Muskel- und Knochenverlust vermuten läßt.

Für den Verlust der Knochenmasse gibt es verschiedene Hypothesen. Hormonelle Veränderungen, Inaktivität und Ernährungsfaktoren werden mit der altersbegleitenden Verringerung der Knochensubstanz in Verbindung gebracht.

Eine Hypothese der *hormonellen Entstehung* besagt, daß die Bildung des aktiven Vitamin-D-Metaboliten Calcitriol (1,25-Dihydroxy-Cholecalciferol) in der Niere aufgrund der altersbedingten Abnahme der Nierenfunktion verringert ist. Dies führt zur Verringerung der intestinalen Calciumresorption mit dem Ergebnis einer gesteigerten Parathormon-Sekretion und folglich vermehrter Knochenauflösung.

Eine andere Hypothese geht von der verringerten körperlichen Aktivität und der reduzierten Östrogenbildung im Alter aus, die dazu führen, daß die Knochenauflösung die -bildung übersteigt. Dies führt zur Reduktion der Parathormon-Sekretion, Abnahme der Calcitriol-Synthese in den Nieren und folglich zu verringerter intestinaler Resorption von Calcium.

Obwohl es Hinweise zur Unterstützung beider Hypothesen gibt, ist keine bewiesen.

Von wesentlicher Bedeutung für die Knochenmasse ist *körperliche Aktivität*. Es wurde gezeigt, daß nur wenige Wochen Bettruhe bereits erkennbare Änderungen der Knochendichte der Lendenwirbel zur Folge haben (Krölner & Toft 1983). Möglicherweise steht dieser Verlust mit der Abnahme der Skelettmuskelmasse in Verbindung. Nach Aloia et al. (1991) trägt der Verlust an LBM durch Abnahme der mechanischen Beanspruchung mit zum Knochenabbau bei. Neuere Studien weisen darauf hin, daß durch regelmäßiges Krafttraining auch die Knochenbilanz im Alter verbessert werden kann.

Als *Ernährungsfaktoren* in Zusammenhang mit übermäßigem Knochenabbau werden zu geringe Calcium- und Vitamin-D- und zu hohe Protein-, Phytat- und Ballaststoffmengen in der Nahrung diskutiert (s. Kap. 5.5).

Übermäßiger Knochenabbau führt zu Osteoporose und ist mit einem erhöhten Risiko für Knochenbrüche verbunden. Frakturen sind eine Hauptursache für Behinderung im Alter und oft entsteht ein Sturz-Folge-Syndrom mit erhöhter körperlicher Behinderung, weiterer Abnahme der Aktivität mit negativen Folgen für die Körperzusammensetzung, erhöhtem Risiko für Mangelernährung und Morbidität.

2.3.3.3 Körperfettgehalt

Körperfett dient als Energiespeicher, zur Wärmeisolation und zur Lagerung und zum Schutz innerer Organe. Der Körperfettgehalt eines Menschen ist wesentlich variabler als die fettfreie Körpermasse, so daß Variationen im Körpergewicht größtenteils auf Veränderungen des Fettgehalts beruhen. Im Extremfall kann der Fettanteil weit mehr als 50 % des Körpergewichts ausmachen.

Körperfettgehalt und Fettverteilung sind in großem Maße abhängig von Aktivitätsmustern einer Bevölkerung und werden wesentlich von der Ernährung mitbestimmt. In Zusammenhang mit den Folgekrankheiten von Übergewicht und Fettsucht sind sie von enormer gesundheitlicher Bedeutung.

Fett läßt sich direkt durch die Aufnahme fettlöslicher Gase, anthropometrisch, mit Hilfe von Computertomographie (CT) oder Neutronenaktivierung messen, wird jedoch meist indirekt durch Hydrodensitometrie oder aus der Differenz zwischen Körpergewicht und fettfreier Masse bestimmt.

Aufgrund der großen Variation sind allgemeine Aussagen hier besonders vorsichtig zu werten, Alterseffekte sind von anderen Einflußfaktoren schwer zu trennen. Verschiedene Studien beschreiben eine mittlere Zunahme an Körperfett mit steigendem Alter.

Nach Forbes (1987) und Cohn et al. (1980) steigt der prozentuale Fettanteil am Körpergewicht bei Männern von ca. 15-18 % im Alter von 20 Jahren auf knapp 30 % bei 70jährigen, bei Frauen von etwa 25-30 % auf 35-40 %.

Novak (1972) stellte anhand von Gesamtkörperkaliummessungen bei über 500 Männern und Frauen zwischen 18 und 85 Jahren fest, daß der Fettanteil bei Männern von 18 % in der jüngsten Altersgruppe auf 36 % in der ältesten Altersgruppe anstieg, bei Frauen von 33 % auf 44 %.

Auch in der Longitudinalstudie von Flynn et al. (1989) ergab sich aus der Abnahme des Körperkaliumgehalts und relativ konstantem Körpergewicht bei Männern und Frauen eine Zunahme des Fettanteils mit dem Alter.

Oft steigt der Fettanteil an, ohne daß sich das Gesamtgewicht verändert und dies nach außen sichtbar wird.

Anthropometrische Messungen im Rahmen des „Large-Scale Nutrition Survey 1971-74" bei fast 20000 Amerikanern im Alter zwischen 1 und 74 Jahren spiegeln Alters- und Geschlechtsunterschiede und eine enorme Streubreite der Fettgehaltsparameter wieder (Frisancho 1981). Die 50. Percentile der Tricepshautfaltendicke betrug bei 20jährigen Männern 10 mm, bei 50jährigen 12 mm und bei 70jährigen 11 mm. Die Werte bei den Frauen liegen höher, was den höheren Körperfettgehalt von Frauen wiederspiegelt, zeigen aber mit 18 mm im Alter von 20 Jahren, 25 mm im Alter von 50 Jahren und 24 mm im Alter von 70 Jahren den gleichen Verlauf.

Der relative Fettanteil scheint bis zu Beginn des 8. Lebensjahrzehnts zu steigen. Daten über Veränderungen in dieser Dekade sind nicht schlüssig. Einige weisen auf eine Abnahme des Körperfettanteils bei Frauen hin (Silver et al. 1993, Steen 1988).

Mit zunehmendem Alter wird nicht nur eine Zunahme, sondern auch eine *Umverlagerung* des Körperfetts beobachtet. Es wurde gezeigt, daß mehr Fett im Unterhautfettgewebe des Rumpfes abgelagert wird als in den Extremitäten. Zudem wird Fett vom Unterhautfettgewebe in tiefere Regionen des Rumpfes umverlagert (Steen 1988, Schwartz et al. 1990). Baumgartner et al. (1993) schließen aus den Ergebnissen zweier großer amerikanischer Studien, daß der prozentuale Anteil des visceralen Fettgewebes mit dem Alter bei Männern und Frauen ansteigt, was unabhängig vom Anstieg des Gesamtkörperfetts zu sein scheint.

Die mit zunehmendem Alter beobachteten Veränderungen der Körperzusammensetzung mit Erhöhung des Fettanteils, besonders der Steigerung internen Fetts, und Abnahme der Muskelmasse erhöhen das Risiko für eine Reihe chronischer Gesundheitsstörungen wie Hypercholesterinämie, Arteriosklerose, Hyperinsulinismus, Insulinresistenz, Hyperglykämie, Diabetes Mellitus und Bluthochdruck (BAUMGARTNER et al. 1993).

2.4 Stoffwechselveränderungen

Altersveränderungen im Energie- und Nährstoffstoffwechsel sind bisher wenig untersucht.

Die bekannten metabolischen Veränderungen stehen in engem Zusammenhang mit Altersveränderungen der Körperzusammensetzung und der körperlichen Aktivität, hormonellen und nutritiven Veränderungen.

2.4.1 Energiestoffwechsel

Zwischen den Änderungen der Körperzusammensetzung und dem Energiestoffwechsel bestehen enge Beziehungen.

Untersuchungen von SHOCK in der BLSA kamen zu dem Ergebnis, daß der Grundumsatz, gemessen als Sauerstoffverbrauch pro Einheit Körperoberfläche, zwischen dem 30. und 90. Lebensjahr um etwa 20 % sinkt (SHOCK 1972 nach MUNRO 1988).

JAMES et al. (1989) kommen anhand einer Literaturübersicht zu der Schlußfolgerung, daß der Grundumsatz (bezogen auf das Körpergewicht) zwischen 20 und 60 Jahren bei Männern um 24 %, bei Frauen um 15 % abnimmt.

TZANKOFF und NORIS (1977) untersuchten eine große Gruppe von Männern unterschiedlichen Alters, viele davon über eine Dauer von 11 Jahren, und kommen zu dem Ergebnis, daß der Grundumsatz mit einer Rate von 3,7 % pro Dekade sinkt. Dies stimmt mit den Ergebnissen der BLSA überein: hier wurde eine Abnahme von 3 bis 4 % nach dem 40. Lebensjahr festgestellt (US DEPARTMENT OF HEALTH 1984 nach SCHLENKER 1993). Andere Autoren berichten von Abnahmen des Grundumsatzes zwischen 0,7 und 4,8 % pro Dekade (FORBES 1987).

In verschiedene Studien wurde der Grundumsatz bei jungen und alten Erwachsenen untersucht und bei jungen Erwachsenen Werte zwischen 21-25 kcal/kg Körpergewicht, bei älteren Werte zwischen 19-21 kcal/kg Körpergewicht gemessen.

Wird der Grundumsatz auf die fettfreie Körpermasse bezogen, verschwinden die Altersunterschiede (James 1989, Young 1992). Folglich wird die Abnahme des Grundumsatzes auf die Abnahme der stoffwechselaktiven Körpermasse mit dem Alter (FFM) zurückgeführt. Bei gesunden Senioren wurden Werte zwischen 29-32 kcal/kg FFM gemessen (Arciero et al. 1993, Calloway & Zanni 1980, Goran & Poehlmann 1992).

Verschiedentlich werden allerdings Abweichungen des Grundumsatzes älterer und jüngerer Versuchspersonen von 5-10 % pro kg FFM berichtet (Forbes & Reina 1970, Fukagawa et al. 1990, Vaughan et al. 1991). Diese Unterschiede werden dem geringeren Anteil Muskelmasse an der FFM im Alter zugesprochen und für den täglichen Energiebedarf als quantitativ nicht bedeutsam angesehen (Young 1992a).

Insgesamt scheint die Stoffwechselgrundlage für den Energiebedarf im Alter unverändert zu sein (s. auch Kap. 3.2) (Young 1992a).

2.4.2 *Proteinstoffwechsel*

Bereits in den 70er Jahren wurde der Proteinstoffwechsel von gesunden alten Menschen von Uauy et al. (1978), Winterer et al. (1976) und Golden et al. (1977) untersucht. Dabei wurde festgestellt, daß pro kg Körpergewicht nur geringe Unterschiede in Proteinsynthese und -abbau zwischen alten und jungen Menschen bestehen.

Studien von Robert et al. (1984) mit ^{13}C-Leucin haben gezeigt, daß die Proteinsynthese bei älteren Männern im Fastenzustand bezogen auf 1 kg Körpergewicht im Vergleich zu jungen Erwachsenen um 10 % verringert ist, bei Frauen um 30 %. Untersuchungen des Proteinturnover mit ^{13}C-Glycin ergaben bei älteren Männern und Frauen pro kg Körpergewicht auch geringere Abbauraten .

Eine Untersuchung des Proteinstoffwechsels von Lehmann et al. (1989) mit Hilfe von L-(1-^{14}C)-Leucin ergab bei 9 gesunden 68-89jährigen signifikant niedrigere Abbau-, Aufbau- und Gesamt-Proteinturnover-Raten als bei 6 gesunden 45-51jährigen Vergleichspersonen. Die Proteinbilanz war jedoch auch im Alter erhalten und unverändert. Bei 13 immobilen 67-93jährigen waren Proteinsynthese, -abbau und -turnover signifikant höher als bei gesunden Senioren und entsprachen eher denen der jungen Vergleichsgruppe. Die Autoren erklären sich den Unterschied zu den früheren Studien dadurch, daß dort jüngere und keine Gesunden, sondern Patienten untersucht wurden, deren Ergebnisse mit der immobilen Gruppe von LEHMANN et al. (1989) gut übereinstimmen.

Werden die Ergebnisse jedoch auf die Muskelmasse bezogen und pro g Kreatinin-Exkretion oder pro kg Körperzellmasse ausgedrückt, werden im Alter höhere Raten ermittelt als bei jungen Personen (YOUNG 1990).

Verschiedene Studien ergaben, daß der Anteil des Muskels am Gesamtproteinturnover von 30 % bei jungen Erwachsenen auf 20 % bei Älteren sinkt (YOUNG 1990). Die Muskelproteinsynthese macht bei Älteren einen geringeren Anteil an der Gesamtproteinsynthese aus als bei jungen Erwachsenen. Umgekehrt ist der Beitrag der Nichtmuskelmasse zum Proteinstoffwechsel im Alter höher.

Da die visceralen Organe (Leber, Nieren, Herz) eine höhere Proteinstoffwechselrate haben als die Skelettmuskulatur, kann dieser höhere Beitrag der inneren Organe zum Gesamtproteinturnover für die höhere Rate des Proteinturnover bezogen auf die fettfreie Körpermasse verantwortlich gemacht werden.

Die Bedeutung dieser Veränderungen für Gesundheit und Ernährung ist unklar.

Da der Muskel den größten Pool freier Aminosäuren im Körper enthält und bei begrenzter Protein- und Energiezufuhr durch Freisetzung von Aminosäuren zur Stoffwechselanpassung beiträgt, wird vermutet, daß durch die geringere Muskelmasse und den geringeren Anteil des Muskels am Gesamtstoffwechsel die Verfügbarkeit erforderlicher Aminosäuren begrenzt und damit die Fähigkeit, erfolgreich auf ungünstige Ernährungssituationen oder Streßsituationen zu reagieren, verringert ist.

Eine geringere Muskelmasse bedeutet einen Verlust von Proteinspeicher zur Bereitstellung von Aminosäuren für die Synthese neuer Proteine und zur Glukoneogenese.

Darüberhinaus könnte die Effizienz der Verwertung von Nahrungsprotein verändert sein.

Studien von GERSOVITZ et al. (1980) haben gezeigt, daß die **Albumin**synthese der Leber bei älteren Personen in geringerem Maß auf eine Steigerung der Nahrungsproteinzufuhr reagiert als bei jüngeren. Die Autoren schließen daraus, daß die Fähigkeit von einer verbesserten Ernährung zu profitieren durch ein trägeres Stoffwechselstadium im Alter begrenzt ist. Sie stellten die Hypothese auf, daß ein oberer „set-point" für die Albuminsynthese besteht, ein bestimmter Punkt, ab dem die Albuminsynthese auch bei gesteigerter Aminosäurenzufuhr nicht mehr gesteigert werden kann. Dieser „set-point" wäre diesen Beobachtungen zufolge im Alter erniedrigt.

Die Reaktion des Aminsäurestoffwechsels auf Insulin scheint im Alter unverändert zu sein. Plasma-Aminosäure-Spiegel und Proteinstoffwechsel bleiben bis ins hohe Alter sensitiv gegenüber Insulin (FUKAGAWA et al. 1988, MARCHESINI et al. 1987).

2.4.3 *Kohlenhydratstoffwechsel*

Die Fähigkeit, Glukose zu verstoffwechseln, sinkt während des Erwachsenenlebens (SILVERSTONE et al. 1957).

Es ist allgemein anerkannt, daß die Kohlenhydrattoleranz mit dem Alter abnimmt und die Beseitigung von Glukose aus dem Blut und Normalisierung des Blutglukosespiegels nach einer Glukose-Belastung im Alter progressiv gestört ist. Nach Verabreichung einer Standard-Glukosemenge ist der Blutzuckerspiegel bei einem 50jährigen nach 1 Stunde um 10 mg/dl höher als bei einem jungen Erwachsenen. Die Normalisierung des Blutzuckerspiegels dauert wesentlich länger (Abb. 2.3) (MUNRO 1988).

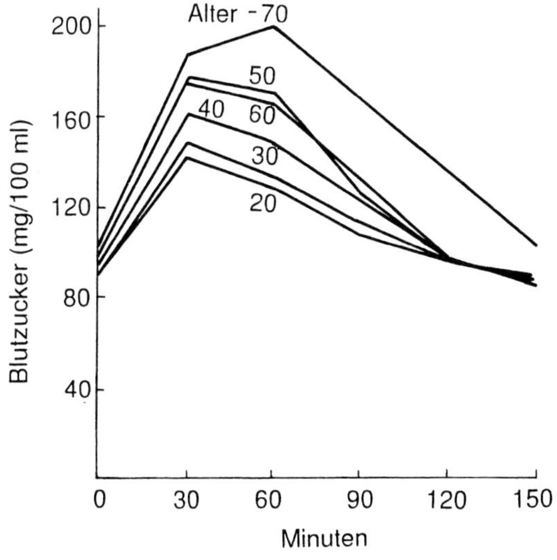

Abb. 2.3: Blutzuckerspiegel nach Belastung mit 50 g Glukose in verschiedenen Altersgruppen bei Frauen. (Nach MUNRO 1988.)

Morley (1987) schätzt, daß die postprandialen Plasma-Glukosewerte (Werte nach Mahlzeiten) nach dem 50. Lebensjahr um 5-10 mg/dl pro Dekade steigen. Dagegen bleiben die Nüchternblutzuckerspiegel mit einem minimalen Anstieg von 1-2 mg/dl pro Dekade ab dem mittleren Alter nahezu konstant.

Die Ursachen für die verlangsamte Beseitigung einer Glukosemenge aus dem Blut sind bisher wenig verstanden. Es ist nicht klar, inwieweit die gestörte Glukosetoleranz im Alter als normaler Alternsprozeß oder als pathologische Veränderung anzusehen ist.

Eine verringerte Aufnahme von Glukose in periphere Gewebe, unangemessene Freisetzung von Glukose aus der Leber, übermäßiger Abbau von Glukagon oder verringerte Freisetzung von Insulin können dazu beitragen.

Die verringerte Sensitivität peripherer Gewebe gegenüber Insulin wurde lange als Hauptursache für die gestörte Glukosetoleranz bei Älteren angesehen, wobei die genauen Mechanismen unklar sind. Anzahl und Effektivität von Rezeptoren zur Insulinbindung an den Zellen der Zielgewebe – Muskel- und Fettgewebe – scheinen im Alter unverändert zu sein (Kahn et al. 1991).

Ungünstige Ernährungsgewohnheiten und Inaktivität könnten zur gestörten Glukosetoleranz bei Älteren beitragen, liefern aber keine volle Erklärung. Auch die geringere fettfreie Körpermasse könnte eine Rolle spielen.

Hohe Kohlenhydratmengen in Form komplexer Kohlenhydrate in der Ernährung scheinen die Insulinsensitivität und Plasmaglukosewerte bei Älteren positiv zu beeinflussen (Schlenker 1993).

Informationen über die Insulinsekretion im Alter sind widersprüchlich, die meisten Studien kommen jedoch zu dem Ergebnis, daß normale oder sogar größere Insulinmengen aus den β-Zellen des Pankreas freigesetzt werden.

2.4.4 Fettstoffwechsel

Die Kapazität, Lipide zu verstoffwechseln, sinkt ebenfalls während des Erwachsenenlebens. Im Alter werden Lipide in geringerem Umfang abgebaut, was letztendlich zur Fettakkumulation in den Geweben und zur Zunahme des Körperfettgehalts beiträgt (Kritchevsky 1979).

Bisherige Untersuchungen haben sich auf die Blutcholesterinspiegel konzentriert. Ein deutlicher Anstieg der Gesamtcholesterinkonzentration im mittleren Alter wird beschrieben.

Befunde der amerikanischen NHANES-Studie ergaben bei Männern im Alter zwischen 45 und 54 Jahren und bei Frauen zwischen 55 und 64 Jahren maximale Werte . Bei über 55jährigen waren die Werte bei Frauen höher als bei Männern (SCHLENKER 1993). Daten von SCHAFER (nach MUNRO 1988) zeigen einen Anstieg der Werte bis zum 65. Lebensjahr (Abb. 2.4).

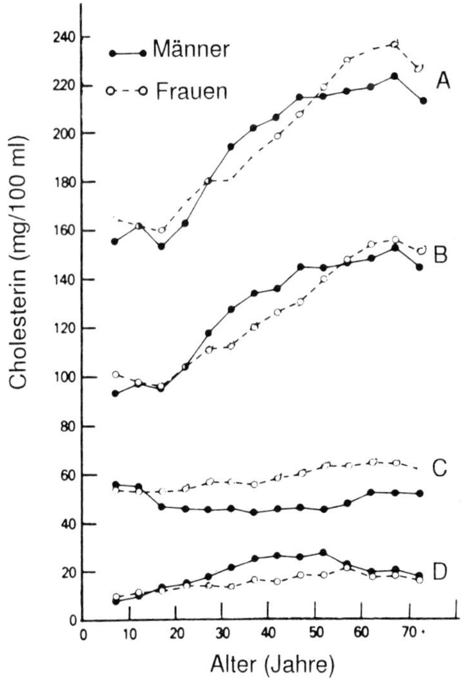

Abb. 2.4: Veränderung der Cholesterinkonzentration in verschiedenen Plasmalipoproteinfraktionen im Blut amerikanischer Männer und Frauen. (Nach MUNRO 1988.) – A: Gesamt-Cholesterin, B: LDL-Cholesterin, C: HDL-Cholesterin, D: VLDL-Cholesterin.

In höheren Altersgruppen wird eine Abnahme der Gesamtcholesterinkonzentration beobachtet.

In der BLSA wird eine Abnahme von 232 auf 213 mg/dl zwischen 65 und 102 Jahren beschrieben (US DEPARTMENT OF HEALTH 1984 nach SCHLENKER 1993). Auch eine Untersuchung weiblicher Heimbewohner von HARRILL et al. (1978) berichtet mit 238 mg/dl bei 62-75jährigen, 226 mg/dl bei 76-85jährigen und 217 mg/dl bei 86-99jährigen von einer Abnahme der mittleren Serum-Cholesterinkonzentration.

3 Energie- und Nährstoffbedarf im Alter

Unter Mitarbeit von H. Heseker

3.1 Allgemeine Aspekte

Als Energie- bzw. Nährstoffbedarf wird die Energie- bzw. Nährstoffmenge angesehen, die nach wissenschaftlichen Erkenntnissen langfristig zur Erhaltung der Gesundheit notwendig ist. Sowohl Nährstoffdefizite und Mangelerscheinungen als auch übermäßige Nährstoffmengen, die den Stoffwechsel unnötig belasten, sollen vermieden werden.

Durch die zahlreichen physiologischen Altersveränderungen sind Veränderungen des Nährstoffbedarfs mit zunehmendem Alter anzunehmen. Dabei stellt sich die Frage, wie und in welchem Ausmaß diese Altersveränderungen den Nährstoffbedarf beeinflussen. Welche Mengen an Energie und Nährstoffen sind im Alter notwendig, um optimale Stoffwechsel- und Organfunktionen aufrechtzuerhalten, die Entwicklung von Krankheiten zu vermeiden und „erfolgreiches Altern" zu unterstützen?

Von der Deutschen Gesellschaft für Ernährung (DGE 1991) wurden Empfehlungen zur Nährstoffzufuhr entwickelt, die eine Richtlinie für den Nährstoffbedarf von gesunden Männern und Frauen verschiedener Altersgruppen liefern. Dabei handelt es sich um Nährstoffmengen, von denen angenommmen wird, daß sie nahezu alle Personen der jeweiligen Gruppe vor ernährungsbedingten Gesundheitsschäden schützen.

Ältere Menschen werden in diesen Empfehlungen bisher als eine Gruppe der über 65jährigen zusammengefaßt. Die Empfehlungen für diese älteste Altersgruppe entsprechen weitgehend denen für jüngere Erwachsene, weil entweder entsprechende Untersuchungen an alten Menschen bisher fehlten oder die vorhandenen Untersuchungen keine sicheren Hinweise für einen veränderten Bedarf lieferten.

Derzeit wird in den allgemeinen Empfehlungen also davon ausgegangen, daß aufgrund der zur Verfügung stehenden Information wenig Grund zur Annahme drastischer Veränderungen des Nährstoffbedarfs im Alter besteht und gesunde, aktive Senioren sich im Hinblick auf den Nährstoffbedarf nur unwesentlich von jungen Erwachsenen unterscheiden.

Die zugrundeliegenden Studien über den Nährstoffbedarf im Alter sind jedoch begrenzt, und die großen physiologischen Unterschiede zwischen einem 65- und einem 95jährigen lassen es als unwahrscheinlich erscheinen, daß alle über 65jährigen den gleichen Bedarf haben.

Mit zunehmender Zahl an Untersuchungen über die Situation bei alten Menschen wächst in den letzten Jahren auch die Erkenntnis, daß der Nährstoffbedarf im Alter durch Altersveränderungen und insbesondere auch in Zusammenhang mit häufigen Krankheiten im Alter verändert sein kann (RUSSELL & SUTER 1993, WOOD et al. 1995).

Korrekturfaktoren zur Modifikation und weiteren Differenzierung der Zufuhrempfehlungen nach Gesundheitszustand, für einzelne Krankheiten, nach Ernährungszustand und möglicherweise auch für das ganz hohe Lebensalter wären also wünschenswert.

Da das bisher hierzu zur Verfügung stehende Datenmaterial noch zu unvollständig ist, um separate Zufuhrempfehlungen für verschiedene Gruppen alter Menschen zu formulieren, müssen weitere Untersuchungen die dazu notwendige Basis liefern. Einstimmig wurde in den letzten Jahren von verschiedenen Forschern der Bedarf an aussagekräftigen Studien in dieser Richtung betont (HEGSTED 1989, MUNRO 1980, SCHLENKER 1993, SCHNEIDER et al. 1986, WOOD et al.1995).

Zusammenfassend läßt sich sagen, daß insgesamt bisher relativ wenig darüber bekannt ist, inwieweit Altersveränderungen den Nährstoffbedarf beeinflussen und verändern.

Darüberhinaus ist auch unklar, in welchem Maß die aufgenommenen Nährstoffmengen den Alternsprozeß beeinflussen können und in der Lage sind, Altersveränderungen zu minimieren (MUNRO et al. 1987).

Im folgenden soll der aktuelle Kenntnisstand hinsichtlich der besonderen Bedarfssituation alter Menschen dargestellt werden.

3.2 Energie

Der Energiebedarf eines Individuums ist die Menge an Nahrungsenergie, die bei bestimmter Körpergröße, Körperzusammensetzung und körperlicher Aktivität mit dem Energieverbrauch im Gleichgewicht steht, langfristig Gesundheit gewährleistet und die Ausübung der nötigen und sozial wünschenswerten körperlichen Aktivität ermöglicht (FAO/WHO/UNU 1985).

3.2.1 Komponenten des Energiebedarfs

Der Gesamtenergiebedarf des Menschen setzt sich zu etwa 95 % aus dem Grundumsatz (GU), der Thermogenese nach Nahrungszufuhr und dem Energiebedarf für körperliche Arbeit zusammen.

Mögliche Altersveränderungen des Energiebedarfs leiten sich von Altersveränderungen der einzelnen Komponenten des Energiebedarfs ab. Im folgenden soll die Frage geklärt werden, inwieweit diese Komponenten von Altersveränderungen betroffen sind.

Grundumsatz

Der Grundumsatz – die Energiemenge, die zur Erhaltung wichtiger Körperfunktionen im Zustand völliger Ruhe und entspannter Muskulatur benötigt wird – macht mit etwa 60-75 % den Hauptanteil des Energiebedarfs aus (Young 1992a).

Mit zunehmendem Alter wird eine deutliche Abnahme des Grundumsatzes beobachtet, die in Zusammenhang mit dem Abbau der fettfreien, stoffwechselaktiven Körpermasse mit dem Alter gesehen wird (vgl. Kap. 2.3.3.2 und Kap. 2.4.1). Ergebnisse der BLSA ergaben eine Abnahme des Grundumsatzes um 20 % zwischen dem 30. und 90. Lebensjahr (Shock 1972).

Thermogenese nach Nahrungszufuhr

8-15 % der aufgenommenen Energie werden zur Verdauung, Resorption, Umwandlung und Speicherung der energieliefernden Nährstoffe benötigt. Diese nahrungsinduzierte Thermogenese wird sowohl von Größe, Häufigkeit und Zusammensetzung der Mahlzeiten als auch vom direkten metabolischen Schicksal der Nährstoffe beeinflußt, Altersveränderungen sind daher nur schwer zu beurteilen.

Darüber hinaus hat der Organismus die Möglichkeit, überschüssig aufgenommene Energie in begrenztem Umfang als Wärme abzugeben.

Bei Ratten wurde beobachtet, daß die nahrungsinduzierte Thermogenese im Alter um 10-20 % verringert sein kann. Allerdings haben Nager aufgrund ihres größeren Anteils von metabolisch aktivem braunem Fettgewebe eine höhere Kapazität, überschüssige Energie als Wärme abzugeben (Glick 1992). Verschiedene Studien ergaben bei älteren Menschen nach einer Testmahlzeit eine geringere Steigerung des Energieumsatzes als bei jungen Testpersonen (Bloesch et al. 1988, Golay et al. 1983, Morgan & York 1983), die Unterschiede werden jedoch als unbedeutend angesehen (Young 1992b). Auch Young et al. (1992b) stellten bei älteren Menschen keine auffälligen Unterschiede in der Wärmeabgabe nach einer Mahlzeit im Vergleich zu jüngeren fest. Änderungen von Körpergewicht und Körperzusammensetzung, Grundumsatz und nahrungsbedingter Thermogenese waren sowohl bei einer überschüssigen Energieaufnahme von etwa 1000 kcal/d als auch bei einer um 800 kcal/d defizitären Ernährung jeweils über 3 Wochen bei älteren und jüngeren Erwachsenen vergleichbar.

Altersveränderungen der nahrungsinduzierten Thermogenese scheinen damit für die Altersveränderungen des Energiebedarfs keine wesentliche Rolle zu spielen.

Energiebedarf für körperliche Aktivität

Die Energiemenge, die für körperliche Aktivität benötigt wird, ist die variabelste Komponente des Energiebedarfs. Sie kann entsprechend der enormen Unterschiede in der körperlichen Aktivität von Person zu Person sehr stark variieren. Mit etwa 15-30 % ist sie der zweitgrößte Anteil des Energiebedarfs.

Üblicherweise wird mit zunehmendem Alter eine deutliche Verringerung der körperlichen Aktivität und damit eine Abnahme des Arbeitsumsatzes beobachtet. Abnahme der Muskelmasse und der körperlichen Leistungsfähigkeit führen zu einer Einschränkung der spontanen Aktivität, die wiederum eine weitere Abnahme der Leistungsfähigkeit zur Folge hat.

Shock (1972) zeigte anhand von Querschnittsdaten mit zunehmendem Alter eine Abnahme von Energiezufuhr, Grundumsatz und dem aus der Differenz berechneten Energieverbrauch für körperliche Aktivität. Die Abnahme der Gesamtenergiemenge um ca. 600 kcal (2,5 MJ) von etwa 2700 kcal (11,3 MJ)/Tag im Alter von 30 Jahren auf 2100 kcal (8,8 MJ)/Tag im Alter von 80 Jahren ist zu etwa 2/3 durch abnehmende körperliche Aktivität bedingt (Abb. 3.1, S. 102).

Insgesamt wird mit zunehmendem Alter somit durch den geringeren Grundumsatz und meist geringere körperliche Aktivität weniger Energie benötigt. Diese Abnahme des Energiebedarfs steht in engem Zusammenhang mit der altersbegleitenden Abnahme der fettfreien Körpermasse.

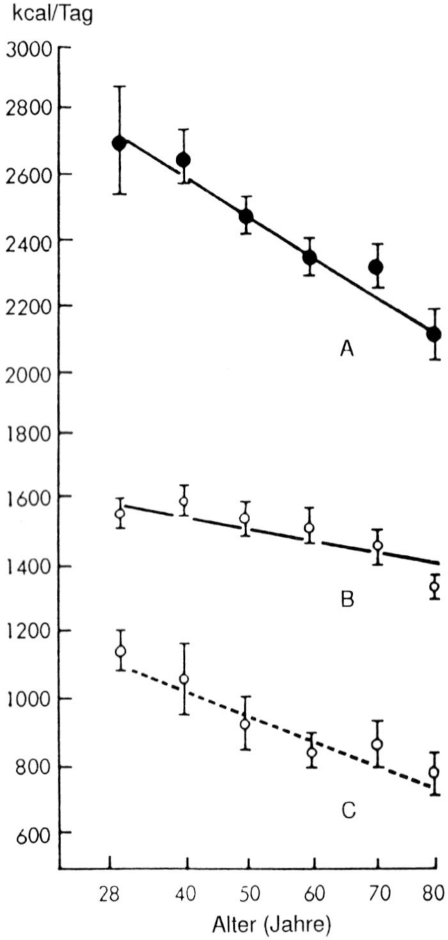

Abb. 3.1: Energiezufuhr, Grundumsatz und Energieverbrauch für körperliche Aktivität bei Männern unterschiedlichen Alters. (Nach SHOCK 1972.) – A: Gesamtenergieaufnahme, B: Grundumsatz, C: Energieverbrauch für körperliche Aktivität. (Senkrechte Linien bedeuten ± 1 Standardfehler des Mittelwerts.)

3.2.2 Schätzung des Energiebedarfs

3.2.2.1 Grundumsatz (GU)

Da die Messung des Energieverbrauchs aufwendig und nur in wenigen Forschungseinrichtungen möglich ist, wurden verschiedene Formeln zur Berechnung des Grundumsatzes entwickelt (ARCIERO et al. 1993, FAO/WHO/UNU 1985, FREDRIX et al. 1990, HARRIS & BENEDICT 1919, MIFFLIN 1990).

Am weitesten verbreitet sind die Gleichungen von HARRIS und BENEDICT (1919 nach DGE 1991), die neben Körpergewicht und Größe auch das Lebensalter berücksichtigen:

Männer: GU (kcal/Tag) = 66 + (13,7 x KG) + (5 x Gr) – (6,8 x Alter)
Frauen: GU (kcal/Tag) = 655 + (9,6 x KG) + (1,8 x Gr) – (4,7 x Alter)

(KG = Körpergewicht in kg, Gr = Körpergröße in cm, Alter in Jahren, zur Umrechnung in MJ/Tag Multiplikation mit 0,004184.)

Für eine männliche Referenzperson mit 68 kg und 169 cm Körpergröße ergibt sich damit im Alter von 65 Jahren ein GU von 1400 kcal (5,86 MJ), im Alter von 75 Jahren ein GU von 1330 kcal (5,58 MJ). Die weibliche Referenzperson (58 kg, 163 cm) hat demnach mit 65 Jahren einen GU von 1200 kcal (5,02 MJ), mit 75 Jahren einen GU von 1150 kcal (4,82 MJ).

Aus einer Analyse aller verfügbaren Daten von Personen mit Alters-, Gewichts- und Größenangaben wurden von SCHOFIELD Gleichungen für Männer und Frauen verschiedener Altersgruppen abgeleitet, die von der **FAO/WHO/UNU** (1985) zur Berechnung des GU empfohlen werden.

Für über 60jährige ergaben sich folgende Gleichungen:

Männer: GU (MJ/Tag) = 0,0491 x KG (kg) + 2,46
Frauen: GU (MJ/Tag) = 0,0377 x KG (kg) + 2,75

(KG = Körpergewicht, zur Umwandlung in kcal/Tag Multiplikation mit 239.)

Durch Verzicht auf die Körpergröße ergab sich kein nennenswerter Nachteil. Die Berechnung beruht allerdings nur auf einer geringen Zahl älterer Personen (50 Männer und 38 Frauen) und berücksichtigt eine weitere Abnahme des GU im noch höheren Lebensalter nicht .

Zwei neuere Studien aus Großbritannien und Italien ermöglichen eine weitere Differenzierung in jüngere und ältere Senioren und damit eine genauere Schätzung des Grundumsatzes älterer Menschen (DEP. OF HEALTH 1993):

60-74jährige	Männer:	GU (MJ/Tag) = 0,0499 x KG (kg) + 2,930
	Frauen:	GU (MJ/Tag) = 0,0386 x KG (kg) + 2,875
≥75jährige	Männer:	GU (MJ/Tag) = 0,0350 x KG (kg) + 3,434
	Frauen:	GU (MJ/Tag) = 0,0410 x KG (kg) + 2,610

Von Fredrix et al. (1990) und Arciero et al. (1993) wurden enorme individuellen Unterschiede und Abweichungen von –30 % bis +20 % zwischen berechneten und gemessenen Werten festgestellt. Die Autoren empfehlen daher, wenn immer möglich, Messungen anstelle von Berechnungen durchzuführen.

3.2.2.2 Gesamt-Energiebedarf

Der Gesamt-Energiebedarf wird üblicherweise als Vielfaches des Grundumsatzes ausgedrückt.

Schätzungen für den Gesamt-Energiebedarf älterer Personen liegen zwischen dem 1,5- und dem 1,75fachen des GU (FAO/WHO/UNU 1985). Während das National Research Council der USA (1989a) und das Department of Health, London (1993) als grobe Richtlinie des Energiebedarfs für gesunde Alte das 1,5fache des Grundumsatzes vorschlagen, sprechen Untersuchungen von Young et al. (1992a) für einen etwas höheren Bedarf von 1,75 x GU.

Verschiedene Ansätze werden verwendet, um den Energieverbrauch für die individuell stark variierende körperliche Aktivität zu quantifizieren:

Beurteilung der Tätigkeit als leicht, mittel oder schwer
Eine Klassifizierung der Tätigkeit in leicht, mittel und schwer ermöglicht mit Hilfe unterschiedlicher Faktoren zur Multiplikation mit dem GU eine grobe Berücksichtigung unterschiedlicher körperlicher Aktivität bei der Abschätzung des Gesamt-Energiebedarfs (Tab. 3.1).

Tab. 3.1: Schätzung des mittleren täglichen Energiebedarfs. (Aus James 1989.) – Faktoren zur Multiplikation mit dem Grundumsatz bei leichter, mittlerer und schwerer Tätigkeit.

	leicht	mittel	schwer
Männer	1,55	1,78	2,10
Frauen	1,55	1,78	1,82

Leichte Aktivität entspricht dabei einem relativ ruhenden Leben ohne größere Anstrengungen, wie es für die meisten Senioren wohl zutrifft. Senioren, die intensive Gartenarbeit betreiben, sportlich aktiv sind, Haushalt und Enkelkinder versorgen, können der mittleren Kategorie zugeordnet werden. Schwere Aktivität ist in unserer Gesellschaft im Alter sicher nur ausnahmsweise anzutreffen.

Für die o. g. Referenzpersonen ergibt sich damit unter Verwendung der FAO/WHO/UNU-Gleichung für den GU bei leichter Tätigkeit ein Energiebedarf von 1830 kcal (7,65 MJ)/Tag für Frauen bzw. 2150 kcal (8,99 MJ)/ Tag für Männer.

Aktivitätsprotokoll: Energieverbrauch einzelner Aktivitäten

Eine genauere Möglichkeit zur Schätzung des Energieverbrauchs besteht in der genauen Protokollierung aller Aktivitäten und ihrer Zeitdauer. Da die Aktivität einer Person von Tag zu Tag schwankt und bestimmte Tätigkeiten nur an einzelnen Wochentagen stattfinden, ist es sinnvoll, dieses Protokoll eine Woche lang zu führen.

Tab. 3.2: Energieverbrauch bei verschiedenen Aktivitäten. (Nach James 1989.) a) Leichte, b) mittlere und c) schwere Aktivitäten.

		Verbrauch (kJ/Min)	als Vielfaches des Grundumsatzes
a)	Stricken	4,93	1,20
	Kochen	5,96	1,46
	Kartenspielen	8,88	1,48
	Bügeln	6,18	1,51
	Bodenputzen	6,32	1,54
	Geschirrspülen	14,03	2,81
b)	Wäsche Waschen, von Hand	12,78	3,19
	Spazierengehen	18,04	3,88
	Walzer Tanzen	26,77	4,22
	Golf	20,90	4,40
	Bettenmachen	20,42	4,57
	Gartenarbeit	22,47	4,82
c)	Bergauf Gehen	29,38	6,59
	Treppensteigen mit 11-16 kg Last	41,11	6,83
	Treppensteigen, 92 Stufen/Min	27,31	6,95
	Laufen	39,83	7,61
	Brustschwimmen	43,75	8,74
	Kraul-Schwimmen	55,25	10,32

Mit Hilfe von Energieverbrauchszahlen aus der Literatur für verschiedene Aktivitäten kann der Energiebedarf geschätzt werden. Da der Verbrauch pro Zeiteinheit wichtige Einflußfaktoren wie Körpergewicht, Alter und Geschlecht nicht berücksichtigt, ist es sinnvoll, den Energieverbrauch als Vielfaches des Grundumsatzes auszudrücken. Tab. 3.2 zeigt Richtwerte zur Abschätzung des Energiebedarfs bei verschiedenen Tätigkeiten, die sich aus umfassenden Studien mit jüngeren Erwachsenen herleiten.

Über den Energieverbrauch älterer Menschen bei bestimmten Aktivitäten gibt es bisher nur wenige Beobachtungen (James 1989). In einer älteren Untersuchung mit 6 gesunden Männern zwischen 63 und 77 Jahren fanden Calloway und Zanni (1980) die in Tab. 3.3 aufgeführten Energieverbrauchszahlen.

Tab. 3.3: Energieverbrauch älterer Männer für verschiedene Aktivitäten. (Nach Calloway & Zanni 1980.)

	Verbrauch (kJ/Min)	als Vielfaches des Grundumsatzes
Liegen in Ruhe	5,73	1,22
Ruhig sitzen	6,14	1,30
Spazierengehen	18,85	4,02
Radfahren bei 2943 Nm	17,77	3,84
Radfahren bei 3924 Nm	22,15	4,69

Untersuchungen von Voorrips et al. (1993) und Bassey et al. (1986) zufolge scheinen ältere Frauen zum Gehen mehr Energie zu benötigen als jüngere.

Zukünftige Studien sollten weitere altersspezifische Daten zum Energieverbrauch bei bestimmten Aktivitäten liefern und damit die Grundlage zur Abschätzung des Energiebedarfs älterer Menschen schaffen.

Konzept der wünschenswerten Aktivität

Die Bestimmung der Nahrungsaufnahme oder des Energieverbrauchs an sich sagt nichts darüber aus, ob die Energiebilanz längerfristig mit guter Gesundheit zu vereinbaren ist.

Da regelmäßige körperliche Aktivität zu den wichtigsten präventiven Maßnahmen zur Erhaltung von Gesundheit und Wohlbefinden älterer Menschen zählt, beinhaltet der Bericht der FAO/WHO/UNU (1985) eine Empfehlung der angemessenen wünschenswerten Aktivität, um anhaltendes Wohlbefinden zu erzielen. Eine gesunde Person sollte demnach sowohl Tätigkeiten im Haushalt übernehmen als auch soziale Aktivitäten ausüben. Kurze Perioden mit anstrengender körperlicher Aktivität werden zur Erhaltung der Muskelmasse und kardiovaskulären Gesundheit empfohlen.

Tab. 3.4 zeigt, wie sich der Energieverbrauch nach dieser Vorstellung aus verschiedenen Aktivitäten zusammensetzen kann.

Tab. 3.4: Detaillierte Schätzung des durchschnittlichen Energiebedarfs gesunder älterer Männer im Ruhestand. (Nach FAO/WHO/UNU 1985.) – Mittleres Alter 75 Jahre, Gewicht 60 kg, Größe 1,60 m, BMI 23,5 kg/m², geschätzter Grundumsatz (GU) 54 kcal (225 kJ) pro Stunde.

	Stunden	kcal	kJ
Im Bett (1,0 x GU)	8	430	1810
Berufliche Aktivität	0	0	0
Freizeitaktivität			
Sozial wünschenswerte Aktivität (3,3 x GU)	2	355	1490
Haushaltsaufgaben (2,7 x GU)	1	145	610
Kardiovaskuläre und muskuläre Erhaltung (4 x GU für 20 Minuten)	0,33	70	300
Restliche Zeit (1,4 x GU)	12,67	960	4020
Summe (= 1,5 x GU)	24	1960	8230

Die Zeit für sozial wünschenswerte Aktivitäten mit einem Energieaufwand vom 3,3fachen des Grundumsatzes wurde von 1 Stunde bei jüngeren Erwachsenen auf 2 Stunden im Alter erhöht. Für Haushaltsaufgaben wurde 1 Stunde mit 2,7 x GU veranschlagt. Für kardiovaskuläre und muskuläre Erhaltung wurde der Faktor zur Multiplikation mit dem GU von 6 bei jüngeren auf 4 erniedrigt, da die maximale Sauerstoffaufnahme mit dem Alter abnimmt (James 1989).

Insgesamt muß betont werden, daß alle genannten Schätzungen des Energiebedarfs zur groben Orientierung hilfreich sein können, aufgrund der enormen individuellen Unterschiede jedoch keine genaue Bestimmung des Energiebedarfs einer Einzelpersonen ermöglichen.

Ein praktischer Ansatz zur Beurteilung des Energiebedarfs eines Individuums besteht darin, unter kontrollierten Bedingungen die aufgenommene Energiemenge derart anzupassen, daß das Körpergewicht bei üblicher Aktivität konstant bleibt bzw. das wünschenswerte Körpergewicht (s. Kap. 6.1.3) erreicht wird. Eine langfristig zu geringe Energiezufuhr führt zu Gewichtsabnahme und Unterernährung, eine Zufuhrmenge über dem Bedarf zu Gewichtszunahme und Übergewicht. Regelmäßige Gewichtskontrollen liefern daher einen Anhaltspunkt darüber, inwieweit die aufgenommene Energiemenge dem indivduellen Bedarf entspricht.

3.2.3 Einfluß von Krankheiten auf den Energiebedarf

Die beschriebenen Schätzungen des Energiebedarfs gehen von einem guten Gesundheitszustand aus. Im Krankheitsfall kann der Energiebedarf drastisch verändert sein. Je nach Art und Schweregrad der Krankheit sind vielfältige Änderungen der einzelnen Bedarfskomponenten in unterschiedlichem Ausmaß möglich. Dabei ist es schwierig, die Bedarfsänderung zu quantifizieren.

Ist die Krankheit mit Bettlägrigkeit verbunden, ist der Energiebedarf einerseits durch geringere körperliche Aktivität verringert. Andererseits erhöhen Zustände wie Fieber, Infektionen, Verdauungsstörungen, Wundheilungsprozesse nach Operationen oder Tumorerkrankungen den Bedarf deutlich. Ein Anstieg der Körpertemperatur um ein Grad über normal bewirkt eine Steigerung des Grundumsatzes um 13 %. Kardiale Dekompensation (Herzinsuffizienz), Tumore oder Hyperthyreose (Schilddrüsenüberfunktion) können den Bedarf um 25-100 % erhöhen, bei Polytrauma (gleichzeitige Verletzung mehrerer Körperregionen oder Organsysteme), Sepsis oder Verbrennungen kann er mehr als doppelt so hoch sein (Cashman & Wightkin 1987, Shank 1985).

Beim „Durchschnittspatienten", der mobilisiert werden soll, wird von einem Minimalbedarf vom 1,5fachen des Grundumsatzes ausgegangen (James 1989).

3.2.4 Energiebedarf bei Unterernährung im Alter

Nicht nur Krankheit, auch Mangelernährung erhöht den Energiebedarf deutlich, wobei das Lebensalter eine bedeutende Einflußgröße auf den Energiebedarf bei Mangelernährung darstellt.

Campillo et al. (1992) stellten bei 39 geriatrischen Patienten in stabilem Zustand (mittleres Alter 84 Jahre) mit Mangelernährung (BMI < 20 kg/m^2) einen deutlich höheren GU (28,4 kcal/kg KG bzw. 35,7 kcal/kg FFM) fest als bei Patienten ohne Mangelernährung (22,1 kcal/kg KG bzw. 30,9 kcal/kg FFM bei BMI > 20 kg/m^2).

Shizgal et al. (1992) belegen den Einfluß des Alters auf den Energiebedarf bei Mangelernährung. Sie kommen zu dem Ergebnis, daß mit zunehmendem Alter mehr Energie zur Erhaltung und Steigerung der Körperzellmasse bei Mangelernährung nötig ist. Ein 60jähriger mit moderater Mangelernährung benötigt demnach 38 kcal/kg KG zur Erhaltung seiner Körperzellmasse, ein 80jähriger sogar 48 kcal/kg KG. Bei einer Energieaufnahme von 50 kcal/kg KG wächst die Zellmasse beim 60jährigen um 60 g/Tag, beim 80jährigen um 13 g/Tag.

3.2.5 Richtwerte für die Energiezufuhr

Unter Berücksichtigung von Grundumsatz, Arbeitsumsatz und nahrungsinduzierter Thermogenese wurden von der Deutschen Gesellschaft für Ernährung (DGE 1991) Richtwerte für die Energiezufuhr in verschiedenen Altersgruppen herausgegeben (Tab. 3.5). Die Werte gehen von einer Referenzperson (58 kg, 163 cm bei Frauen, 68 kg, 169 cm bei Männern) und einem mittleren Grundumsatz für das jeweilige Geschlecht und Alter aus.

Tab. 3.5: Richtwerte der Deutschen Gesellschaft für Ernährung (DGE) zur Energiezufuhr in verschiedenen Altersgruppen (DGE 1991).

	kcal/Tag		kJ/Tag	
	Männer	Frauen	Männer	Frauen
19 -24 Jahre	2600	2200	11000	9000
25 -50 Jahre	2400	2000	10000	8500
51 -64 Jahre	2200	1800	9000	7500
65 J. und älter	1900	1700	8000	7000

3.3 Makronährstoffe

3.3.1 Protein

Der Proteinstoffwechsel ist ein dynamischer Prozeß, bei dem ständige Verluste über Urin, Gastrointestinaltrakt und Haut durch Nahrungsprotein ersetzt werden müssen. Der Proteinbedarf kann als die geringste Menge an Nahrungsprotein definiert werden, die bei moderater Aktivität die Stickstoff- (N)-Verluste des Körpers ersetzt (FAO/WHO/UNU 1985).

Über den Protein- und Aminosäurenbedarf im Alter gibt es bisher wenig Informationen. Es ist denkbar, daß Altersveränderungen der Körperzusammensetzung (s. Kap. 2.3.3) und im Proteinstoffwechsel (s. Kap. 2.4.2) den Proteinbedarf beeinflussen. Einerseits wäre durch die Abnahme metabolisch aktiver Gewebe ein geringerer Bedarf im Alter denkbar, andererseits könnten größere Mengen Protein notwendig sein, um die somatischen Proteinspeicher zu erhalten und die altersbegleitenden Abbauprozesse zu minimieren. Die Effizienz der Verwertung von Nahrungsprotein könnte verändert und dadurch ebenfalls größere Proteinmengen erforderlich sein.

Bedarfsbestimmung / Schätzung des Proteinbedarfs

Die derzeitigen Schätzungen des Bedarfs basieren auf relativ kurzen N-Bilanz-Studien mit Proteinen von hoher Wertigkeit und Verdaulichkeit. Zufuhr und Ausscheidung von Stickstoff werden gemessen und die minimale Proteinmenge bestimmt, die für eine ausgeglichene N-Bilanz nötig ist. Da Verluste über die Haut nicht erfaßt werden und die Standardisierung der Bedingungen (vorhergehende Ernährungsweise, Ernährungszustand, Energiezufuhr) schwierig ist, ist die Methode lediglich ein grobes Instrument.

Verschiedene frühere Studien mit N-Bilanz-Untersuchungen bei Senioren kamen zu dem Schluß, daß Ältere gleichviel oder eher weniger Protein brauchen als jüngere Erwachsene (Albanese 1952, Albanese et al. 1957, Horwitt 1953, Kountz et al. 1951, Roberts et al. 1948, Watkins 1957).

Vier jüngere Studien, die auch die Grundlage für die derzeitigen Empfehlungen bilden, legen jedoch nahe, daß die Proteinaufnahme Älterer nicht geringer sein soll als die jüngerer Erwachsener (Tab. 3.6) (Cheng et al. 1978, Gersovitz et al. 1982, Uauy et al. 1978, Zanni et al. 1979). Bei üblichen Energiezufuhrmengen, die geringer sind als bei jüngeren Erwachsenen, kann pro kg Körpergewicht sogar mehr Protein benötigt werden, um ein N-Gleichgewicht zu erreichen.

Eine neuere Arbeit von Campbell et al. (1994) mit einer N-Bilanz-Untersuchung bei 12 älteren Männern und einer Neuberechnung des Proteinbedarfs unter Berücksichtigung dieser Daten und der älteren Ergebnisse von Zanni et al. (1979), Cheng et al. (1978) und Uauy et al. (1978) kommt zu dem Schluß, daß die derzeitigen Empfehlungen zu niedrig liegen. Die sichere Proteinzufuhr für ältere Erwachsene wird den Autoren dieser Studie zufolge auf 1,0-1,25 g hochwertiges Protein pro kg Körpergewicht und Tag geschätzt.

Die Frage, welche Proteinmenge zur Minimierung der altersbegleitenden Abnahme des Körperproteinbestands nötig ist, ist damit nicht beantwortet. Trotz einer bei uns üblichen Proteinzufuhr, die wesentlich höher ist als die Empfehlung, nimmt die fettfreie Körpermasse mit dem Alter ab. Munro et al. (1987a) schließen daraus, daß hohe Proteinmengen die altersbedingte Abnahme der Zellmasse wahrscheinlich nicht vollständig verhindern können.

Tab. 3.6: Zusammenfassung der jüngeren N-Bilanzstudien, die den Protein-Bedarf älterer Menschen schätzen. (Ergänzt nach YOUNG 1989.)

Autor	Studie	Befunde und Schlußfolgerung
CHENG et al. (1978)	7 Männer: 61-71 J., 62 kg Protein: – Menge: 0,4/0,8/1,6 g/kg KG – Art: Soja-Weizen-Milch Dauer: 11 Tage Energie-Zufuhr: 40 kcal/kg KG	Gleichgewicht bei 0,8 g/kg KG Die Empfehlung des NRC von 0,8 g/kg KG wird als adäquat erachtet.
ZANNI et al. (1979)	6 Männer: 63-77 J., 83 kg Protein: – Art: Ei – Menge: 0,36-0,46 g/kg KG Dauer: 15 Tage im Anschluß an 17 Tage proteinfreie Ernährung Energie-Zufuhr: 31 kcal/kg KG	Gleichgew. bei 0,59 g/kg KG Die nach Ansicht der FAO/WHO 1973 sichere Zufuhrmenge von 0,57 g Eier-Protein/kg KG wird als adäquat betrachtet
UAUY et al. (1978)	7 Frauen: 70-84 J., 69 kg Energie-Zufuhr: 28 kcal/kg KG 7 Frauen. 68-74 J., 74 kg Energie-Zufuhr: 32 kcal/kg KG Protein: – Art: Ei – Menge: 0,52-0,85 g/kg KG	Gleichgewicht bei 0,8 g/kg KG Der Bedarf an Eier-Protein wird mit 0,8 g/kg KG angegeben
GERSOVITZ et al. (1982)	7 Frauen: 71-99 J., 62 kg 7 Männer: 70-82 J., 71 kg Protein: – Art: Ei – Menge: 0,8 g/kg KG Dauer: 30 Tage Energie-Zufuhr: 30 kcal/kg KG	Einige Personen konnten kein Gleichgewicht erreichen. 0,8 g Eier-Protein /kg KG werden für eine ausgeglichene Langzeit-Bilanz als nicht adäquat angesehen
CAMPBELL et al. (1994)	12 Männer: 56-80 J., 78 kg Protein: – Art: lacto-ovo-vegetabil gemischt – Menge: 0,8 bzw. 1,62 g/kg KG	Negative N-Bilanz bei niedriger, positive N-Bilanz bei hoher Proteinmenge. Die benötigte Zufuhr für eine ausgeglichene N-Bilanz wird auf 1,0 g/kg KG geschätzt.

Einfluß von Krankheiten auf den Proteinbedarf

Verschiedene Krankheiten und akute Streßsituationen wie Entzündungen oder Infektionen können den Proteinbedarf erhöhen, das Ausmaß der Bedarfssteigerung ist allerdings ebenso wie beim Energiebedarf schwer zu quantifizieren. Bei bestimmten Krankheitszuständen kann der Proteinbedarf bis zu doppelt so hoch sein.

Abgebautes Körperprotein durch Immobilität, katabole Stoffwechsellage oder unzureichende Proteinzufuhr im Krankheitsfall muß in jedem Fall durch eine höhere Zufuhr langfristig wieder ersetzt werden. Auch psychische Belastungen und emotionaler Streß haben eine Erhöhung des Bedarf zur Folge, bei chronischen Krankheiten ist ein erhöhter Proteinbedarf wahrscheinlich, aber bisher nicht nachgewiesen (MOBARHAN & TRUMBORE 1991).

Da die meisten älteren Menschen von Krankheiten betroffen sind, schlagen YOUNG et al. (1989) vor, eine Protein-Erhaltungskomponente in die Empfehlung mit zu integrieren.

Bei eingeschränkter Nierenfunktion sollte die Proteinaufnahme andererseits möglichst dem tatsächlichen Bedarf entsprechen. Eine übermäßige Proteinaufnahme würde die Menge ausscheidungspflichtiger stickstoffhaltiger Substanzen unnötigerweise erhöhen.

Bedarf an essentiellen Aminosäuren

Der Bedarf an essentiellen Aminosäuren im Alter ist bisher unsicher. Die vorhandene Literatur ist unzureichend und widersprüchlich (YOUNG 1990, 1992b).

N-Bilanzstudien wurden auch zur Bedarfsbestimmung essentieller Aminosäuren eingesetzt, eine andere Methode beruht auf der Veränderung der Plasma-Aminosäurekonzentrationen nach unterschiedlichen Zufuhrmengen einzelner Aminosäuren.

Ältere Studien von TUTTLE et al. (1965) ergaben einen höheren Bedarf an Methionin und Lysin im Alter, WATTS et al. (1964) zeigten dagegen einen geringeren Bedarf schwefelhaltiger Aminosäuren älterer Menschen. Studien von TONTISIRIN et al. (1973, 1974) ergaben für Tryptophan und Threonin ähnliche oder geringere Mengen pro kg Körpergewicht.

Ein Ansatz von YOUNG (1990,1992b) zur Bestimmung des Bedarfs essentieller Aminosäuren kommt zu dem Ergebnis, daß der Bedarf im Alter ähnlich ist wie bei jüngeren Erwachsenen, während die FAO/WHO/UNU wesentlich geringere Mengen im Alter empfiehlt.

Durch den hohen Anteil tierischen Proteins am Gesamtprotein unserer üblichen Ernährung ist davon auszugehen, daß essentielle Aminosäuren auch im Alter in ausreichender Menge aufgenommen werden.

Empfehlungen zur Proteinzufuhr im Alter
Aufgrund der begrenzten Methoden und des Einflusses der Energiezufuhr auf den Proteinbedarf ist es schwierig, Empfehlungen festzulegen.

Von der Deutschen Gesellschaft für Ernährung (DGE 1991) wird für über 65jährige ebenso wie für jüngere Erwachsene eine tägliche Proteinmenge von 0,8 g/kg Körpergewicht empfohlen. Die absolute Empfehlung mit 55 g pro Tag für Männer und 47 g pro Tag für Frauen liegt durch das geringere Referenzgewicht von Senioren etwas niedriger als in jüngeren Altersgruppen, die empfohlene Nährstoffdichte dagegen durch den geringeren Energiebedarf im Alter mit 6,9 g/MJ für Männer und 6,7 g/MJ für Frauen etwas höher.

Auch das Expertenkommittee der FAO/WHO/UNU (1985) geht davon aus, daß der Proteinbedarf im Gegensatz zum Energiebedarf mit dem Alter nicht abnimmt und sieht 0,8 g Protein pro kg KG als sichere Zufuhr an. Eine neuere Untersuchung weist auf einen höheren Bedarf von 1,0-1,25 g/kg KG hin (Campbell et al. 1994).

Relativ zum Energiegehalt sollte die Ernährung älterer Menschen etwas mehr Protein enthalten. Ein Anteil von 12-14 % der Gesamtenergiemenge in Form von hochwertigem Protein wird empfohlen (Young 1990).

Bei älteren Menschen in schlechtem Gesundheitszustand ist eine höhere Proteinmenge für Erhaltung und Aufbau der Gewebe nötig (Young 1990).

3.3.2 Fette

Fett ist ein wichtiger Energielieferant, Träger fettlöslicher Vitamine und essentieller Fettsäuren. Fette sind Träger von Geschmacksstoffen und tragen auch durch ihre Konsistenz zur Schmackhaftigkeit von Speisen bei.

In wohlhabenden Ländern wird üblicherweise mehr als 40 % der Nahrungsenergie durch Fett aufgenommen. Auch bei alten Menschen liegt der Fettanteil an der Energiezufuhr in dieser Größenordnung. Bei derart hoher Fettzufuhr kann es schwierig werden, den Bedarf an wasserlöslichen Vitaminen, Mineral- und Ballaststoffen zu decken, insbesondere bei geringer Gesamt-Energiezufuhr. Eine hohe Fettzufuhr ist außerdem mit Gefäßkrankheiten verbunden und begünstigt die Entstehung von Übergewicht und den damit verbundenen Gesundheitsproblemen. Bei Populationen, die sich fettreich ernähren, ist die Häufigkeit von Brust- und Kolon-Krebs höher. Die Häufigkeit dieser Krebsarten steigt auch mit dem Alter, über die Beziehung zwischen Fettzufuhr und Krebs im Alter gibt es jedoch keine speziellen Untersuchungen (Norum et al. 1989).

Essentielle (ungesättigte) Fettsäuren sind in Phospholipiden und anderen Lipidkomplexen wichtige Bestandteile von Zellmembranen und an der

Regulation von Fettsäure- und Cholesterinstoffwechsel, Blutdruck und Blutgerinnung beteiligt. Während sich gesättigte Fettsäuren ungünstig auf die Blutfette auswirken, können ungesättigte und besonders mehrfach ungesättigte Fettsäuren die Blutfette positiv beeinflussen. Den vor allem in fetten Seefischen vorkommenden Omega-3-Fettsäuren (α-Linolensäure und längerkettige Derivate) wird eine besonders hohe biologische Wirksamkeit nachgesagt. Sie bewirken eine Senkung überhöhter Blutlipidspiegel und vermindern die Thromboseneigung. Der regelmäßige Verzehr soll zu einer Verringerung von Thrombosen und Myocardinfarkten führen (SIMOPOULOS 1991).

Empfehlungen für die Fettaufnahme

Generell wird empfohlen, den Fettkonsum zu verringern und gleichzeitig die Zufuhr ungesättigter Fettsäuren zu steigern.

Mangels spezieller Untersuchungen über die wünschenswerte Fettaufnahme im Alter werden für Senioren die gleichen Empfehlungen wie für jüngere Erwachsene ausgesprochen. Der Richtwert der Deutschen Gesellschaft für Ernährung (DGE 1991) für die Zufuhr von Fett für Erwachsene liegt bei 25-30 % der Gesamtenergiemenge. Nicht mehr als 30 % der Nahrungsenergie sollten durch Fette gedeckt werden. Dies entspricht bei der für männliche Senioren empfohlenen Energieaufnahme von 1900 kcal (8 MJ) 68 g Fett/Tag, für Frauen bei einer Energiezufuhr von 1700 kcal (7 MJ) 61 g Fett/Tag. Bei hoher Aktivität (die im Alter jedoch unüblich ist) und bei Unterernährung bzw. Tendenz zu Unterernährung kann die Fettzufuhr zur Energiebedarfsdeckung gesteigert werden.

Insgesamt sollten weniger gesättigte, aber mehr ungesättigte Fettsäuren verzehrt werden. Essentielle Fettsäuren sollten 3,5 % der Energie ausmachen. Dabei sollte das Verhältnis von Omega-6-Fettsäuren (Linolsäure und längerkettige Derivate) zu Omega-3-Fettsäuren (α-Linolensäure und längerkettige Derivate) deutlich reduziert werden (NESTEL 1992).

Der Erwachsene benötigt 10 g Linolsäure pro Tag – wenigstens 3 % der Gesamt-Energiezufuhr, und 1 g α-Linolensäure pro Tag – wenigstens 0,5 % der Gesamt-Energiezufuhr.

3.3.3 Kohlenhydrate

Kohlenhydrate stellen neben Fetten eine wichtige Energiequelle für den Organismus dar, wobei zwischen komplexen Kohlenhydraten (Polysacchariden) und einfachen Zuckern (Mono-, Disacchariden) unterschieden werden muß.

Polysaccharidhaltige Lebensmittel (Getreide, Kartoffeln, stärkehaltige Lebensmittel) versorgen den Körper neben Energie mit Vitaminen, Mineralstoffen und Ballaststoffen, während stark zuckerhaltige Lebensmittel (Süßigkeiten, zuckerhaltige Getränke) meist reine Energieträger sind.

Die verschiedenen Kohlenhydrate haben unterschiedliche physiologische Wirkungen, die auch beim älteren Menschen berücksichtigt werden sollten.

Komplexe Kohlenhydrate (Polysaccharide)

Die komplex aufgebauten Polysaccharide müssen im Darm zunächst aufgespalten werden. Dadurch steigt der Blutzuckerspiegel langsamer an. Dies führt dazu, daß das Sättigungsgefühl im Vergleich zu einer zuckerhaltigen Mahlzeit länger anhält. Eine gleichkalorische, zuckerhaltige Mahlzeit würde zu einem schnellen Anstieg des Blutzuckers mit extrem hohen Werten führen.

Einfache Zucker (Mono-, Disaccharide)

Werden größere Mengen zuckerreicher Lebensmittel verzehrt, verdrängen diese wichtige nährstoffreiche Lebensmittel aus dem Speiseplan. Dies ist bei der im Alter häufig zu beobachtenden geringen Nahrungsmenge besonders problematisch. Zudem reagiert der Stoffwechsel vieler älterer Menschen auf große Zuckermengen empfindlicher als dies bei jüngeren Menschen der Fall ist. Schließlich besteht auch im Alter noch die Gefahr, daß der Verzehr zuckerreicher Lebensmittel zu Karies führt. Der inzwischen zu beobachtende Trend einer besseren Zahngesundheit im Alter sollte durch eine zuckerarme Ernährung unterstützt werden (Todd & Lader 1991).

Unter Umständen kann ein höherer Zuckerkonsum jedoch durchaus erwünscht sein. Während und nach Erkrankungsphasen bestehen vielfach Schwierigkeiten, ausreichend Nahrung aufzunehmen. Fettreiche Lebensmittel werden oft schlecht vertragen und stärkereiche Lebensmittel sind möglicherweise schwierig zu kauen und zu schlucken. Da Zucker nicht nur Energie liefert, sondern durch seinen Wohlgeschmack den Appetit fördert, können zuckerhaltige Lebensmittel bei kranken und appetitlosen älteren Menschen zu einer höheren Nahrungsaufnahme beitragen.

Empfehlungen für die tägliche Kohlenhydrataufnahme

Die Empfehlungen für die Höhe der täglichen Kohlenhydratzufuhr ergeben sich aus den Empfehlungen für die Eiweiß- und Fettzufuhr und dem individuellen Energiebedarf. Heute wird allgemein ein Kohlenhydratanteil von mehr als 50 % der Gesamtenergieaufnahme angestrebt. Die Mindestmenge an Kohlenhydraten, die auch vom älteren Erwachsenen nicht unterschritten werden sollte, wird mit 100 g pro Tag angegeben. Besonders bei älteren Frauen sollte berücksichtigt werden, daß ein wesentlich höherer Kohlenhydratanteil mit einer Hyperglykämie (übermäßiger Blutzuckeranstieg) und Hypertriglyceridämie (übermäßiger Anstieg der Triglyceridkonzentration im Blut) verbunden sein kann (SIMOPOULOS 1995).

Der Verzehr komplexer Kohlenhydrate sollte erhöht werden, ein hoher Verzehr zuckerreicher Lebensmittel ist auch im Alter unerwünscht und sollte zugunsten vitamin- und mineralstoffreicherer Lebensmittel reduziert werden. Einer WHO-Empfehlung (JAMES et al. 1990) zufolge sollte nicht mehr als 10 % der Nahrungsenergie in Form von Zucker aufgenommen werden.

3.3.4 Ballaststoffe

Zu den Ballaststoffen werden Bestandteile pflanzlicher Lebensmittel gezählt, die im menschlichen Verdauungstrakt nicht abgebaut werden. Ballaststoffe haben wichtige Funktionen im Verdauungstrakt und darüber hinaus positive Stoffwechselwirkungen.

Die in westlichen Ländern üblicherweise geringe Aufnahme von Ballaststoffen wird mit zahlreichen Zivilisationskrankheiten in Verbindung gebracht und trägt zu der weiten Verbreitung von Obstipation (Verstopfung) und Divertikulose (Auftreten von Divertikeln, sackartigen Ausstülpungen, in der Darmwand) bei alten Menschen bei (s. Kap. 9.3).

Empfehlungen für die tägliche Ballaststoffaufnahme

Als Richtwert für die tägliche Aufnahme wird eine Ballaststoffmenge von mindestens 30 g angegeben (DGE 1991), die durch reichlichen Verzehr von Vollkornprodukten, Gemüse und Obst erreicht werden kann. Es ist zwar auch möglich, die Ballaststoffzufuhr durch Kleiepräparate und isolierte Ballaststoffe oder durch mit Ballaststoffen angereicherte Lebensmittel zu erhöhen, da Weizenkleie viel Phytinsäure enthält, die Mineralstoffe fest bindet und somit deren Bioverfügbarkeit verringert, ist es sinnvoller, die tägliche Nahrung so zusammenzustellen, daß sie ausreichend Ballaststoffe enthält.

3.3.5 Wasser

Wasser ist der Hauptbestandteil des menschlichen Körpers und erfüllt wichtige Funktionen z. B. als Lösungsmittel, Transportmittel und bei der Temperaturregulation.

Mit Schweiß, Atemluft, Urin und Faeces geht dem Organismus ständig Wasser verloren, das zur Erhaltung der Homöostase wieder ersetzt werden muß. Der unmerkliche Verlust über Haut und Lunge beträgt normalerweise beim Erwachsenen ca. 900 ml/Tag, je nach Aktivität, Umgebungs- und Körpertemperatur können diese Verluste stark variieren. Bei Durchfall ist die normalerweise begrenzte Ausscheidung durch den Stuhl drastisch erhöht. Die Ausscheidung über die Niere hängt stark von der Zusammensetzung der Ernährung (Kochsalz- und Proteingehalt) ab.

Empfehlung für die tägliche Wasseraufnahme

Als allgemeine Richtlinie für die Wasserzufuhr wird 1 ml/kcal angegeben (DGE 1991, NRC 1989a), wobei der Bedarf abhängig von Klima und körperlicher Aktivität stark schwanken kann. Da die Gefahr der Wasserintoxikation nur äußerst selten besteht, wird der spezifische Bedarf oft auf 1,5 ml/kcal erhöht, um die individuellen Variationen der Verluste auszugleichen.

Da im Stoffwechsel bei der Oxidation der Nährstoffe Wasser gebildet wird und feste Lebensmittel auch Wasser enthalten (im Durchschnitt 0,33 ml/kcal), liegt die Empfehlung für die tägliche Trinkmenge (Wasserzufuhr aus Getränken) niedriger als die täglich benötigte Gesamtwassermenge. Die DGE empfiehlt über 65jährigen, mindestens 1 l Flüssigkeit am Tag durch Getränke aufzunehmen. Da ältere Menschen für Dehydrationen besonders anfällig sind (s. Kap. 9.2), sollte die tägliche Trinkmenge zur sicheren Vermeidung derartiger Zustände zwischen 1,5 und 2 l liegen, es sei denn, bestimmte Herz- oder Nierenkrankheiten machen eine Flüssigkeitsrestriktion erforderlich. Eine reichliche Flüssigkeitszufuhr ist außerdem zur Vermeidung der im Alter weit verbreiteten Obstipation wichtig (s. Kap. 9.3). Generell muß umso mehr getrunken werden, je geringer die Flüssigkeitsaufnahme mit der Nahrung ist.

Bei starkem Schwitzen (Fieber), Durchfall, Erbrechen oder Flüssigkeitsabgaben durch Wundabsonderungen, Magen- oder Darmfisteln, ist es außerordentlich wichtig, die erhöhten Verluste durch eine entsprechend größere Trinkmenge möglichst schnell wieder auszugleichen. Oft ist eine genaue Überwachung der Flüssigkeitsbilanz (Gewichtskontrollen, Zufuhr-/Ausfuhrmessungen) nötig (vgl. Kap. 9.2).

Tab. 3.7 faßt die Empfehlungen zur Aufnahme von Makronährstoffen im Alter zusammen.

Tab. 3.7: Empfehlungen zur Aufnahme von Makronährstoffen im Alter.

– Protein:	0,8-1,25 g/kg Körpergewicht 12-14 % der Gesamtenergie
– Fett:	Reduktion der Fettmenge auf maximal 30 % der Gesamtenergie Steigerung der Zufuhr ungesättigter Fettsäuren auf 3,5 % der Gesamtenergie
– Kohlenhydrate:	mindestens 50 % der Gesamtenergie Steigerung der Zufuhr komplexer Kohlenhydrate Reduktion des Zuckerkonsums auf maximal 10 % der Gesamtenergie
– Ballaststoffe:	mindestens 30 g / Tag
– Wasser:	1,0-1,5 ml/kcal (Gesamtwasserzufuhr) durch Getränke mindestens 1 l, besser 1,5-2 l / Tag

3.4 Mikronährstoffe

3.4.1 Vitamine

Vitamine sind organische Verbindungen, die der Körper im Stoffwechsel benötigt, aber nicht selbst herstellen kann. Um Mangelerscheinungen zu vermeiden, müssen die benötigten Mengen mit der täglichen Nahrung aufgenommen werden. Die derzeit bekannten Hinweise auf Altersveränderungen im Vitaminbedarf werden im folgenden dargestellt.

Vitamin A

Mit der Nahrung aufgenommenes Vitamin A (Retinol) wird auch im Alter in Anwesenheit von Fett und Gallensäuren gut resorbiert und in größeren Mengen in der Leber gespeichert. Im Durchschnitt stammt ein Viertel des Vitamin A aus Provitamin-A-Carotinoiden. Gleiche Vitamin-A-Aufnahmen führen bei älteren Menschen im Vergleich zu jüngeren zu höheren Vitamin-A-Blutspiegeln. Aufgrund der für dieses Vitamin bekannten Toxizitätsproblematik sollten die Empfehlungen für die tägliche Vitamin-A-Aufnahme älterer Menschen daher möglicherweise reduziert werden (Russel & Suter 1993). Vitamin-A-reiche Lebensmittel wie Leber und daraus hergestellte Produkte sollten daher eher zurückhaltend verzehrt werden.

Carotinoide

Vieles deutet darauf hin, daß die Carotinoide aufgrund ihrer Fähigkeit zur Inaktivierung freier Radikale eine von ihrer Provitamin-A-Wirkung unabhängige Funktion im Organismus haben. Carotinoide gelten aufgrund ihrer antioxidativen Wirkung als potente Sauerstoffradikalfänger. Die Ergebnisse zahlreicher epidemiologischer und tierexperimenteller Studien machen es wahrscheinlich, daß Carotinoide das Risiko, an bestimmten Krebsarten (Lungen-, Speiseröhren- und Magenkrebs) zu erkranken, vermindern (STÄHELIN et al. 1991). Die DGE empfiehlt eine tägliche Aufnahme von 2 mg Carotin. Um eine ausreichende Carotinoid- und Vitamin-C-Versorgung sicherzustellen, empfiehlt das NATIONAL CANCER INSTITUTE, pro Tag 5 Portionen Obst und Gemüse zu essen, wobei Kartoffeln und Obst- bzw. Gemüsesäfte berücksichtigt werden (BLOCK 1991). Da bei älteren Menschen im Vergleich zu jüngeren bei gleicher Carotinoidaufnahme geringere Blutspiegel beobachtet werden, ist möglicherweise der Carotinoidbedarf im Alter erhöht (HESEKER & SCHNEIDER 1994).

Vitamin D

Der Zusammenhang zwischen Calcium-Aufnahme, Vitamin-D-Aufnahme, körperlichem Training und Osteoporose verdient besondere Beachtung. Osteoporose stellt insbesondere bei Frauen nach der Menopause ein großes Problem dar. Beim jungen Menschen synthetisiert der Körper nach Sonnenbestrahlung der Haut Vitamin D in ausreichenden Mengen, so daß eine Zufuhr mit der Nahrung nicht notwendig ist. Im Alter nimmt diese Fähigkeit zur Vitamin-D-Synthese möglicherweise ab (RUSSELL & SUTER 1993). Daher ist in sonnenarmen Jahreszeiten oder bei nur seltenem Aufenthalt im Freien eine Aufnahme mit der Nahrung notwendig. Die für Erwachsene gültige Empfehlung einer täglichen Vitamin-D-Aufnahme von 5 mg sollte im Alter auf keinen Fall unterschritten werden. Dies gilt besonders auch für bettlägerige oder sonst ans Haus gebundene Personen.

Vitamin E

Vitamin E ist die Sammelbezeichnung für verschiedene Tocopherole und Tocotrienole mit gleichen Eigenschaften. Mit steigendem Verzehr an hochungesättigten Fettsäuren steigt auch der Bedarf an Vitamin E. Aus klinischen Untersuchungen ist bekannt, daß durch Vitamin-E-Gaben Immunfunktionen zu beeinflussen sind (MEYDANI 1995). Infolge der Stärkung der Körperabwehr wird eine geringere Infektanfälligkeit beobachtet. Über die Höhe der zur Immunstimulierung notwendigen Vitamin-E-Dosis bestehen derzeit noch unterschiedliche Meinungen (RUSSEL & SUTER 1993). Höhere Vitamin-E-Gaben wirken außerdem den sogenannten Altersflecken der Haut entgegen. Über die genaue Höhe des Vitamin-E-Bedarfs des älteren Menschen kann im Moment nur spekuliert werden. Solange keine zuverlässigeren Daten vorliegen, ist von einem unveränderten Bedarf im Alter von 12 mg Vitamin E pro Tag auszugehen.

Vitamin K

Vitamin K ist an Blutgerinnungsvorgängen beteiligt. Ob bei älteren Personen mit atrophischer Gastritis und vermehrter bakterieller Dünndarmbesiedlung ein höherer Vitamin-K-Status als beim jüngeren Menschen auftritt, bleibt vorerst noch eine interessante, aber offene Frage. Möglicherweise spielt eine defizitäre Vitamin-K-Versorgung eine Rolle in der Pathogenese der Osteoporose (Vermeer et al. 1995).

Vitamin C

Vitamin C ist ein wasserlösliches Antioxidationsmittel. Ähnlich wie die Carotinoide scheint Vitamin C das Risiko für Krebserkrankungen, Arteriosklerose und Katarakte (Grauer Star) zu senken. Senile Katarakte sind im Alter weit verbreitet und verursachen beträchtliche Kosten im Gesundheitswesen (Heseker 1995b). Mehrere neue Studien sprechen dafür, daß sich die Kataraktentwicklung durch eine hohe Vitamin-C-Aufnahme aufhalten oder verlangsamen läßt. Da ältere Raucher gegenüber Nichtrauchern einen deutlich erhöhten Vitamin-C-Bedarf haben, stellt dieser Personenkreis eine besondere Risikogruppe dar (Heseker & Schneider 1994). Die von der DGE empfohlene Vitamin-C-Aufnahme von 75 mg/Tag sollte im Alter eher über- als unterschritten werden.

Thiamin

Thiamin (Vitamin B_1) ist Bestandteil zahlreicher Enzyme im Energie- und Kohlenhydratstoffwechsel. Gespeichertes Thiamin kann den Thiaminbedarf nur für wenige Wochen decken. Daher ist eine regelmäßige Aufnahme mit der Nahrung notwendig. Der Thiaminbedarf ist in erster Linie vom Energiebedarf abhängig, über altersbedingte Veränderungen liegen keine Hinweise vor.

Riboflavin

Riboflavin (Vitamin B_2) ist als Baustein von Coenzymen an vielen Stoffwechselwegen beteiligt. Schwere Riboflavinmangelzustände kommen bei gesunden Menschen nur sehr selten vor. Ursache für einen Riboflavinmangel ist selten eine zu geringe Zufuhr, sondern vielmehr eine gestörte Resorption oder chronischer Alkoholmißbrauch. Es liegen keine Hinweise über altersbedingte Veränderungen des Riboflavinbedarfs vor.

Vitamin B_6

Eine durch unzureichende Ernährung verursachte Vitamin B_6-Verarmung führt bei älteren Menschen zu stärkeren Veränderungen von Gehirnfunktionen als bei jüngeren Menschen (ROSENBERG & MILLER 1992). Immunfunktionen, die altersbedingt oft deutlich abnehmen, scheinen durch erhöhte Vitamin-B_6-Aufnahmen gestärkt zu werden (MEYDANI et al. 1991). Möglicherweise ist daher der Vitamin-B_6-Bedarf im Alter höher als bisher angenommen.

Vitamin B_{12}

Vitamin B_{12} kommt nur in Lebensmitteln tierischen Ursprungs und in Bakterien vor. Die Resorption ist ein komplexer Vorgang: Der von der Magenschleimhaut gebildete Intrinsic-Faktor verbindet sich mit dem aufgenommenen Vitamin B_{12}, so daß dieses im Ileum resorbiert werden kann. Fehlt der Intrinsic-Faktor, z. B. nach einer Magenresektion oder bei chronischer Gastritis, so besteht die Gefahr, daß eine perniziöse Anämie entsteht. Einer Untersuchung von KRASINSKI et al. (1986) zufolge verfügt ein Drittel der über 70jährigen nicht mehr über eine ausreichende Magensäureproduktion. Dadurch wird der notwendige Aufschluß der Nahrung, d. h. die Freisetzung von Nährstoffen aus dem Lebensmittelverbund, mehr oder weniger stark beeinträchtigt. Dies hat zur Folge, daß mit zunehmendem Alter das Risiko für einen Vitamin-B_{12}-Mangel stark ansteigt. Zur Vorbeugung ist daher eine weitgehende Auffüllung der Leberreserven bei beginnenden Magenproblemen anzustreben. Aus diesem Grund sollte für über 60jährige Menschen wieder die frühere Empfehlung von 5 mg Vitamin B_{12} pro Tag gelten. Ein gefüllter Vitamin-B_{12}-Speicher vermag den Bedarf für mindestens 5-6 Jahre zu decken.

Folsäure

Eine unzureichende Folataufnahme kann erhöhte Homocysteinkonzentrationen zur Folge haben (MASON & MILLER 1992). Hohe Homocysteinkonzentrationen werden neuerdings mit einem erhöhten Arterioskleroserisiko in Verbindung gebracht. Möglicherweise ist die Folatmenge, die zu einer Senkung der Homocysteinkonzentration führt, höher als die für eine normale Blutbildung notwendige Folatmenge. Solange keine weiteren Untersuchungsergebnisse vorliegen, muß von der bisherigen Empfehlung der DGE von 300 µg Gesamtfolat/Tag ausgegangen werden. Bisher liegen keine Hinweise vor, daß sich der Folatbedarf im Alter wesentlich verändert.

Niacin
Nicotinsäureamid und Nicotinsäure, die ineinander umgewandelt werden können, werden als Niacin bezeichnet. Niacin wird bei den herkömmlichen Eßgewohnheiten in Mitteleuropa in ausreichenden Mengen mit der Nahrung aufgenommen. Aus der Aminosäure Tryptophan kann ebenfalls Niacin gebildet werden. Tryptophan hat damit für den Menschen auch den Charakter eines Provitamins und trägt zu etwa 50 % zur Niacinbedarfsdeckung bei. Ob altersbedingte Veränderungen der Umwandlungsrate eintreten, ist unklar. Die wünschenswerte Niacinaufnahme von 18 mg/Tag, die für Erwachsene gilt, sollte auch im Alter eingehalten werden.

Biotin
Biotinmangelsymptome treten beim gesunden Erwachsenen unter üblichen Ernährungsgewohnheiten nicht auf. Bis heute sind für Biotin keine genauen Daten über den Bedarf des Menschen vorhanden. Daher werden in den Empfehlungen der DGE nur Schätzwerte angegeben (30-100 mg/Tag). Ebensowenig sind konkrete Zahlen zum Biotinbedarf des älteren Menschen bekannt. Möglicherweise ist die Biotinresorption bei Personen mit atrophischer Gastritis vermindert.

Pantothensäure
Pantothensäure kommt praktisch in allen Lebensmitteln in geringen Mengen vor. Klinische Mangelsymptome sind beim Menschen nicht bekannt. Ähnlich wie für Biotin, liegen auch für Pantothensäure keine Hinweise für altersbedingte Bedarfsunterschiede vor. Es wird davon ausgegangen, daß unsere Kost mit ihren durchschnittlich 5-6 mg Pantothensäure/Tag auch im Alter ausreichend ist.

3.4.2 Mineralstoffe

Mineralstoffe sind anorganische Nahrungsbestandteile. Je nach Gehalt im menschlichen Körper werden Mengen- und Spurenelemente unterschieden.

3.4.2.1 Mengenelemente

Calcium
Von der täglich aufgenommenen Calciummenge werden nur ca. 25-40 % resorbiert. Die Resorptionsrate nimmt mit dem Alter ab (Wood et al. 1995). Voraussetzung für eine wirkungsvolle Calciumresorption ist eine ausrei-

chende Vitamin-D-Versorgung. Die Calciumresorption wird durch gleichzeitige Anwesenheit von bestimmten weiteren Nahrungsinhaltsstoffen, wie z. B. Phytate (in Vollkornprodukten), Oxalsäure (in Rhabarber und Spinat) oder bestimmten Ballaststoffen gehemmt. Die Laktose der Milch dagegen fördert die Resorption. Bei Fettresorptionsstörungen verbindet sich Calcium mit nicht resorbierten Fettsäuren zu schwer resorbierbaren Verbindungen (Kalkseifen).

Eine ausreichende Calciumzufuhr verdient in Zusammenhang mit der Entstehung von Osteoporose besondere Beachtung (s. Kap. 5.5). Für die Knochenfestigkeit im Alter spielt die lebenslange Calciumaufnahme eine Rolle (NILAS 1993). Darüber hinaus konnte gezeigt werden, daß selbst im hohen Alter von erhöhten Calciumaufnahmen noch positive Effekte zu erwarten sind (BARAN et al. 1990). Die empfohlende tägliche Calciumaufnahme für über 65jährige liegt bei 800 mg/Tag (DGE 1991). Bei seniler Osteoporose wird eine tägliche Calciumaufnahme von 1200 mg empfohlen (RINGE 1995).

Phosphor

Der Bedarf an Phosphor steht in Beziehung zum Calciumbedarf. Ein Phosphormangel infolge unzureichender Zufuhr mit der Nahrung ist nicht bekannt, da praktisch in allen Lebensmitteln Phosphate enthalten sind. Nur bei längerandauernder parenteraler Ernährung mit unzureichender Phosphorzufuhr kann es zu Mangelerscheinungen kommen. Von der DGE werden 1200 mg Phosphor pro Tag als obligat angesehen (DGE 1991).

Magnesium

Mit der Nahrung aufgenommenes Magnesium wird im gesamten Dünndarm, hauptsächlich aber im Ileum, resorbiert. Die Resorptionsrate beträgt im Durchschnitt 40-50 % und ist von der zugeführten Menge abhängig. Wie bei vielen anderen Nährstoffen auch, nimmt mit zunehmender Magnesiumaufnahme die resorbierbare Menge ab. Nicht resorbiertes Magnesium wird mit den Faeces ausgeschieden. Bisher liegen keine Daten vor, die für eine altersbedingte Veränderung des Magnesiumbedarfs sprechen (WOOD et al. 1995).

3.4.2.2 Spurenelemente

Spurenelemente werden vom Organismus nur in sehr geringen Mengen benötigt. Es liegen bis heute noch nicht für alle als essentiell geltenden Spurenelemente zuverlässige Bedarfszahlen und daraus abgeleitete Empfehlungen für die tägliche Aufnahme vor. Dies gilt ganz besonders auch für den Spurenelementbedarf im Alter (MERTZ 1992).

Eisen
Eine chronisch zu geringe Eisenaufnahme, mangelnde Resorption oder erhöhte Eisenverluste führen zu einer Eisenmangelanämie (hypochrome Anämie), die weltweit eine der häufigsten Mangelerscheinungen darstellt. Besonders bei älteren Menschen mit atrophischer Gastritis kann die Bioverfügbarkeit für Eisen begrenzt sein (SCHULTZ & FREEDMAN 1987). Auch können erkrankungsbedingte Blutverluste die Eisenversorgung gefährden. Bei gesunden Senioren mit intakter Magenfunktion scheint die Eisenresorption unverändert zu sein. Die Möglichkeit, die Eisenresorption über eine Anpassung an den Versorgungszustand zu steuern, verhindert beim gesunden Menschen das Auftreten von Eisenüberladungszuständen. Bei der Hämochromatose, einer gelegentlich auftretenden angeborenen Störung des Eisenstoffwechsels, werden auch beim älteren Menschen exzessive Eisenmengen akkumuliert (SCHULTZ & FREEDMAN 1987). Diese führen zu Hautveränderungen und vielfältigen Organschäden.

Zink
Ähnlich wie bei anderen Spurenelementen auch, ist bei Zink nicht die absolute Menge in der Nahrung, sondern die Bioverfügbarkeit des aufgenommenen Elements aus dem Lebensmittel von entscheidener Bedeutung für die Versorgungssituation. Die Resorptionsrate richtet sich nach der aufgenommenen Menge, auch im Alter wurde bei geringer Zufuhr eine Steigerung der Resorptionsrate festgestellt (WOOD et al. 1995). Einer Studie von TURNLAND et al. (1986) zufolge ist die Zinkresorption im Alter möglicherweise verringert, durch geringere Zinkverluste war die Zinkbilanz dadurch jedoch nicht beeinträchtigt. Bisher wird daher von einem unveränderten Zinkbedarf im Alter ausgegangen.

Zusammenfassend kann festgehalten werden, daß aufgrund unzureichender Informationen bisher von einem unveränderten Bedarf an Mikronährstoffen im Alter ausgegangen wird. Neuere Studien liefen Hinweise dafür, daß die derzeit gültigen Empfehlungen für Vitamin A möglicherweise zu hoch, für die Vitamine B_6 und B_{12} dagegen zu niedrig sind.

Tab. 3.8 zeigt die von der Deutschen Gesellschaft für Ernährung (DGE 1991) derzeit empfohlenen Zufuhrmengen für über 65jährige Männer und Frauen im Überblick.

Tab. 3.8: Empfehlungen für die tägliche Zufuhr an Mikronährstoffen für Senioren (DGE 1991).

		Männer	Frauen
Vitamin A	[mg RÄ] [1]	1,0	0,8
Carotin [2]	[mg]	2,0	2,0
Vitamin D	[µg]	5	5
Vitamin E	[mg TÄ] [3]	12	12
Vitamin K	[µg]	80	65
Vitamin B_1	[mg]	1,3	1,1
Vitamin B_2	[mg]	1,7	1,5
Vitamin B_6	[mg]	1,8	1,6
Vitamin B_{12}	[µg]	3,0	3,0
Folsäure [4]	[µg]	150 / 300	150 / 300
Niacin	[mg NÄ] [5]	18	15
Vitamin C	[mg]	75	75
Calcium	[mg]	800	800
Magnesium	[mg]	350	300
Eisen	[mg]	10	10
Zink	[mg]	15	12
Iod	[µg]	180	180

[1] RÄ = Retinoläquivalent; 1 mg RÄ = 1 mg Retinol = 6 mg β-Carotin = 12 mg andere Provitamin-A-Carotinoide

[2] Carotin = Provitamin-A-Carotinoide

[3] Tocopherol-Äquivalente

[4] Folat-Äquivalente bzw. freie Folsäure / Gesamtfolsäure

[5] Niacin-Äquivalente

3.4.3 Nährstoffdichte

Bei unverändertem oder nur geringfügig verändertem Bedarf an Nährstoffen und gleichzeitig abnehmendem Energiebedarf ergibt sich für ältere Menschen die Notwendigkeit einer erhöhten Nährstoffdichte. Pro aufgenommener Energie-Einheit müssen mehr Vitamine, Mineralstoffe und Spurenelemente in der Nahrung enthalten sein (s. auch Kap. 4.2.2, Abb. 4.1)

Tab. 3.9 zeigt die Empfehlungen der DGE zur Nährstoffdichte für verschiedene Altersgruppen im Vergleich.

Tab. 3.9: Nährstoffdichte: Vergleich der Empfehlung für verschiedene Altersgruppen (DGE 1991).

		Männer			Frauen		
	[Jahre]	25-50	51-64	≥65	25-50	51-64	≥65
Vitamin A	[mg-Äq/MJ]	0,10	1,11	0,13	0,09	0,11	0,11
Vitamin E	[mg-Äq/MJ]	1,2	1,3	1,5	1,4	1,6	1,7
Vitamin B_1	[mg/MJ]	0,13	0,14	0,16	0,13	0,15	0,16
Vitamin B_2	[mg/MJ]	0,17	0,19	0,21	0,18	0,20	0,21
Vitamin B_6	[mg/MJ]	0,18	0,20	0,23	0,19	0,21	0,23
Vitamin B_{12}	[µg/MJ]	0,30	0,33	0,37	0,35	0,40	0,43
Folsäure [1)]	[µg/MJ]	15	17	19	18	20	21
Niacin	[mg-Äq/MJ]	1,8	2,0	2,3	1,8	2,0	2,1
Vitamin C	[mg/MJ]	7	8	9	9	10	11
Calcium	[mg/MJ]	90	89	100	106	107	114
Magnesium	[mg/MJ]	35	39	44	35	40	43
Eisen	[mg/MJ]	1,0	1,1	1,3	1,8	1,3	1,4
Zink	[mg/MJ]	1,5	1,7	1,9	1,4	1,6	1,7
Iod	[µg/MJ]	20	20	23	24	24	26

[1)] Folat-Äquivalente bzw. freie Folsäure

4 Praktische Empfehlungen

Während man die Frage nach einer speziellen Altersdiät und der Notwendigkeit spezieller Altersprodukte ganz klar mit nein beantworten kann, steht doch außer Zweifel, daß sich eine bedarfsgerechte Ernährung auch im Alter positiv auf Gesundheit und Wohlbefinden auswirkt. Eine nicht dem Bedarf entsprechende Ernährung führt dagegen zu unnötigen Stoffwechselbelastungen und begünstigt die Entstehung ernährungsabhängiger Krankheiten.

Gesundes Essen und Trinken allein ist zwar keine Garantie für ein gesundes, langes Leben, mit der richtigen Ernährung hat jedoch jeder die Möglichkeit, eigenverantwortlich seine Gesundheit zu fördern. Richtige Ernährung bedeutet auch im Alter aktive Krankheitsvorbeugung.

Die folgenden Ausführungen sollen dabei helfen, die im vorigen Kapitel beschriebenen Empfehlungen zur Nährstoffzufuhr in die Praxis umzusetzen. Nach einigen allgemeinen Anmerkungen folgen konkrete Empfehlungen zur Verwirklichung einer bedarfsgerechten Ernährung. Nach heutigem Kenntnisstand wird angenommen, daß diese Empfehlungen gesunde ältere Menschen am besten vor ernährungsbedingten Gesundheitsstörungen schützen und die Voraussetzung für volle Leistungsfähigkeit liefern.

4.1 Allgemeine Aspekte

4.1.1 Individuelle Situationsanalyse

Da die Unterschiede in der Gesundheits- und Lebenssituation alter Menschen enorm sind (vgl. Kap. 1.2), ist es sinnvoll, pauschale Ernährungsempfehlungen immer anhand einer individuellen Situationsanalyse zu überdenken und an den Einzelfall anzupassen. Mehr noch als in allen vorangegangenen Lebensphasen ist im Alter ein individuelles Eingehen auf Bedürfnisse und Gewohnheiten erforderlich. Unverträglichkeiten, besondere Vorlieben und Abneigungen sollten bei der Ernährung alter Menschen ebenso berücksichtigt werden wie die jahrzehntelang gefestigten Gewohnheiten.

4.1.2 Regelmäßigkeit

Die im Alter verringerte Anpassungsfähigkeit an extreme Situationen und die größere Empfindlichkeit sowohl gegenüber internen als auch gegenüber externen Störungen jeglicher Art (vgl. Kap. 1.3.3) legen eine gewisse Regelmäßigkeit in der Ernährung nahe. Sinnvoller als wenige große Mahlzeiten, die den Stoffwechsel übermäßig belasten, mit langen Pausen dazwischen, ist es deshalb, die Nahrungsmenge gleichmäßig über den ganzen Tag zu verteilen und 5-6 kleinere Mahlzeiten einzunehmen.

Da das Durstempfinden im Alter oft täuscht (vgl. Kap. 2.1.2) und Flüssigkeitsdefzite schnell gravierende Folgen haben (vgl. Kap. 9.2.), sollte insbesondere bei der Flüssigkeitsaufnahme auf große Regelmäßigkeit geachtet werden. Möglichst schnelle Anpassung an Situationen erhöhten Bedarfs, z. B. bei großer Hitze oder Fieber, trägt ebenfalls dazu bei, die Homöostase zu erhalten bzw. nicht zusätzlich zu gefährden.

4.1.3 Gesundheits- und Lebenssituation berücksichtigen – Die richtigen Voraussetzungen schaffen

Mit zunehmendem Alter steigt die Bedeutung der Lebenssituation für die Ernährung (s. Kap. 7.1). Änderungen in der Gesundheitssituation, im Lebensumfeld und im Lebensstil wirken sich häufig auch auf die Ernährung – auf Einkauf, Zubereitung, Lebensmittelauswahl oder Appetit – aus.

Bemühungen um eine optimale Ernährung dürfen sich daher nicht ausschließlich auf Lebensmittelauswahl und Nährstoffbedarfsdeckung konzentrieren. Um eine bedarfsgerechte Ernährung im Alter zu gewährleisten, ist es wichtig, die aktuelle Gesundheitssituation, akute und chronische Beschwerden, Behinderungen und Beeinträchtigungen sowie die gesamte Lebenssituation in die Bemühungen um eine ausgeglichene Ernährung miteinzubeziehen.

Es nützt verständlicherweise wenig, Empfehlungen für eine gesunde Altersernährung auszusprechen, wenn die Voraussetzungen zu ihrer Verwirklichung nicht erfüllt sind. So können z. B. Kaubeschwerden, Appetitlosigkeit oder fehlender Antrieb die ausreichende Ernährung erschweren. Körperliche Gebrechen, die es nicht erlauben, immer frische Lebensmittel einzukaufen oder täglich zu kochen, können die Umsetzung einer vielseitigen, abwechslungsreichen Ernährung verhindern.

Die richtigen Voraussetzungen zur Verwirklichung einer bedarfsgerechten Ernährung können für einen gebrechlichen alten Menschen z. B. durch Vermittlung einer Einkaufs- oder Haushaltshilfe, bei Kaubeschwerden durch Sanierung der Zahnprothese oder angemessene Konsistenz des Essens, bei Einsamkeit und Appetitlosigkeit vielleicht durch Gesellschaft beim Essen geschaffen werden. Einem Bettlägerigen muß gegebenenfalls jeder Bissen und jeder Schluck gereicht werden (s. Kap. 8.3, Kap. 8.4 und Kap. 9).

4.1.4 Genuß statt Überängstlichkeit – Psychologische und soziale Momente gewinnen an Bedeutung

Da die Ernährung nicht ausschließlich der Bedarfsdeckung mit den einzelnen Nährstoffen dient, sondern neben der physiologischen auch psychologische und soziale Funktionen erfüllt, sind außer dem Nährstoffgehalt der Lebensmittel weitere Aspekte wie z. B. der Genuß beim Essen, kommunikativer Wert und Erlebniskomponente der Mahlzeiten zu berücksichtigen.

Auch im Alter spielen Genuß und Spaß am Essen eine wichtige Rolle und dürfen nicht zu kurz kommen. Die Mahlzeiten sind eine willkommene Abwechslung im oft eintönigen Tagesablauf, und Freude beim Essen kann ein nicht unerheblicher Beitrag zur Lebensqualität im Alter sein.

Psychologische Aspekte des Essens wie der Erinnerungswert bestimmter Speisen nehmen im Alter stark an Bedeutung zu.

Gewaltsame Ernährungsumstellungen und strenge Reglementierung jahrzehntelang gefestigter Gewohnheiten sind also im Hinblick auf Wohlbefinden und Freude am Leben sicherlich nicht erstrebenswert, und wären sie noch so gesund. Wer heute ein hohes oder sehr hohes Alter erreicht hat, hat dies mit und vielleicht trotz seiner Ernährungsgewohnheiten, und es sollten gewichtige Gründe vorliegen, einen älteren Menschen gegen seinen Willen von persönlichen Vorlieben und Abneigungen abzubringen.

4.1.5 Ernährungsumstellung: Sind Änderungen der Ernährungsgewohnheiten im Alter überhaupt möglich?

Auch im Alter sind Modifzierungen des Ernährungsverhaltens zur Optimierung der Nährstoffversorgung in vielen Fällen jedoch wünschenswert.

Da das Eßverhalten durch ein kompliziertes Geflecht psychischer und sozialpsychologischer Momente bestimmt wird, sind Änderungen im Ernährungsverhalten generell nur langsam und in kleinen Schritten möglich, ausgehend von den derzeitigen Gewohnheiten und Verträglichkeiten und von der aktuellen Lebenssituation. Abrupte und schnelle Veränderungen sind weder möglich, noch nötig, noch sinnvoll. Im Gegenteil tragen kleine, schrittweise Änderungen langfristig mehr zur Verbesserung der Ernährungssituation bei, da sie mehr Aussicht auf dauerhafte Beibehaltung haben.

Da sich Ernährungsgewohnheiten bereits früh im Leben entwickeln und sich bei älteren Menschen über Jahrzehnte gefestigt haben, sind Veränderungen im Alter im allgemeinen schwieriger zu erreichen als in jüngeren Jahren. Rechtzeitig im Leben sollte deshalb bereits auf eine gesunde Ernährung Wert gelegt werden. So können einerseits die Voraussetzungen für Gesundheit und Wohlbefinden im Alter geschaffen werden, eine lebenslang vernünftige Ernährung bildet aber auch die Grundlage für die richtigen Ernährungsgewohnheiten im Alter. Wer schon immer gern und reichlich Obst und Gemüse ißt, wird dies auch im Alter gern tun. Wer die geschmacklichen und verdauungsphysiologischen Vorzüge von Vollkornprodukten schon in jungen Jahren kennenlernt, weiß diese auch im Alter zu schätzen.

Die Erziehung zur richtigen Ernährung muß also früher ansetzen, idealerweise in der Kindheit beginnen, was jedoch nicht heißen soll, daß Ernährungsaufklärung im Alter nicht notwendig und Änderungen der Ernährungsgewohnheiten im Alter generell nicht möglich wären. Verhaltensänderungen sind auch im Alter durchaus möglich und insgesamt weniger vom Lebensalter als von der Motivation abhängig. Mehrere Untersuchungen haben gezeigt, daß Senioren ihr Ernährungsverhalten durch öffentliche Aufklärungsprogramme in ähnlicher Weise verändern wie jüngere Erwachsene (s. Kap. 10.3). Bei bestehendem Interesse an Ernährungsfragen und vorhandenem Willen hat die Ernährungsberatung und Aufklärung für alte Menschen die gleiche Berechtigung wie in jüngeren Jahren.

4.1.6 Hygienische Aspekte

Behinderungen und nachlassende Sehkraft tragen oft dazu bei, daß sowohl die persönliche als auch die Lebensmittelhygiene erschwert sind und leicht unbefriedigende hygienische Verhältnisse entstehen. Das Haltbarkeitsdatum auf Verpackungen wird z. B. nicht mehr richtig erkannt, der Schimmelpilz nicht wahrgenommen, und infolgedessen werden verdorbene Lebensmittel verzehrt.

Die Auswirkungen mangelhafter Hygiene können im Alter wesentlich drastischer sein als in jüngeren Lebensjahren. Durch die eingeschränkte Immunfunktion besteht im Alter eine höhere Infektionsgefahr. Salmonellenvergiftungen mit enormen Wasserverlusten durch Durchfälle werden aufgrund des geringeren Körperwassergehalts von älteren Menschen weit weniger gut toleriert als von jüngeren. Die immer wieder auftretenden Todesfälle in diesem Zusammenhang belegen die Folgen unzureichender Hygiene für alte Menschen eindrucksvoll.

Auf einen hygienischen Umgang mit Lebensmitteln muß bei der Ernährung alter Menschen insbesondere in der Gemeinschaftsverpflegung (s. Kap. 11) besonderer Wert gelegt werden.

4.2 Konkrete Ernährungsempfehlungen

Die konkreten Ernährungsempfehlungen für gesunde Senioren unterscheiden sich nicht wesentlich von den Empfehlungen für jüngere Erwachsene. Die bedeutendste Veränderung ergibt sich durch den geringeren Energiebedarf bei etwa gleichem Nährstoffbedarf.

4.2.1 Bedarfsangepaßte Energiezufuhr – Die Energiebilanz muß stimmen

Die Energiezufuhr muß dem aktuellen Bedarf angepaßt werden, dem verringerten Energiebedarf im Alter ist Rechnung zu tragen – d. h. mit zunehmendem Alter muß die Energiemenge im Normalfall langsam reduziert werden.

Die Beurteilung der aufgenommenen Energiemenge erfolgt am einfachsten durch regelmäßige Beobachtung des Körpergewichts. Langfristig übermäßige Ernährung führt zu Übergewicht, bei mengenmäßig unzureichender Ernährung ist dagegen auf lange Sicht Unterernährung die Folge. Eine Veränderung des Gewichts zeigt, daß die im Durchschnitt täglich aufgenommene Energiemenge zu hoch oder zu niedrig war. Bei einer Gewichtszunahme muß durch Reduktion, bei Gewichtsverlust durch Steigerung der Energiemenge gegengesteuert werden.

Deutliches Übergewicht ist auch im Alter belastend und sollte durch Reduzierung der Energiezufuhr abgebaut werden. Mäßiges Übergewicht wird dagegen im höheren Alter nach derzeitigem Wissensstand eher positiv gewertet und sollte nur bei bestehenden gewichtsbedingten Gesundheitsproblemen reduziert werden.

Bei Tendenz zu Gewichtsverlust und Unterernährung ist in jedem Fall auf eine reichliche Energiezufuhr zu achten. Der Bedarf an Energie, um verlorenes Gewicht wieder zuzunehmen, ist im Alter deutlich höher als in jüngeren Jahren (vgl. Kap. 3.2.4).

Insgesamt sollte die Energiemenge so gewählt werden, daß das wünschenswerte Körpergewicht (s. Kap. 6.1.3) erhalten bleibt bzw. erreicht wird und unnötige Schwankungen vermieden werden.

4.2.2 Ausreichend essentielle Nährstoffe

Ausreichend essentielle Nährstoffe sind zur Erhaltung eines optimalen Ernährungszustands nötig. Die richtige Lebensmittelauswahl und nährstoffschonende Zubereitungsverfahren tragen zur Bedarfsdeckung mit Nährstoffen bei.

Höhere Nährstoffdichte: „energiearm und nährstoffreich"
Bei einem geringen Energiebedarf und gleichzeitig unverändertem bzw. erhöhten Bedarf an Nährstoffen kann die Nährstoffversorgung nur durch eine Steigerung der Nährstoffdichte der Nahrung gewährleistet werden. Abb. 4.1 veranschaulicht, daß die gleiche Menge lebensnotwendiger Nährstoffe – Vitamine, Mineralstoffe, Spurenelemente, essentielle Aminosäuren, Fettsäuren und Ballaststoffe – in einer geringeren Energiemenge enthalten sein muß.

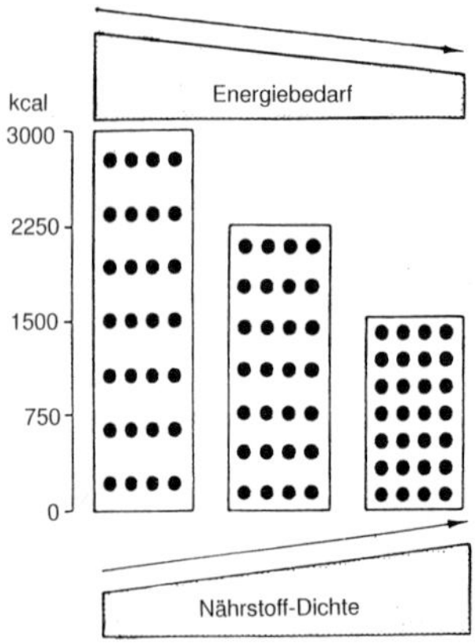

Abb. 4.1: Nährstoffdichte. (Nach DGE 1988.)

Die Gefahr ist allerdings groß – vor allem unter Beibehaltung der alten Ernährungsgewohnheiten –, daß mit einer geringeren Energiezufuhr auch eine geringere Nährstoffaufnahme verbunden ist.

Bewußte Wahl nährstoffreicher Lebensmittel
Um Nährstoffdefiziten vorzubeugen, muß also bei der Lebensmittelauswahl im Alter auf eine besonders hohe Nährstoffdichte geachtet werden. Lebensmittel, die energiearm und gleichzeitig nährstoffreich sind, sollten den Speiseplan bestimmen. Obst und Gemüse, Kartoffeln, Hülsenfrüchte, magere Milchprodukte, Vollkornprodukte, magerer Fisch und mageres Fleisch erfüllen diese Forderung und sind deshalb zu bevorzugen.

Weniger geeignet sind dagegen alle fett- und zuckerhaltigen Lebensmittel wie beispielsweise Süßwaren, Kuchen, Knabberartikel und alkoholische Getränke. Sie liefern viel Energie, ohne zur Nährstoffversorgung beizutragen, und sollten deshalb gemieden werden. Auch bei fettreichen Fleisch-, Fisch-, Wurst- und Käsesorten stehen Energie- und Nährstoffgehalt nicht im wünschenswerten Verhältnis.

Eine kurze Charakterisierung der genannten Lebensmittelgruppen soll die tägliche Lebensmittelwahl erleichtern:

Obst und Gemüse sind wichtige Lieferanten für Vitamine, Mineralstoffe, Spurenelemente und Ballaststoffe, gleichzeitig liefern sie, von einigen Ausnahmen abgesehen, wenig Energie. Gemüse sollte auch als Rohkost verzehrt werden, da der Nährstoffgehalt in roher Form höher ist als gekocht.

Da Obst und Gemüse ein Schutzeffekt vor oxidativen Schäden und der Entstehung degenerativer Krankheiten zugesprochen wird, werden täglich mindestens eine Portion Gemüse und eine Portion Salat sowie 1-2 Stück oder Portionen Obst empfohlen.

Bei geringem Energiebedarf ist zu beachten, daß Obst durch seinen Zuckergehalt mehr Energie liefert als Gemüse.

Brot, Getreideprodukte, Kartoffeln und Hülsenfrüchte sind reich an Kohlenhydraten, pflanzlichem Eiweiß, Vitaminen, Mineralstoffen, Spurenelementen und Ballaststoffen. Die Kohlenhydrate liegen in Form von Stärke vor, die langsam abgebaut wird und starke Blutzuckerschwankungen vermeidet.

Brotsorten und Getreideprodukte aus dem vollen Korn enthalten im Vergleich zu Produkten aus Auszugsmehl Ballaststoffe und mehr Vitamine und sollten deshalb bevorzugt werden.

Da Getreideballaststoffe und komplexe Kohlenhydrate auch im Alter günstige Effekte auf Verdauung und Stoffwechsel haben, sollten täglich mehrere Scheiben Vollkornbrot und eine Portion Kartoffeln bzw. Nährmittel gegessen werden.

Milch und Milchprodukte liefern hochwertiges tierisches Eiweiß, Mineralstoffe und Vitamine. Insbesondere durch ihren hohen Calciumgehalt sind sie für eine vollwertige Ernährung unverzichtbar. Milchprodukte tragen auch wesentlich zur Bedarfsdeckung an Vitamin B_2 und B_{12} bei. Bei einer fleischarmen Ernährung sollten sie aufgrund ihres Eiweißgehalts nicht zu kurz kommen. In Kombination mit Getreide oder Kartoffeln verbessern sie die Qualität der pflanzlichen Proteine. Zur Deckung des Calciumbedarfs sind täglich mindestens 2 Portionen unterschiedlicher Milchprodukte nötig (Tab. 4.1).

Tab. 4.1: Die empfohlene Tagesmenge von 800 mg Calcium ist z. B. enthalten in:

200 ml Milch / Kakao	240 mg
50 g Edamer (30 % Fett i. Tr.)	400 mg
1 Fruchtjoghurt	150 mg
	790 mg

Bei Unverträglichkeit von Trinkmilch sind Buttermilch, Joghurt, Dickmilch, Quark und Käse gute Alternativen. Fettarme Sorten sollten bevorzugt werden, da sie bei gleichem Nährstoffgehalt deutlich weniger Energie liefern.

Fleisch, Fisch und Eier enthalten hochwertiges Eiweiß, Vitamine und Mineralstoffe und haben deshalb ihren Platz in der vielseitigen Ernährung. Der Konsum dieser Lebensmittel sollte allerdings aufgrund ihres hohen Gehalts an Eiweiß, Fett, Cholesterin und Purinen zugunsten pflanzlicher Produkte reduziert werden. Zwischen Fleisch, Fisch und Eiern sollte konsequent abwechselt werden. Fettreiche Sorten sind zu meiden.

Da der Proteingehalt unserer üblichen Ernährung eher zu hoch als zu niedrig ist und auch für Senioren üblicherweise kein Problem darstellt, kann ohne weiteres ein mäßiger Verzehr empfohlen und öfter mal auf Fleisch und Eier verzichtet werden. Seefisch trägt wesentlich zur Iodversorgung bei und sollte außerdem aufgrund seines relativ hohen Gehalts an essentiellen Fettsäuren (v. a. Lachs, Makrele, Hering, Sprotten) regelmäßig 1-2 mal pro Woche verzehrt werden.

Fette und Öle sollen aufgrund ihres hohen Energiegehalts bei gleichzeitig geringem Gehalt an Nährstoffen bewußt sparsam verwendet werden.

Da sie für die Versorgung mit fettlöslichen Vitaminen und essentiellen Fettsäuren mitverantwortlich sind, sollten sie dennoch täglich auf dem Speiseplan stehen.

Tierische und pflanzliche Fette werden zu gleichen Teilen empfohlen. Essentielle Fettsäuren sind in hochwertigen Pflanzenölen und Margarinesorten enthalten.

Butter ist leicht verdaulich und wird oft geschmacklich bevorzugt, enthält allerdings im Gegensatz zu pflanzlichen Fetten hohe Mengen an Cholesterin.

Tab. 4.2 gibt eine Orientierung über die wünschenswerten Lebensmittelmengen aus den genannten Gruppen. Zu Getränken s. Kap. 4.2.4.

Tab. 4.2: Empfohlene tägliche Lebensmittelmengen. (Nach DGE 1989.)

Gemüse	ca. 300 g
Obst	ca. 250 g
Milchprodukte	z.B. 250 ml fettarme Milch und 2 Scheiben Käse (60 g)
Getreideprodukte/ Nährmittel	5-6 Scheiben Brot (250-300 g) und 1 Pt. Reis oder Teigwaren (70-90 g roh) oder 1 Pt. Kartoffeln (250-300 g)
Seefisch	1-2 Pt. pro Woche à 150 g
Fleisch und Wurst	2-3 Pt. pro Woche (max. à 150 g)
Eier	2-3 Stück pro Woche
Fette und Öle	maximal 40 g Streich- und Kochfett (Butter oder Margarine) und 10 g hochwertiges Pflanzenöl
Getränke	1,5-2 l (Mineralwasser, Tee, Kaffee, verdünnte Säfte)

Kurze Lagerzeiten und schonende Zubereitung zur Nährstofferhaltung

Neben der richtigen Lebensmittelwahl können sachgemäße Lagerung und Zubereitung einen Beitrag zur Nährstoffversorgung leisten. Durch lange Lagerung und ungünstige Zubereitungsarten wie lange Kochzeiten, Garen mit zu viel Wasser und wiederholtes Aufwärmen gehen Nährstoffe verloren, die eigentlich dem Körper zugute kommen könnten.

Geeignete Maßnahmen können dazu beitragen, diese Verluste zu minimieren.

Um lange Lagerzeiten zu vermeiden, sollen Lebensmittel idealerweise frisch und unmittelbar vor dem Verzehr gekauft und zubereitet werden. Die Lagerung von Lebensmitteln sollte zur Nährstofferhaltung möglichst kühl und lichtgeschützt erfolgen. Ist frisches Obst und Gemüse nicht zu erhalten oder der regelmäßige Einkauf frischer Produkte nicht möglich, stellen Tiefkühlprodukte eine nährstoffhaltige Alternative dar.

Die schonende Zubereitung beginnt mit schnellem und dennoch gründlichem Waschen, erst danach sollten Obst und Gemüse zerkleinert werden. Kleingeschnittene Lebensmittel sollten möglichst schnell weiterverarbeitet bzw. gegessen werden, damit weitere Vitaminverluste durch Licht- und Lufteinwirkung unterbleiben.

Liegen Gemüse, auch Salat und Kartoffeln längere Zeit im Wasser oder werden in zu großer Wassermenge gekocht, gehen Nährstoffe aus den Lebensmitteln ins Wasser über und damit für die Nährstoffversorgung verloren, langes Wässern ist deshalb ungünstig. Die Kochflüssigkeit von Gemüse enthält ausgeschwemmte Nährstoffe und kann zur weiteren Zubereitung z. B. für Soßen, Suppen oder Eintöpfe mitverwendet werden. Wenn die Kaufähigkeit es zuläßt, sollte Gemüse zur optimalen Nährstofferhaltung immer nur bißfest gegart werden. Viele Gemüsearten lassen sich auch als Rohkost oder Salat zubereiten. Bei Kauproblemen stellt die Zerkleinerung durch Reiben oder Mixen eine nährstoffschonende Alternative zu langem Weichkochen dar. Feingeriebenes rohes Gemüse kann zur Nährstoffanreicherung auch unter gekochtes Gemüse gemischt werden.

Nährstoffschonende Zubereitungsarten sind Garen im Wasserdampf (Dampfdrucktopf) oder Garen in Folie im Backofen.

Bei nachlassendem Geschmacksempfinden, das oft beklagt wird, spricht nichts dagegen, kräftig zu würzen und reichlich Kräuter zu verwenden.

4.2.3 Vielseitig und abwechslungsreich

Da kein Lebensmittel alle Nährstoffe enthält, die der Körper braucht, soll die Ernährung im Alter – als Grundsatz für eine ausgeglichene Ernährung – so vielseitig und abwechslungsreich wie möglich sein, die beste Möglichkeit, sich mit allen Nährstoffen in adäquater Menge zu versorgen. Dabei ist es nicht nur wichtig, alle Lebensmittelgruppen zu berücksichtigen, auch innerhalb der Lebensmittelgruppen sollte so vielfältig wie möglich ausgewählt werden. Je nach jahreszeitlichem Angebot ist z. B. das ganze Spektrum der Obst- und Gemüsesorten mit in den Speiseplan einzubeziehen.

Unterschiedliche Zubereitungsarten und unterschiedliche Kombinationen einzelner Lebensmittel in Gerichten sorgen außerdem für geschmackliche Abwechslung und tragen nicht nur zur optimalen Nährstoffversorgung, sondern auch zu mehr Freude am Essen bei.

4.2.4 Reichliche Flüssigkeitszufuhr

Durch geringeres Durstempfinden (Kap. 2.1.2), geringere Konzentrationsfähigkeit der Nieren (Kap. 2.2.2), die leichtere Störanfälligkeit bei Schwankungen im Wasserhaushalt (Kap. 1.3.3) und den geringeren Wassergehalt des Körpers (Kap. 2.3.3.2) sind alte Menschen für Störungen im Wasserhaushalt besonders anfällig (s. auch Kap. 9.2).

Auf die Einhaltung der Empfehlung von 1,5-2 l Trinkflüssigkeit (Kap. 3.3.5) ist deshalb im Alter zur Vermeidung von Austrocknungszuständen und ihren Folgen großer Wert zu legen.

Getrunken werden sollten vorzugsweise Mineralwässer, Früchte- und Kräutertees, daneben Frucht- und Gemüsesäfte (auch mit Mineralwasser verdünnt) und Milchprodukte. Neben den genannten Getränken können auch Suppen zur Flüssigkeitsversorgung beitragen (Tab. 4.3). Gegen Kaffee, Schwarztee und alkoholische Getränke in Maßen ist bei guter Verträglichkeit ebenfalls nichts einzuwenden. Mögliche Alternativen sind coffeinfreier Kaffee und alkoholfreies Bier. Grundsätzlich gilt bei den Getränken genauso wie beim Essen das Motto „vielseitig und abwechslungsreich“.

Tab. 4.3: Geeignete Getränke.

- Mineralwasser
- Früchte- und Kräutertee
- Kaffee und Tee nach Verträglichkeit
- Suppen
- Frucht- und Gemüsesäfte – auch mit Mineralwasser verdünnt
- Milch (Butter-, Dick-, Sauermilch, Kefir, Kakao)

Bei einigen Getränken muß berücksichtigt werden, daß sie außer Flüssigkeit auch Energie und zum Teil wichtige Nährstoffe liefern. Milch wird aufgrund des hohen Energie- und Nährstoffgehalts z. B. zu den Lebensmitteln gerechnet. Gemüse- und Fruchtsäfte bieten eine gute Möglichkeit, die Nahrung mit Vitaminen zu ergänzen, wenn die ausreichende Zufuhr durch feste Nahrung nicht gewährleistet ist. Obstsäfte können durch ihren hohen Zuckergehalt allerdings relativ viel Energie enthalten. Zur Deckung des Flüssigkeitsbedarfs sollten sie deshalb mit Mineralwasser verdünnt werden. Weniger geeignet sind bei geringem Energiebedarf auch energiereiche Getränke wie Limonaden und Colagetränke, Fruchtnektare und Fruchtsaftgetränke. Auch alkoholische Getränke gehören zu den „leeren“ Energielieferanten und müssen bei der Energie- und Nährstoffbilanz mitberücksichtigt werden. Bestehen keine gesundheitlichen Bedenken, spricht nichts gegen einen gelegentlichen und maßvollen Konsum.

4.2.5 Ballaststoffe

Mangelnde Ballaststoffzufuhr begünstigt die im Alter deutlich an Häufigkeit zunehmende Darmträgheit und Verstopfung, eine reichliche Ballaststoffzufuhr kann umgekehrt zur Vermeidung von Obstipation beitragen und so auf einfache Weise einen wirkungsvollen Beitrag zum Wohlbefinden im Alter leisten (s. auch Kap 9.3).

Da Ballastaststoffe auch in der Ernährung vieler Senioren zu kurz kommen und die empfohlene Menge von 30 g/Tag nur selten erreicht wird, gehört der bewußten Wahl ballaststoffreicher Lebensmittel besondere Aufmerksamkeit. Vollkornprodukte, Gemüse einschließlich Kartoffeln sowie Obst sollten also auch aus diesem Grund täglich auf dem Speiseplan stehen. Dabei muß beachtet werden, daß nur bei gleichzeitig ausreichender Flüssigkeitszufuhr eine Quellung der Ballaststoffe im Darm möglich ist und der erwünschte Effekt erzielt wird.

4.2.6 Bewegung

Körperliche Bewegung ist untrennbar mit Ernährung, Appetit und dem Metabolismus der Nährstoffe verbunden.

Durch körperliche Aktivität kann der Energiebedarf erhöht und dadurch die Nährstoffbedarfsdeckung erleichtert werden. Während es bei sehr geringem Energiebedarf (unter 1500 kcal pro Tag) äußerst schwierig wird, alle Nährstoffe in wünschenswerter Menge aufzunehmen, werden umgekehrt mit mehr Energie gleichzeitig auch mehr Nährstoffe zugeführt.

Bewegung an der frischen Luft kann zur Verbesserung eines schlechten Appetits beitragen und hat positive Effekte für die Vitamin-D-Versorgung, da durch UV-Strahlung im Freien die Vitamin-D-Produktion in der Haut gefördert wird. Darüberhinaus spielt Bewegung eine zentrale Rolle bei der Erhaltung körperlicher Funktionen mit dem Alter. Muskeln, Gelenke und Herz-Kreislauf-System werden trainiert und funktionsfähig erhalten und der Abbau der Knochenmasse gebremst. Selbst bei gebrechlichen alten Menschen wurden positive Effekte körperlicher Aktivität nachgewiesen. Dabei ist es wichtig, die Aktivität an die individuelle Kapazität anzupassen und Unfallrisiken so gering wie möglich zu halten.

4.3 Merkblatt zur täglichen Lebensmittelauswahl

Bei der täglichen Lebensmittelauswahl kann ein einfaches Merkblatt hilfreich sein, wobei der in Abb. 4.2 gezeigte Vorschlag als Mindestanforderung an eine gesunde Ernährung anzusehen ist. Die einfache und übersichtliche Darstellung soll die Einprägsamkeit erhöhen und die Umsetzung erleichtern.

TÄGLICH	1	**WARME MAHLZEIT**
TÄGLICH	1	Stück **OBST**
TÄGLICH	1	Portion **GEMÜSE** oder **SALAT**
TÄGLICH	1	Glas **MILCH** und **JOGHURT**, **QUARK** oder **KÄSE**
TÄGLICH	1	Scheibe **VOLLKORNBROT**
TÄGLICH	1,5 – 2 l	**FLÜSSIGKEIT** * Tee, Säfte, Sprudel, Suppe
MEHRMALS / WOCHE	1	Stück **FLEISCH**, **FISCH** oder 1 **EI**

Außerdem nicht vergessen: **BEWEGUNG** im Freien!

Abb. 4.2: Merkblatt zur täglichen Lebensmittelauswahl.

Neben der warmen Mahlzeit, die aus Gründen der Abwechslung und Vielfalt empfohlen wird, sollen Obst, Gemüse, Milchprodukte und Vollkornbrot als nährstoffdichte Lebensmittel täglich auf dem Speiseplan stehen. Auf eine tägliche reichliche Trinkmenge wird aufmerksam gemacht. Fleisch, Fisch und Eier genügen dagegen mehrmals pro Woche.

Auf die Notwendigkeit regelmäßiger Bewegung im Freien wird aus den oben genannten Gründen hingewiesen.

Ernährungsempfehlungen und praktische Hinweise bei Appetitlosigkeit, Kau- und Schluckstörung, körperlichen und geistigen Behinderungen, zur Vermeidung bzw. Beseitigung von Austrocknungszuständen und Obstipation s. Kap. 9.

5 Ernährungsmitbedingte Gesundheitsprobleme im Alter

Von H. Heseker

Die Folgen von Fehlernährung im mittleren Lebensalter zeigen sich erst Jahre oder Jahrzehnte später im fortgeschrittenen Lebensalter in Form von ernährungsabhängigen oder -mitbedingten, chronischen Erkrankungen. Arteriosklerose und Folgekrankheiten, Krebserkrankungen, Diabetes mellitus, Hyperurikämie und Gicht, Osteoporose sowie durch hohen Alkoholkonsum verursachte Gesundheitsschäden sind Erkrankungen, deren Verbreitung mit dem Älterwerden stark zunimmt. Diese und andere Krankheiten führen sehr häufig dazu, daß die genetisch vorprogrammierte Lebenserwartung nicht voll ausgeschöpft werden kann. Auch ein frühes Siechtum, der Verlust der Selbständigkeit und damit einhergehende Einbußen an Lebensfreude und Lebensqualität können die Folge sein (Rosenberg 1994). Außerdem entstehen aufgrund dieser ernährungsabhängigen oder -mitbedingten Erkrankungen Jahr für Jahr gewaltige Kosten für unser Gesundheitssystem (Kohlmeier et al. 1993). Die Vermeidung dieser Krankheiten ist eine wichtige Voraussetzung für erfolgreiches Altern.

5.1 Arteriosklerose und Folgekrankheiten

Die Arteriosklerose und ihre Folgekrankheiten stellen unter den ernährungsabhängigen oder -mitbedingten, chronischen Erkrankungen im Alter das größte Gesundheitsproblem dar.

5.1.1 Entstehung von Arteriosklerose

Der Alterungsprozeß ist sehr häufig mit chronisch fortschreitenden Veränderungen der Arterienwände verbunden. Aufgrund von Wandverhärtungen und -deformierungen verringert sich die Elastizität. Durch die Bildung arteriosklerotischer Plaques (flach erhabene „plattenförmige" Veränderungen der Arterieninnenwand) kommt es zu einer Verengung des Querschnitts und besonders bei Thrombenbildung auch zu einem völligen Verschluß der Arterie. Die Folge ist sehr häufig der Untergang des betreffenden Gewebes, das durch das verschlossene Blutgefäß nicht mehr oder nicht mehr ausreichend versorgt wird. Je nachdem, welches Organ von den pathologischen Veränderungen betroffen ist, treten unterschiedliche Folgeerkrankungen der Arteriosklerose auf (Abb. 5.1).

Arteriosklerose	Herzgefäße	→ Angina pectoris, Herzinfarkt
	periphere Gefäße	→ Arterielle Verschlußkrankheit, Aneurismen, Nekrosen
	Gehirngefäße	→ Gehirnschlag, Hirnblutung
	Nieren	→ Nierenversagen

Abb. 5.1: Arteriosklerose und Folgekrankheiten.

Die Entstehung von Arteriosklerose und ihrer Folgekrankheiten wird neben einer genetischen Disposition auch durch Ernährung und Lebensstil beeinflußt (s. Kap. 5.1.3).

5.1.2 Verbreitung von Arteriosklerose

Mit über 43 % aller Todesfälle stellen Herz-Kreislauf-Erkrankungen in Deutschland und anderen westlichen Industrieländern die häufigste Todesursache dar. Eine deutliche Alterszunahme ist bei den Gefäßkrankheiten zu beobachten (Abb. 5.2 und 5.3).

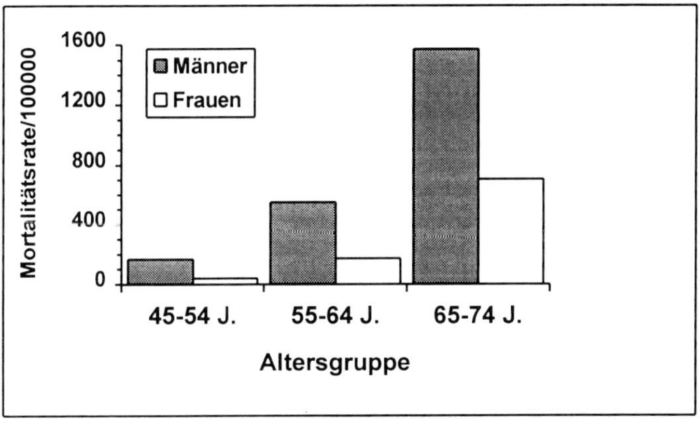

Abb. 5.2: Herzkrankheiten: Mortalitätsraten in verschiedenen Altersgruppen in Deutschland. (Nach DGE 1988.)

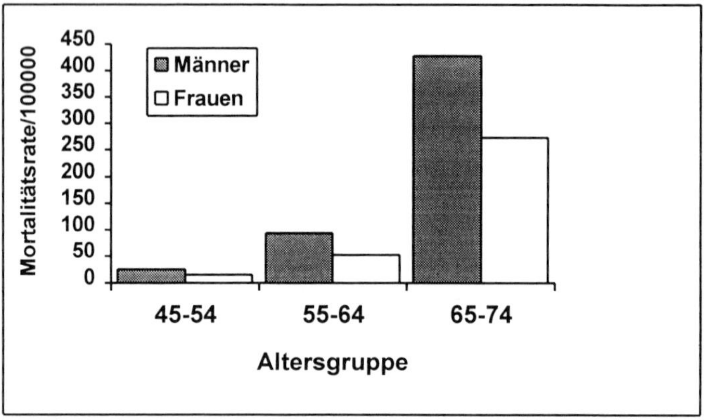

Abb. 5.3: Hirngefäßkrankheiten: Mortalitätsraten in verschiedenen Altersgruppen in Deutschland. (Nach DGE 1988.)

5.1.3 Prävention von Arteriosklerose

Verschiedene Ernährungs- und Lebensstilfaktoren wurden identifiziert, die das Risiko für Arteriosklerose erhöhen bzw. senken.

Ernährungs- und Lebensstilfaktoren, die das Arteriosklerose-Risiko erhöhen:

- überhöhte Energieaufnahme und daraus resultierendes Übergewicht und Fettsucht
- hohe Gesamtfettaufnahme
- hohe Aufnahme an ungesättigten Transfettsäuren
- hohe Cholesterinaufnahme, wenn dies zu einem Anstieg des Cholesterinblutspiegels führt
- hohe Natriumaufnahme, wenn eine besondere Empfindlichkeit für eine erhöhte Kochsalzaufnahme vorliegt
- Bewegungsmangel
- Zigarettenkonsum

Ernährungs- und Lebensstilfaktoren, die das Arteriosklerose-Risiko vermindern:

- hohe Aufnahme an mehrfach ungesättigten Fettsäuren, wobei die Omega-3-Fettsäuren (in fetten Meeresfischen) besonders wichtig sind
- hohe Aufnahme an einfach ungesättigten Fettsäuren (z. B. Olivenöl)

- hoher HDL-Spiegel
- leichter bis mäßiger Alkoholkonsum (Frauen bis max. 20 g, Männer bis 40 g Alkohol pro Tag)
- kaliumreiche Ernährung
- viel körperliche Bewegung
- sinnvolle Streßbewältigung

Um die Entwicklung von arteriosklerotischen Gefäßveränderungen zu vermeiden, sind oft bereits kleine, rechtzeitig eingeleitete Veränderungen im Lebensstil und in der Ernährung ausreichend.

5.2 Krebserkrankungen

Krebs ist kein einheitliches Krankheitsbild, sondern die gemeinsame Bezeichnung für über 100 verschiedene Krankheitsbilder. Allen malignen Tumoren ist gemeinsam, daß sie unkontrolliert wachsen und durch Regelmechanismen des Ursprungsgewebes nicht mehr zu beeinflussen sind. Maligne Tumore haben auch die Fähigkeit, in benachbarte Gewebe einzudringen (invasives Wachstum) oder über Blut- und Lymphbahnen andere Organe zu befallen (Metastasierung).

5.2.1 Entstehung von Krebserkrankungen

Alle Krebserkrankungen entwickeln sich über einen längeren Zeitraum. Dieser als Kanzerogenese bezeichnete Prozeß erfolgt in drei Stufen: der Initiation (=Auslösungsphase), der Promotion (=Voranschreiten einer bereits ausgelösten Krebserkrankung) und der Progression (=rasches Wachstum und klinische Ausbildung des Tumors).

Lebensmittelbestandteile beeinflussen in erster Linie die Promotionsphase.

Unter Berücksichtigung aller bekannten Krebsursachen schätzen die britischen Epidemiologen Doll und Peto (1981), daß rund ein Drittel (35 %) der Krebsfälle durch die Ernährung bedingt und damit im Prinzip verhütbar sind. Je nach Art der Krebserkrankung schwankt der Ernährungseinfluß zwischen 10 und 70 %.

Die Ernährung kann die Krebsentstehung prinzipiell auf drei Wegen beeinflussen:

1. Bestimmte Nahrungsbestandteile erhöhen das Krebsrisiko, wenn sie im Übermaß gegessen werden (z. B. Fette, Alkohol).

2. Bestimmte Nahrungsbestandteile vermindern das Krebsrisiko, wenn sie nur zurückhaltend gegessen werden (z. B. Fette).
3. Bestimmte Nahrungsbestandteile vermindern das Krebsrisiko, wenn sie in größeren Mengen gegessen werden (z. B. Vitamin C, Vitamin E, Carotinoide, Ballaststoffe).

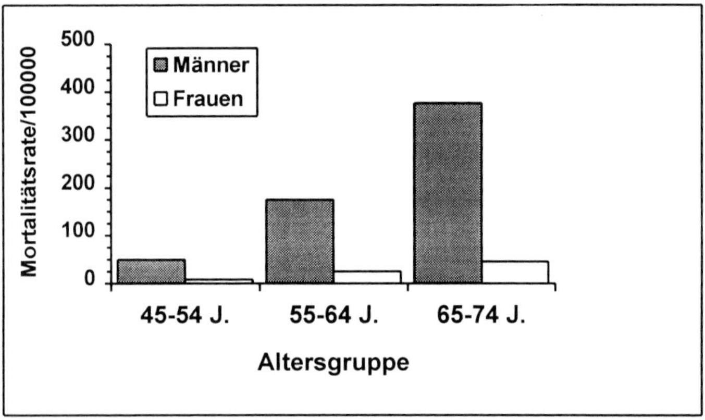

Abb. 5.4: Lungenkrebs: Mortalitätsraten in verschiedenen Altersgruppen (DGE 1988).

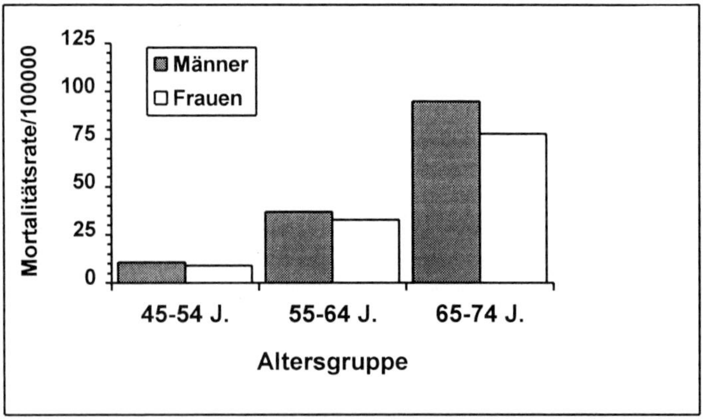

Abb. 5.5: Darmkrebs: Mortalitätsraten in verschiedenen Altersgruppen (DGE 1988).

5.2.2 *Verbreitung von Krebserkrankungen*

Krebserkrankungen bedrohen nach den Herz-Kreislauf-Erkrankungen am meisten die Gesundheit des älteren Menschen. Abb. 5.4 und 5.5. veranschaulichen die Alterszunahme der Krebserkrankungen am Beispiel von Lungen- und Darmkrebs.

5.2.3 *Prävention von Krebserkrankungen*

Aus ernährungsepidemiologischer Sicht lassen sich folgende vorbeugende Ernährungsempfehlungen geben:

- Bevorzugung einer ausgeglichenen, vielseitigen Ernährung. Je mehr verschiedene Lebensmittel gegessen werden, desto wahrscheinlicher ist es, daß alle möglicherweise krebsverhütenden Nährstoffe vorhanden sind. Je moderater die jeweils gegessenen Lebensmittelmengen sind, desto unwahrscheinlicher ist es, daß unerwünschte Lebensmittelbestandteile in zu großen Mengen aufgenommen werden und möglicherweise langfristig Schaden anrichten.
- Vermeidung einer überreichlichen Ernährung und von Übergewicht. Unter den bisher im Zusammenhang mit Krebs diskutierten Ernährungsrisiken scheint Übergewicht eine große Rolle zu spielen.
- Reduzierung der Fettaufnahme auf unter 35 % der Energie. Fette mit einem hohen Gehalt an einfach ungesättigten Fettsäuren und hohem Vitamin-E-Gehalt sollten bevorzugt werden (z. B. Olivenöl). Regelmäßig Fisch essen, da dieser reich an Omega-3-Fettsäuren ist.
- Verzehr von täglich fünf Portionen Obst und Gemüse. Dabei sollten dunkelgrüne und rote Frischgemüse bevorzugt werden.
- Bevorzugung ballaststoffreicher Lebensmittel, wie z. B. Vollkornprodukte.
- Alkoholische Getränke meiden oder allenfalls nur mäßig trinken.
- Einschränkung des Kochsalzverzehrs. Möglichst wenig gepökelte und geräucherte Lebensmittel essen.
- Auf keinen Fall rauchen. Auch regelmäßiges und intensives Mitrauchen kann schädlich sein.

5.3 Diabetes mellitus

Der Diabetes mellitus ist durch einen relativen oder absoluten Insulinmangel gekennzeichnet mit der Folge eines übermäßigen Blutzuckeranstiegs (Hyperglykämie), da die aus dem Darm resorbierte Glukose nicht von den Körperzellen aufgenommen und verwertet werden kann. Außerhalb der Zellen steigt die Blutzuckerkonzentration auf 200 bis 1000 mg/dl an, während innerhalb der Zellen ein Glukosemangel besteht.

Es werden zwei Diabetesformen unterschieden, der Typ-I-Diabetes (20 % der Erkrankten) und der Typ II-Diabetes (80 % der Erkrankten).

5.3.1 Entstehung und Folgekrankheiten

Beide Diabetesformen entstehen auf der Grundlage einer genetischen Disposition, wobei der Typ-II-Diabetes wesentlich stärker vererbt wird als der Typ-I-Diabetes. Für die Entstehung der beiden Diabetesformen werden unterschiedliche Mechanismen verantwortlich gemacht.

Typ-I-Diabetes

Der Typ-I-Diabetes wird auch als insulinabhängiger Diabetes mellitus (IDDM = insulin dependent diabetes mellitus) oder juveniler Diabetes bezeichnet. Diese Form tritt überwiegend – aber nicht ausschließlich – vor dem 40. Lebensjahr erstmals auf und macht sich meist plötzlich bemerkbar. Besondere Kennzeichen sind eine verminderte oder fehlende Insulinabgabe und stark erhöhte, oft schwankende Blutzuckerspiegel. Häufig wird ein Nüchternblutzuckerspiegel über 140 mg/dl, starkes Durstgefühl und eine große Urinmenge beobachtet. Bei dieser schweren Form des Diabetes mellitus wurden die für die Insulinproduktion verantwortlichen Betazellen der Bauchspeicheldrüse bei genetisch offenbar besonders empfindlichen Personen durch eine Fehlsteuerung der körpereigenen Abwehrmechanismen zerstört. Daher wird der Typ-I-Diabetes oft auch als eine Autoimmunerkrankung aufgefaßt. Die Erkrankung kann nach einer Infektion mit Röteln-, Masern-, Mumpserregern, mit Coxsackie- oder Grippeviren auftreten. Es konnte gezeigt werden, daß ein bestimmtes Protein der Betazellen des Pankreas einem Protein des Coxsackie-Virus sehr ähnlich ist. Daher wird diskutiert, daß das Abwehrsystem hierdurch irritiert werden könnte und irrtümlich die körpereigenen Betazellen attackiert (Simopoulos et al. 1993).

Typ-II-Diabetes
Der nicht-insulinabhängige Typ-II-Diabetes (NIDDM = non insulin dependent diabetes mellitus), früher auch als Altersdiabetes bezeichnet, ist wesentlich häufiger als der Typ-I-Diabetes. Er tritt vorwiegend im mittleren oder höheren Alter auf. Da die Erkrankung meist nur langsam voranschreitet, wird sie lange Zeit nicht wahrgenommen und bleibt viel zu oft unbemerkt. Beim Typ-II-Diabetiker besteht häufig nur ein relativer Insulinmangel, der durch entsprechende Medikamente therapiert werden kann. Tabletten können aber nie Ersatz für eine diabetikergerechte Ernährung sein. Übergewicht bzw. Fettsucht ist der wichtigste Risikofaktor für die Entstehung der Erkrankung. Besonders eine androgene Fettverteilung mit überwiegendem Fettansatz am Bauch erhöht das Erkrankungsrisiko.

Folgeerkrankungen des Diabetes mellitus
Wenn der Diabetes mellitus nicht oder nicht richtig therapiert wird, kann die Erkrankung eine Reihe schwerwiegender Früh- und Spätkomplikationen nach sich ziehen. Diese führen häufig zu einer Multimorbidität und reduzieren die Lebenserwartung des Diabetikers. Durch eine Optimierung der Stoffwechseleinstellung können viele Komplikationen verzögert oder sogar verhindert werden (Foster 1989).

Bei einer unzulänglichen Behandlung machen Diabetikern mit zunehmender Erkrankungsdauer vor allem *Durchblutungsstörungen* zu schaffen. Da sich die Blutkapillaren verdicken, werden viele Gewebe nicht ausreichend mit Sauerstoff und lebenswichtigen Nährstoffen versorgt. Vor allem die schlechte Sauerstoffversorgung führt bereits nach Gehen kurzer Strecken oder beim Treppensteigen zu Schmerzen und Muskelkrämpfen.

Die Durchblutungsstörungen führen häufig zu nicht heilenden *Geschwüren* sowie zu *Nekrosen* in den Extremitäten, besonders in den Füßen und Beinen. Diabetes ist daher die Hauptursache für Beinamputationen. Oft ist auch das *Nervensystem* in Mitleidenschaft gezogen, mit Parästhesien in Fingern und Zehen, Koordinationsschwierigkeiten und sexueller Impotenz. Der Diabetes ist außerdem eine der Hauptursachen für eine *Erblindung* im Alter. Sowohl die Netzhaut als auch die Augenlinsen (Grauer Star) sind betroffen. Der Graue Star tritt bei Diabetikern viel früher als bei gesunden Menschen auf und schreitet viel schneller voran. Wenn die *Nieren* durch den zu hohen Blutglukosespiegel im Verlauf der Zeit geschädigt wurden, kommt es zu einer diabetischen Nephropathie. Viele Dialysepatienten sind zu spät erkannte oder nicht ausreichend behandelte Diabetiker. Typisch für hohe Blutglukosespiegel ist auch die *erhöhte Infektanfälligkeit* und die *schlechte Wundheilung*.

5.3.2 Verbreitung von Diabetes mellitus

In Deutschland sind ungefähr 5 % der Bevölkerung bzw. 3,5-4,0 Millionen Menschen an einer der beiden Formen des Diabetes mellitus erkrankt. Die Erkrankungsrate ist weltweit sehr unterschiedlich. Während in Finnland und Schweden noch mehr Menschen betroffen sind, kommt der Diabetes bei Japanern, Chinesen und Polynesiern kaum vor.

5.3.3 Prävention von Diabetes und Folgekrankheiten

Für den Typ-I-Diabetiker sind bisher keine Ernährungsmßnahmen zur Prävention bekannt.

Die Entstehung von Typ-II-Diabetes kann dagegen vielfach durch die Vermeidung von Übergewicht verhindert werden. Häufig kann hier eine Normalisierung des Blutzuckers allein über eine Gewichtsreduktion erreicht werden.

Die im folgenden genannten Ernährungsempfehlungen sollen dazu beitragen, die Entstehung von Folgekrankheiten durch Vermeidungt übermäßiger Blutzuckerschwankungen zu vermeiden bzw. zu verzögern.

- Bevorzugung ballaststoffreicher Kohlenhydratträger, die den Blutzuckerspiegel nur langsam ansteigen lassen
- weitgehender Verzicht auf Zucker und zuckerhaltige Lebensmittel
- Meiden von Lebensmitteln, die zu einem raschen Anstieg des Blutzuckerspiegels führen
- gleichmäßige Verteilung der Kohlenhydrate auf die einzelnen Mahlzeiten
- gleichmäßiger Mahlzeitenabstand und gleichmäßige Ernährung von Tag zu Tag
- sparsamer Umgang mit fettreichen Lebensmitteln, einfach ungesättigte Fettsäuren (z. B. Olivenöl) bevorzugen

5.4 Hyperurikämie und Gicht

5.4.1 Entstehung von Hyperurikämie und Gicht

Die Hyperurikämie bzw. Gicht ist eine typische Wohlstandserkrankung und die Folge überreichlicher Nahrungs- und Energieaufnahme. Während und nach dem 2.Weltkrieg wurde diese Erkrankung in Deutschland nur sehr selten beobachtet. Der Hyperurikämie liegt eine Störung des Harnsäurestoffwechsels zugrunde. Die Harnsäure wird im Körper aus Purinen gebildet, die zum Teil mit der Nahrung aufgenommen und zum Teil im Körper gebildet werden. Normalerweise wird die Harnsäure über die Nieren und den Darm rasch ausgeschieden, so daß sie sich nicht im Körper akkumulieren kann. Bei entsprechender genetischer Disposition kann es durch vermehrte Harnsäurebildung (1 % der Fälle) oder verminderte Harnsäureausscheidung (99 % der Fälle) zur Anhäufung von Harnsäure im Blutserum kommen. Diese wird als Hyperurikämie bezeichnet.

Übersteigt der Harnsäurespiegel die kritische Grenze von 7,0 mg/dl Serum, dann kann es zu einer Kristallbildung der Harnsäure in verschiedenen Körpergeweben kommen (Gicht). Diese Kristalle lagern sich bevorzugt in den Gelenken und bestimmten Geweben ab und führen dort zu äußerst schmerzhaften Entzündungen. Klinisch wird zwischen akut und chronisch auftretenden Beschwerden unterschieden.

Je früher der erste Gichtanfall im Leben auftritt, desto ungünstiger ist der Verlauf und desto energischer sollten diätetische Maßnahmen durchgeführt werden.

5.4.2 Verbreitung von Hyperurikämie und Gicht

Die Hyperurikämie ist in Deutschland noch weiter verbreitet als der Diabetes mellitus und wird bei ca. 20 % der Männer beobachtet. Etwa 3 % der Männer sind bis zum 65. Lebensjahr irgendwann von einem Gichtanfall betroffen. Die Erkrankung kommt bei Frauen im Vergleich zu Männern im Verhältnis 1:20 und mit geringerer Schwere des Krankheitsverlaufs vor. Frauen sind vor der Menopause durch ihren Östrogenspiegel vor einem stärkeren Anstieg der Harnsäurespiegel geschützt. Bei Patienten mit Diabetes mellitus, Bluthochdruck, Übergewicht, Fettstoffwechselstörungen und/oder Arteriosklerose wird überdurchschnittlich häufig eine Hyperurikämie festgestellt. Die Hyperurikämie gilt auch als Risikofaktor für den Herzinfarkt.

5.4.3 Prävention und Therapie von Hyperurikämie

Im Vordergrund einer Prävention steht die Ausschaltung der Faktoren, die eine Hyperurikämie begünstigen: kalorische Überernährung, fettreiche Ernährung, überhöhte Purinzufuhr und übermäßiger Alkoholgenuß (Wolfram 1992). Bei bestehender Hyperurikämie ist die medikamentöse Therapie zwar sehr wirksam, aber nicht die einzige Möglichkeit der Behandlung. Die Umstellung auf eine purinarme, kalorienverminderte Ernährung ist ähnlich wirksam, hilft Medikamente und Kosten zu sparen und ist nebenwirkungsfrei.

- Durch eine purinarme Ernährung (< 500 mg Harnsäure/Tag) bzw. streng purinarme Ernährung (< 300 mg Harnsäure/Tag) kann eine Senkung der Harnsäurespiegel erreicht werden. *Purinreich* sind Lebensmittel, die einen hohen Zellkerngehalt aufweisen: Innereien, Haut von Schlachttieren, Fisch und Geflügel, Hefe, Samen und Keime, Hülsenfrüchte, Kleie, Fleisch, Fisch. *Purinarm* sind Mehle, Kartoffeln, Obst und viele Gemüse. Praktisch *purinfrei* sind Milch, Milchprodukte und Butter.
- Bei Übergewicht ist eine langsame Gewichtsabnahme anzustreben, denn Übergewicht führt über einen bisher nicht genau bekannten Mechanismus ebenfalls zu einem Anstieg der Harnsäurespiegel. Da beim Gewichtsabbau zusätzlich Purine freigesetzt werden, die das Risiko für einen Gichtanfall erhöhen, sollte eine langsame Gewichtsreduktion angestrebt werden (bis 500 g pro Woche).
- Beim Abbau von Alkohol entsteht Laktat, welches die Harnsäureausscheidung zusätzlich vermindert. Daher sollte der Alkoholkonsum stark eingeschränkt werden. Vor allem sind Exzesse zu meiden. Alle Biersorten, auch alkoholfreies Bier, enthalten Purine. Kalorienfreie Mineralwässer und kalorienarme, verdünnte Obstsäfte sind zu bevorzugen.
- Eine fettreiche Ernährung begünstigt ebenfalls die Entstehung einer Hyperurikämie. Der Fettanteil der Nahrung sollte weniger als 30 % der Gesamtenergie betragen.

5.5 Osteoporose

Die Osteoporose ist charakterisiert durch einen Verlust an Knochenmasse und -struktur. Die Folge ist besonders beim älteren Menschen ein erheblich erhöhtes Frakturrisiko (Peck 1993). Es kann bereits bei leichten Stürzen zu Knochenbrüchen mit lebensbedrohlichen Folgen kommen. Auch Spontanfrakturen und schmerzhafte Veränderungen des Skelettsystems werden beobachtet. Oberschenkelhals-, Wirbel- und Unterarmbrüche treten am häufigsten auf. Dauerhafte Immobilisation und Pflegebedürftigkeit können die Folge sein. In der Prävention der Osteoporose nimmt die Ernährung einen ganz besonders hohen Stellenwert ein.

5.5.1 Entstehung von Osteoporose

Die Osteoporose wird heute als eine multikausale Systemerkrankung des Skeletts aufgefaßt. Neben einer genetischen Disposition und hormonellen Faktoren spielen zahlreiche Ernährungs- und Lebensstilfaktoren eine wichtige Rolle für die Genese der Osteoporose (Gunby & Morley 1995). Von wesentlicher Bedeutung ist dabei die lebenslange Calciumaufnahme.

Eine langandauernde Unterversorgung mit Calcium führt im Wachstumsalter zu einer zu geringen Knochendichte. Da zum Zeitpunkt der maximalen Knochenmasse (um das 30. Lebensjahr) keine optimale Knochendichte erreicht wird, beginnt der altersbedingte Knochenabbau von einem niedrigeren Niveau aus.

Ernährungs- und Lebensstilfaktoren, die das Osteoporoserisiko erhöhen:
- geringe Calciumaufnahme
- geringe Vitamin-D-Aufnahme
- hohe Aufnahme von Phosphat, Oxalat, Phytat, Protein, Kochsalz
- Zigarettenkonsum
- Alkoholkonsum
- körperliche Inaktivität
- Medikamenteneinnahme (z. B. Cortison, Betablocker)
- Untergewicht

5.5.2 Verbreitung von Osteoporose

In Deutschland sind zwischen 6 und 8 Millionen Menschen von osteoporotischen Veränderungen des Skelettsystems betroffen. Bereits heute ereignen sich jedes Jahr über 70000 Schenkelhalsfrakturen. Etwa 1/10 der Patienten stirbt innerhalb eines Jahres nach der Fraktur, und mehr als 50 % müssen mit bleibenden Schäden rechnen. Vor dem Hintergrund der sich abzeichnenden Zunahme älterer Menschen an der Gesamtbevölkerung dürfte die Verbreitung in den nächsten Jahren weiter stark zunehmen. Osteoporose ist aber bereits heute ein Volkskrankheit.

5.5.3 Prävention von Osteoporose

Eine ausreichende Calciumversorgung in der Jugend und im frühen Erwachsenenalter, verbunden mit reichlich körperlicher Bewegung, die den Knochenaufbau stimuliert, gelten als wichtige präventive Maßnahmen zur Verminderung des Osteoporoserisikos im Alter. Da gezeigt werden konnte, daß eine ausreichende Calciumversorgung selbst im hohen Alter noch Vorteile bringt (BARAN et al. 1990), sollte eine hohe Calciumzufuhr bis ins hohe Alter sichergestellt werden.

Kein oder allenfalls ein mäßiger Genußmittelkonsum, eine ausreichende Vitamin-D-Versorgung durch regelmäßigen Aufenthalt im Freien und/oder bedarfsgerechte Vitamin-D-Aufnahme mit der Nahrung und die Vermeidung von Untergewicht werden als weitere sinnvolle, vorbeugende Maßnahmen angesehen.

5.6 Alkoholbedingte Gesundheitsstörungen

Übermäßiger Alkoholkonsum und Alkoholabhängigkeit üben zahlreiche negative Wirkungen auf den Organismus aus. Je mehr Alkohol getrunken wird, desto früher kommt es zu alkoholbedingten Gesundheitsschäden. Dabei gibt es kein Organ, das durch chronisch hohen Alkoholkonsum nicht geschädigt werden kann. Der Gastrointestinaltrakt und das Nervensystem reagieren besonders empfindlich. Die kritische, organschädigende Alkoholdosis wird bei Frauen mit 30 g, bei Männern mit 60 g pro Tag angegeben (TUYNS & PEQUIGNOT 1984). Bei Frauen besteht im Vergleich zu Männern bei gleicher Alkoholaufnahme ein deutlich höheres Risiko für alkoholbedingte Organerkrankungen. Dies wird vor allem mit der durchschnittlich geringeren Körpermasse und dem höheren Gesamtkörper-Fettanteil begründet.

5.6.1 Entstehung alkoholbedingter Gesundheitsstörungen

Patienten mit jahrelangem, chronisch hohem Alkoholkonsum weisen häufig Veränderungen der *Mundschleimhaut* (Stomatitis, Gingivitis) und der Speicheldrüsen (besonders der Glandulae parotis) auf. Das Risiko für *Pharynx- und Larynxkarzinome* (Rachen- und Kelhlkopfkrebs) ist gegenüber der Normalbevölkerung mehrfach erhöht. Durch vermehrtem Rückfluß von saurem Speisebrei in den Ösophagus kommt es zu einer entzündlichen Reizung der Schleimhaut mit *Sodbrennen* (Refluxösophagitis). Alkoholmißbrauch gilt auch als Risikofaktor für die Entstehung von *Ösophagus- und Magenkarzinomen* (NRC 1989b). Während Getränke mit niedrigem Alkoholgehalt (Wein, Bier) die Säuresekretion im Magen eher stimulieren, führt der Genuß von Spirituosen mit hohem Alkoholgehalt zu

Schleimhautläsionen. Akute oder chronische Verlaufsformen einer *Gastritis* sowie Magengeschwüre (Ulcus ventriculi) können die Folge sein. Bei Alkoholikern werden häufig *Nährstoffmangelzustände* beobachtet. Die Ursachen hierfür liegen zum einen in einer unzureichenden Nährstoffaufnahme und zum anderen in alkoholbedingten Resorptionsstörungen. Alkohol führt zu morphologischen und funktionellen *Veränderungen der Dünndarmmukosa* und hemmt die aktive Resorption von Nährstoffen (z. B. Glukose, Thiamin). Zusätzlich beeinflußt eine stärkere bakterielle Besiedlung des oberen Dünndarmabschnitts die Nährstoffresorption und führt vermehrt zu allgemeinen *abdominellen Beschwerden* (Völlegefühl, Flatulenzen etc.).

Zu den *alkoholbedingten Lebererkrankungen* zählen die alkoholische Fettleber, Hepatitis und Leberzirrhose. Während die alkoholische Fettleber und Hepatitis noch reversible Leberveränderungen darstellen, kommt es mit fortschreitender Schädigung des Leberparenchyms zu irreversiblen, nekrotischen Veränderungen, zur Leberzirrhose. Eine Fettleber entwikkelt sich nur bei chronischem und hohem, nicht bei gelegentlichem Alkoholkonsum und wird bei regelmäßigem Konsum von über 40 g reinem Alkohol über längere Zeit fast immer beobachtet. Bei einem täglichen Alkoholkonsum von 150 g reinem Alkohol tritt diese bereits nach drei Wochen und damit wesentlich früher auf. Auch die Entwicklung einer Leberzirrhose ist von der durchschnittlich konsumierten Alkoholmenge abhängig (KASPER 1987). Mit zunehmender Nekrotisierung und Fibrosierung treten weitere Krankheitssymptome und -komplikationen auf. Hierzu zählen Pfortaderhochdruck, Ascites (Bauchwassersucht), Blutgerinnungsstörungen, Leberinsuffizienz, hepatische Enzephalopathie (Hirnschäden durch mangelnde Entgiftungsfunktion bei schweren Lebererkrankungen), Bewußtseinsstörungen bis hin zum Coma hepaticum (Schädigung des ZNS). Eine Leberzirrhose begünstigt auch die Ausbildung von Lebertumoren.

Hoher Alkoholkonsum ist eine der häufigsten Ursachen für die chronische *Pankreatitis* (Entzündung der Bauchspeicheldrüse). Dabei kommt es zu fortschreitenden Pankreasnekrosen, die im Endstadium zu einer endokrinen und exokrinen Pankreasinsuffizienz mit hoher Letalität führen. Zu den Symptomen zählen Schmerzattacken im Oberbauch, Übelkeit und Erbrechen. Die Insuffizienz des Organs führt zu einer Maldigestion und Malabsorption mit Fettstühlen (Steatorrhoen) sowie einer gestörten Vitamin- und Mineralstoffresorption. Die Folge sind u.a. Mineralisationsstörungen des Skeletts und eine erhöhte Anfälligkeit für Knochenbrüche.

Alkoholgenuß führt zu einem *Anstieg des Blutdrucks*. Der erhöhte Blutdruck bleibt auch nach der Verstoffwechselung des Alkohols noch einige Zeit bestehen. Bei Personen mit regelmäßigem Alkoholkonsum wird demzufolge – in Abhängigkeit von der durchschnittlichen Alkoholmenge –

ein höherer Blutdruck beobachtet. Als Ursache werden hormonelle Beeinflussungen und Verschiebungen im Flüssigkeitshaushalt diskutiert.

Alkoholmißbrauch verkürzt die Lebenserwartung um durchschnittlich 15 Jahre.

5.6.2 Verbreitung alkoholbedingter Gesundheitsstörungen

Die Zahl der Alkoholkranken wird in Deutschland auf insgesamt 2 Millionen geschätzt. Dies entspricht einem Bevölkerungsanteil von ca. 4 % aller Erwachsenen. Männer sind wesentlich häufiger betroffen als Frauen. Nach Berechnungen der AOK wird jeder fünfte Krankenhauspatient aufgrund einer durch Alkoholmißbrauch verursachten Erkrankung ins Krankenhaus eingeliefert. Außerdem ist Alkoholkonsum für viele weitere Erkrankungen und auch Unfälle zumindest mitverantwortlich (Bode & Bode 1995).

5.6.3 Prävention alkoholbedingter Gesundheitsstörungen

Die einzige, aber wirkungsvolle Möglichkeit zur Vermeidung alkoholbedingter Gesundheitsstörungen besteht in einem maßvollen Konsum alkoholischer Getränke.

6 Ernährungszustand im Alter

6.1 Erfassung und Beurteilung des Ernährungszustands alter Menschen

6.1.1 Allgemeine Aspekte

6.1.1.1 Ziele von Ernährungserhebungen

Ernährungserhebungen dienen der Beschreibung des Ernährungszustands und werden im allgemeinen durchgeführt, um Gesundheitsrisiken zu erfassen. Dabei wird untersucht, ob bzw. mit welcher Häufigkeit verschiedene Formen der Fehlernährung – Unter- oder Überernährung, Defizite oder Übermaß an Energie und/oder Nährstoffen – vorkommen.

Je nachdem, ob Einzelpersonen oder Gruppen untersucht werden, können sich Ziele und Absichten von Ernährungserhebungen unterscheiden. Bei *Individuen* wird der Ernährungszustand erhoben, um Ernährungsstörungen oder ernährungsabhängige Krankheiten zu erkennen. Die Kenntnis des Ernährungszustands dient als Grundlage für bestimmte Therapie- und Interventionsmaßnahmen wie die Verordnung von Diäten, Supplementen oder Medikamenten, als Grundlage für Ernährungsberatung, zur Planung von Operationen und Krankenhausentlassungen und zur prognostischen Abschätzung des Morbiditäts- und Mortalitätsrisikos. Effekte bestimmter Ernährungsweisen, Ernährungsinterventionen und Therapiemaßnahmen können überwacht werden.

Der Ernährungszustand von *Gruppen* wird erfaßt, um Ernährungsprobleme und Gesundheitsrisiken bestimmter Bevölkerungsgruppen – in einer bestimmten Gemeinde oder Region lebende Senioren, Altenheimbewohner oder geriatrische Patienten – genauer zu beschreiben. Die Kenntnis des Ernährungszustands von Seniorengruppen ist zur Planung und Auswertung von Interventionsprogrammen und zur Überprüfung der Wirkung von Ernährungsmaßnahmen erforderlich. Im Rahmen wissenschaftlicher Studien können mit Hilfe gezielter Untersuchungen des Ernährungszustands Erkenntnisse über den Nährstoffbedarf von Senioren und über Zusammenhänge zwischen Ernährung, Ernährungszustand und Gesundheitszustand gewonnen werden (Roe 1986).

6.1.1.2 Erfassung und Beurteilung des Ernährungszustands

Der Ernährungszustand einer Person ist eine komplexe Größe, die nicht durch einen einzelnen Parameter charakterisiert werden kann. Verschiedene Aspekte des Ernährungszustands werden durch verschiedene Methoden und Parameter erfaßt.

Bei umfassender Betrachtung schließt die Erhebung des Ernährungszustands eine klinische Untersuchung (Kap. 6.1.2), anthropometrische Messungen (Kap. 6.1.3), die Bestimmung ernährungsabhängiger Blutwerte (Kap. 6.1.4) und immunologischer Parameter (Kap. 6.1.5) mit ein. Die Evaluation der Befunde erfolgt durch Vergleich mit sogenannten Standard- oder Normalwerten, die von Untersuchungen repräsentativer, gesunder Bevölkerungsgruppen abgeleitet sind.

Da der Ernährungszustand wesentlich durch die Qualität und Quantität der aufgenommenen Nahrung bestimmt wird, wird vielfach die vorangegangene bzw. übliche Nahrungsaufnahme erhoben (s. Kap. 10). Darüber hinaus gehört zur weitergehenden Erfassung des Ernährungszustands älterer Menschen auch die Erhebung verschiedener funktioneller Fähigkeiten, die zu einer zufriedenstellenden Ernährung und Nahrungsaufnahme erforderlich sind, wie Sehen, Hören, Kau- und Schluckfunktion, Koordination, Mobilität, Hilfsbedarf, und die Erhebung anderer wesentlicher Einflußfaktoren (s. Kap. 8.2).

6.1.1.3 Besonderheiten im Alter

Sowohl bei Erfassung als auch bei Interpretation der Daten über den Ernährungszustand stellen sich bei alten Menschen besondere Probleme.

Erfassung

Verschiedene Methoden sind bei großen Teilen alten Menschen nicht praktikabel (z. B. Größenmessung in aufrecht stehender Haltung, Sammlung von 24-Stunden-Urin,) oder sehr zeit- und personalaufwendig (z. B. Zufuhrerhebungen im Krankenhaus oder Altenheim).

Aufwendigere Methoden (z. B. mehrtägige Ernährungsprotokolle oder Unterwasserwägungen zur Bestimmung der Körperzusammensetzung) sind für Senioren oft nicht zumutbar.

Eingeschränkte Konzentrations- und Erinnerungsfähigkeit und nachlassendes Interesse beeinträchtigen die Zuverlässigkeit von Befragungsergebnissen.

Mit zunehmendem Alter und schlechter werdendem Gesundheitszustand sinkt die Kooperationsbereitschaft.

Beurteilung

Die Beurteilung des Ernährungszustands anhand der erhobenen Parameter ist generell nicht einfach, bei alten Menschen treten zusätzliche Probleme auf.

Durch große Ähnlichkeiten von Veränderungen bei Mangelernährung und normalen Alterserscheinungen sind beide Phänomene schwer voneinander abzugrenzen (Tab. 6.1).

Tab. 6.1: Vergleich von Altersveränderungen mit den Effekten von Protein-Energie-Mangelernährung (PEM). (Nach Lipschitz 1992.)

	Altersveränderung	PEM
Anthropometrische Parameter		
Magermasse (LBM)	↓	↓
Fettspeicher	↑	↓
Biochemische Parameter		
Serum-Albumin	=	↓
Transferrin	↓	↓
Hämoglobin	=	↓
Granulozyten-Reaktion auf Infektion	↓	↓
Immunfunktion		
T-Zell-Zahl	↓	↓
T-Helfer-Zellen	↓	↓
T-Supressor-Zellen	↑	↑
Anergie	10 %	10 %
B-Zell-Funktion	↓	=
Autoantikörper-Bildung	↑	nicht erhöht
Natürliche Killerzellen	normal oder ↑	↓

Ernährungsparameter werden neben Alterseinflüssen von zahlreichen anderen nicht-nutritiven Faktoren beeinflußt, deren Zahl und Bedeutung im Alter steigt. Bei Hochbetagten werden mehr Einflußfaktoren wirksam bzw. ihr Einfluß ist stärker ausgeprägt als bei Jüngeren (vgl. Kap. 7.1). Von wesentlicher Bedeutung ist dabei die Multimorbidität alter Menschen, da Mangelhinweise oft von Krankheitserscheinungen mitbeeinflußt und verdeckt sind. Gegenseitige Wechselwirkungen zwischen verschiedenen Einflußfaktoren und Ernährungszustand erschweren die eindeutige Zuordnung von Ursache und Wirkung.

Die Heterogenität der Gruppe der alten Menschen bedingt eine große Variationsbreite „normaler“ Befunde, es ergeben sich Schwierigkeiten, Normbereiche für Ältere zu definieren. Vielfach fehlen repräsentative Daten für Ältere und insbesondere für Hochbetagte, Standards zur Beurteilung der Meßwerte sind nicht verfügbar bzw. umstritten.

Mangelndes Wissen über „normale“ Altersveränderungen von Nährstoffbedarf und Blutwerten und über die Bedeutung geringgradig veränderter Ernährungsparameter, z. B. niedriger Blutwerte über längere Zeiträume, erschwert die Interpretation von Ernährungsbefunden ebenfalls.

Trotz der genannten Begrenzungen und Einschränkungen kann die Erhebung des Ernährungszustands auch bei älteren Menschen wichtige Informationen und Hinweise für notwendige Interventionsmaßnahmen liefern.

Im folgenden werden die üblichen Methoden zur Erfassung verschiedener Aspekte des Ernährungszustands kurz beschrieben und auf die Besonderheiten der einzelnen Methoden bei alten Menschen hingewiesen.

Da im Gegensatz zu jüngeren Altersgruppen die *Unter*versorgung mit Energie und Nährstoffen das Hauptenährungsproblem darstellt (s. Kap. 7), liegt der Schwerpunkt der folgenden Ausführungen auf der Identifikation von Ernährungs*defiziten*.

Die Erfassung funktioneller Aspekte und von Risikofakoren für Mangelernährung wird in Kap. 8.2, die Erhebung von Ernährungsgewohnheiten und Nährstoffaufnahme in Kap. 10.1 beschrieben.

6.1.2 Klinische Erfassung des Ernährungszustands

Durch eine gezielte klinische Untersuchung können Hinweise auf Veränderungen im Ernährungszustand oder auf ernährungsabhängige Krankheiten gewonnen werden.

6.1.2.1 Klinischer Eindruck – Erscheinungsbild

Dem klinischen Erscheinungsbild kommt als Gesamteindruck des Ernährungszustands besondere Bedeutung zu. Während sich eine langfristig übermäßige Nahrungsaufnahme klinisch durch Zunahme des Gewichts und Ansammlung von Fettreserven bemerkbar macht, zeigt sich eine anhaltend unzureichende Ernährung am äußeren Erscheinungsbild in Form von Abnahme der Körpermasse, Auszehrung und offensichtlichen Verlusten von Unterhautfettgewebe und Muskelmasse. Weitere Anhaltspunkte bei der Identifikation von Unterernährung sind schlaffe Hautfalten an Gesäß und Abdomen sowie markante hervorstehende Knochen wo sich normalerweise Fettpolster und Muskeln befinden.

Der Ernährungszustand kann demnach grob nach dem äußeren Erscheinungsbild als unter-, normal- oder überernährt klassifiziert werden.

Die Methode unterliegt zwar subjektiven Einflüssen, besonders in den Übergangsbereichen zwischen Unter-, Normal- und Überernährung, und erfordert klinische Erfahrung, ihr großer Vorteil liegt jedoch in der einfachen, wenig aufwendigen und schnellen Durchführung. Die klinische Einschätzung ist auch dann möglich, wenn objektivere Messungen nicht möglich oder nicht aussagekräftig sind (z. B. Gewichtsbestimmung bei Bettlägrigen, Gewichtsbeurteilung bei Amputierten).

Trotz subjektiver Einflüsse wurde zwischen verschiedenen Untersuchern erstaunliche Übereinstimmung festgestellt (Baker et al. 1982a, Detsky et al. 1984, Jeejeebhoy et al. 1982). Von Detsky et al. (1984) wird die subjektive klinische Erfassung als gut geeignete, gut reproduzierbare Methode zur Beurteilung des Ernährungszustands beschrieben, die bezüglich der Vorhersage von ernährungsbedingter Morbidität aufwendigeren Techniken ebenbürtig ist.

In der Bethanien-Ernährungsstudie wurde bei geriatrischen Patienten bestätigt, daß der klinische Eindruck des Ernährungszustands sehr gut mit objektiven Parametern korreliert (Volkert et al. 1992a).

6.1.2.2 Anamnese von Besonderheiten und Auffälligkeiten

Neben der Untersuchung kann die Anamnese auffälliger Veränderungen wichtige Hinweise auf Ernährungsprobleme liefern. Symptome wie Übelkeit, Erbrechen, Durchfall oder andere Verdauungsbeschwerden können auf ernste Ernährungsprobleme hinweisen und sollten in jeder Anamnese enthalten sein. *Veränderungen des Appetits*, insbesondere Appetitlosigkeit und auffallende *Veränderungen des Körpergewichts* sind als wichtige Warnhinweise für Ernährungsprobleme immer ernst zu nehmen (Tab. 6.2), und die Frage danach sollte Bestandteil jeder Untersuchung älterer Menschen sein. Bei verwirrten oder sprachgestörten Patienten sind entsprechende Angaben allerdings schwer zu erhalten.

Tab. 6.2: Wichtige Warnsignale für Ernährungsprobleme.

- Veränderung des Appetits / Appetitlosigkeit
- auffällige Veränderung des Körpergewichts

6.1.2.3 Klinische Mangelsymptome

Die klinische Untersuchung mit Suche nach Mangelsymptomen basiert auf der Annahme, daß sich ein schlechter Ernährungszustand an oberflächlichen Geweben (Haut, Haare, Nägel, Augen, Mund) zeigt und der Mangel eines bestimmten Nährstoffs an typischen, charakteristischen Symptomen zum Ausdruck kommt. Schwierigkeiten ergeben sich durch die mangelnde Spezifität vieler Symptome in frühen Mangelstadien. Da klinische Symptome meist durch multiple Mangelzustände entstehen, können Symptome und Nährstoffdefizite nicht immer eindeutig zugeordnet werden.

Bei älteren Menschen ist die klinische Untersuchung und Beurteilung besonders schwierig, da die Symptome im Alter in atypischen Erscheinungsformen auftreten können und häufig weniger ausgeprägt und weniger spezifisch sind.

Viele Symptome von Fehlernährung haben zudem große Ähnlichkeit mit üblichen Alterserscheinungen. So können zum Beispiel Hautveränderungen wie Purpura und Petechien (Hautblutungen) oder Pigmentationen ebenso durch Vitamindefizite wie durch Altersveränderungen der Haut bedingt sein. Oft werden klinische Symptome nicht beachtet oder nicht ernst genommen, da kleinere Beschwerden von vielen Senioren als „normale Alterserscheinung“ hingenommen werden.

Symptome und Zeichen, die auf Nährstoffdefizite hinweisen, können auch durch andere Faktoren verursacht sein, die im Alter häufig vorkommen. Risse in den Mundwinkeln werden beispielsweise bei Riboflavinmangel beobachtet, entstehen aber auch durch zu hohe oder zu geringe Feuchtigkeit im Mund. Entzündungen im Mund und Zahnfleischbluten können durch Vitamin-C-Mangel oder durch mechanische Reize wie z. B. eine schlechtsitzende Zahnprothese bedingt sein, Nachtblindheit kann infolge von Vitamin-A-Mangel oder in Verbindung mit Katarakt (Grauer Star) auftreten (ROE 1986).

Trotz der genannten Schwierigkeiten und obwohl klinisch eindeutige Mangelzeichen und Symptome bei uns nur selten anzutreffen sind, sollten klinische Hinweise für Ernährungsprobleme ernst genommen werden. Sie können erste Hinweise auf Defizite geben, die durch Ernährungsmaßnahmen reversibel sind.

Die Suche nach Symptomen sollte eine Untersuchung von Haut, Augen, Mund und neurologischen Auffälligkeiten umfassen. Tab. 6.3 zeigt einige klinische Symptome und mögliche Ernährungsursachen. SCHLENKER (1993) schlägt als Checkliste bei der klinischen Suche nach Ernährungsproblemen bei älteren Menschen folgende Punkte vor: Ödeme, blasse Hautfarbe, blaue Flecken, allgemeine Schwäche, Apathie, Tremor, Hautläsionen, schuppige Haut und Risse oder wunde Stellen am Mund.

Durch die geringe Spezifität der Symptome ist es in jedem Fall notwendig, die Beobachtungen durch Laboruntersuchungen zu bestätigen.

Tab. 6.3: Klinische Hinweise auf Nährstoffdefizite. (Nach SCHLENKER 1993 und CASHMAN & WIGHTKIN 1987.)

Klinischer Befund	Mögliches Ernährungsdefizit
Hautveränderungen	
punktförmige Hautblutungen	Vitamin A, C
Purpura (Unterhautblutungen)	Vitamin C, K
Pigmentation	Niacin
geringer Turgor	Wasser
Ödeme	Protein, Vitamin B_1
Blässe	Folsäure, Eisen, Biotin, Vitamin B_{12}, B_6
Dekubiti	Protein, Energie
seborrhoeische Dermatitis	Vitamin B_6, Biotin, Zink
schlechte Wundheilung	Vitamin C, Protein, Zink
Augen	
blasse Konjunktiva	Vitamin B_{12}, Folat, Eisen
Nachtblindheit, Keratomalazie	Vitamin A
Photophobie	Zink
Mund und Lippen	
Glossitis	Vitamin B_2, B_6, B_{12}, Niacin, Eisen, Folsäure
Gingivitis	Vitamin C
anguläre Fissuren, Stomatitis	Vitamin B_2, Eisen, Protein
Cheilose	Niacin, Vitamin B_6, B_2, Protein
blasse Zunge	Eisen, Vitamin B_{12}
atrophische Papillen	Vitamin B_2, Niacin, Eisen
Neurologisch	
Desorientiertheit, Verwirrung	Vitamin B_1, B_2, B_{12}, Wasser
Depression, Lethargie	Biotin, Folsäure, Vitamin C
Schwäche, Lähmung der Beine	Vitamin B_1, B_6, B_{12}, Pantothensäure
periphere Neuropathie	Vitamin B_2, B_6, B_{12}
ataxischer Gang	Vitamin B_{12}
Hyporeflexie	Vitamin B_1
geistige Störungen	Vitamin B_{12}, Niacin, Magnesium
Zuckungen, Krämpfe	Vitamin B_6, Calcium, Magnesium
Sonstige	
Durchfall	Niacin, Folsäure, Vitamin B_{12}
Anorexie	Vitamin B_{12}, B_1, C
Übelkeit	Biotin, Pantothensäure
Müdigkeit, Apathie	Energie, Biotin, Magnesium, Eisen

6.1.3 Anthropometrische Methoden

Objektive Parameter zur Beurteilung des Ernährungszustands und zur quantitativen Erfassung des klinischen Eindrucks liefern anthropometrische Messungen. Üblicherweise werden Körpergröße und Gewicht sowie Umfänge und Hautfaltendicken an definierten Körperstellen gemessen.

6.1.3.1 Körpergröße, Körpergewicht und Bodymass-Index (BMI)

Körpergröße und Gewicht sind normalerweise schnell und einfach zu bestimmen, bei alten Menschen und besonders bei geriatrischen Patienten sind die Messungen jedoch oft mit Problemen und Ungenauigkeiten verbunden.

Körpergröße

Die Messung der Körpergröße wird üblicherweise stehend durchgeführt und setzt deshalb eine gute körperliche Verfassung voraus, die bei alten Menschen nicht immer gegeben ist. Praktische Probleme stellen sich daher bei Personen mit deutlichen Haltungsschäden durch starke skoliotische Veränderungen der Wirbelsäule, bei bettlägrigen Patienten und bei Personen mit Kontrakturen (Funktions- und Bewegungseinschränkungen von Gelenken) oder Amputation der unteren Extremitäten.

Ist aufrechtes Stehen nicht möglich, kann die **Messung im Liegen** vorgenommen werden. Auch dabei ist eine gestreckte Körperhaltung jedoch Voraussetzung für eine genaue Messung.

CHUMLEA et al. (1985a) zeigten in einer Studie an 65-104jährigen Probanden in Ohio, daß die so gewonnenen Meßwerte ausreichende Genauigkeit besitzen und empfehlen Liegendmessungen sogar generell zum Ausschluß der Mobilitätsunterschiede. Nach MOBARHAN und TRUMBORE (1991) ist die liegend gemessene Größe zwar weniger genau, wird jedoch als valide Alternative angesehen.

Ausgehend von der Tatsache, daß sich die Größe der langen Röhrenknochen von Armen und Beinen mit dem Alter nicht ändert und in einen bestimmten Verhältnis zur Körpergröße steht, werden Messungen von **Armlänge**, **Armspanne** oder **Kniehöhe** und Berechnung der Körpergröße daraus alternativ zur Größenmessung vorgeschlagen.

Sowohl für die gesamte **Armlänge** (von der Spitze des Akromionfortsatzes an der Schulter bis zum Styloidfortsatz der Ulna am Handgelenk) als auch für die Vorderarmlänge (vom Olekranonfortsatz am Ellbogen bis zum Styloidfortsatz der Ulna am Handgelenk) wurde von HABOUBI et al. (1990) und von MITCHELL und LIPSCHITZ (1982a) eine enge Korrelation zur Körpergröße festgestellt. Zwischen der **Armspanne**, gemessen als Entfernung von Fingerspitze zu Fingerspitze bei seitlich ausgestreckten Armen bzw. als doppelter Abstand zwischen Sternum und Fingerspitzen des gestreckten Armes, und der Körpergröße wird von STEELE und CHENIER (1990) und von KWOK und WHITELAW (1991) eine enge Beziehung beschrieben.

Die Messung der **Kniehöhe** kann sowohl im Sitzen als auch im Liegen durchgeführt werden und wird von verschiedenen Autoren als zuverlässiger Ersatz für die Größenmessung angesehen (CHUMLEA et al. 1985b, HABOUBI et al. 1990, MUNICE et al. 1987, ROUBENOFF & WILSON 1993). Die Messung wird mit einem speziellen Kaliper durchgeführt und entspricht dem Abstand zwischen Unterseite der Ferse und Oberseite des Knies direkt hinter der Kniescheibe, wobei sich Knie und Ferse in einem Winkel von 90° befinden. In den USA wurde aus Meßwerten einer national repräsentativen Stichprobe von 438 ambulanten Frauen und 453 Männern im Alter zwischen 60 und 80 Jahren die in Tab. 6.4 beschriebenen Gleichungen zur Berechnung der Körpergröße aus der Kniehöhe entwickelt (CHUMLEA & GUO 1992).

Tab. 6.4: Formel zur Berechnung der Körpergröße aus der Kniehöhe (CHUMLEA & GUO 1992).

Männer: Größe [cm] = 59,01 + (2,08 * Kniehöhe [cm])
Frauen: Größe [cm] = 75,00 + (1,91 * Kniehöhe [cm]) – (0,17 * Alter [Jahren])

Körpergewicht

Die Bestimmung des Gewichts erfordert ebenfalls eine gute körperliche Konstitution. Freies Stehen auf einer Waage oder zumindest die Fähigkeit, auf einer Sitzwaage zu sitzen, ist erforderlich. Die Gewichtsbestimmung ist dadurch bei vielen kranken, immobilen alten Menschen erschwert bzw. nicht möglich. Nur selten ist eine Bettwaage verfügbar, um das Körpergewicht von Bettlägrigen zu bestimmen.

Bei der Interpretation des Körpergewichts sind bei älteren Patienten Störungen im Wasserhaushalt – Exsikkose (Wassermangel), Ödeme, Pleuraergüsse oder Ascites (Bauchwassersucht) – zu berücksichtigen, die das Körpergewicht deutlich beeinflussen können.

Bodymass-Index (BMI)

Da die Körpergröße eine wesentliche Rolle für die Bedeutung des Körpergewichts spielt, werden Gewichts-Größen-Indices bestimmt, die das Körpergewicht in Relation zur Körpergröße setzen und dadurch eine bessere Einschätzung des Ernährungszustands ermöglichen als durch das Gewicht allein. Üblicherweise wird der Bodymass-Index [BMI = Körpergewicht in kg / (Körpergröße in m)^2] berechnet.

Häufig ist die Berechnung aufgrund der genannten Probleme bei der Größen- und Gewichtsbestimmung bei gebrechlichen Senioren nicht möglich.

So konnte der BMI bei einer Untersuchung von Finucane et al. (1988) bei 35 % geriatrischer Patienten nicht bestimmt werden, in der Bethanien-Ernährungsstudie war die Ermittlung des BMI bei über 75jährigen geriatrischen Patienten aufgrund fehlender oder unzuverlässiger Werte für Größe oder Gewicht bei 28 % nicht möglich (Volkert 1990).

Trotz der genannten Einschränkungen wird der BMI auch im Alter als wichtiger klinischer Parameter zur Beurteilung des Ernährungszustands angesehen.

Beurteilung von Gewicht und BMI

Die Beurteilung eines gemessenen Körpergewichts bzw. die Festlegung eines idealen Körpergewichts einer älteren Person ist nicht einfach, da sowohl repräsentative Gewichtsangaben von älteren Menschen als auch repräsentative Untersuchungen über Zusammenhänge zwischen Körpergewicht und weiterer Lebenserwartung bzw. Krankheitswahrscheinlichkeit fehlen.

In den USA stehen aus den großen nationalen Gesundheitsstudien repräsentative Angaben von 65-74jährigen zur Verfügung (Frisancho 1981, 1984), Daten für Hochbetagte sind jedoch auch dort spärlich. Häufig werden die Gewichts-Größen-Tabellen von Master et al. (1960) verwendet, die sich auf Messungen von 5600 65-94-jährigen beziehen und damit auch Hochbetagte mit einschließen, jedoch bereits 1960 entwickelt wurden und damit über 35 Jahre alt sind.

Die 1983 von der Metropolitan Life Insurance Company (Metropolitan Life Insurance Company 1983) veröffentlichten Daten berücksichtigen zwar die Prognose und werden deshalb häufig verwendet, basieren jedoch auf Daten von 25-59jährigen Personen und sind damit nicht unbedingt auf Senioren übertragbar.

Auch wenn bisher relativ wenig Informationen über die Bedeutung des Körpergewichts für Morbidität und Mortalität bei alten Menschen vorhanden sind, weisen verschiedene Studien darauf hin, daß sich die prognostische Bedeutung des Körpergewichts mit dem Alter ändert und das wünschenswerte Gewicht für Senioren höher liegt als im jüngeren und mittleren Lebensalter. Eine Reihe von Studien hat gezeigt, daß ein niedriges Körpergewicht mit erhöhter Morbidität und Mortalität verbunden ist (Übersicht bei Fischer 1990) (s. Kap. 7.3.4). Leichtes bis mittleres Übergewicht hat bei älteren Menschen mit großer Wahrscheinlichkeit keine medizinischen oder körperlichen Nachteile und ist eher von Nutzen. Im Fall von Streß durch Krankheit oder Perioden mit unzureichender Nahrungsaufnahme kann der Energiebedarf durch die vorhandenen Energiereserven in Form von Fettspeichern gedeckt werden. Ein geringes Körpergewicht und ein mageres Erscheinungsbild spiegeln dagegen minimale Fettreserven wider und bedeuten eine verringerte Widerstandsfähigkeit gegenüber Ernährungsnotfällen. Ein geringes Körpergewicht ist zwar nicht notwendigerweise mit ernsten Problemen verbunden, aus den genannten Gründen aber dennoch nicht wünschenswert.

Deutliches Übergewicht ist auch im Alter mit einem erhöhtem Risiko für verschiedene Gesundheitsstörungen wie Bluthochdruck, Diabetes und Arthrose und mit einem erhöhten Mortalitätsrisiko verbunden und mit Sicherheit nicht erstrebenswert. Generell gibt ein geringes Gewicht im hohen Alter und bei älteren Patienten jedoch mehr Anlaß zur Besorgnis als ein hohes (Mattila et al. 1986).

Für den BMI wurden vom National Research Council der USA (1989b) Normbereiche veröffentlicht, die das Lebensalter berücksichtigen. Da die Körpergröße mit dem Alter abnimmt und sich die prognostische Bedeutung des Körpergewichts verändert, werden mit zunehmendem Alter höhere Werte des BMI als wünschenswert angesehen. Basierend auf Daten der „Build Study", die im höheren Alter die geringsten Mortalitätsraten bei höheren BMI-Werten belegen (Andres et al. 1985), wurde der Normbereich für über 65jährige auf 24-29 kg/m² festgelegt (Tab. 6.5). Werte unter 24 kg/m² werden als Risiko für Unterernährung interpretiert, Werte über 29 kg/m² als Übergewicht. Im Vergleich dazu gibt die DGE als Normwerte 24 kg/m² für Männer und 22 kg/m² für Frauen an (DGE 1991). Der häufig verwendete Normbereich nach Bray (1987) liegt bei 20-25 kg/m² (Männer) bzw. 19-24 kg/m² (Frauen) unabhängig vom Alter und führt damit bei Älteren zu einer Überschätzung der Übergewichtshäufigkeit.

Tab. 6.5: Wünschenswerter BMI in Abhängigkeit vom Alter (NRC 1989b).

Alter	BMI	Alter	BMI
19 – 24 J.	19 – 24 kg/m²	45 – 54 J.	22 – 27 kg/m²
25 – 34 J.	20 – 25 kg/m²	55 – 64 J.	23 – 28 kg/m²
35 – 44 J.	21 – 26 kg/m²	≥ 65 J.	24 – 29 kg/m²

6.1.3.2 Gewichtsverlauf

Wegen der Schwierigkeit, ein ideales Körpergewicht festzulegen, ist der Gewichtsverlauf bei älteren Menschen ein wichtiger Indikator für ein Ernährungsrisiko.

Der Gewichtsverlauf über einen bestimmten Zeitraum gibt Auskunft über Veränderungen im Ernährungszustand und ist aussagekräftiger als eine einzelne Gewichtsangabe.

Unbeabsichtigter Gewichtsverlust zählt zu den wichtigsten Hinweisen für ein bedeutendes Ernährungsproblem und sollte deshalb immer ernst genommen werden. Neben absoluten Gewichtsangaben als Körpergewicht oder in Form von Größen-Gewichts-Indizes wird dem Gewichtsverlauf, speziell kürzlichem Gewichtsverlust, auch als prognostischem Parameter große Bedeutung beigemessen. Bei älteren Patienten ist unbeabsichtigter Gewichtsverlust hoch prädiktiv für Morbidität und Mortalität (MARTON et al. 1981, SELTZER et al. 1982, WALLACE et al. 1995) (s. Kap. 7.3.4).

Dabei sind Ausmaß und Geschwindigkeit der Gewichtsabnahme von Bedeutung. Ein Gewichtsverlust von mehr als 1-2 % des ursprünglichen Körpergewichts in einer Woche, von mehr als 5 % im letzten Monat bzw. von mehr als 10 % im letzten halben Jahr kann als sinnvolle Orientierungshilfe zur Beurteilung eines Gewichtsverlusts angesehen werden (Tab. 6.6) (BLACKBURN et al. 1977, MITCHELL & LIPSCHITZ 1982b, SCHLENKER 1993).

Tab. 6.6: Bedeutender Gewichtsverlust.

1 – 2 %	in 1 Woche
5 %	in 1 Monat
7,5 %	in 3 Monaten
10 %	in 6 Monaten

Vorangegangener Gewichtsverlust ist jedoch oft schwierig in Erfahrung zu bringen. In der Bethanien-Ernährungsstudie konnten 10 % von 300 über 75jährigen Patienten gar keine Angabe über Gewichtsveränderungen im vergangenen Vierteljahr machen, etwa die Hälfte berichtete zwar von kürzlicher Gewichtsabnahme, davon 40 % jedoch ohne genauere Maßangabe. Knapp ein Viertel der Patienten (23 %) gab an, mehr als 5 kg in den letzten 3 Monaten abgenommen zu haben.

In der Praxis kann die Frage danach, ob der Rock oder die Hose in letzter Zeit spürbar zu weit geworden sind, meist ohne Probleme beantwortet werden und eine erste Orientierung über einen möglichen Gewichtsverlust verschaffen.

Da Gewichtszunahmen generell mühsam und schwierig sind, sollten unnötige Gewichtsverluste möglichst vermieden werden, bei gesunden Senioren ist ein konstantes Körpergewicht anzustreben.

Regelmäßige Gewichtsbestimmungen und eine genaue Dokumentation sind im Hinblick auf eine rechtzeitige Erkennung einer sich entwickelnden Mangelernährung dringend wünschenswert. Im Krankenhaus sollte das Gewicht mindestens einmal wöchentlich bestimmt werden, im Pflegeheim einmal monatlich.

Auffällige Veränderungen des Gewichts müssen eine Suche nach den Ursachen und entsprechende Interventionsmaßnahmen nach sich ziehen.

6.1.3.3 Körperzusammensetzung

Da sich Personen gleichen Gewichts und gleicher Größe in der fettfreien Masse und im Anteil Körperfett wesentlich unterscheiden können, sind zur genaueren Erfassung des Ernährungszustands weitere Bestimmungen sinnvoll, die Hinweise auf die Größe dieser Körperkompartimente liefern.

Hautfalten- und Umfangmessungen

Die Messung von Hautfaltendicken und Umfängen an bestimmten Körperstellen ermöglicht durch ihren Bezug zur Fett- und Muskelmasse Rückschlüsse auf die Körperzusammensetzung.

Da etwa die Hälfte des Körperfetts im Unterhautgewebe gespeichert ist, kann die Messung von Hautfaltendicken an definierten Körperstellen zur schnellen Orientierung über den gesamten Körperfettgehalt dienen. Die Messung der Tricepshautfaltendicke (THFD) am Oberarm in der Mitte zwischen Akromionfortsatz der Schulter und Olekranonfortsatz am Ellbogen ist am weitesten verbreitet.

Umfänge werden üblicherweise am Oberarm an der gleichen Stelle wie die THFD gemessen. Aus dem Oberarmumfang (OAU) in Verbindung mit der Dicke der Tricepshautfalte kann unter Annahme eines kreisförmigen Oberarmquerschnitts der Armmuskelumfang (AMU) als Indikator für den somatischen Proteinbestand berechnet werden.

Hautfalten- und Umfangmessungen sind einfach und schnell durchzuführen, relativ unabhängig von Hydrationszustand und Körpergröße und untermauern den klinischen Eindruck mit objektiven Methoden. Die Messungen können bei Bettlägrigen im Liegen vorgenommen werden und eignen sich daher auch bei gebrechlichen Senioren und im klinischen Bereich.

Probleme ergeben sich bei Älteren durch Schwierigkeiten, die mit der Beurteilung von Meßwerten bei Individuen verbunden sind.

Altersbedingte Veränderungen der Körperzusammensetzung (s. Kap. 2.3.3), die Umverteilung des Körperfetts von den Extremitäten zum Rumpf und von oberflächlichen zu internen Regionen sowie Veränderungen von Hautdicke, Elastizität, Hydration und Kompressibilität von Haut, subkutanem Fett und Bindegewebe bei Älteren (Bowman & Rosenberg 1982, Forbes & Reina 1970, Hall et al. 1981, Schwartz et al. 1990) wirken sich auch auf die anthropometrischen Meßwerte aus und können die Beziehung der Hautfaltendickemessung zur Körperzusammensetzung verändern (Chumlea & Baumgartner 1989).

Die Methoden müssen deshalb bei älteren Menschen neu validiert werden, altersspezifische Normwerte sind zur Beurteilung der Meßwerte erforderlich, die bisher nicht zur Verfügung stehen. Repräsentative Studien an alten Menschen, insbesondere in den höheren Altersgruppen, zur Ableitung altersspezifischer Normwerte fehlen – zumindest für Mitteleuropa.

Tab. 6.7: Anthropometrische Normwerte von FRISANCHO (1981). – Vergleich der 10., 50. und 95. Percentilen (P.) in verschiedenen Altersgruppen. – OAU = Oberarmumfang, AMU = Armmuskelumfang, THFD = Tricepshautfaltendicke.

		Männer			Frauen		
		10. P.	50.P.	95. P.	10. P.	50. P.	95. P.
OAU [cm]	55-65 J.	27,3	31,7	36,9	25,7	30,3	38,5
	65-75 J.	26,3	30,7	35,5	25,2	29,9	37,3
AMU [cm]	55-65 J.	24,5	27,8	32,0	19,6	22,5	28,0
	65-75 J.	23,5	26,8	30,6	19,5	22,5	27,9
THFD [mm]	55-65 J.	6	11	22	16	25	38
	65-75 J.	6	11	22	14	24	36

Tab. 6.8. Anthropometrische Daten von über 65jähriegen von BURR und PHILLIPS (1984). – Vergleich der 10., 50. und 95. Percentilen (P.) in verschiedenen Altersgruppen. – Abkürzungen s. Tab. 6.7.

		Männer			Frauen		
		10. P.	50. P.	95. P.	10. P.	50. P.	95. P.
OAU [cm]	65-69 J.	21,8	26,0	31,4	22,3	26,4	31,7
	70-74 J.	21,9	25,5	30,1	21,3	25,5	30,9
	75-79 J.	20,8	24,5	29,3	20,6	24,9	30,5
	80-84 J.	20,2	23,7	28,1	19,2	23,5	29,1
	≥ 85 J.	19,8	23,0	27,1	17,6	22,1	27,8
AMU [cm]	65-69 J.	19,6	23,1	27,5	17,2	20,0	24,5
	70-74 J.	19,4	22,7	27,0	16,8	20,0	24,4
	75-79 J.	19,0	22,1	26,0	16,9	20,0	23,9
	80-84 J.	18,4	21,5	25,4	16,0	19,2	23,3
	≥ 85 J.	18,0	20,8	24,4	15,0	18,2	22,3
THFD [mm]	65-69 J.	4,3	8,1	18,2	11,3	18,0	32,5
	70-74 J.	4,3	8,0	17,3	9,5	15,9	31,1
	75-79 J.	4,2	7,0	13,6	8,6	14,6	28,4
	80-84 J.	4,1	6,6	12,3	7,2	12,7	26,2
	≥ 85 J.	3,9	6,5	12,2	7,0	11,5	21,8

In den USA sind durch die großen nationalen Gesundheitsstudien Angaben über die Verteilung verschiedener Körpermaße von 65-85jährigen verfügbar (FRISANCHO 1981, 1984) (Tab. 6.7.). Bei Werten unterhalb der 10. Percentile besteht ein Risiko für Unterernährung, Werte oberhalb der 95. Percentile weisen auf eine bestehende

Überernährung hin (NUTRITION SCREENING INITIATIVE 1991).Referenzdaten für die derzeitige Generation von Senioren in den USA werden mit Beendigung des 3. Abschnitts der nationalen Gesundheits- und Ernährungsstudie NHANES in naher Zukunft erwartet (CHUMLEA et al. 1993).

BURR und PHILLIPS (1984) schlugen die von ihnen an über 1500 über 65jährigen in Wales bestimmten Daten als Orientierungswerte für europäische Länder vor (Tab. 6.8).

Kleinere Studien über anthropometrische Daten bei Hochbetagten wurden von YEARICK (1978), MCEVOY und JAMES (1982a), VIR und LOVE (1980) und CHUMLEA et al. (1985c) durchgeführt.

Da Körperfett bei Älteren zu größeren Teilen intramuskulär und intraabdominal abgelagert ist und weniger subkutan, werden Hautfaltenmessungen im Alter generell als weniger aussagekräftig angesehen. Verschiedenen Untersuchungen zufolge sind Armmuskelmessungen bei älteren Personen nützlichere Indizes von Mangelernährung als Schätzungen der Fettspeicher anhand der Armmessungen, da die Tricepshautfaltendicke die Fettspeicher bei älteren Männern nur ungenau reflektiert (LEHMANN 1989, MITCHELL & LIPSCHITZ 1982b) und bei Frauen die Fettmenge in unterschiedlichem Maß von den Extremitäten zum Rumpf und in die tieferen Fettgewebe verlagert wird (STEEN 1988). Bei alten Männern werden subscapulare und suprailiacale Hautfaltendicke als beste Indikatoren der Fettreserven betrachtet, bei älteren Frauen dagegen THFD und Oberschenkelmessungen (LIPSCHITZ 1992).

Aufgrund enormer Variation zwischen verschiedenen Individuen sind anthropometrische Werte bei Einzelpersonen wenig aussagekräftig und eignen sich daher besser zur Beurteilung des Ernährungszustands von Bevölkerungsgruppen. Bei Einzelpersonen können durch Verlaufsmessungen über längere Zeiträume Veränderungen des Ernährungszustands festgestellt werden. LEWIS und BELL (1990) empfehlen regelmäßige Messungen bei Älteren – monatlich im Krankenhaus, jährlich im Pflegeheim – um Veränderungen im Ernährungszustand rechtzeitig zu erkennen. Eine relativ hohe Variabilität zwischen verschiedenen Untersuchern erfordert die Durchführung der Messungen durch den selben Untersucher mit konstanter Technik (LEWIS & BELL 1990).

Da Zusammenhänge zwischen Körperfettgehalt, Fettverteilung, Blutlipiden und Gesundheitsrisiko bestehen, sind Untersuchungen über Fettgehalt und Fettverteilung im Alter und die damit verbundenen Gesundheitsrisiken in Zukunft wünschenswert. Darüberhinaus könnten genauere Kenntnisse über die Bedeutung von Veränderungen anthropometrischer Meßwerte mit der Zeit für Morbidität und Mortalität und Kenntnisse von Beziehungen anthropometrischer Daten zu funktionellen Parametern die Aussagekraft anthropometrischer Werte erhöhen (DURNIN 1989).

Bestimmung der Körperzusammensetzung mit der Bioelektrischen Impedanz-Analyse (BIA)

In den letzten Jahren hat sich die Bioelektrische Impedanz-Analyse als einfache und kostengünstige, wenig aufwendige, praktikable, schnelle und nicht-invasive Methode zur Bestimmung der Körperzusammensetzung in der klinischen Routine entwickelt.

Für ältere Patienten ist die Methode besonders attraktiv, da die Messung in flach liegender, gestreckter Position nur minimale Anforderungen an die körperliche Verfassung stellt.

Die Methode basiert auf der Messung der elektrischen Leitfähigkeit des Körpers. Körperflüssigkeit und Elektroyte sind dabei maßgeblich für die Leitfähigkeit verantwortlich, während Körperfett dem Strom einen Widerstand entgegensetzt. Gemessen werden zwei Widerstände (Resistanz und Reaktanz) und der Phasenwinkel α, aus denen sich Körperwassergehalt, Körpermagermasse und Körperzellmasse berechnen lassen (vgl. Kap. 2.3.3.1).

Wie bei den anderen Parametern stellen sich jedoch auch hier Probleme bei der Beurteilung der Meßwerte älterer Menschen. Validierungsstudien zur Umrechnung wurden an jungen, gesunden, normal hydrierten Personen durchgeführt, die Übertragbarkeit auf alte und kranke Personen ist nicht geklärt. Eine Vielzahl von Gleichungen zur Berechnung der Körperzusammensetzung aus den Meßwerten existiert, einige auch für alte Menschen, die aus dem Vergleich mit Unterwasserwägungen entwickelt wurden (Deurenberg et al. 1990, 1991, Hughes & Evans 1987). Bisher stehen jedoch keine allgemein anerkannten altersspezifischen Gleichungen zur Verfügung. Zusätzliche Interpretationsprobleme stellen sich bei Krankheiten mit Einfluß auf die Körperzusammensetzung und Leitfähigkeit der Gewebe, insbesondere bei Störungen im Wasserhaushalt.

Zukünftige Forschungsarbeit muß somit erst noch die Voraussetzung für den zuverlässigen Einsatz der Methode bei alten Menschen schaffen. Für Verlaufsmessungen bei gesunden Senioren kann sie jedoch bereits heute Orientierung über Veränderungen der Körperzusammensetzung geben.

6.1.4 Biochemische Methoden

Biochemische Veränderungen treten bei Nährstoffmangel lange vor klinischen Veränderungen auf und können daher bei der frühzeitigen Erkennung unbefriedigender Ernährungsituationen und der Identifikation einer spezifischen Mangelsituation hilfreich sein. Biochemische Bestimmungen sind sensitiver für Nährstoffdefizite als andere Methoden und werden deshalb verwendet, um klinisch, anthropometrisch und diätetisch gefaßte Vermutungen zu bestätigen oder zu verwerfen.

Gemessen werden Nährstoffkonzentrationen (z. B. Vitamine, Mineralstoffe, Cholesterin) bzw. Konzentrationen nährstoffabhängiger Parameter (wie z. B. Albumin, Transferrin, Hämoglobin oder Lymphozyten) in Körperflüssigkeiten (Vollblut, Serum oder Urin) oder in Geweben (z. B. in Blutzellen), funktionelle Parameter wie Aktivitäten nährstoffabhängiger Enzyme oder Stoffwechselproduke.

Bei den gewonnenen Werten handelt es sich um eine „Momentaufnahme", die im Gegensatz zu anthropometrischen Daten, die den Langzeiternährungszustand wiederspiegeln, meist durch die aktuelle bzw. kurzzeitige Nahrungszufuhr beeinflußt sind. Große intra- und interindividuelle Schwankungen sind bei den meisten Parametern üblich. Ein Wert außerhalb des Normbereichs ist nicht unbedingt pathologisch, die Wahrscheinlichkeit, daß er Krankheitswert besitzt, ist jedoch größer.

Im Gegensatz zu anthropometrischen Messungen ist eine Blutentnahme auch bei sehr gebrechlichen, kranken, verwirrten oder unkooperativen Patienten möglich. Einschränkungen der Nierenfunktion und die Schwierigkeit, insbesondere bei Inkontinenz, vollständige 24-Studen-Urinproben zu sammeln, machen Urinmessungen dagegen für viele alte Menschen unbrauchbar. Durch die Ähnlichkeit von Altersveränderungen und den Effekten von Mangelernährung und durch die variierenden Einflüsse von Nahrungszufuhr, Krankheiten und chronischer Medikamenteneinnahme sind die Testergebnisse im Alter weniger aussagekräftig als bei jungen gesunden Personen.

Eine Übersicht über die Besonderheiten biochemischer Parameter im Alter findet sich bei Hodkinson (1985).

Aufgrund der zahlreichen Altersveränderungen und der größeren Streubreite der Werte stellt sich die Frage, ob die von jungen, gesunden Erwachsenen abgeleiteten Normbereiche zur Beurteilung von Blutwerten alter Menschen angemessen sind.

Verschiedene Studien haben sich mit Alterveränderungen von Laborparametern und der Frage nach der Notwendigkeit altersspezifischer Normbereiche befaßt. Manche Autoren finden keine oder nur geringe Unterschiede zwischen älteren und jüngeren Erwachsenen, sie erachten demnach Werte außerhalb des Normbereichs auch im Alter als pathologisch (Burns et al. 1986, Fraser et al. 1989, Fülöp et al. 1989). Verschiedene andere Autoren sind der Meinung, daß optimale Werte von jüngeren und älteren Erwachsenen aufgrund physiologischer Unterschiede nicht identisch sind und fordern daher die Entwicklung altersspezifischer Normen für die Laborparameter des Ernährungszustands (Exton-Smith 1982, Garry et al. 1989, Jernigan et al. 1980, Leask et al. 1973, Mitchell & Lipschitz 1982c, Shaver et al. 1980, Sherman et al. 1983). So fanden Rudman et al. (1987a) zum Beispiel in einer Untersuchung älterer Pflegeheimbewohner ein erhöhtes Mortalitätsrisiko bei erniedrigten Ernährungsparametern unterhalb eines bestimmten Grenzwerts. Da dieser Grenzwert für Albumin, Hämoglobin, Hämatokrit und Cholesterin innerhalb der üblichen Normbereiche lag, schließen sie, daß die wünschenswerten Bereiche dieser Laborparameter für chronisch kranke Pflegeheimbewohner anders sind als die von jüngeren Erwachsenen.

Bisher ist die Datenlage unzureichend, um spezielle Normbereiche für verschiedene Untergruppen alter Menschen zu definieren.

Solange keine allgemein anerkannten altersspezifischen Referenzwerte aus repräsentativen Studien gesunder, älterer Menschen zur Verfügung stehen, ist es empfehlenswert, bei Fragen nach Veränderungen im Ernährungszustand alter Menschen eine vergleichbare gut ernährte Kontrollgruppe ohne Ernährungsprobleme mit zu untersuchen. In verschiedenen Studien wird die 5. bzw. 10. Percentile von gesunden Senioren als Referenzwert zur Beurteilung verschiedener gesundheitlich beeinträchtigter Seniorengruppen verwendet (CEDERHOLM & HELLSTRÖM 1992, CONSTANS et al. 1992, HANCOCK et al. 1985, MORGAN et al. 1986). Üblicherweise werden zur Beurteilung von Blutwerten alter Menschen jedoch die von jüngeren Erwachsenen abgeleiteten Normbereiche herangezogen.

6.1.4.1 Proteinstatus

Mit Hilfe der Plasmakonzentrationen verschiedener Proteine lassen sich die visceralen Proteinspeicher (Proteinspeicher in den Eingeweiden) abschätzen. Sie lassen sich einfach bestimmen und liefern spezifischere Informationen über den Proteinstatus als anthropometrische Daten.

Veränderungen in der Körperzusammensetzung, im Proteinstoffwechsel (s. Kap. 2) und der interstitiellen Flüssigkeitsmenge können Veränderungen der Proteinkonzentrationen mit sich bringen. Im Vergleich zu den Änderungen, die bei Krankheiten oder Mangelernährung auftreten, sind altersbedingte Veränderungen der Proteinkonzentrationen relativ gering. Krankheitsbedingte Veränderungen können so groß sein, daß die Proteinkonzentrationen bei der Untersuchung von Patienten nicht spezifisch genug sind, um die Diagnose Mangelernährung zu bestätigen.

Albumin

Serum-Albuminspiegel werden als zuverlässiger Indikator für den visceralen Proteinstatus angesehen. Die Albuminsynthese wird durch Nahrungsprotein stimuliert, bei anhaltender Proteinmangelernährung sinkt die Albuminkonzentration.

Viele akute und chronische Krankheiten, chronische Bettruhe, Entzündungen, Infektionen, Ascites (Bauchwassersucht), Nieren- und Lebererkrankungen, Ödeme oder offene Wunden beeinflussen den Albuminspiegel und führen durch mangelnde Zufuhr, Proteinverlust (Niere, Darm, Ödeme), erhöhten Abbau oder verringerte Synthese (Leberschaden) ebenfalls zu niedriger Serumkonzentration.

Trotz der genannten Einschränkungen ist Albumin auch im Alter der am meisten verwendete Blutparameter und wird als einer der besten Indikatoren des Ernährungszustands angesehen. Ein niedriger Albuminspiegel ist bei Älteren zuverlässig mit einer schlechten Morbiditäts- und Mortalitätsprognose verbunden (s. Kap. 7.3.4).

Bei normal hydrierten älteren Menschen sollte die Albuminkonzentration nicht unter 35 g/l liegen, Werte unter 30 g/l werden als „Mangelernährung" interpretiert (HODKINSON 1985, MITCHELL & LIPSCHITZ 1982b).

Transferrin ist wegen seiner Funktion als Eisentransportprotein und der Abhängigkeit vom Eisenstoffwechsel allein zur Beurteilung des Proteinstatus ungeeignet (HODKINSON 1985).

Tranferrin ist invers mit den Eisengewebespeichern verbunden. Diese nehmen mit dem Alter zu, Transferrin dadurch ab. Niedrige Transferrin-Werte sind deshalb nicht eindeutig einem Proteinmangel zuzuordnen (LIPSCHITZ 1992). Werte unter 2 g/l werden jedoch auch bei Älteren als Hinweis für Proteinmangel gewertet (HODKINSON 1985).

Präalbumin und **retinolbindendes Globulin (RBG)** reagieren aufgrund der kurzen Halbwertszeit schnell auf Proteinrestriktion und steigen bei Zufuhr schnell wieder an. Sie sind daher zur frühzeitigen Identifikation von Mangelzuständen und zur Kontrolle von Ernährungsmaßnahmen geeignet.

Für Präalbumin wird eine leichte Abnahme mit dem Alter beschrieben, durch häufige Niereninsuffizienz können beide Proteinkonzentrationen bei alten Menschen jedoch erhöht sein.

Für Präalbumin gelten Werte zwischen 0,1 und 0,4 g/l als normal, für RBG Werte zwischen 0,03 und 0,06 g/l (HODKINSON 1985).

6.1.4.2 Vitaminstatus

Die Bestimmung von Vitaminkonzentrationen in Blut, Blutzellen oder Urin beruht auf der Annahme, daß die Meßwerte den Versorgungszustand des Organismus mit Vitaminen widerspiegeln. Nach dem Konzept der Vitaminverarmung von BRUBACHER (1979,1989) treten biochemische Veränderungen im Vitaminstatus vor morphologischen und funktionellen Veränderungen auf und ermöglichen es daher, Defizite frühzeitig aufzudecken.

Mit der Entwicklung zuverlässiger Methoden findet die Bestimmung von Vitaminkonzentrationen bzw. von Aktivitäten vitaminabhängiger Enzyme zur Abschätzung der Vitaminversorgung zunehmende Verbreitung.

Bisher ist das Wissen über Altersveränderungen von Vitaminwerten und über die Bedeutung grenzwertig erniedrigter Vitaminwerte im Alter mangelhaft. Die Notwendigkeit altersspezifischer Normwerte zur Interpretation von Vitaminbefunden im Alter ist umstritten.

Während GARRY et al. (1982a,b) beispielsweise bei gesunden Älteren häufiger niedrige Vitaminwerte als bei jungen Erwachsenen fanden und daher die Entwicklung spezieller Normwerten für Ältere fordern, wurden bei gesunden Senioren in der Bundesrepublik unter Verwendung üblicher, bei jungen Erwachsenen ermittelter Normbereiche wenig Hinweise für Defizite festgestellt (HESEKER et al. 1992, VOLKERT et al. 1992b) (s. Kap. 6.2).

Vitaminbestimmungen sind zur Bestimmung des Ernährungszustands von Senioren von besonderem Interesse, da zahlreiche Studien in den letzten Jahren subklinische Mängel aufgezeigt haben, die in Zusammenhang mit beeinträchtigten körperlichen und geistigen Funktionen stehen. Latente, subklinische Vitaminmängel bergen die Gefahr, ohne Behandlung zu Gesundheitsstörungen zu führen, insbesondere bei medizinischem oder Umweltstreß und durch beeinträchtigte Homöostasemechanismen im Alter. Weitere Forschungsarbeit ist jedoch notwendig, um die Bedeutung bestimmter Blutwerte und das Ausmaß der Folgen unbefriedigender Werte für Gesundheitszustand und Prognose älterer Menschen zu klären.

Trotz offener Fragen hinsichtlich optimaler Blutspiegel und Grenzwerte sind Vergleiche verschiedener Bevölkerungsgruppen zur Identifikation relativ schlecht versorgter Risikogruppen in jedem Fall möglich.

6.1.4.3 Cholesterin

Im hohen Alter wird eine Abnahme der Gesamtcholesterinkonzentration im Blut beschrieben, häufig werden niedrige Werte gemessen. Nicht nur erhöhte, sondern auch erniedrigte Cholesterinwerte sind mit Gesundheitsrisiken verbunden bzw. weisen auf solche hin. Cholesterinwerte unter 160 mg/dl werden als Hinweis für Protein-Energie-Mangelernährung gewertet (NUTRITION SCREENING INITIATIVE 1991).

Erniedrigte Cholesterinwerte sind auch mit einem erhöhten Mortalitätsrisiko verbunden (vgl. Kap. 7.3.4).

6.1.4.4 Hämatologie

Da Protein-Energie-Mangelernährung mit der Entwicklung von Anämie verbunden ist, können hämatologische Parameter Informationen über den Ernährungszustand liefern.

Bei ernährungsbedingten Anämien werden charakteristische Veränderungen in der Morphologie roter und weißer Blutzellen, Abnahme von Hämoglobin-Konzentration, Hämatokrit, mittlerem Zellhämoglobingehalt (MCH) und mittlerem Zellvolumen (MCV) beobachtet.

Die Grenzwerte zur Definition einer Anämie im Alter sind umstritten, unklar ist, ob normales Altern mit einer Abnahme der Hämoglobinwerte verbunden ist (SCHLENKER 1993).

Hämoglobin-Werte unter 120 g/l bei Männern und unter 100 g/l bei Frauen werden als sensitiv für Unterernährung bei Älteren angesehen (MITCHELL & LIPSCHITZ 1982b,c, SCHLENKER 1993).

Eisenmangel wird ebenso wie bei jüngeren Personen anhand von Serumeisen, Eisenbindungskapazität, Transferrinsättigung, Ferritin und hämatologischen Parametern erkannt.

6.1.5 Immunstatus

Die Ernährung spielt eine wichtige Rolle für das Immunsystem, Immunparameter können daher Aufschluß über Ernährungsdefizite geben.

Protein-Energie-Mangelernährung ist mit einer Abnahme der zellvermittelten Immunfunktion verbunden, die durch Bestimmung der Lymphozytenzahl im Blut und Hautantigentest charakterisiert werden kann. Lymphozytenzahlen unter 1200 /mm³ Blut werden als moderate, unter 800/mm³ als schwere Mangelernährung interpretiert (BLACKBURN 1977). Die Überprüfung der Hautreaktion im Hautantigentest stellt als funktioneller Test eine gute Ergänzung zu den anderen, statischen Messungen zur Bestimmung des Ernährungszustands dar.

Die Ähnlichkeit von Altersveränderungen des Immunsystems (vgl. Kap. 2.2.3.2) mit den Auswirkungen von Mangelernährung (s. Tab. 6.1) stellt den Nutzen immunologischer Parameter bei der Erhebung des Ernährungszustands alter Menschen jedoch in Frage.

Andere Einflußfaktoren als der Ernährungszustand, in erster Linie Krankheit – trotz Mangelernährung kann bei bakteriellen Infektionen eine Lymphozytose vorliegen –, der Konsum bestimmter Medikamente sowie deutliche genetische Unterschiede in der Immunfunktion vermindern die Aussagekraft immunologischer Ergebnisse bei geriatrischen Patienten und erschweren die Interpretation (ROE 1986, TEASLEY 1990).

Häufig werden bei alten Menschen unbefriedigende Immunparameter beobachtet, die jedoch oft keine Korrelationen zu anderen Ernährungsparametern aufweisen. So wird der Hauttest bei Hochbetagten z. B. von AGARVAL et al. (1988) und GOODWIN und GARRY (1988) als unzuverlässiger Indikator des Ernährungszustands beschrieben. Auch den Ergebnissen der Bethanien-Ernährungsstudie zufolge sind Lymphozytenzahl und Hauttest zur Charakterisierung des Ernährungszustands geriatrischer Patienten weniger geeignet (VOLKERT 1990). Andere Untersuchungen (LINN 1984, ROMAGNOLI-JUILLARD et al. 1984) stellen demgegenüber deutliche Unterschiede in der Immunfunktion zwischen mangelernährten und guternährten alten Patienten fest und messen den Immunparametern zur Charakterisierung des Ernährungszustands demnach größere Bedeutung bei.

Die Zuordnung von veränderten Immunparametern zur Diagnose Mangelernährung muß bei Älteren in jedem Fall mit Vorsicht und angemessenem klinischen Urteil erfolgen (LIPSCHITZ 1992). Sowohl Alters- als auch Krankheitseffekte spielen neben Ernährungseinflüssen eine bedeutende Rolle für die Immunfunktion.

6.1.6 Gesamtbeurteilung

Durch die Vielzahl möglicher Untersuchungen zum Ernährungszustand stellt sich in der Praxis die Frage, welche Parameter am aussagekräftigsten und für Routinebestimmungen am besten geeignet sind.

Die **Wahl der Methoden** zur Beschreibung des Ernährungszustands hängt letztlich von den Zielen der Untersuchung ab, von vermuteten Ernährungsproblemen und Defiziten, von finanziellen und personellen Möglichkeiten. Routine-Erfassungen des Ernährungszustands in einem Pflegeheim müssen z. B. einfach, schnell und preiswert sein, aufwendigere Methoden sind im Rahmen von Forschungsstudien gerechtfertigt. Bei Senioren sind Durchführbarkeit und Zumutbarkeit weitere wichtige Entscheidungskriterien.

Da verschiedene Parameter unterschiedliche Bedeutung und Aussagekraft haben und jede Methode ihre Vorteile, Grenzen und Mängel hat, wird die Notwendigkeit, **mehrere Parameter** zu untersuchen, betont. Unterschiedliche Methoden können sich gegenseitig ergänzen, sie ermöglichen die Berücksichtigung der verschiedenen Aspekte des Ernährungszustands und ergeben ein vollständigeres Bild.

Dennoch fällt es im Grenzbereich zwischen Normal- und Fehlernährung selbst bei umfassender Betrachtung oft schwer, eine Person als eindeutig mangelernährt oder nicht mangelernährt zu klassifizieren. In einer britischen Studie (DHSS 1979) war es sogar für ein erfahrenes geriatrisches

Expertenteam anhand umfassender Informationen nicht einfach, die Diagnose Mangelernährung zu stellen.

Am häufigsten werden in Untersuchungen des Ernährungszustands auch bei alten Menschen Körpergröße und Gewicht, Trizepshautfaltendicke und Oberarmumfang, Serumalbumin, Transferrin, Hämoglobin, Cholesterin und Lymphozytenzahl bestimmt.

Vielfach werden mehrere Parameter zur Definition von Mangelernährung kombiniert (AXELSON et al. 1988, BIENIA et al. 1982, CONSTANS et al. 1992, CEDERHOLM et al. 1993, FRISONI et al. 1994, LINN 1984, SCHOLS et al. 1989).

Die Definitionen für Mangelernährung scheinen dabei recht willkürlich und die Überlegenheit derartiger Scores im Vergleich zu einzelnen Parametern ist fraglich.

In der Bethanien-Ernährungsstudie hat sich gezeigt, daß bei geriatrischen Patienten die klinische Einschätzung eng mit anthropometrischen und biochemischen Parametern des Ernährungszustands verbunden ist und hinsichtlich der Mortalitätsprognose weder ein einzelner Parameter noch eine bestimmte Kombination mehrerer Parameter der klinischen Einschätzung überlegen war (VOLKERT et al. 1992a).

Für Routine-Erfassungen wird neben der klinischen Einschätzung des Ernährungszustands der Serumalbuminkonzentration als einfach zu bestimmendem Parameter sowie dem Gewichtsverlauf nach wie vor große Bedeutung beigemessen. Je nach Fragestellung und vermutetem Defizit sollten sich weitere spezifischere Untersuchungen anschließen.

Da einmalige Messungen durch fehlende Standards, Ähnlichkeiten von Mangelhinweisen mit Altersveränderungen und große Streubreite normaler Werte oft wenig aussagekräftig sind, sind bei älteren Patienten **Verlaufsbeobachtungen** diagnostisch und prognostisch wichtiger als einzelne Bestimmungen. Durch sorgfältige fortlaufende Messungen gewinnt die Erfassung des Ernährungszustands alter Menschen wesentlich an Aussagekraft. Serielle Messungen im Verlauf der Zeit liefern Informationen über auffällige Veränderungen im Ernährungszustand, die meist mit Gesundheitsrisiken verbunden sind. Die Normwertproblematik wird dabei dadurch umgangen, daß jede Person ihre eigenen Kontrollwerte liefert. Bei akut kranken Senioren sollten die Messungen in kürzeren Intervallen wiederholt werden, um mögliche Veränderungen zu erfassen, bei chronisch Kranken und Gesunden reichen Untersuchungen in größeren Abständen (LEWIS & BELL 1990).

Auffällige Veränderungen in kurzen Zeiträumen erfordern in jedem Fall die Suche nach möglichen Ursachen und ensprechende Interventionsmaßnahmen.

6.2 Ernährungszustand alter Menschen: Häufigkeit von Über- und Unterernährung – Häufigkeit unbefriedigender Ernährungsparameter

Der Ernährungszustand verschiedener Kollektive alter Menschen wurde in den letzten Jahren in zahlreichen Studien untersucht. Auch in der Bundesrepublik wurden mehrere Studien durchgeführt, die den Ernährungszustand verschiedener Seniorengruppen beschreiben. Hierbei ergaben sich große Unterschiede, die sich zum einen durch verschiedene Methoden und Beurteilungskriterien erklären lassen, aber auch durch große Unterschiede der untersuchten Kollektive bedingt sind.

Eine grobe Einteilung der durchgeführten Studien hinsichtlich der Lebens- und Gesundheitssituation der Studienteilnehmer bietet sich an.

Im folgenden wird der Ernährungszustand von zuhause wohnenden Senioren, von Heimbewohnern sowie von geriatrischen Patienten beschrieben. Einen besonderen Schwerpunkt bilden dabei die Untersuchungen, die in den letzten Jahren in der Bundesrepublik sowie im europäischen Ausland durchgeführt wurden.

6.2.1 Gesunde, zuhause lebende Senioren

Bereits in den 60er und 70er Jahren wurde vom Department of Health and Social Security (**DHSS**) in Großbritannien der Ernährungszustand einer repräsentativen Gruppe zuhause lebender alter Menschen untersucht (DHSS 1979).

Anhand einer individuellen Beurteilung durch ein geriatrisches Expertenteam wurde bei 5 % der 70-80jährigen *Mangelernährung* festgestellt. In der Gruppe der über 80jährigen war der Anteil Mangelernährter mit 12 % bei den Männern und 8 % bei den Frauen etwa doppelt so hoch. 17 % der Männer und 31 % der Frauen wurden demgegenüber nach subjektiv klinischem Eindruck als überernährt beurteilt. Der mittlere *BMI* betrug bei den Männern 24 kg/m^2, bei den Frauen 25 kg/m^2.

Klinische Mangelzeichen wie seborrhoeische Nasolabialfalten (Nasenlippenfurche), Kaviarzunge, sublinguale Hämorrhagien (Blutungen unter der Zunge), Hyperkeratose (Verdickungen der Hornschichte der Haut) und Pigmentation lichtexponierter Hautstellen wurden bei als mangelernährt eingeschätzten Senioren häufiger gefunden als bei nicht mangelernährten. Eine Zuordnung der Symptome zu bestimmten biochemischen Nährstoffdefiziten war jedoch meist nicht möglich.

Anämien fanden sich bei der Hälfte der mangelernährten Personen in Zusammenhang mit Eisen-, Folat- oder Vitamin B_{12}-Mangel.

Verschiedene medizinische und soziale Faktoren wurden identifiziert, die mit hoher Wahrscheinlichkeit zur Entstehung von Unterernährung beigetragen hatten, und hieraus das Konzept der Risikofaktoren für Mangelernährung im Alter entwikkelt (s. Kap. 7.2.1).

In der Bundesrepublik lieferten die Ergebnisse der **Heidelberg-Michelstadt-Berlin-Studie** 1982/83 erstmals repräsentative Informationen über den Ernährungszustand von Senioren.

Der Ernährungs- und Gesundheitszustand von 400 zufällig ausgewählten 65-74jährigen Einwohnern der Städte Heidelberg, Michelstadt und Berlin wurde mit verschiedenen Methoden untersucht (Arab et al. 1984, Arab 1985, Schlierf 1986, Wittler et al. 1985).

Ausgehend von üblichen Normbereichen des *BMI* ohne Altersberücksichtigung (20-25 kg/m² bei Männern, 19-24 kg/m² bei Frauen) wurde bei mehr als der Hälfte der Teilnehmer (50 % der Männer und 65 % der Frauen) Übergewicht festgestellt (Wittler et al. 1985).

Meßwerte, die auf eine unsichere Bedarfsdeckung mit *Vitaminen* hinweisen, wurden mit Häufigkeiten zwischen 0 und 20 % beobachtet. Als besonders kritische Nährstoffe wurden die Vitamine B_1, C, D und Folsäure eingestuft (Arab et al. 1984).

*Eisen*mangel wurde anhand von Serumeisen, Eisenbindungskapazität, Transferrinsättigung und Hämoglobin bei maximal 4-5 % der Senioren festgestellt und der Eisenstatus dementsprechend als gut beurteilt (Thefeld 1986).

Eine Studie in **Gießen** untersuchte etwa zur gleichen Zeit den Ernährungszustand und die Bedarfsdeckung mit Vitaminen bei 317 gesunden 65-90jährigen Probanden (Heseker 1983, 1984).

Auch in dieser Studie wurde bei der Hälfte der Senioren ein *BMI* ≥ 25 kg/m² festgestellt. 5 % der Männer und 8 % der Frauen waren mit einem BMI ≥ 30 kg/m² schwer übergewichtig.

Untersuchungen zur *Eisen*versorgung ergaben keine Hinweise auf häufig vorkommende Bedarfsdeckungslücken. Die *Vitamin*analysen ergaben eine ausreichende Versorgung für die Vitamine E, B_2, B_6 und B_{12}. Als kritische Vitamine mit unbefriedigenden Meßwerten bei mehr als 10 % der Teilnehmer wurden wie in der Heidelberg-Michelstadt-Berlin-Studie die Vitamine C, B_1 und Folsäure und darüberhinaus Vitamin A eingestuft.

Alte Menschen wurden nach den Ergebnissen dieser Studien als Risikogruppe für eine schlechte Vitaminversorgung bezeichnet (Arab et al. 1984).

Im Rahmen der „Verbundstudie Ernährung Risikofaktoren Analytik“ – kurz **VERA** – wurde 1987/88 der Ernährungszustand einer repräsentativen Stichprobe von 2006 Teilnehmern der Nationalen Verzehrsstudie (NVS) im Alter zwischen 18 und 88 Jahren untersucht (Heseker et al. 1992, Schneider et al. 1992, Speitling et al. 1992). Etwa 10 % der Studienteilnehmer (116 Frauen und 103 Männer) waren 65 Jahre oder älter.

Bei knapp 2 % der Senioren wurde ein erniedrigter *BMI* gemessen (≤ 20 kg/m² bei Männern bzw. ≤ 19 kg/m² bei Frauen), bei 68 % der Männer und 74 % der Frauen lag der BMI dagegen oberhalb des Normbereichs (> 25 kg/m² bei Männern bzw. > 24 kg/m² bei Frauen). Bei 11 % der Männer und 18 % der Frauen war der BMI größer als 30 kg/m². Damit wurde sowohl bei Männern als auch bei Frauen deutlich häufiger *Übergewicht* festgestellt als in den untersuchten jüngeren Altersgruppen dieser Studie.

Tab. 6.9: Vitaminstatus der Senioren der VERA-Studie. Grenzwerte für eine unbefriedigende Bedarfsdeckung. Prävalenz unbefriedigender Werte bei über 65jährigen Männern und Frauen [%]. (Nach HESEKER et al. 1992.)

Vitamin	Meßparameter	Grenzwert	Prävalenz Männer (n = 102)	Prävalenz Frauen (n = 112)
Vitamin A	Plasma-Retinol	m: < 1,34 µmol/l w: < 1,02 µmol/l	2,9	0,9
β-Carotin	Plasma-β-Carotin	< 0,18 µmol/l	9,7	0,9
Vitamin D	Plasma-25-OH-Cholecalciferol	< 10,0 nmol/l	2,9	5,4
Vitamin E	Plasma-α-Tocopherol	< 17,7 µmol/l	1,0	0,0
Thiamin	α-ETK	> 1,20	3,9	4,5
Riboflavin	α-EGR	> 1,66	3,9	1,8
Pyridoxin	α-EAST	> 1,85	1,9	5,4
Folsäure	Plasma-Folsäure	< 6,0 nmol/l	3,9	3,6
Vitamin B_{12}	Plasma-Cobalamin	< 136 pmol/l	12,6	3,6
Vitamin C	Plasma-Ascorbinsäure	< 36,8 µmol/l	14,0	4,7

ETK = Erythrocyten-Transketolase; α-ETK = Aktivierungskoeffizient (ETK + TPP) / ETK; EGR = Erythrocyten-Glutathionreduktase; α-EGR = Aktivierungskoeffizient (EGR +FAD) / EGR; EAST = Erythrocyten-Aspartataminotransferase; α-EAST = Aktivierungskoeffizient (EAST + PLP) / EAST

Zur Beschreibung des *Vitaminstatus* wurden verschiedene Plasmakonzentrationen sowie Aktivierungskoeffizienten von Erythrozytenenzymen bestimmt. Die Beurteilung der Vitaminversorgungsparameter erfolgte dabei mit Hilfe von Grenzwerten eines gesunden, sich abwechslungsreich ernährenden Referenzkollektivs (Tab. 6.9). Überwiegend wurden weniger als 5 % unbefriedigende Werte gemessen, der weitaus größte Teil dieser Senioren ist demnach mit Vitaminen ausreichend versorgt. Eine Ausnahme machen die untersuchten Männer bei β-Carotin, Vitamin B_{12} und C. Hier lagen 10 % bzw. 13 % und 14 % der Meßwerte unterhalb des Referenzwerts. Ein Vergleich mit den untersuchten jüngeren Altersgruppen ergab, daß von β-Carotin- und Vitamin-C-Defiziten nicht nur die über 65jährigen, sondern Männer aller Altersgruppen häufig betroffen sind. Ältere Männer weisen dagegen überdurchschnittlich häufig niedrige Vitamin B_{12}-Konzentrationen auf, niedrige Werte sind hier in den jüngeren Altersgruppen mit weniger als 5 % unüblich. Zusammenfassend kann festgehalten werden, daß die Vitaminversorgung der hier untersuchten Senioren mit Ausnahme von Vitamin B_{12} bei Männern also nicht schlechter war als in jüngeren Altersgruppen.

1988/89 wurde in der europäischen Multicenter-Studie **SENECA** (= Survey in Europe on Nutrition and the Elderly, a Concerted Action) der Ernährungszustand von Senioren aus 19 Städten in 12 europäischen Ländern mit streng standardisierten Methoden untersucht (DE GROOT et al. 1991,1992, SCHLETTWEIN-GSELL et al. 1991a).

2600 Senioren der Geburtsjahrgänge 1913-1918, die zum Untersuchungzeitpunkt zwischen 70 und 75 Jahre alt und in der Lage waren, selbständig Fragen zu beantworten, nahmen teil, darunter 361 Senioren aus 3 verschiedenen Regionen der Schweiz. Die Teilnehmer waren in unterschiedlichem Gesundheitszustand. Trotz hoher Häufigkeit chronischer Krankheiten beurteilten die meisten Teilnehmer ihre eigene Gesundheit als gut.

Insgesamt war die große Streubreite der Werte bei allen Befunden auffällig.

Der mittlere *BMI* lag in den 19 Studienzentren bei Männern zwischen 24,4 und 30,3 kg/m² und bei Frauen zwischen 23,9 und 30,5 kg/m². Bei den teilnehmenden Männern aus der Schweiz betrug der mittlere BMI in den 3 Regionen 28,1, 27,4 bzw. 27,0 kg/m², bei den Frauen 26,0, 27,7 bzw. 27,6 kg/m². *Deutliches Übergewicht* (BMI $\geq$ 30 kg/m²) wurde bei den Männern mit Häufigkeiten zwischen 7 und 43 %, in 8 Städten bei über 20 % festgestellt. 4-56 % der Frauen waren schwer übergewichtig, in 12 Städten mehr als 20 %, in 4 Städten waren sogar mehr als 40 % der untersuchten Frauen stark übergewichtig.

Untergewicht (BMI < 20 kg/m²) wird dagegen mit geringeren Häufigkeiten beschrieben. 0-15 % der Männer hatten einen erniedrigten BMI, in Griechenland, Ungarn, Norwegen und Polen lag der Anteil untergewichtiger Männer über 10 %. Bei den Frauen war der BMI bei 0-17 % erniedrigt; in Frankreich und Griechenland waren mehr als 10 % betroffen.

Hinsichtlich *Hämoglobin*, *Hämatokrit* und *Albumin* wurde ein relativ guter Gesundheitszustand der Teilnehmer festgestellt. Niedrige Werte wurden nur mit geringen Häufigkeiten beobachtet, schwere oder weitverbreitete Mängel wurden nicht festgestellt.

Die Mittelwerte der Hämoglobin-Konzentration lagen zwischen 144 und 157 g/l (Männer) bzw. zwischen 131 und 150 g/l (Frauen). Nach Definition der WHO (Hb < 130 g/l bei Männern bzw. < 120 g/l bei Frauen) lag die Anämie-Häufigkeit bei Männern bei 5,2 %, bei Frauen bei 5,7 %. Der mittlere Hämatokrit betrug 43,0-48,9 % (Männer) bzw. 39,7-46,4 % (Frauen).

Für *Albumin* lagen die Mittelwerte für Männer und Frauen zwischen 40 und 44 g/l. Nur vereinzelt wurden Werte unter 35 g/l gemessen.

Die vorläufig deskriptive Datenanalyse ergab beträchtliche Unterschiede im *Vitaminstatus* der Einwohner europäischer Städte. Sowohl innerhalb als auch zwischen den Studienorten wurden große Unterschiede ohne offensichtliche geographische Muster beobachtet. Für Retinol und Folat waren die Plasmakonzentrationen in allen Zentren im wünschenswerten Bereich. Demgegenüber war das Risiko für Vitamin B_6-Mangel, definiert als Plasmakonzentration von Pyridoxal-5-Phosphat unter 20 nmol/l, weit verbreitet und wurde in manchen Städten bei bis zu 50 % der Teilnehmer beobachtet. Niedrige Vitamin B_{12}-Werte wurden in 10 Städten mit Häufigkeiten zwischen 2 und 10 % gemessen, die Häufigkeit niedriger Vitamin E-Werte war mit Ausnahme von Ungarn gering.

Zahlreiche kleinere Studien in Europa und den USA haben den Ernährungszustand gesunder älterer Menschen untersucht und beschreiben überwiegend zufriedenstellende Ernährungsparameter (BURNS et al. 1986, MUNRO et al. 1987a, SOMOGY & KOPP 1983, YEARICK et al. 1980).

Ausgehend vom *Körpergewicht* bzw. *BMI* wird in Untersuchungen von jüngeren, gesunden Senioren ebenso wie in den bisher zitierten Studien vielfach eher eine Überfluß- als eine Mangelsituation beschrieben (CONTALDO et al. 1987, FIDANZA et al. 1984, 1992, KOHRS et al. 1978, YEARICK et al. 1980). Wesentlich häufiger wird von Übergewicht und kaum von Untergewicht berichtet. Zum Zeitpunkt des Rentenalters ist die Durchschnittsperson in Industrienationen demnach eher über- als unterernährt (LEHMANN 1989). Ausnahmslos wird der BMI allerdings ohne Altersanpassung des Normbereichs verwendet, wodurch sich die großen Übergewichtshäufigkeiten erklären lassen.

Blutparameter des *Proteinstatus* sind überwiegend zufriedenstellend (BURNS et al. 1986, BURR et al. 1982a, KOHRS et al. 1978, LEE et al. 1981, MUNRO et al. 1987b), *Vitaminblutwerte* weisen dagegen zum Teil auf Defizite hin (BAKER et al. 1979, CONTALDO et al. 1987, DHSS 1979, HAVIVI et al. 1985, PORRINI et al. 1987).

6.2.2 Heimbewohner

Der Ernährungszustand von Heimbewohnern wurde 1990 in einer Studie in Heidelberg untersucht (VOLKERT et al. 1992b).

50 über 75jährige, rüstige und gesunde Frauen ohne wesentliche körperliche und geistige Beeinträchtigungen nahmen an der Studie teil.

Vier der 50 Teilnehmerinnen wurden vom klinischen Eindruck her als unterernährt beurteilt, 7 als überernährt. Der BMI betrug im Mittel 23,9 ± 3,6 kg/m², mehr als die Hälfte zeigte BMI-Werte > 24 kg/m². Die anthropometrischen Ergebnisse waren mit Daten jüngerer gesunder Senioren vergleichbar, jedoch niedriger als bei jüngeren Erwachsenen.

Die biochemischen Meßwerte hinsichtlich Protein- und Vitaminstatus lagen fast ausnahmslos im Normbereich. Für Vitamin A wurden allerdings 16 % erniedrigte Plasmaspiegel gemessen, 6 der 8 niedrigen Werte im Grenzbereich zwischen 30 und 35 µg/dl. Wesentliche Veränderungen biochemischer Parameter wurden damit nicht festgestellt.

Bei den hochbetagten rüstigen Heimbewohnern dieser Studie konnte der Ernährungszustand insgesamt als zufriedenstellend beurteilt werden. Weder das hohe Alter noch die Wohnsituation im Heim waren mit Unterernährung verbunden (vgl. Kap. 7.1). Da die Teilnehmer alle einen sehr guten Gesundheitszustand, relativ hohen Bildungs- und Sozialstatus vorweisen konnten, können die Ergebnisse keinesfalls als repräsentativ für alle Altenheimbewohner angesehen werden.

Weitere Untersuchungen über den Ernährungszustand älterer Heimbewohner in der Bundesrepublik sind nicht bekannt.

Dagegen beschreiben zahlreiche Studien aus den USA die Ernährungssituation in verschiedenen Pflegeeinrichtungen. Große Variationen der Ergebnisse belegen dabei beträchtliche Unterschiede im Ernährungszustand älterer Heimbewohner. Einerseits wird von allgemein guter Ernährungsgesundheit und zufriedenstellendem Ernährungszustand ohne spezifische Defizite berichtet (Moreiras-Varela et al. 1986, Sahyoun et al. 1988, Smith et al. 1984, Suboticanec et al. 1989, Testolin et al. 1986), andererseits wird Unterernährung mit Häufigkeiten zwischen 35 und 85 % beschrieben (Jansen & Harrill 1977, Keller 1993, Pinchkofsky-Devin & Kaminski 1987, Shaver et al. 1990, Stiedemann et al. 1978, Thomas et al. 1991, Vir & Love 1979).

Im Vergleich zu gesunden, zuhause lebenden Senioren werden bei Heimbewohnern wesentlich häufiger Hinweise für Mangelernährung gefunden (Fidanza et al. 1988, Kergoat et al. 1987, Lipski et al. 1993, Löwik et al. 1992, Sahyoun et al. 1988).

Auch eine Übersicht von Rudman und Feller (1989) über 14 Studien bei Heimbewohnern ergab insgesamt ein ungünstigeres Ernährungsprofil als bei gesunden, zuhause lebenden Senioren. Protein-Energie-Mangelernährung ist diesen Studien zufolge bei Heimbewohnern üblich bei einer weiten Spanne der Ergebnisse der verschiedenen Studien. Bis zur Hälfte der Heimbewohner waren untergewichtig und hatten eine geringe Fettmasse. Bei 15-60 % lagen Meßergebnisse von Armmuskelumfang oder Albumin oder beide Werte unterhalb des Standards, Vitaminblutspiegel waren häufig erniedrigt.

Eine retrospektive Analyse der Ernährungssituation in 26 Pflegeheimen von Abbasi und Rudman (1993) ergab ebenfalls enorme Unterschiede zwischen verschiedenen Heimen.

Auch im Hinblick auf den Vitaminstatus von Pflegeheimbewohnern werden große Unterschiede zwischen verschiedenen Studien festgestellt. Drinka und Goodwin (1991) beschreiben in einer Übersichtsarbeit erniedrigte Serumkonzentrationen verschiedener Vitamine mit Häufigkeiten zwischen 0 und 78 %. Die häufigsten Defizite werden für Vitamin B_6 und Folsäure beschrieben, gefolgt von Vitamin B_{12}, B_2, B_1 und C.

Die beträchtliche Streubreite im Ernährungszustand wird auf große Unterschiede hinsichtlich Gesundheitszustand der Heimbewohner, Qualität der Pflege und Ernährungsversorgung in verschiedenen Institutionen zurückgeführt

Mehrfach wird bei älteren Heimbewohnern von einer Verschlechterung des Ernährungszustands im Lauf der Zeit in Form eines unbeabsichtigten Gewichtsverlusts berichtet (DWYER et al. 1987, GUPTA et al. 1988, MORLEY & KRÄNZLE 1994, SANDMAN et al. 1987, SILVER et al. 1988).

6.2.3 Geriatrische Patienten

Zahlreiche Studien belegen inzwischen übereinstimmend den schlechten Ernährungszustand großer Teile geriatrischer Patienten bei Aufnahme ins Krankenhaus. Meist sind Klinikaufenthalte mit einer weiteren Gewichtsabnahme und Verschlechterung der Ernährungssituation verbunden.

Bereits 1980 wurde in der Bundesrepublik von GOFFERJE et al. (1979, 1980) die Häufigkeit von Protein- und Protein-Energie-Mangelernährung bei 309 im Durchschnitt 74jährigen geriatrischen Patienten einer medizinischen Klinik untersucht.

Körpergewicht, Größe, Trizepshautfaltendicke, Armmuskelumfang, Kreatinin-Index, Albumin, Präalbumin, Transferrin und Cholinesterase wurden gemessen. Bei über 50 % wurde der Befund einer Mangelernährung erhoben, ohne jedoch die Kriterien für Mangelernährung genauer zu definieren.

1987/88 wurde in der **Bethanien-Ernährungsstudie** in Heidelberg der Ernährungszustand von 300 über 75jährigen Patienten einer medizinisch-geriatrischen Klinik umfassend untersucht (OSTER et al. 1995, SCHLIERF et al. 1989, VOLKERT 1990, VOLKERT et al. 1992a).

73 Männer und 227 Frauen im mittleren Alter von 82 Jahren, die konsekutiv vom Hausarzt eingewiesen wurden, nahmen an der Studie teil. Der Großteil der Patienten (84 %) war bei Aufnahme mittelschwer bis schwer erkrankt, die häufigsten Diagnosen umfaßten kardiale Erkrankungen, Demenz und Diabetes mellitus. Bereits vor der Krankenhauseinweisung und Eintritt der akuten Krankheit war ein Großteil der Probanden in wichtigen körperlichen Funktionen eingeschränkt und bei üblichen Aktivitäten des täglichen Lebens hilfsbedürftig, ein Drittel der Patienten war örtlich und zeitlich gut orientiert, während 54 % Zeichen einer Verwirrung zeigten.

Anhand des *äußeren Erscheinungsbilds* wurde etwa ein Viertel der Patienten als unterernährt beurteilt, ebenfalls etwa ein Viertel als überernährt.

Bei 18 % der Männer und 11 % der Frauen wurden *BMI*-Werte unter 20 bzw. 19 kg/m^2 festgestellt. 29 % der Männer und 39 % der Frauen hatten Werte über 25 bzw. 24 kg/m^2. Unter Verwendung des altersspezifischen BMI-Normbereichs des amerikanischen NATIONAL RESEARCH COUNCIL (24-29 kg/m^2 für über 65jährige) waren 57 % der untersuchten Frauen und 60 % der Männer untergewichtig. Lediglich 8 % bzw. 2 % waren nach dieser Definition überernährt. Der mittlere BMI lag bei 23 kg/m² ohne geschlechtsspezifische Unterschiede und damit niedriger als bei altersgleichen, selbständig lebenden Senioren. Tab. 6.10 zeigt die Mittelwerte der anthropometrischen Parameter der untersuchten Patienten und Patientinnen im Vergleich zu gesunden, gleichaltrigen Heimbewohnerinnen. Die Meßwerte der Patientinnen lagen deutlich niedriger als die gesunder Seniorinnen.

Tab. 6.10: Anthropometrische Parameter bei über 75jährigen geriatrischen Patienten und über 75jährigen gesunden Heimbewohnerinnen (Bethanien-Ernährungsstudie). Mittelwerte ± SD (Anzahl untersuchter Personen). – THFD = Tricepshautfaltendicke, OAU = Oberarmumfang, AMU = Armmuskelumfang.

		Patienten Männer (73)	Patienten Frauen (227)	Heimbewohnerinnen Frauen (50)
Gewicht	[kg]	63,0 ± 9,2	55,4 ± 11,3	60,7 ± 10,4
BMI	[kg/m²]	23,0 ± 3,7	23,4 ± 4,6	23,9 ± 3,6
THFD	[mm]	8,8 ± 4,6	13,7 ± 6,5	18,0 ± 6,7
OAU	[cm]	24,5 ± 3,3	24,2 ± 3,9	26,7 ± 3,7
AMU	[cm]	21,7 ± 2,7	19,9 ± 3,0	21,0 ± 2,9

Tab. 6.11: Häufigkeit unbefriedigender Blutwerte [%] bei über 75jährigen geriatrischen Patienten und über 75jährigen gesunden Heimbewohnerinnen (Bethanien-Ernährungsstudie) (in Klammern: Anzahl untersuchter Personen).

	Grenzwert	Patienten Männer (73)	Patienten Frauen (223)	Heimbew. Frauen (50)
Gesamtprotein	60 g/l	20,6	20,3	–
Albumin	35 g/l	32,9	17,6	–
Transferrin	2 g/l	38,9	22,0	4,0
RBG	3 mg/dl	29,2	20,6	2,0
Präalbumin	10 mg/dl	13,9	8,1	–
Vitamin A	35µg/dl	44,4	34,2	16,0
Vitamin C	0,5 mg/dl	50,0	33,3	–
Vitamin B_1 – α-ETK	1,25	15,3	11,1	2,0
Vitamin B_2 – α-EGR	1,5	22,2	15,6	4,0
Vitamin B_6 – α-EGOT	2,0	13,7	8,9	6,0
Vitamin B_{12}	120 pmol/l	13,9	12,3	2,0
Folsäure	6,0 nmol/l	20,5	8,8	2,0

Die biochemischen Untersuchungen ergaben ein beträchtliches Ausmaß unbefriedigender Blutwerte (Tab. 6.11). Abb. 6.1 veranschaulicht den deutlich schlechteren Vitaminstatus der untersuchten Patientinnen im Vergleich zu den jüngeren gesunden Seniorinnen der VERA-Studie (s. Kap. 6.2.1) und den gesunden gleichaltrigen Heidelberger Heimbewohnerinnen (s. Kap. 6.2.2). *Klinische Vitaminmangelsymtome* wurden dennoch nur vereinzelt und ohne Zusammenhang zu den Blutwerten beobachtet (9 % Rhagaden, 6 % Seborrhoen, 5 % Augenmuskelschwäche). Auffallend war das gleichzeitige Vorkommen mehrerer unbefriedigender Blutwerte beim selben Patienten.

Die *immunologischen Bestimmungen* ergaben bei etwa jeweils der Hälfte der Patienten erniedrigte Lymphozytenzahlen bzw. keine Reaktion auf den Antigen-Hauttest.

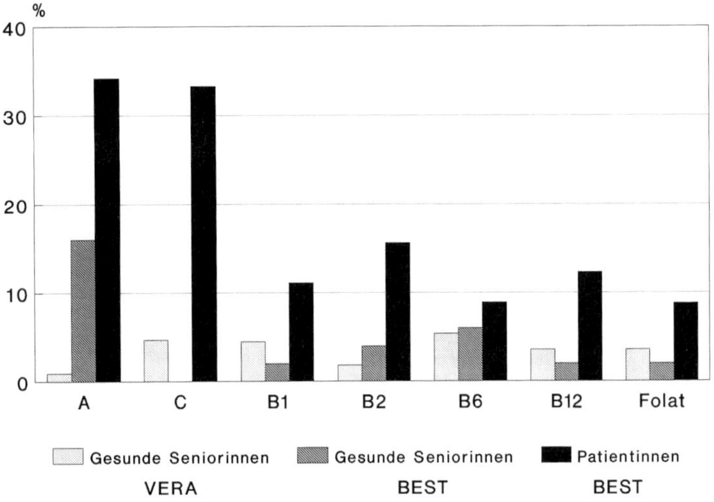

Abb. 6.1: Häufigkeit unbefriedigender Vitaminwerte bei gesunden über 65jährigen Seniorinnen (VERA), gesunden über 75jährigen Heimbewohnerinnen (BEST) und über 75jährigen geriatrischen Patientinnen (BEST) (HESEKER et al. 1992, VOLKERT 1990, VOLKERT et al. 1992b).

Aus den Ergebnissen der Bethanien-Ernährungsstudie läßt sich zusammenfassend schließen, daß ein großer Teil geriatrischer Patienten nur marginal bzw. unzureichend mit Energie und Nährstoffen versorgt ist und sich in einem grenzwertig guten oder sogar schlechten Ernährungszustand befindet.

In zahlreichen kleineren Studien wurde in den letzten Jahren der Ernährungszustand geriatrischer Patienten in anderen Ländern untersucht. Auch hier wurden Ernährungsdefizite mit beeindruckenden Häufigkeiten beschrieben. Tab. 6.12 gibt einen Überblick.

Tab. 6.12: Häufigkeit von Mangelernährung (MN) bei geriatrischen Patienten.

Autor (Jahr)	N	Kollektiv/ Diagnose	Häufigkeit von MN	Kriterien
AGARVAL et al. (1988)	80	gemischt akut	26-65 %	einzelne Werte < Std (KG, Alb, Trf, Lym, DH)
			26 %	Alb<30 g/l
BIENIA et al. (1982)	59	gemischt akut	61 %	≥ 2 von 4 Werten < Std (KG, AMU, Alb, Trf)
CEDERHOLM & HELLSTRÖM (1992)	96	gemischt akut	39 %	≥ 2 von 4 Werten < Std (KG, THFD, Alb, DH)
CEDERHOLM et al. (1993)	205	internistisch	20 %	≥ 3 von 5 Werten < Std (KG, THFD, AMU, Alb, DH)
CONSTANS et al. (1992)	324	internistisch	16 % (M) 22 % (F)	OAU und Alb < Std
			30 % (M) 41 % (F)	OAU oder Alb < Std
FINUCANE et al. (1988)	98	gemischt akut	47 %	Alb < 35 g/l
KEMM & ALLCOCK	304	gemischt akut	20-50 %	einzelne Werte < Std (Alb, Trf, Vit.A, C, B_1, B_2)
			40 %	Alb < 35 g/l
LANSEY et al. (1993)	47	gemischt akut	45 %	≥ 2 anthropometrische Werte < 5. Perc.
			30 %	Alb < 35 g/l
LINN (1984)	82	gemischt akut	45 %	≥3 von 7 Werten < Std (KG, THFD, AMU, Alb, Hb, Lym, DH)
MCWHIRTER & PENNINGTON (1994)	100	gemischt akut	40 %	BMI < 20 kg/m²
MORGAN et al. (1986)	20	gemischt akut	30 - 60 %	einzelne Werte < 5.Perc. (KG, THFD, AMU, Alb, PA, Vit.C)
MOWÉ et al. (1994)	311	gemischt akut	53 % (M) 61 % (F)	BMI + THFD + AMU + Alb < Std
NOGUES et al. (1995)	67	gemischt akut	56 %	Alb < 35 g/l oder GV ≥ 10 %

Forts. Tab. 6.12:

Autor (Jahr)	N	Kollektiv/ Diagnose	Häufigkeit von MN	Kriterien
Asplund et al. (1981)	91	psychogeriatr.	30 %	KG + (THFD oder Alb oder Trf) < Std
Greer et al. (1986)	113	psychogeriatr.	65 %	≥ 1 Wert < Std (Alb, Trf, Vit.A, C, E, B_1, B_2, B_6, B_{12}, Folat)
Hancock et al. (1985)	182	psychogeriatr.	11 - 34 %	einzelne Werte < 5.Perc. (PA, Vit.C, B_2, B_6)
Morgan et al. (1986)	181	psychogeriatr.	10 - 40 %	einzelne Werte < 5.Perc. (KG, THFD, AMU, Alb, PA, Vit.C)
Axelson et al. (1988)	100	Schlaganfall	16% (A), 22 % (E)	≥ 2 von 6 Werten < Std. (KG, THFD, AMU, Alb, Trf, PA)
Foster et al. (1990)	40	Hüftfraktur	55 %	Alb <35 g/l
Markus et al. (1993)	95	Parkinson	24 % (M) 23 % (F)	BMI < 20 kg/m² (M) bzw. < 18,6 kg/m² (F)
Schols et al. (1989)	153	COPD	19 %	Index aus 4 Parametern (KG, Alb, PA, Lym)

< Std = Wert unterhalb eines Standards / außerhalb des Normbereichs
< 5.Perc = Wert unterhalb der 5. Percentile einer gesunden Vergleichsgruppe
M = Männer, F = Frauen, A = bei Aufnahme in die Klinik, E = bei Entlassung, KG = Körpergewicht, BMI = Bodymass-Index, GV = Gewichtsverlust, THFD = Tricepshautfaltendicke, OAU = Oberarmumfang, AMU = Armmuskelumfang, Alb = Albumin, Trf = Transferrin, PA = Präalbumin, DH = Hauttest, Lym = Lymphzytenzahl, COPD = Chronisch obstruktive Lungenerkrankung

Niedrige **anthropometrische Werte** sind bei geriatrischen Patienten ebenso üblich wie erniedrigte Serum**proteinspiegel**.

Spezielle Untersuchungen zum **Vitaminstatus** geriatrischer Patienten beschreiben unbefriedigende Blutwerte bei bis zu 90 % (Basu et al. 1976, Brocklehurst et al. 1968, Brubacher 1989, Lemoine 1981, Pollit & Salkeld 1977, Wenger et al. 1979)! Trotz häufig unbefriedigender Blutwerte werden von Vir und Love (1979), Morgan et al. (1975) und Morgan und Hullin (1982) nur wenig klinische Mangelhinweise gefunden. Andere Autoren (ANDREWS et al. 1969, BROCKLEHURST et al. 1968, BURNS et al. 1989, LEMOINE et al. 1981, WENGER et al. 1979) berichten dagegen bei großen Teilen geriatrischer Patienten von Vitaminmangelsymptomen, v. a. Hautveränderungen, Glossitis (entzündliche Veränderungen der Zungenschleimhaut), angulärer Stomatitis (Entzündung der Mundwinkel) und sublingualen Hämorrhagien.

Der direkte Vergleich von gesunden, zuhause lebenden Senioren und geriatrischen Patienten in den Untersuchungen von MOWÉ et al. (1994) und CEDERHOLM und HELLSTRÖM (1992) zeigt, daß unbefriedigende Ernährungsparameter im Krankheitsfall wesentlich häufiger sind.

Auch MORGAN et al. (1986) stellen bei verschiedenen Gruppen geriatrischer Patienten (akut kranke, psychogeriatrische, Tagesklinik-Patienten) wesentlich häufiger unbefriedigende Werte fest als bei aktiven gesunden Senioren.

Eine weitere Verschlechterung des Ernährungszustands geriatrischer Patienten während des Krankenhausaufenthalts wird von verschiedenen Autoren beschrieben (BURNS et al. 1989, CONSTANS et al. 1992, HÜBSCH et al. 1994, LARSSON et al. 1990, MCWHIRTER & PENNINGTON 1994, SANDMAN et al. 1987, WEINSIER et al. 1979).

7 Unterernährung im Alter

Während in mittleren Altersgruppen Übergewicht und dadurch bedingte Gesundheitsprobleme das Hauptemährungsproblem darstellen, gewinnt im Alter die Problematik der Unterernährung an Bedeutung. Häufig werden bei alten Menschen Hinweise auf Ernährungsdefizite festgestellt (vgl. Kap. 6.2), alte Menschen gelten demzufolge als Risikogruppe für Unterernährung.

Zahlreiche Arbeiten befassen sich mit der Frage nach Ursachen und Entstehung von Unterernährung im Alter.

Einfach betrachtet ist Unterernährung die Folge einer negativen Energie- bzw. Nährstoffbilanz. Die aufgenommene Energie- bzw. Nährstoffmenge ist geringer als der aktuelle Bedarf, was sowohl bei normalem als auch bei erhöhtem Bedarf der Fall sein kann.

Die etwas vordergründige Ursache von Mangelernährung liegt demzufolge in einer zu geringen Nahrungsaufnahme. Tatsächlich wird die Ernährungssituation im Alter von zahlreichen Faktoren beeinflußt. Veränderungen in allen Lebensbereichen, die mit zunehmendem Alter auftreten, können die Erhaltung eines guten Ernährungszustands erschweren und die Entstehung von Unterernährung begünstigen.

Im Gegensatz zur Mangelsituation in den Hungerregionen der Welt kann Mangelernährung bei alten Menschen trotz ausreichendem Angebot und guter Verfügbarkeit an Lebensmitteln, z. B. bei Kau- oder Schluckbeschwerden, psychischen Belastungen oder geistiger Beeinträchtigung, auftreten. Ausreichendes Essen erfordert im Alter mehr als nur ein bedarfsgerechtes Angebot. Durch Behinderungen, die den Lebensmitteleinkauf erschweren, oder finanzielle Einschränkungen kann die Nahrungsaufnahme allerdings auch bei alten Menschen durch mangelnde Verfügbarkeit hochwertiger Lebensmittel reduziert sein.

Im folgenden werden verschiedene wesentliche Einflußfaktoren, die die Entstehung von Unterernährung im Alter begünstigen, näher beschrieben, gegliedert in altersbedingte Veränderungen, direkte Ernährungsfaktoren, Krankheit und Medikamenteneinnahme, körperliche und geistige Beeinträchtigungen und sozioökonomische Faktoren (Tab. 7.1).

Mögliche Mechanismen der Beeinflussung werden dargestellt und Untersuchungen zitiert, die Zusammenhänge zwischen den Einflußfaktoren, Nahrungsaufnahme und Ernährungszustand belegen.

Tab. 7.1: Einflußfaktoren auf Nahrungsaufnahme und Ernährungszustand im Alter.

Physiologische Altersveränderungen
– Altersanorexie: veränderte Hunger- und Sättigungsregulation
– nachlassende Sinneswahrnehmungen
– Kaubeschwerden durch Zahnverlust
– physiologische Altersveränderungen der Verdauungsfunktionen
– veränderte Körperzusammensetzung
Ernährungsverhalten
– einseitige Ernährung
– Fehlanpassung an veränderte Bedarfssituationen
Krankheits- und Medikamenteneffekte
– Anorexie
– Behinderung bei der Nahrungsaufnahme
– Maldigestion und Malabsorption, erhöhte Nährstoffverluste
– erhöhter Bedarf
Körperliche Behinderungen
– Mobilitätsstörungen, Immobilität
– Behinderung der oberen Extremitäten
– Kaubeschwerden
– Schluckstörung
Geistige und psychische Beeinträchtigung
– Vergeßlichkeit, Verwirrtheit, Demenz
– Depressionen, Angst vor Vergiftung, Anorexia nervosa
Soziökonomische Faktoren
– Bildung
– Einkommen, finanzielle Situation
– Wohnsituation

7.1 Einflußfaktoren auf Ernährung und Ernährungszustand – Mögliche Ursachen von Unterernährung

7.1.1 Physiologische Altersveränderungen

Verschiedene physiologische Altersveränderungen und altersbedingte Faktoren, die sich auf die Ernährung auswirken, werden mit der Entstehung von Unterernährung in Verbindung gebracht.

Der häufig beklagtenen **Appetitlosigkeit** wird dabei besondere Bedeutung beigemessen.

Appetitverlust im Alter und die daraus resultierende geringe Nahrungsaufnahme werden als wesentliche Ursache für Ernährungsdefizite im Alter angesehen (s. Kap. 2.1.1).

Häufig tritt Appetitlosigkeit zusammen mit anderen Risikofaktoren wie geringe Aktivität und Immobilität, Krankheiten, Schmerzen, Medikamenteneinnahme, Demenz, Depression oder Einsamkeit auf, so daß das Lebensalter meist nicht allein für die Anorexie verantwortlich gemacht werden kann.

Da es sich bei der Appetitlosigkeit um ein völlig subjektives Empfinden handelt, ist die standardisierte Erfassung schwierig. Bei gesunden Senioren verschiedener Altersgruppen werden Häufigkeiten zwischen 5 und 10 % genannt (Arab 1985, Bowman et al. 1992).

Da die geschmackliche und geruchliche Wahrnehmung eine wichtige Rolle für die Akzeptanz von Lebensmitteln spielt und auch den Appetit beeinflußt, wird davon ausgegangen, daß die **verringerte Geschmacks- und Geruchswahrnehmung** im Alter zu einer geringeren Nahrungsaufnahme führt und die Entstehung von Unterernährung begünstigt (vgl. Kap. 2.2.1.1). Leider gibt es bisher keine Untersuchungen darüber, wie sich die nachlassenden Sinneswahrnehmungen auf Nahrungsaufnahme und Ernährungszustand auswirken.

Zahnlosigkeit und dadurch bedingte **Kaubeschwerden** werden häufig zu den altersbedingten Einflußfaktoren auf den Ernährungszustand gerechnet, da ein großer Teil älterer Menschen kein funktionsfähiges Gebiß und Probleme beim Kauen hat. Der Zahnstatus im Alter, das Ausmaß von Zahnverlust und Kaubeschwerden hängen jedoch nicht nur vom Lebensalter, sondern ganz wesentlich von anderen Faktoren wie lebenslanger Mundhygiene und Zahnpflege ab. Neuere Studien weisen darauf hin, daß Altern nicht zwangsläufig mit Zahnverlust einhergeht und verbesserte Zahnpflege, Mundhygiene und zahnärztliche Behandlung bei den folgenden Generationen alter Menschen einen besseren Zahnstatus erwarten lassen (vgl. Kap. 2.2.1.1).

Auf die Häufigkeit von Kauproblemen im Alter und deren Bedeutung für Nahrungsaufnahme und Ernährungszustand wird in Kap. 7.1.4 näher eingegangen.

Altersveränderungen im Verdauungstrakt, die Resorption und Bioverfügbarkeit von Nährstoffen beeinträchtigen, sind als weitere altersbedingte Ursache von Nährstoffdefiziten denkbar. Altersveränderungen werden auch im Verdauungstrakt beobachtet, ihre Bedeutung als Ursache für Ernährungsdefizite wird bei gesunden Senioren jedoch insgesamt gering eingeschätzt (vgl. Kap. 2.2.1). Die zunehmende Häufigkeit akuter und chronischer Krankheiten und der multiple Medikamentenkonsum alter Menschen erhöhen das Risiko für negative Effekte auf die Verdauungsleistung allerdings deutlich.

Da die normalen **Altersveränderungen der Körperzusammensetzung** große Ähnlichkeit mit den Veränderungen bei Mangelernährung haben (vgl. Kap. 2.3.3 und Tab. 6.1), geht man davon aus, daß die Entstehung von Mangelernährung im Alter dadurch begünstigt ist. Die altersbegleitende Abnahme der fettfreien Körpermasse und des Proteinbestands machen ältere Menschen anfälliger für übermäßigen Proteinabbau und Verschlechterungen des Ernährungszustands und damit anfälliger für Unterernährung.

Verschiedene Altersveränderungen werden somit in Zusammenhang mit der Entstehung von Unterernährung gesehen, insgesamt ist jedoch nicht klar, inwieweit der Alternsprozeß tatsächlich daran beteiligt ist.

In zahlreichen Studien wird eine geringere Nahrungsaufnahme im höheren Lebensalter im Vergleich zu jüngeren Erwachsenen und häufig eine unzureichende Deckung des Nährstoffbedarfs beschrieben (Übersicht bei Horwath 1989a). Verschiedene Untersuchungen des Ernährungszustands haben darüber hinaus gezeigt, daß Hinweise auf Ernährungsdefizite vor allem im höheren Lebensalter auftreten und in den höheren Altersgruppen häufiger sind als bei Erwachsenen im mittleren Lebensalter und bei jüngeren Senioren (s. Kap. 6.2).

Da Mangelernährung mit zunehmendem Alter häufiger beobachtet wird, wird ein **hohes Lebensalter per se** oft als Risikofaktor für einen schlechten Ernährungszustand angesehen.

Es gibt jedoch auch Studien, die zeigen, daß hohes Alter allein nicht zwangsläufig mit Mangelernährung verbunden ist. Aktive, gesunde Senioren unterscheiden sich in vielen Aspekten nur unwesentlich von jungen Erwachsenen. Selbst bei im Durchschnitt über 80jährigen in gutem Allgemeinzustand wurden in verschiedenen Studien keine Hinweise auf Mangelernährung festgestellt (Burns et al. 1986, Morgan et al. 1986, Smith et al. 1984, Vellas et al. 1992a, Volkert et al. 1992b). „Erfolgreich gealterte“ befinden sich trotz hohem Lebensalter in gutem Ernährungszustand (Vellas 1992).

Das chronologische Alter ist demnach auch im Hinblick auf Ernährungsprobleme wenig aussagekräftig (vgl. Kap. 1.2.4.2), hohes Alter allein kann nicht als Ursache für Ernährungsdefizite angesehen werden. Nicht das Lebensalter an sich, sondern die vielfach im hohen Alter auftretenden bzw. wirksamer werdenden Einflußfaktoren begünstigen die Entstehung von Ernährungsdefiziten.

7.1.2 *Ernährungsverhalten*

Ungünstige Ernährungsgewohnheiten oder eine Fehlanpassung an veränderte Bedarfssituationen können die Entstehung von Nährstoffdefiziten bei alten Menschen begünstigen.

Eine **einseitige Ernährung** durch Weglassen oder Meiden bestimmter Lebensmittelgruppen wie Obst oder Milchprodukte und die Bevorzugung anderer Produktgruppen führt langfristig zu einer unausgewogenen Nährstoffversorgung. Dies kann bei älteren Menschen durch jahrzehntelang gefestigte ungünstige Gewohnheiten, besondere Vorlieben und Abneigungen der Fall sein, häufig entwickeln sich ungünstige Ernährungsgewohnheiten jedoch auch erst im Alter. Schwierigkeiten bei der Zubereitung einer abwechslungsreichen Ernährung, z. B. bei verwitweten Männern aus Unkenntnis oder bei behinderten Senioren, können dazu beitragen. Aus praktischen Gründen werden konservierte Lebensmittel bevorzugt, die in der Regel weniger Nährstoffe enthalten als frische Lebensmittel. Durch mehrfaches Aufwärmen bereits zubereiteter Speisen und Reste und langes Weichkochen, bei alten Menschen weit verbreitete ungünstige Gewohnheiten, gehen wertvolle Nährstoffe verloren. Als weitere ungünstige Gewohnheit ist ein hoher Alkoholkonsum zu nennen, der oft in Zusammenhang mit psychischen und sozialen Problemen im Alter erstmals auftritt. Alkohol ersetzt meist hochwertige Lebensmittel und führt außerdem durch negative Stoffwechseleffekte zu Nährstoffdefiziten.

Viele ältere Menschen befolgen selbstauferlegte oder verordnete Diätrichtlinien mit großer Sorgfalt und schränken ihre Nährstoffversorgung dadurch ein. Ideologisch motivierte Eßpraktiken sind meist extrem einseitig und daher abzulehnen. Auch medizinisch verordnete Diäten müssen bei älteren Menschen in Frage gestellt werden, da sie die Lebensmittelvielfalt einschränken und meist geschmacklich wenig attraktiv sind. Insbesondere bei Tendenz zu Unterernährung müssen Nutzen der Diät für Stoffwechsel und Befindlichkeit und mögliche negative Folgen für den Ernährungszustand sorgfältig abgewogen werden. Häufig werden in Kliniken und Heimen jedoch trotz schlechtem Ernährungszustand restriktive Diäten verabreicht, die möglicherweise zur Entstehung der Unterernährung beigetragen haben (Buckler et al. 1994).

Ein monotones, unattraktives Essensangebot in der Gemeinschaftsverpflegung, das den eigenen Geschmack, eigene Bedürfnisse und Gewohnheiten zu wenig berücksichtigt, kann ebenfalls zu einer unzureichenden Nahrungsaufnahme beitragen.

Eine **Fehlanpassung** der Nahrungszufuhr **an die veränderte Bedarfssituation** im Alter kann ernährungsbedingte Gesundheitsprobleme zur Folge haben. Unzureichende Reduktion der Energiemenge führt zu Gewichtszunahme und Übergewicht, übermäßige Reduktion zu Gewichtsverlust und Nährstoffdefiziten. Auch bei richtiger Anpassung der Energiemenge an den Bedarf können bei gleichbleibenden Ernährungsgewohnheiten und fehlender Steigerung der Nährstoffdichte Nährstoffdefizite entstehen; der Energiebedarf ist in diesem Fall zwar gedeckt, nicht aber der Nährstoffbedarf. Der geringere Energiebedarf im Alter wird somit als Risikofaktor für Mangelernährung angesehen, wenn die Nährstoffdichte nicht erhöht wird, was häufig der Fall ist.

EXTON-SMITH (1977) beschreibt beispielsweise bei 80jährigen Frauen in London eine um 19 % geringere Energie-Aufnahme als bei 70jährigen. Gleichzeitig war die Aufnahme von Calcium um 18 %, die von Eisen und Vitamin C um 30 % verringert. Auch in einer neueren Publikation aus Großbritannien wird von einer Reduktion der Energiemenge mit zunehmendem Alter bei gleichbleibenden Ernährungsgewohnheiten berichtet (DEP. OF HEALTH 1993).

In Perioden erhöhten Bedarfs, z. B. bei Infektionen, führt eine fehlende Anpassung an die veränderte Bedarfssituation ebenfalls zu Defiziten.

In welchem Umfang die genannten Ernährungsfaktoren zur Entstehung von Unterernährung beitragen, ist nicht klar. In zahlreichen Studien wurden Ernährungsgewohnheiten und Nahrungsaufnahme alter Menschen untersucht (s. Kap. 10). Häufig wird von einer unbefriedigenden Nahrungsaufnahme und Nährstoffversorgung berichtet, die jedoch auch in Zusammenhang mit anderen Einflußfaktoren zu sehen ist.

7.1.3 Krankheiten und Medikamenteneinnahme

Der Gesundheitszustand ist in jedem Lebensalter ein wesentlicher Einflußfaktor auf den Ernährungszustand. Auch im Alter tritt Mangelernährung meist in Zusammenhang mit Krankheiten auf (s. Kap. 6.2).

Akute und chronische Krankheiten und die damit verbundene multiple Medikamenteneinnahme können sich auf unterschiedliche Art auf den Ernährungszustand auswirken: Durch verringerten Appetit oder krankheitsbedingte Behinderungen können Ernährungsverhalten und Nahrungsaufnahme beeinträchtigt sein. Krankheiten und Medikamente können die Nährstoffverwertung stören und den Bedarf an Energie und Nährstoffen erhöhen.

Geringe Nahrungsaufnahme durch krankheitsverbundene Anorexie
Appetitlosigkeit ist in Zusammenhang mit Krankheiten üblich und kann durch Übelkeit, chronische Schmerzen und Beschwerden bei der Nahrungsaufnahme oder nach dem Essen bedingt sein. Meist trägt mangelnde Be-

wegung durch Immobilität und Bettlägrigkeit zur Appetitverminderung bei. Fehlender Appetit ist ein typisches Symptom bei Krebserkrankungen und Infektionen und tritt häufig auch in Zusammenhang mit psychischen Erkrankungen, Depressionen und Demenzen auf (s. Kap. 7.1.5).

Geringe Nahrungsaufnahme durch Behinderung beim Essen

Infolge von Krankheiten können körperliche und geistige Behinderungen auftreten, die die Nahrungsaufnahme erschweren (s. auch Kap. 7.1.4 und Kap. 7.1.5). *Schluckstörungen* z. B. infolge von Schlaganfall, Parkinson-Syndrom oder Demenz und *Kauprobleme* durch Mund- und Zahnkrankheiten oder Kiefergelenksarthrose sind im Alter häufig und behindern die Nahrungsaufnahme direkt.

Behinderungen der oberen Extremitäten durch Zittern der Hände (z. B. bei Parkinson-Syndrom), Armparesen (Lähmungen der Arme) und Beweglichkeitsstörungen der Finger (z. B. infolge von Schlaganfall, Arthrose oder Arthritis) erschweren die Nahrungsaufnahme. Auch ständiges *Husten* (z. B. bei chronischer Bronchitis) behindert das Essen. Bei chronisch obstruktiver Lungenkrankheit wird von Schwierigkeiten der Patienten berichtet, gleichzeitig zu atmen und zu essen.

Schmerzen können die Nahrungsaufnahme hemmen, z. B. bei Mundproblemen (s. Kap. 7.1.4) oder Magenschmerzen. Bauchkrämpfe bei Verdauungsstörungen oder Darmkrankheiten und Völlegefühle, z. B. bei Obstipation oder abdomineller Ischämie (Blutleere des Bauchs/Unterleibs infolge mangelnder Blutzufuhr), führen zur frühen Beendigung einer Mahlzeit. Bei *Hemineglekt* infolge eines Schlaganfalls wird die Hälfte des Essenstabletts ignoriert, der Teller nur halb leer gegessen.

Maldigestion und Malabsorption

Erbrechen und Durchfälle, gastrointestinale Entzündungen oder Resektionen, Funktionsstörungen der Verdauungsorgane [z. B. Achlorhydrie (Fehlen von Magensäure), Pankreatitis (Entzündung der Bauchspeicheldrüse), Zöliakie (Erkrankung der Dünndarmschleimhaut)] beeinträchtigen die Verdauung und Aufnahme der Nährstoffe vom Gastrointestinaltrakt ins Blut. Von den Erkrankungen des Verdauungstrakts, die sich auf Resorption und Nährstoffversorgung negativ auswirken, ist die *atrophische Gastritis* besonders erwähnenswert, deren Häufigkeit im Alter drastisch ansteigt. Die verringerte Säuresekretion bringt die Gefahr übermäßigen Bakterienwachstums im Dünndarm mit sich und wirkt sich negativ auf die Löslichkeit und Bioverfügbarkeit von Calcium und Eisen, sowie auf die Bioverfügbarkeit von Folat, Vitamin B_6 und proteingebundenem Vitamin B_{12} aus (vgl. Kap. 2.2.1.3).

Erhöhter Bedarf

Zahlreiche Krankheiten sind mit einer Steigerung der Stoffwechselrate und dadurch erhöhtem Nahrungsbedarf verbunden. Akute Infektionen (Lungen, Harnwege, Sepsis), Hyperthyreose (Schilddrüsenüberfunktion), konsumierende Erkrankungen, Hyperaktivität bei Demenz und ständige unwillentliche Bewegungen bei Parkinson-Syndrom sind häufige Beispiele bei Älteren. Bei konsumierenden Erkrankungen, kardialer Kachexie (schwerer Gewichtsverlust und erniedrigte Albuminkonzentration im Serum bei Patienten mit Herzinsuffizienz) und chronisch obstruktiven Lungenkrankheiten ist ein erhöhter Stoffwechsel mit Anorexie verbunden.

Heilungsprozesse nach operativen Eingriffen oder von offenen Wunden wie z. B. Dekubitalgeschwüre, Verletzungen, Verbrennungen, Entzündungen gehen mit einer deutlichen Erhöhung des Protein- und Energiebedarfs einher. Diese Bedarfssteigerung wird als physiologische metabolische Antwort auf übermäßigen Streß und als optimale Antwort des Körpers zur Erhaltung der Homöostase angesehen und ist im Akutfall sinnvoll und nützlich. Bei anhaltender Dauer – bei Jüngeren nach etwa 10 Tagen – bringt der Effekt jedoch negative Folgen mit sich. Insbesondere Organe mit hohem Zell- und Proteinumsatz – Haut, Immunsystem und Gastrointestinaltrakt – sind betroffen. Charakteristisch ist die Entleerung visceraler Proteinspeicher und Störungen der Leberfunktion mit der Folge niedriger Albuminspiegel. Die beeinträchtige Immunfunktion geht mit erhöhter Infektanfälligkeit einher, eine gestörte Zellproliferation im Dünndarm führt zu Malabsorption, wodurch die Nährstoffversorgung weiter erschwert und der Zustand der Protein-Energie-Mangelernährung begünstigt wird (Lipschitz 1992).

Ältere Patienten sind durch ihre geringere Anpassungsfähigkeit an Streßsituationen und leichtere Störanfälligkeit der Homöostase besonders für die Entstehung von Protein-Energie-Mangelernährung gefährdet. Der positive Effekt der metabolischen Streßreaktion ist bei Älteren zudem auf eine kürzere Zeitspanne begrenzt. Relativ geringer Streß von kurzer Dauer wie bei Lungen- oder Harnwegsinfektionen oder kleineren Operationen wirkt sich schnell negativ aus. Eine unzureichende Nährstoffbedarfsdeckung für 2-3 Tage kann nach Lipschitz (1992) bereits zu deutlichen Einbußen der Immun-, Leber- und Gastrointestinal-Funktion und zur Entwicklung bedeutender Mangelzustände führen.

Zahlreiche Studien belegen enge Zusammenhänge zwischen Gesundheits- und Ernährungszustand bei alten Menschen.

Die häufigen Ernährungsdefizite bei geriatrischen Patienten und der schlechtere Ernährungszustand im Vergleich zu gesunden gleichaltrigen (vgl. Kap. 6.2.) legen Krankheitseinflüsse bei der Entstehung von Mangelernährung bereits nahe.

In Großbritannien wurde bei einer repräsentativen Stichprobe zuhause lebender Senioren festgestellt, daß in 25 von 26 Fällen medizinische Faktoren zu Ernährungsdefiziten beigetragen haben (DHSS 1979). Chronische Bronchitis und Emphysem (übermäßige Aufblähung der Lunge durch Fäulnisgase oder Luft) sowie Gastrektomie (operative Entfernung des Magens) waren in dieser Untersuchung besonders häufig mit Mangelernährung verbunden.

Auch verschiedene andere Studien beschreiben Zusammenhänge zwischen bestimmten Krankheitsbildern und dem Ernährungszustand. So werden Ernährungsdefizite bei geriatrischen Patienten mit malignen Erkrankungen (KEMM et al. 1984, MARTON et al. 1981, RABINOVITZ et al. 1986), bei Schlaganfallpatienten (AXELSON et al. 1988) und bei Patienten mit Parkinson-Syndrom (DAVIES et al. 1994, MARKUS et al. 1993) mit großen Häufigkeiten beobachtet. Malabsorption und gastrointestinale Störungen werden von MCEVOY et al. (1983), RABINOVITZ et al. (1986) und MARTON et al.(1981), Infektionen von AXELSON et al. (1988) und SANDMAN et al. (1987) als verbreitete Ursache von Unterernährung genannt.

Andere Studien mit gemischten Kollektiven geriatrischer Patienten finden Unterernährung in allen Diagnosegruppen. In der Bethanien-Ernährungsstudie wurde keine Häufung von Unterernährung in bestimmten Diagnosegruppen festgestellt. Tendenziell häufiger unterernährt als Patienten ohne die jeweilige Diagnose waren Patienten mit Malignom, Lebererkrankung oder Parkinson-Syndrom (VOLKERT 1990). Auch MOWÉ et al. (1994) fanden bei akut kranken geriatrischen Patienten Unterernährung in allen Diagnosegruppen, ABBASI und RUDMAN (1994) bestätigen dies für die Bewohner von 27 Pflegeheimen.

Ein deutlicher Zusammenhang war in der Bethanien-Ernährungsstudie dagegen zwischen dem Schweregrad der Erkrankung und dem Ernährungszustand zu beobachten. Nach subjektivem ärztlichem Urteil wurden 30 % der Patienten als schwer krank eingestuft, etwa die Hälfte als mittelschwer und 16 % als leichtkrank. Während 41 % der Schwerkranken unterernährt waren, betrug der Anteil Unterernährter bei mittelschwer erkrankten Patienten nur 17 % und bei leichtkranken sogar nur 4 %. Der mittlere BMI lag bei schwerkranken Patienten mit 21,3 kg/m² deutlich niedriger als bei mittel- (23,9 kg/m²) und leichtkranken (25,1 kg/m²) Patienten (VOLKERT 1990). Akute Krankheiten wirken sich demnach je nach Schweregrad unterschiedlich stark auf den Ernährungszustand aus.

Der negative Einfluß akuter Krankheiten auf Ernährung und Ernährungszustand zeigt sich auch in der Beobachtung, daß geriatrische Patienten im Krankenhaus mit Energiemengen zwischen 1000 und 1400 kcal nur auffallend geringe Nahrungsmengen zu sich nehmen (GOUWS et al. 1989, HESSOV 1977, HÜBSCH et al. 1994, THOMAS et al. 1988, WARNOLD et al. 1978). Infolgedessen verschlechtert sich der Ernährungszustand im Verlauf von Krankenhausaufenthalten häufig (vgl. Kap. 6.2.3).

Zusammenfassend belegen alle Untersuchungen übereinstimmend, daß Krankheiten wesentlichen Einfluß auf den Ernährungszustand haben und immer das Risiko für Gewichtsverlust und Verschlechterung des Ernährungszustands mit sich bringen.

Medikamente

In Zusammenhang mit akuten und chronischen Krankheiten kann der multiple Medikamentenkonsum alter Menschen wesentlich zur Entstehung von Ernährungsdefiziten beitragen. Beeinträchtigung von Appetit, Geschmacks- und Geruchssinn sowie Übelkeit und Erbrechen zählen zu den unerwünschten Nebenwirkungen vieler Medikamente, die die Nahrungsaufnahme beeinträchtigen können (Tab. 7.2). Bestimmte Medikamente führen durch Reduktion der Speichelsekretion zu Mundtrockenheit und erschweren dadurch das Essen. Die Einnahme sedierender Medikamente hat zur Folge, daß die Patienten meist auch bei den Mahlzeiten schläfrig und desinteressiert sind und nicht oder nicht genug essen, Gewichtsabnahme und Unterernährung werden begünstigt. Darüber hinaus können Medikamente durch ihre Wirkung auf Resorption, Stoffwechsel und Ausscheidung von Nährstoffen mit dem Ernährungszustand interferieren, die Bioverfügbarkeit von Nährstoffen kann verringert sein (Tab. 7.3).

Tab. 7.2: Beispiele für Medikamente, die durch unerwünschte Nebenwirkungen die Nahrungsaufnahme beeinträchtigen. (Nach Loesche et al. 1995, Schiffman 1983, Roe 1994a.)

Nebenwirkungen	Medikamente (Beispiele)
Appetitverlust	Digoxin, Captopril, NSAID, Antibiotika, Digitalis, Antihistaminika, Sedativa, Neuroleptika, Tricyclica, Tranquillizer
gestörtes Geschmacksempfinden	Captopril, Penicillin, Antihypertensiva, Analgetika, Antidiabetika, Psychopharmaka, Zytostatika, Vasodilatoren
Mundtrockenheit (Xerostomie)	Anti-Parkinson-Mittel, tricyklische Antidepressiva, Antihistaminika, Anticholinerge Mittel, bestimmte psychotrope Medikamente
Übelkeit	antineoplastische Medikamente, Antihypertensiva
Somnolenz	Psychopharmaka

Tab. 7.3: Medikamenten-induzierte Ernährungsdefizite bei Älteren. (Aus ROE 1985.)

Medikamentengruppe	Medikamente (Beispiele)	betroffene Nährstoffe
Antacida	Al-Hydroxid	Phosphat, Calcium, Vitamin D
	Na-Bicarbonat	Folat
Antibiotika	Tetracycline	Calcium, Vitamin K
Analgetika	Aspirin Indomethacin	Eisen
entzündungshemmende Mittel	Colchicin Sulfasalizin	Fett, Vitamin B_{12} Folat
Antihypertensive Mittel	Hydralazin	Vitamin B_6
Antikonvulsiva	Phenytoin	Folat, Vitamin D
cholesterinsenkende Mittel	Cholestyramin Colestipol	Fett, Vitamine A, K, Vitamin B_{12}
Antikoagulantien	Warfarin	Vitamin K
Antiulkusmittel	Cimetidin Rantidin	Vitamin B_{12} Vitamin B_{12}
Tuberkulostatika	Isoniazid	Vitamin B_6, D, Niacin
Diuretika	Furosemid Etacrynsäure	Kalium, Calcium, Zink, Magnesium
	Thiazide	Kalium, Magnesium, Zink
Laxantien	Senna Phenolphthalein Bisacodyl	Kalium, Fett, Calcium
Tranquillizer	Chlorpromazin	Vitamin B_2
Chemotherapeutika	Methotrexat	Folat

Verschiedene Altersveränderungen begünstigen die Gefahr unerwünschter Nebenwirkungen. Reduzierte Nierenfunktion, verringerte Medikamentenstoffwechselrate durch veränderte Leberfunktion, andere Verteilungsräume durch Veränderung der Körperzusammensetzung und verminderte Adaptationsfähigkeit im Alter tragen dazu bei.

Die bekannteste und am besten beschriebene Medikamenten-Nährstoff-Interaktion ist der Einfluß verschiedener Medikamente auf die Nährstoff*resorption*, wovon in erster Linie die Mikronährstoffe betroffen sind. Durch Veränderungen von pH und Bakterienflora, Komplexbildung, Ausfällung oder Inaktivierung von Gallensalzen kann die Bioverfügbarkeit einzelner Nährstoffe verringert sein.

Eine übermäßige renale Exkretion von Mineralstoffen oder Vitaminen kann durch Bindung an Medikamentenabbauprodukte oder durch Einnahme von Diuretika auftreten, bei Laxantieneinnahme gehen durch die geringere Transitzeit des Darminhalts Nährstoffe über den Stuhl verloren.

Während Kurzzeiteinnahme von Medikamenten den Ernährungszustand nicht wesentlich beeinflußt, besteht vor allem bei chronischer Einnahme und mit steigender Anzahl verschiedener Präparate die Gefahr für Nährstoffdefizite. Nährstoffe, bei denen bei Langzeiteinnahme üblicher Medikamente bei Älteren Defizite zu erwarten sind, umfassen Folsäure, die Vitamine B_{12}, B_6, C, D und K, Phosphor, Kalium, Calcium, Magnesium und Zink (VARMA 1994).

Das Risiko negativer Wirkungen ist besonders hoch bei gebrechlichen Senioren mit marginaler Ernährung, die bereits ein erhöhtes Ernährungsrisiko haben.

Umgekehrt können Ernährung und Nahrungszusammensetzung die therapeutische Wirkung von Medikamenten durch Hemmung oder Steigerung der Resorption oder Beeinflussung der Medikamenten-Stoffwechselrate beeinflussen.

Übersichten über Medikamenten-Nährstoff-Interaktionen bei Älteren finden sich bei ROE (1985, 1994a), VICKERY (1993), FERRY und FOGLIOTTI (1992) und SMITH (1990). Untersuchungen über das Ausmaß medikamentenbedingter Ernährungsdefizite bei Älteren sind nicht bekannt.

7.1.4 Körperliche Beeinträchtigungen

Körperliche Behinderungen und Beeinträchtigungen verschiedenster Art können eine ausreichende, bedarfsgerechte Ernährung im Alter erschweren, sei es durch Schwierigkeiten bei Einkauf und Zubereitung von Lebensmitteln und Mahlzeiten, durch Behinderung beim Essen, durch Kaubeschwerden oder durch Schluckstörungen.

Schwierigkeiten bei Einkauf und Zubereitung

Behinderungen, die die Gehfähigkeit und die Bewegungsfähigkeit von Armen und Fingern einschränken, erschweren Einkauf und Zubereitung, begrenzen die Verfügbarkeit frischer Lebensmittel und regelmäßiger warmer Mahlzeiten. Immobilität ist darüber hinaus durch fehlende körperliche Aktivität mit beeinträchtigtem Appetit verbunden und erhöht dadurch das Risiko für Ernährungsdefizite.

Mit zunehmendem Grad körperlicher Beeinträchtigungen steigt die Hilfs- und Pflegebedürftigkeit der betroffenen Senioren, die Essensversorgung wird von verfügbaren Hilfs- bzw. Pflegepersonen abhängig.

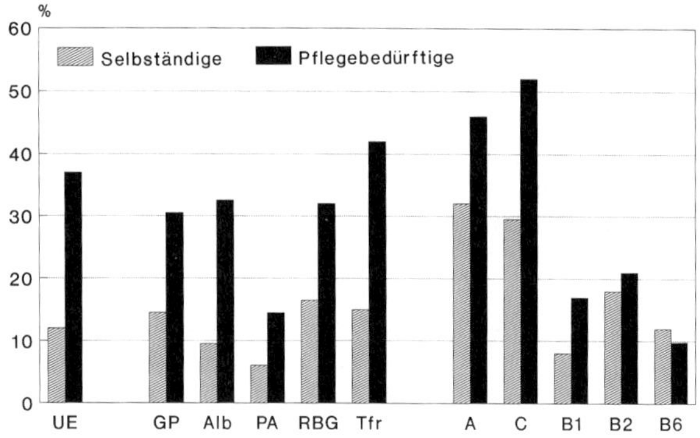

Abb. 7.1: Ernährungszustand von selbständigen und pflegebedürftigen geriatrischen Patienten: Häufigkeit klinischer Unterernährung (UE), unbefriedigender Protein- und Vitaminblutwerte [%] (Bethanien-Ernährungsstudie, Volkert 1993). – GP = Gesamtprotein, Alb = Albumin, PA = Präalbumin, RBG = retinolbindendes Globulin, Trf = Transferrin, A = Vitamin A, C = Vitamin C etc.

Morgan et al. (1986) zeigten in einer Untersuchung verschiedener Gruppen älterer Frauen in unterschiedlichem Gesundheits- und Allgemeinzustand eindrucksvoll, daß mit zunehmender Behinderung und Abhängigkeit ein schlechterer Ernährungszustand zu beobachten ist. In der Bethanien-Ernährungsstudie wurden Zusammenhänge zwischen Ernährungszustand und körperlicher Verfassung bei geriatrischen Patienten festgestellt. Neben dem Krankheitsgrad (s. Kap. 7.1.3) waren sowohl Immobilität als auch das Ausmaß der Pflegebedürftigkeit vor der Klinikeinweisung mit dem Ernährungszustand verbunden (Volkert 1990, 1993). Fast die Hälfte der 300 über 75jährigen Patienten (49 %) war nicht mehr in der Lage, die Wohnung zu verlassen, 31 % davon waren unterernährt im Vergleich zu 13 % der mobilen Patienten. In der Gruppe der Pflegebedürftigen (31 % der Patienten; Erfassung der Pflegebedürftigkeit nach Katz, definiert als Abhängigkeit bei mehr als 2 der 4 alltäglichen Verrichtungen Waschen, Anziehen, Bett-Stuhl-Transfer und Essen) waren 37 % klinisch unterernährt im Vergleich zu 12 % in der Gruppe der Selbständigen (39 % der Patienten, unabhängig in allen 4 Qualitäten). Ernährungsabhängige Blutparameter waren bei den pflegebedürftigen Patienten mit Ausnahme von Vitamin B_2 und Vitamin B_6 deutlich häufiger im unbefriedigenden Bereich als bei selbständigen Patienten (Abb. 7.1).

Erklärungen für den Zusammenhang zwischen Behinderung und Unterernährung werden neben der erschwerten Situation, ausreichend Nahrung zu besorgen und aufzunehmen, auch im gleichzeitigen Vorhandensein anderer Faktoren wie psychische und finanzielle Belastungen durch die Abhängigkeit von anderen oder chronische Krankheiten und Medikamentenaufnahme gesehen.

Behinderung beim Essen – Eßabhängigkeit

Hilfsbedürftigkeit beim Essen, sogenannte „Eßabhängigkeit", umfaßt ein weites Spektrum vom einfachen Ausschöpfen und Bereitstellen von Speisen, in mundgerechte Stücke schneiden, Brot streichen, Portionspackungen öffnen über intermittierende Überwachung beim Essen bis zu völliger Abhängigkeit, bei der jeder Bissen und jeder Schluck zum Mund geführt werden muß.

Körperliche Behinderungen infolge von Krankheiten wie Lähmungen nach einem Schlaganfall oder starkes Zittern bei Morbus Parkinson können zu Hilfsbedürftigkeit beim Essen führen. Ein Verlust der manuellen Beweglichkeit, Koordination oder Geschicklichkeit und Sehstörungen machen ebenfalls Hilfe beim Essen erforderlich. Häufig führen neben körperlichen Behinderungen auch geistige Einbußen zu Eßabhängigkeit (s. Kap. 7.1.5). Während Hilfsbedürftigkeit beim Essen bei jüngeren Senioren, die zuhause leben, so gut wie nicht vorkommt, steigt die Häufigkeit mit dem Alter und mit schlechter werdendem Gesundheitszustand.

In einer Untersuchung von 1684 zuhause lebenden Senioren in den USA war das Problem bei unter 80jährigen fast nicht vorhanden, 3,5 % der 80-84jährigen und 6,5 % der über 85jährigen waren betroffen (Branch & Flower 1975 nach Siebens et al. 1986). Bei Heimbewohnern wird Eßabhängigkeit mit Häufigkeiten zwischen 30 und 80 % beschrieben (Banerjee et al. 1978, Sandman et al. 1987, Siebens et al. 1986, Thomas et al. 1991).

In der Bethanien-Ernährungsstudie benötigten bei Aufnahme in die Klinik 45 % von 300 akut kranken geriatrischen Patienten Hilfe beim Schneiden von Lebensmitteln, 14 % beim Essen (Volkert 1990).

Die Ernährungsversorgung eßabhängiger Personen steht und fällt mit den verfügbaren Hilfs- und Pflegepersonen, deren Ernährungskenntnissen und -einstellungen. Personalmangel in Heimen, Krankenhäusern und Sozialstationen bzw. zu geringe Zeitspannen für die Mahlzeiten und zu geringer Stellenwert der Ernährung wirken sich negativ auf die Ernährungsversorgung eßabhängiger Personen aus. Pflegepersonen in Heimen müssen oft mehrere Bewohner beim Essen versorgen, entweder gleichzeitig oder nacheinander. Das Essen wird dabei kalt, Zeitdruck entsteht, die persönliche Zuwendung leidet, die Nahrungsaufnahme sinkt.

Rudman und Feller (1989) veranschlagen 30-45 Minuten pro Mahlzeit für angemessenes Essenreichen. In den wenigsten Heimen ist diese Zeit vorhanden. Ist jedoch ausreichend geschultes Personal verfügbar, kann die Eßabhängigkeit ausgeglichen werden, ohne eine Verschlechterung des Ernährungszustands zu bewirken.

Verschiedene Studien haben sogar gezeigt, daß bei Senioren, die Hilfe beim Essen erhielten, sowohl Nahrungsaufnahme als auch Ernährungszustand besser waren als bei denen, die anscheinend in der Lage waren, selbständig zu essen (EVANS & STOCK 1971, MACLENNAN et al. 1975, MCGANDY et al. 1986, NGUYEN et al. 1985, RUDMAN & FELLER 1989).

Kaubeschwerden

Kaubeschwerden (s. auch Kap. 2.2.1.1 und Kap. 9.1.2) durch Zahnverlust und schlechtsitzende Zahnprothesen sind bei alten Menschen weitverbreitet, die Häufigkeit nimmt mit dem Alter zu.

ARAB (1985) berichtet bei gesunden 65-74jährigen Senioren von 15 %, von gesunden über 75jährigen Seniorinnen klagten 20 % über Kaubeschwerden (VOLKERT et al. 1992b). In der Georgia Centenarian Study hatten 17 % der 60-69jährigen und 16 % der 80-89jährigen Probleme beim Beißen und Kauen bestimmter Lebensmittel. Bei den über 100jährigen stieg die Häufigkeit auf 37 % (SCHLENKER 1993).

Bei Pflegeheimbewohnern und geriatrischen Patienten sind Kauprobleme bereits in jüngeren Altersgruppen häufiger. In Studien von THOMAS et al. (1991) und SAHYOUN et al. (1988) waren jeweils etwa die Hälfte der untersuchten Bewohner betroffen. Von den Patienten der Bethanien-Ernährungsstudie hatten 46 % Kauprobleme. 35 % gaben an, nur bei harten Lebensmitteln wie Obst, Brotrinde und Fleisch Schwierigkeiten zu haben, 11 % bei allen Speisen. Von 219 konsekutiv in eine Berner Klinik aufgenommenen geriatrischen Patienten waren 59 % zahnlos, bei 29 % der noch vorhandenen Zähne wurde Karies festgestellt, bei 45 % schwere Wurzelhautentzündung. 87 % der Patienten dieser Studie waren Gebißträger (STUCK et al. 1989).

Großen amerikanischen Studien zufolge haben mehr als 40 % der über 65jährigen keine eigenen Zähne mehr, im Durchschnitt hat ein über 65jähriger Amerikaner 11 Zähne verloren. Karies einschließlich Wurzeloberflächenkaries und Wurzelhautentzündungen sind weit verbreitet (NATIONAL INSTITUTE OF DENTAL RESEARCH 1986 nach CARLOS 1989).

Kauprobleme werden als wesentliche Ursache unzureichender Nahrungsaufnahme und Mangelernährung im Alter angesehen. Es ist leicht nachzuvollziehen, daß bei Kauproblemen weniger gegessen wird und die Lebensmittelauswahl auf weiche, leicht zu zerkleinernde Produkte beschränkt wird. Die Ernährung wird dadurch weniger abwechslungsreich, und es ist anzunehmen, daß die gewählten weichen Lebensmittel typischerweise viel Zucker und wenig Ballaststoffe und andere essentielle Nährstoffe enthalten. Die warmen Mahlzeiten werden sehr lange und weich gekocht, was zudem nicht unerhebliche Nährstoffverluste mit sich bringt.

Verschiedene Studien beschreiben einen Einfluß von Zahnstatus und Kaufunktion auf die **Lebensmittelauswahl** im Sinne einer Neigung zu weicheren Lebensmitteln und Vermeiden von harten, fasrigen Lebensmitteln wie Obst, rohes Gemüse, Fleisch, Wurst und Käse (FELDMAN et al. 1980, MÄKILÄ 1969a,b, WAYLER et al. 1982, WAYLER & CHAUNCEY 1983).

Auch ein Zusammenhang zwischen Zahnstatus, Kauleistung und **Nährstoffaufnahme** wird verschiedentlich beschrieben (Österberg & Steen 1970). Untersuchungen von Baxter (1980, 1984) berichten bei 60-82jährigen ohne Zähne anhand von viertägigen Ernährungstagebüchern, daß die Zufuhrmengen verschiedener Nährstoffe deutlich unter der Empfehlung liegen. In der Untersuchung von Sahyoun et al. (1988) waren Zahnprobleme bei institutionalisierten älteren Männern signifikant mit einer geringeren Energie- und Calcium-Zufuhr verbunden, bei Frauen mit einer geringeren Aufnahme von Vitamin A, B_6, B_{12}, Folat, Zink, Magnesium und Phosphat. Gordon et al. (1985) haben bei im Mittel 83jährigen Männern eine signifikante Beziehung zwischen Kauproblemen und verringerter Protein- und Energiezufuhr und erhöhter Kohlenhydrataufnahme festgestellt. Dabei ist erwähnenswert, daß der objektive Zahnstatus und die selbst wahrgenommenen Kauprobleme nicht miteinander verbunden waren. Kauprobleme waren in dieser Studie ein zuverlässigerer Indikator für den Ernährungszustand als der Zahnstatus. In einer Studie von Nordström (1990) an 183 im Mittel 75jährigen Männern und Frauen waren subjektive Kauprobleme sowohl eng mit dem Zahnstatus als auch mit der Nahrungszufuhr verbunden.

Die Daten über den Effekt von Zahnverlust und Mundgesundheit auf den **Ernährungszustand** sind widersprüchlich und unschlüssig (Carlos 1989, Sullivan 1993). In verschiedenen Studien wurde ein Zusammenhang zwischen Mundgesundheit und Ernährungszustand festgestellt (Asplund et al. 1981, Berry 1972, DHSS 1979). In der Bethanien-Ernährungsstudie waren 35 % der Patienten mit Kaubeschwerden unterernährt im Vergleich zu 11 % der Patienten ohne Kaubeschwerden (Volkert 1990). In einer neueren Studie von Sullivan et al. (1993) bei 110 im Durchschnitt 77jährigen gebrechlichen Senioren einer Rehabilitationsklinik wurde die Zahl der allgemeinen oralen Probleme als bester Vorhersageparameter für Gewichtsverlust identifiziert. Demgegenüber gibt es allerdings auch Untersuchungen, die keinen Zusammenhang zwischen gestörter Kaufunktion, Lebensmittelwahl und Ernährungszustand gefunden haben (Baxter 1984, Gordon et al. 1985, Gunne & Wall 1985, Hartsook 1974, Mäkilä 1969a,b, Thomas et al. 1991).

Umfassende Untersuchungen über Einflüsse von Mundgesundheit, Zahnstatus und Zahnprothesen auf die Nahrungsaufnahme und Nährstoffversorgung fehlen leider.

Insgesamt kann geschlossen werden, daß Zahnprobleme sich zwar auf die Ernährung auswirken und zu Unterernährung beitragen können, andererseits aber auch ein guter Ernährungszustand trotz schlechtem Zahnstatus erhalten werden kann. Die Bedeutung von Kauproblemen ist wesentlich vom Ausmaß der Beschwerden abhängig. Nach Sullivan et al. (1993) können Mundprobleme normalerweise kompensiert werden, kommen jedoch zusätzliche Gesundheitsprobleme oder Risikofaktoren hinzu, kann die Mundgesundheit zum wichtigen Einflußfaktor werden, der zu Gewichtsverlust und Unterernährung beiträgt.

Schluckstörung
Während ernste Schluckstörungen bei gesunden Senioren unüblich sind, werden sie in Zusammenhang mit Krankheiten, z.B. infolge eines Schlaganfalls, häufiger. Generell steigt die Häufigkeit von Schluckstörungen mit dem Alter, die vorhandenen Angaben sind jedoch uneinheitlich (s. auch Kap. 2.2.1.2 und Kap. 9.1.3).

In der Georgia Centenarian Study waren Schluckbeschwerden selbst im ganz hohen Alter selten. Von den 60-69jährigen und 80-89jährigen hatten 2 % Schluckbeschwerden im letzten Monat, von den über 100jährigen 5 % (Bowman et al. 1992). Von gesunden über 75jährigen Heidelberger Seniorinnen klagten 10 % über gelegentliche Schluckbeschwerden (Volkert et al. 1992b).

Von den über 75jährigen Patienten der Bethanien-Ernährungsstudie waren 18 % von Schluckbeschwerden betroffen. Bei Patienten mit Schlaganfall wird bei 30 % von auffälligen Schluckstörungen berichtet (Barer 1989). Tripp & Cordero (1991) schätzen, daß 30-40 % der Senioren, die in Institutionen wohnen, Schluckstörungen haben.

Schluckstörungen behindern die Nahrungsaufnahme direkt. Sie führen zu einer begrenzten Nahrungsmenge und Bevorzugung bestimmter Lebensmittel, die keine Beschwerden verursachen. Bei schweren Schluckstörungen ist die orale Ernährung nicht mehr möglich, die Nährstoffversorgung muß dann durch Sondenernährung oder parenterale Maßnahmen sichergestellt werden. Schluckstörungen gelten in jedem Fall als Risikofaktor für Unterernährung und erfordern zur Erhaltung des Ernährungszustands besondere Beachtung der Ernährung und rasche Therapiemaßnahmen.

Sitzmann (1990) berichtet von negativen Auswirkungen von Schluckstörungen auf den Ernährungszustand. Alle 90 Patienten, die in einem bestimmten Zeitraum mit der Primärdiagnose Dysphagie ins Krankenhaus eingewiesen wurden, waren nach 1 Jahr mangelernährt. In der Bethanien-Ernährungsstudie waren 36 % der Patienten mit Schluckbeschwerden unterernährt im Vergleich zu 19 % der Patienten ohne Schluckstörungen (Volkert 1990). Von 200 Patienten mit schweren Schluckstörungen einer geriatrischen Klinik in Essen war fast die Hälfte schwer kachektisch (Nehen 1992).

7.1.5 Geistige und psychische Beeinträchtigungen

Geistige Beeinträchtigungen
Geistige Beeinträchtigungen und Hirnleistungsstörungen, von einfachen Gedächtnisdefiziten bis zu den schweren Formen der Demenz, nehmen mit dem Alter an Häufigkeit zu und betreffen durch die demographische Entwicklung einen immer größer werdenden Teil der Bevölkerung.

Die Einbuße kognitiver und intellektueller Fähigkeiten bedeutet eine Einschränkung der Kompetenz und Lebensqualität für den Betroffenen, führt zu Hilfs- und Pflegebedürftigkeit bis hin zur völligen Abhängigkeit und wirkt sich meist auch auf Ernährung und Ernährungszustand aus.

Das Erscheinungsbild und die Folgen geistiger Beeinträchtigungen für die Ernährung sind je nach Schweregrad und Ausprägung der Störung vielfältig (Tab. 7.4). Geistige Beeinträchtigungen können die Fähigkeit, für eine ausgeglichene Ernährung zu sorgen, einschränken. Einkauf, Lagerung und Zubereitung von Lebensmitteln werden nicht mehr bewältigt.

Tab. 7.4: Mögliche Folgen geistiger Beeinträchtigungen für die Ernährung.

Appetitveränderungen: Hyper- oder Hypophagie
Störung der Geschmacks- und Geruchswahrnehmung
Veränderungen im Eßverhalten
– Mahlzeiten werden vergessen oder doppelt eingenommen
– Bevorzugung einzelner Lebensmittel in unangemessenen Mengen
– Verzehr nicht eßbarer Dinge oder verdorbener Lebensmittel
– ständiges Umherlaufen bei den Mahlzeiten
Eßabhängigkeit durch Koordinationsmangel, Gedächtnisverlust, Wahrnehmungsstörungen
Essensverweigerung

Selbstvernachlässigung, Indifferenz und Desinteresse führen dazu, daß nicht mehr täglich gekocht wird. Unter Umständen werden alte oder verdorbene Lebensmittel gegessen. Oft wird das Essen einfach vergessen, die Notwendigkeit zu essen wird nicht erkannt, oder es wird zweimal gegessen, weil die eingenommene Mahlzeit schon wieder vergessen ist.

Neben Gedächtnisverlusten können Änderungen von Appetit und Geruchsempfinden auftreten und die Ernährung beeinflussen. Von gestörtem Sättigungempfinden bei dementen Patienten wird mehrfach berichtet (Meyer et al. 1980, Morley & Silver 1988). Degenerative Veränderungen im Gehirn, neurochemische oder neuropathologische Änderungen können zu Störungen der zentralen Kontrolle von Appetit und Nahrungsaufnahme führen (Hope et al. 1989, Morley & Silver 1988). Sowohl Appetitsteigerung als auch Appetitverlust werden beschrieben (Morris et al. 1989). Störungen der Appetitregulation führen bei manchen zu übermäßigem Essen, Verzehr größerer Portionen, ständiger Suche nach Essen und Essen zwischen den Mahlzeiten, in anderen Fällen sinkt das Interesse am Essen, ein Verlangen nach Nahrung wird nicht wahrgenommen.

Bei der Alzheimer-Demenz wird angenommen, daß eine Abnahme bestimmter Neurotransmitter (Neuropeptid Y, Noradrenalin) in Zusammenhang mit der beobachteten Anorexie steht – die Hinweise sind jedoch schwach und die möglichen Änderungen im Neurotransmittersystem weniger klar als bei Depressionen (s. u.) (MORLEY & SILVER 1988).

In mehreren Untersuchungen wurde bei Alzheimer-Patienten eine gestörte Geruchswahrnehmung und Geruchserkennung im Vergleich zu gesunden Kontrollen festgestellt (DOTY et al. 1984, GILBERT 1986, REZEK 1987, SOERBY 1987).

Häufig entwickeln sich extreme Lebensmittelvorlieben mit der Folge einer völlig einseitigen Ernährung. Veränderte Ernährungsgewohnheiten und andere Lebensmittelauswahl bei dementen Patienten werden berichtet (MORRIS et al. 1989). Sowohl eine spezielle Neigung zu süßen Lebensmitteln (HOPE et al. 1989, MUNGAS et al. 1990) als auch die Bevorzugung salziger oder scharfer Lebensmittel (GRAY 1989) wird beschrieben.

Darüber hinaus ist das Mahlzeitenverhalten häufig gestört, die Mahlzeitensituation und Lebensmittel werden nicht mehr erkannt, unangemessene Lebensmittel wie rohe Eier oder unangemessene Mengen werden verzehrt. Eßbare und nicht eßbare Dinge können nicht mehr unterschieden werden.

MORRIS et al. (1989) beobachteten bei 33 dementen Patienten bei 63 % eine Reduktion, bei 26 % eine Steigerung der Nahrungsmenge im Vergleich zu vor der Krankheit. 37 % zeigten eine veränderte Einstellung süßen Lebensmitteln gegenüber, 15 % entwickelten Vorlieben für scharfe Lebensmittel. 15 % aßen nicht eßbare Gegenstände wie Seife, Blumen oder Papier, 15 % aßen unangemessene Lebensmittel (ungekochtes Fleisch, rohe Eier, Katzenfutter, 1 ganzes Glas Marmelade).

Bei fortgeschrittenen Stadien der Demenz können Kau- und Schluckvorgang gestört sein. Ungenügendes Kauen erhöht die Gefahr des Verschlukkens, Essen wird nicht geschluckt, im Mund behalten oder wieder ausgespuckt.

Trotz intakter motorischer Funktion kann eine Unfähigkeit, motorische Bewegungen auszuführen, bestehen. Der Betroffene kann nicht mehr selbständig essen, die Ernährungsversorgung wird – wie bei körperlichen Behinderungen – abhängig von Hilfs- und Pflegepersonen, die sich um das Essen kümmern. Nach BUCHT und SANDMAN (1990) gehört Demenz bei Pflegeheimbewohnern zu den häufigsten Gründen für Eßabhängigkeit.

Im Endstadium kommt es vor, daß der Patient Essen und Trinken völlig verweigert.

Unzureichende Nährstoffaufnahme und unbefriedigende Ernährungszustände sind die Folge. Es ist daher nicht verwunderlich, daß ein schlechter **Ernährungszustand** häufig in Zusammenhang mit Demenz beobachtet wird. Studien in psychogeriatrischen Einrichtungen beschreiben ein hohes Risiko für Ernährungsdefizite bei Demenz (ASPLUND et al. 1981, GREER et al. 1986, HANCOCK et al. 1985) und eine hohe Häufigkeit von Demenz bei älteren Pflegeheimbewohnern mit Mangelernährungsrisiko (STROME 1987).

Ein niedriges Körpergewicht (ASPLUND et al. 1981, FRANKLIN & KARKECK 1989, MORGAN et al. 1986) und Gewichtsverlust (GRAY 1989, LITCHFORD & WAKEFIELD 1987, SANDMAN et al. 1987, SINGH et al. 1988, TAVARES & RABINS 1987) werden beschrieben mit besonderer Ausprägung bei Alzheimer-Patienten (MORGAN et al. 1982, RENVALL et al. 1989, SANDMAN et al. 1987, SINGH et al. 1988, TAVARES & RABINS 1987). SINGH et al. (1988) und SANDMAN et al. (1987) berichten von einem jährlichen Gewichtsverlust von durchschnittlich fast 5 kg, wenn die Patienten in Institutionen leben.

Studien über den Vitaminstatus bei dementen Patienten kommen zu unterschiedlichen Ergebnissen. RENVALL et al. (1989) und ZAMAN et al. (1992) beschreiben Unterschiede im Vitaminstatus zwischen Patienten mit Alzheimer-Demenz und kognitiv normalen Kontrollpersonen.

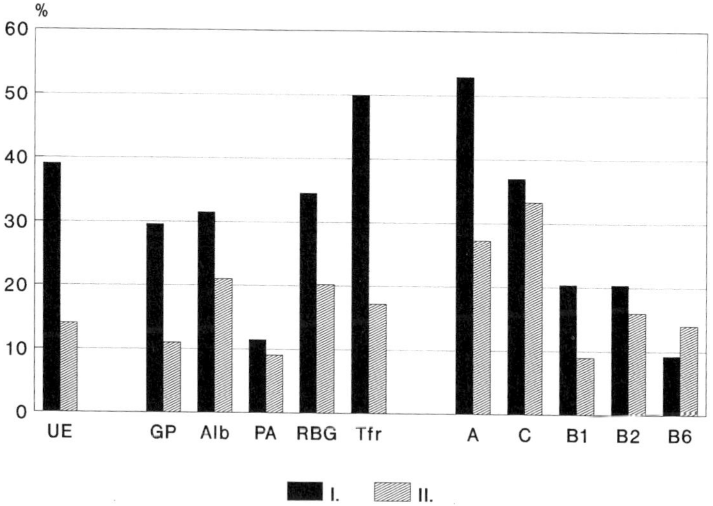

Abb. 7.2: Ernährungszustand von geriatrischen Patienten mit deutlicher (I.) und ohne (II.) geistige Beeinträchtigung: Häufigkeit klinischer Unterernährung (UE), unbefriedigender Protein- und Vitaminblutwerte [%] (Bethanien-Ernährungsstudie, VOLKERT et al. 1992c). – GP = Gesamtprotein, Alb = Albumin, PA = Präalbumin, RBG = retinolbindendes Globulin, Trf = Transferrin, A = Vitamin A, C = Vitamin C etc.

Singh et al. (1988) und Scileppi et al. (1984) fanden bei Alzheimer-Patienten keine Unterschiede in den Vitaminwerten im Vergleich zu gesunden Kontrollpersonen.

Mit der Absicht, Risikogruppen für Mangelernährung zu identifizieren, wurde auch in der Bethanien-Ernährungsstudie der Ernährungszustand von geriatrischen Patienten mit und ohne geistige Beeinträchtigung verglichen (Volkert et al. 1992c). Von 300 über 75jährigen Patienten wurden mit Hilfe eines kurzen Fragebogens zur Erhebung der geistigen Verfassung (Short portable mental status questionnaire, SPMSQ nach Pfeiffer, ≤ 2 Punkte) und der ärztlichen Diagnose 54 Patienten mit Hinweisen auf eine deutliche Einschränkung der geistigen Funktionen identifiziert, sowie 100 Patienten, die laut SPMSQ (≥ 8 Punkte) und ärztlichem Urteil keine Anzeichen geistiger Beeinträchtigung erkennen ließen. Deutliche Unterschiede im Ernährungszustand zwischen den beiden Gruppen wurden festgestellt. Bei Patienten mit geistiger Beeinträchtigung waren Hinweise auf Ernährungsdefizite überdurchschnittlich häufig. Die klinische Einschätzung des Ernährungszustands, bestätigt durch anthropometrische Daten, ergab 39 % Unterernährung in der Gruppe mit Demenz im Vergleich zu 14 % bei Patienten ohne geistige Einschränkungen. Protein- und Vitaminstatus waren bei Patienten mit Demenz deutlich schlechter als bei Patienten in guter geistiger Verfassung. Abb. 7.2 zeigt die Häufigkeit unbefriedigender Blutwerte in den beiden Gruppen. Mit Ausnahme von Vitamin B_6 waren alle Parameter bei Patienten mit Demenz häufiger unbefriedigend als bei Patienten ohne Demenz. Die Unterschiede waren bei Gesamtprotein, retinolbindendem Protein, Transferrin, Vitamin A und B_1 besonders deutlich.

Als wesentlicher Faktor bei der Entstehung unbefriedigender Ernährungszustände bei Dementen wird eine unbefriedigende **Nahrungsaufnahme** diskutiert.

Untersuchungen über die Nährstoffzufuhr kommen allerdings zu widersprüchlichen Ergebnissen. Die Energiezufuhr liegt meist zwischen 1500 und 2000 kcal/Tag und wird z. T. als ausreichend und z. T. als unzureichend beurteilt.

Während Renvall et al. (1989) und Morgan & Hullin (1982) keine Unterschiede in der Nahrungszufuhr finden, beschreiben Thomas et al. (1991) und Litchford und Wakefield (1987) eine geringere, Burns et al. (1989) dagegen eine höhere Nährstoffaufnahme bei dementen Patienten im Vergleich zu nicht dementen Kontrollgruppen. Anhand von Tagesprotokollen wurden bei den dementen Patienten der Bethanien-Ernährungsstudie im Mittel ebenfalls leicht höhere Nährstoffzufuhrwerte gefunden als bei den nicht dementen. Bei unterernährten geriatrischen Patientinnen mit Demenz lag die spontane Nahrungsaufnahme bei lediglich 1140 kcal/Tag im Vergleich zu 1370 kcal/Tag bei unterernährten Patientinnen ohne Demenz (Mittelwerte aus 3 Tagen) (Jakobeit 1991).

Da Unterernährung und Gewichtsverlust bei dementen Patienten trotz reichlicher Zufuhr beobachtet werden, wird der Grund für Ernährungsdefizite von verschiedenen Autoren nicht ausschließlich in einer unzureichenden Zufuhr gesehen (Burns et al. 1989, Renvall et al. 1989, Sandman et al. 1987, Singh et al. 1988, Stähelin et al. 1983).

MORGAN et al. (1986), SINGH et al. (1988) und WOLF-KLEIN et al. (1992) gehen von einem hypermetabolischen Zustand bei Patienten mit Alzheimer-Demenz aus. MORGAN et al. (1986) vertreten die These, daß Krankheit, auch geistige Krankheit, den Stoffwechsel derart beeinflußt, daß trotz reichlicher Nahrungsmenge Veränderungen im Ernährungszustand resultieren. Berechnungen von RHEAUME et al. (1987) zufolge kann der tägliche Energieumsatz bei agitierten Alzheimer-Patienten, die ständig umherwandern, um 1600 kcal erhöht sein.

PRENTICE et al. (1989) vermuten aufgrund von Befunden bei dementen Patienten mit sehr niedrigem Energieumsatz (1450 kcal/Tag), jedoch ohne ausgeprägt negative Energiebilanz einen episodischen Gewichtsverlust bei Infektionen und anderen Krankheiten.

Tatsächlich ist gegenwärtig nicht klar, wie und in welchem Ausmaß sich Ernährungssituation und geistige Situation gegenseitig beeinflussen. Bedingt durch die häufige Beobachtung des gemeinsamen Auftretens kann von gegenseitigen Wechselwirkungen ausgegangen werden, auch wenn es bisher keine klaren Hinweise dafür gibt, daß ein bestimmter Nährstoffmangel oder eine bestimmte Ernährungsweise speziell bei Dementen vorkommt, für die Entstehung von Demenz direkt verantwortlich ist oder diese auch nur begünstigt. Mögliche Zusammenhänge zwischen Ernährung und Gehirnstoffwechsel und -strukur sind zweifellos komplex, verschiedene Mechanismen der Interaktion sind denkbar. Möglicherweise ist das geschädigte Gehirn sensitiver für Schwankungen in der Nährstoffverfügbarkeit, können angebotene Nährstoffe nicht transportiert oder genutzt werden oder es besteht für bestimmte Substanzen eine andere Bedarfssituation.

Erschwert wird die Situation dadurch, daß bei dementen Patienten wie anfangs beschrieben häufig weitere Risikofaktoren wie Appetitlosigkeit, Kau- und Schluckstörungen oder Mobilitätsstörungen gleichzeitig vorhanden sind. Meist liegen andere Krankheiten gleichzeitig vor, werden Medikamente eingenommen, die ebenfalls den Ernährungszustand beeinträchtigen können, so daß eine vorhandene Unterernährung nicht eindeutig der bestehenden Demenz zugeordnet werden kann.

Patienten mit geistigen Beeinträchtigungen werden aus verständlichen Gründen aus vielen Untersuchungen, auch Ernährungsstudien, ausgeschlossen. Ernährungsstudien mit dementen Patienten sind jedoch zur Klärung der Fragen notwendig, inwieweit Ernährungsfaktoren die Entstehung von Demenzen begünstigen und den Demenzprozeß beeinflussen, und welche Effekte von Ernährungsmaßnahmen auf den geistigen Zustand und den Allgemeinzustand zu erwarten sind, wobei homogene Gruppen dementer Personen hinsichtlich Art, Dauer und Schweregrad der Demenz gefordert werden (FORETTE et al. 1992).

Psychische Beeinträchtigungen

Psychische Belastungen durch zunehmende Hilfsbedürftigkeit und Abhängigkeit und eine eingeschränkte Fähigkeit, Dinge zu tun, die das Leben früher sinnvoll gemacht haben, einschneidende Lebensereignisse wie der Tod des Lebenspartners oder ein Umzug ins Heim führen bei älteren Menschen nicht selten zu *Depressionen* und schlagen auf den Magen. Depressionen nehmen im Alter an Häufigkeit zu und sind durch begleitende Anorexie und Verhaltensänderungen häufig Ursache für Gewichtsverlust. Der Appetitverlust bei Depressionen wird durch spezielle Veränderungen im Neurotransmittersystem erklärt (MORLEY & SILVER 1988). Ein Mangel an Noradrenalin und infolgedessen übermäßige Bildung des Neurotransmitters Corticotropin-RF wird in Zusammenhang mit dem beeinträchtigten Appetit bei Depressionen gesehen. Antidepressiva, die die Funktion des Katecholaminsystems erhöhen, sind in der Lage, den Appetit zu steigern (ZUNG 1967). Schlechter Appetit zählt nach ZUNG (1967) zu den häufigsten depressiven Symptomen.

Depressionen sind außerdem oft mit Verhaltensveränderungen verbunden, die sich negativ auf die Ernährung auswirken können. Depressive Personen neigen zur Isolation und zu einer schlechteren Selbstversorgung, Kochen und Einkaufen werden vernachlässigt.

Nicht selten wird Zuflucht beim Alkohol gesucht. Alkoholismus als Folge von psychosozialen Problemen tritt oft im Alter zum ersten Mal auf und kann Ernährungs- und Gesundheitssituation empfindlich beeinträchtigen.

Im ganz hohen Alter wird das Leben durch Hinfälligkeit und Krankheiten und durch Verluste in verschiedenen Bereichen häufig als extrem belastend empfunden, was zu einer Verringerung oder Verweigerung der Nahrungsaufnahme führen kann. Nahrungsverweigerung im Alter kann jedoch auch als Ausdruck von Macht und Eigenverantwortlichkeit verstanden werden und z. B. im Fall einer ungewollten Heimeinweisung Ausdruck des Nicht-Einverstandenseins mit der Lebenssituation sein.

In seltenen Fällen wird das Essen von älteren Menschen aus Angst vor Vergiftung verweigert („*Late-life Paranoia*“).

Auch Fälle von *Anorexia nervosa* mit Fehleinschätzung des eigenen Körpergewichts, übertriebenem Schlankheitsstreben und Laxantienabusus werden bei älteren Frauen beschrieben (HSU & ZIMMER 1988, MILLER et al. 1991, PRICE et al. 1985).

7.1.6 *Sozioökonomische Faktoren*

Sozioökonomische Faktoren wie geringer Bildungsstand und schlechtes Einkommen, Einsamkeit und Isolation, aber auch eine unbefriedigende Wohn- und Essenssituation im Heim können den Ernährungszustand älterer Menschen beeinträchtigen.

Bildungsstand und Ernährungswissen beeinflussen die Lebensmittelauswahl älterer Menschen ebenso wie die finanzielle Situation. Ein geringes *Einkommen* kann sich unvorteilhaft auf den Speiseplan auswirken. Hochwertige Lebensmittel sind teurer, bei finanziellen Engpässen wird oft am Essen gespart. Auch Zahnsanierungen und neue Zahnprothesen, die für die Qualität der Ernährung mitentscheidend sind, scheitern häufig aus finanziellen Gründen (Stuck et al. 1989).

Der Zusammenhang zwischen sozioökonomischen Faktoren und Nahrungsaufnahme bzw. Ernährungszustand wurde in mehreren Studien untersucht.

Bei niedrigem Bildungstand und geringem Einkommen wurde in zahlreichen Studien eine unbefriedigende Nährstoffaufnahme festgestellt (Bianchetti et al. 1990, DHSS 1979, McGandy et al. 1986, Reid & Miles 1977, Schäfer & Keith 1982, Steen et al. 1977).

In verschiedenen Studien war das Einkommen älterer Menschen auch mit dem Ernährungszustand und dem Ausmaß von Nährstoffdefiziten korreliert (DHSS 1979, Munro et al. 1987b, O'Hanlon & Kohrs 1978). In der englischen Untersuchung des DHSS (1979) waren Sozialhilfeempfänger und untere soziale Schichten überdurchschnittlich häufig von Mangelernährung betroffen. Umgekehrt fanden Munro et al. (1987b) bei einer großen Gruppe wohlhabender Senioren keinerlei Hinweise auf Proteinmangel.

Soziale Faktoren spielen ebenfalls eine wesentliche Rolle für die Ernährung älterer Menschen. Mahlzeiten gewinnen im Alter als soziales Ereignis und Möglichkeit der sozialen Interaktion an Bedeutung, da durch Pensionierung und häufig eingeschränkte Mobilität andere Sozialkontakte schwinden. Unterschiedliche Wohnsituationen – allein, mit dem Lebenspartner, bei Angehörigen oder im Heim – bringen unterschiedliche Situationen der Essensversorgung mit sich. *Einsamkeit* und *Isolation*, *alleine leben* und *alleine essen* werden oft als Ursache für eine unbefriedigende Nahrungsaufnahme genannt.

Nach Davies et al. (1988) essen Alleinlebende öfter auch allein, lassen mehr Mahlzeiten aus als andere und haben ein höheres Risiko für eine geringe Nahrungszufuhr und weniger Abwechslung. Horwath (1989b) beschreibt einen unregelmäßigen Konsum warmer Mahlzeiten als charakteristisch für alleinlebende Senioren. In verschiedenen Studien wurde insbesondere bei alleinlebenden älteren Männern häufig eine schlechte Nährstoffaufnahme festgestellt (DHSS 1979, Horwath 1989b,

McIntosh et al. 1989, Reid & Miles 1977, Walker & Beauchene 1991). Hanson et al. (1987) berichten umgekehrt bei den 68jährigen Männern der Göteborg-Longitudinal-Studie mit gutem sozialem Rückhalt von einer besseren Nährstoffversorgung.

Andere Studien haben diese Zusammenhänge nicht bestätigt und fanden keine Unterschiede in der Energie- und Nährstoffzufuhr bei Alleinlebenden und denen, die mit Angehörigen zusammen leben (Garry et al. 1982c, McGandy et al. 1986, Ryan & Bower 1989, Posner et al. 1987, Sem et al. 1988).

Nicht zwangsläufig bedeutet alleine Essen demnach Unausgewogenheit und unzureichende Ernährung. Nach Schlettwein-Gsell et al. (1991a) ist es umstritten, ob ältere Menschen generell zum Gemeinschaftsessen motiviert werden sollen. Wesentlich dabei ist, ob das Alleinsein als angenehm oder belastend empfunden wird. Essen mit anderen kann sich nur dann positiv auswirken, wenn Gesellschaft und Atmosphäre als wohltuend erlebt werden und nicht mit dem Gefühl größerer Abhängigkeit verbunden sind (McIntosh & Shifflett 1984).

Nicht nur das Alleinleben, auch die *Wohnsituation im Heim* wird häufig in Verbindung mit einem erhöhten Ernährungsrisiko gesehen. Fremdbestimmte Essenszeiten und Speisepläne, ein monotones, wenig abwechslungsreiches und unattraktives Essensangebot, geprägt von finanziellen Beschränkungen und Zeitmangel, kann zu einer unbefriedigenden Ernährung beitragen. Auch die Eßumgebung und Atmosphäre beim Essen in einem Heim sind nicht immer förderlich für die Nahrungaufnahme. Schmatzende, behinderte oder demente Tischnachbarn stören ebenso beim Essen wie Enge, Unruhe, Lärm und Hektik. Mangelnde Aufmerksamkeit des Personals für individuelle Bedürfnisse und Wünsche kommen oft hinzu (s. auch Kap. 11.2).

Elmstahl et al. (1987) beschreiben eindrucksvoll den Einfluß der Eßumgebung auf die Ernährung. In ihrer Untersuchung wurde der Speisesaal eines Seniorenheims derart umgestaltet, daß er dem Stil der Zeit der aktiven Lebensphase der Bewohner entsprach. Möbel, Vorhänge, Bilder und Geschirr wurden ausgetauscht mit dem Effekt einer deutlichen Steigerung sowohl der Nahrungsaufnahme als auch der Aktivität der Senioren. Eine wohnliche und ansprechende Atmosphäre im Eßzimmer kann demnach wesentlich zu Wohlbefinden und Appetit beitragen.

Nach Davies und Snaith (1980a) wirkt sich auch die richtige Sitzordung bei den Mahlzeiten durch Verbesserung sozialer Kontakte, Kommunikation und gegenseitiger Hilfe positiv auf die Nahrungsmenge aus.

Obwohl häufig von unterschiedlicher Nährstoffversorgung und Ernährungszustand bei Alleinlebenden, Heimbewohnern und Nichtheimbewohnern berichtet wird und besonders alleinlebende Männer und Heimbewohner immer wieder als Risikogruppe für Ernährungsdefizite genannt werden, wurden in der Bethanien-Ernährungsstudie keine Unterschiede im Ernährungszustand zwischen alleine, bei Angehörigen oder im Heim lebenden Hochbetagten festgestellt (Volkert 1990).

Untersuchungen zum Ernährungszustand von Heimbewohnern kommen im Hinblick auf Ernährungsdefizite zu enorm unterschiedlichen Ergebnissen mit Mangelhäufigkeiten zwischen 0 und 85 % (vgl. Kap. 6.2.2). Die Studien, die bei Heimbewohnern keine auffälligen Veränderungen im Ernährungszustand feststellen, lassen schließen, daß Institutionalisierung per se nicht als Ursache für Mangelernährung anzusehen ist.

Die Ernährungsversorgung kann demzufolge sowohl im Heim als auch allein zuhause oder bei der Familie gut oder schlecht sein. Die in Kap. 6.2 beschriebene größere Häufigkeit unbefriedigender Ernährungsparameter bei Heimbewohnern im Vergleich zu gesunden, zuhause lebenden Senioren ist in Zusammenhang mit der größeren Häufigkeit körperlicher und geistiger Beeinträchtigungen und dem schlechteren Gesundheits- und Allgemeinzustand vieler Heimbewohner zu sehen.

7.2 Entstehung von Unterernährung

Basierend auf den Untersuchungen, die Zusammenhänge zwischen bestimmten Einflußfaktoren und Ernährungszustand bei älteren Menschen beschreiben, wurden verschiedene Modelle zur Entstehung von Unterernährung entwickelt.

7.2.1 Konzept der Risikofaktoren

In den oben zitierten Studien wurden bestimmte Faktoren wiederholt in Zusammenhang mit Unterernährung gefunden, d. h., der Anteil Mangelernährter war in Seniorengruppen mit bestimmten Eigenschaften besonders hoch. Festgestellt wurde das gleichzeitige Auftreten unbefriedigender Ernährungsparameter und bestimmter Personenmerkmale. Auch wenn durch diesen Befund aufgrund gegenseitiger Wechselwirkungen die Frage nach der Ursache nicht eindeutig geklärt ist, kann bei einem bestimmten Merkmal mit hoher Wahrscheinlichkeit davon ausgegangen werden, daß Ernährungsdefizite vorliegen oder sich entwickeln. Charakteristika, die in Studien in Zusammenhang mit Mangelernährung gefunden wurden, können in nachfolgenden Untersuchungen die Identifikation von Risikopersonen erleichtern.

Tab. 7.5 zeigt verschiedene Risikofaktoren und ihre Häufigkeit in einer Untersuchung des Department of Health and Social Security (DHSS), die sich bereits in den 70er Jahren mit der Problematik befaßte. In Gegenwart verschiedener medizinischer und Umweltfaktoren war Mangelernährung besonders häufig, was die Bedeutung des Gesundheitszustands und der sozioökonomischen Situation für den Ernährungszustand belegt (DHSS 1979).

Tab. 7.5: Häufigkeit von Risikofaktoren (RF) und Häufigkeit von Unterernährung (UE) beim Vorliegen des jeweiligen Risikofaktors bei über 65jährigen zuhauselebenden Senioren in Großbritannien (DHSS 1979).

	Häufigkeit des RF	Anteil mit UE [%]
Gesamtgruppe	365	7,1
allein leben	144	9,0
keine gekochten Mahlzeiten	10	50,0 ***
Sozialhilfe	134	14,9 ***
untere Sozialschicht	112	14,3 ***
geistige Beeinträchtigung	131	13,0 *
Depression	16	18,8
chronische Bronchitis und Emphysem	62	21,0 ***
Gastrektomie	20	25,0 **
Zahnlosigkeit (kein Gebiß)	24	25,0 **
Schluckprobleme	16	31,3 ***
ans Haus gebunden sein	46	17,4 **

* $p < 0.05$, ** $p < 0.01$, *** $p < 0.001$

In der Bethanien-Ernährungsstudie wurden auf der Suche nach möglichen Ursachen für die beobachteten Ernährungsdefizite ebenfalls Zusammenhänge zwischen Risikofaktoren und Ernährungszustand untersucht (Volkert 1990). Tab. 7.6. zeigt die Häufigkeiten verschiedener Risikofaktoren bei über 75jährigen geriatrischen Patienten. Fast die Hälfte der Patienten war von Kaubeschwerden, eingeschränkter Mobilität oder Schwierigkeiten beim Schneiden betroffen. Etwa je ein Viertel berichtete von sozialen und psychischen Problemen. Die Versorgung mit einer warmen Mahlzeit am Tag war dagegen für 96 % gesichert. Bei einzelnen Risikofaktoren wurde Unterernährung mit überdurchschnittlicher Häufigkeit beobachtet. Bei Pflegebedürftigen, Patienten mit schwerer Demenz und Patienten mit schwerer Krankheit war der Anteil Unterernährter mit ca. 40 % besonders hoch. Auch Patienten, die ans Haus gebunden sind, Schneide-, Kau- oder Schluckbeschwerden haben, sind überdurchschnittlich häufig unterernährt. Bei einer gleichaltrigen gesunden Vergleichsgruppe waren sowohl Risikofaktoren als auch Ernährungsdefizite wesentlich seltener vorhanden (Tab. 7.6).

Die Ergebnisse bestätigen den engen Zusammenhang zwischen Unterernährung und Gesundheitszustand. Ernährungdefizite sind bei geriatrischen Patienten häufig (vgl. Kap. 6.2.3), Unterernährung ist dabei offensichtlich mit körperlichen Einschränkungen verbunden und steht in Zusammenhang mit der geistigen Verfassung. Umgekehrt ist bei guter körperlicher und geistiger Verfassung Unterernährung selten, dagegen Überernährung mit größerer Häufigkeit anzutreffen.

Tab. 7.6: Häufigkeit einzelner und mehrerer Risikofaktoren für Mangelernährung bei 300 über 75jährigen geriatrischen Patienten und 50 gesunden Heimbewohnerinnen (Bethanien-Ernährungsstudie).

	geriatrische Patienten	gesunde Seniorinnen
schlechter Appetit	26 %	14 %
Kaubeschwerden	46 %	20 %
Schluckstörungen	18 %	10 %
Schneideprobleme	45 %	16 %
Immobilität	49 %	–
schwere Verwirrtheit	20 %	–
Depression	13 %	8 %
belastendes Lebensereignis	23 %	34 %
einsame Wohnsituation	27 %	–
keine warme Mahlzeit	4 %	–
Anzahl Risikofaktoren		
0	12 %	33 %
1-3	42 %	63 %
4 oder mehr	46 %	4 %

Viele ältere Menschen und die meisten betagten Patienten sind von mehreren Beeinträchtigungen gleichzeitig betroffen, wobei mit der Zahl der Risikofaktoren auch das Risiko für Mangelernährung ansteigt.

In der oben genannten englischen Studie (DHSS 1979) wurde festgestellt, daß das Risiko für Mangelernährung beim gleichzeitigen Vorhandensein von 4 oder mehr Risikofaktoren beträchtlich größer ist. Von den mangelernährten Frauen der Studie hatten 83 % 4 oder mehr Risikofaktoren, von nicht mangelernährten Frauen 15 %. 57 % der Männer mit Mangelernährung und 8 % der Männer in gutem Ernährungszustand hatten gleichzeitig 4 oder mehr Risikofaktoren. Bei allen mangelernährten Senioren war mindestens ein Risikofaktor nachzuweisen. In Sunderland, einer von 6 untersuchten Regionen, war die Häufigkeit von Mangelernährung höher als in den anderen Gebieten, erklärbar durch die höhere Häufigkeit einzelner und multipler Risikofaktoren in dieser Region.

Auch in der Bethanien-Ernährungsstudie waren mehrere Risikofaktoren mit einem höheren Unterernährungsrisiko verbunden. Während Patienten ohne Risikofaktoren (12 %) durchweg normal- oder überernährt waren, lag der Anteil Unterernährter bei den Patienten mit 1-3 Risikofaktoren (42 %) bei 14 %. Bei Patienten mit 4 oder mehr Risikofaktoren gleichzeitig (46 %) war der Anteil Unterernährter mit 37 % entsprechend hoch.

Bei gesunden gleichaltrigen Heidelberger Frauen wurden einzelne und mehrere Risikofaktoren wesentlich seltener beobachtet (Tab. 7.6). Nur 4 % zeigten 4 oder mehr Risikofaktoren gleichzeitig. Entsprechend seltener waren Hinweise auf Ernährungsdefizite.

7.2.2 Multifaktorielle individuelle Entstehung

Durch die Verflechtung der Ernährung mit einer Vielzahl von Faktoren und die Verflechtung der Einflußfaktoren untereinander entsteht eine **komplexe Situation**. Man geht davon aus, daß verschiedene Faktoren bei der Entstehung von Unterernährung zusammenwirken und die Entstehung von Mangelernährung **multifaktoriell** bedingt ist. Selten ist eine einzelne Ursache verantwortlich. Viele Einflußfaktoren sind gleichzeitig vorhanden, überlagern und potenzieren sich in ihrer Wirkung und tragen zur Entstehung von Unterernährung bei.

Dies steht in Einklang mit der zunehmenden Häufigkeit von Unterernährung mit steigender Anzahl Risikofaktoren.

Das Risiko für Unterernährung steigt demzufolge mit zunehmenden körperlichen und geistigen Beeinträchtigungen, schlechter werdendem Gesundheits- und Allgemeinzustand in Übereinstimmung mit der großen Häufigkeit von Ernährungsdefiziten bei geriatrischen Patienten und dem zufriedenstellenden Ernährungszustand gesunder Senioren (vgl. Kap. 6.2).

Bedeutung und Stellenwert der einzelnen Faktoren sind dabei individuell unterschiedlich. Bei jeder betroffenen Person ist ein **individuelles** Muster bedeutender Einflußfaktoren vorhanden, alle möglichen Kombinationen der Einflußfaktoren auf den Ernährungszustand sind denkbar. Zusätzlich haben die verschiedenen Faktoren bei jeder Person unterschiedliche Bedeutung. Die einzelnen Faktoren sind unterschiedlich ausgeprägt und haben einen unterschiedlich starken Einfluß. Verschiedene Individuen reagieren unterschiedlich auf die gleiche Belastung oder Altersveränderung.

Durch die Vielzahl möglicher Einflußfaktoren verliert jeder einzelne Befund an Bedeutung, eine ganzheitliche individuelle Betrachtungsweise wird mit zunehmendem Alter notwendiger.

7.2.3 Stufenweise oder schleichende Entstehung von Unterernährung

Nach Vellas et al. (1992a) und Prentice et al. (1988) entsteht Unterernährung durch wiederholt auftretende Phasen mit auffallendem Gewichtsverlust (Abb. 7.3).

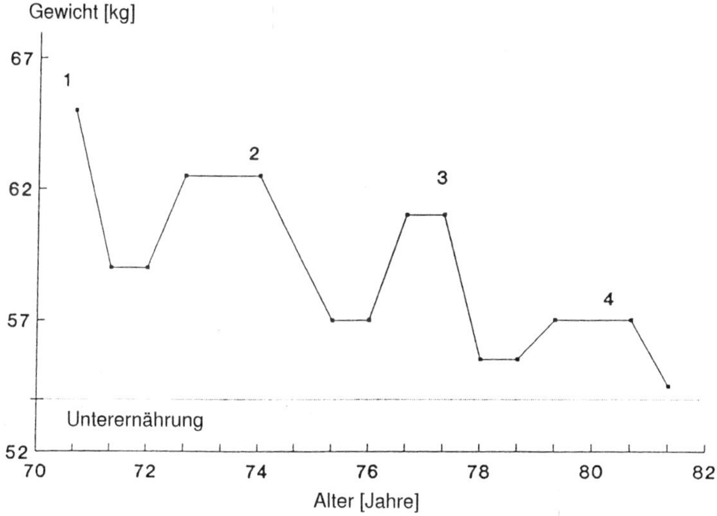

Abb. 7.3: Stufenweise Entstehung von Untergewicht. (Nach VELLAS et al. 1992a.) – 1 = Knieoperation, 2 = Pneumonie, 3 = Tod des Partners, 4 = Sturz, Hüftfraktur.

Durch akute Streßsituationen, die mit verringerter Nahrungsaufnahme oder erhöhtem Bedarf verbunden sind, wird oft innerhalb kurzer Zeit eine auffallende Abnahme des Körpergewichts beobachtet. Akute Krankheiten, Operationen oder psychische Belastungen können die Ursache sein. Danach findet eine Erholung statt, die meist auch mit einer Gewichtszunahme verbunden ist. Der Gewichtsverlust wird dabei jedoch nicht vollständig ausgeglichen, das alte Gewicht nicht wieder erreicht, und es stellt sich ein neues Gleichgewicht auf erniedrigtem Niveau ein. Durch wiederholt auftretende derartige Gewichtsschwankungen wird so über längere Zeiträume unmerklich der Zustand der Unterernährung erreicht. Wiederkehrende Infektionen mit erhöhtem Bedarf können auf diese Weise ebenfalls langfristig zu Unterernährung führen.

Andererseits ist eine schleichende Entwicklung von Mangelernährung über längere Zeit mit langsamer unmerklicher Gewichtsabnahme durch dauerhaft leichte Einschränkung der Nahrungsaufnahme oder erhöhten Bedarf ebenfalls denkbar. Bei chonischen Krankheiten oder Belastungen kann sich ein Gewichtsverlust über Jahre erstrecken und wird so kaum zur Kenntnis genommen (CEDERHOLM et al. 1993).

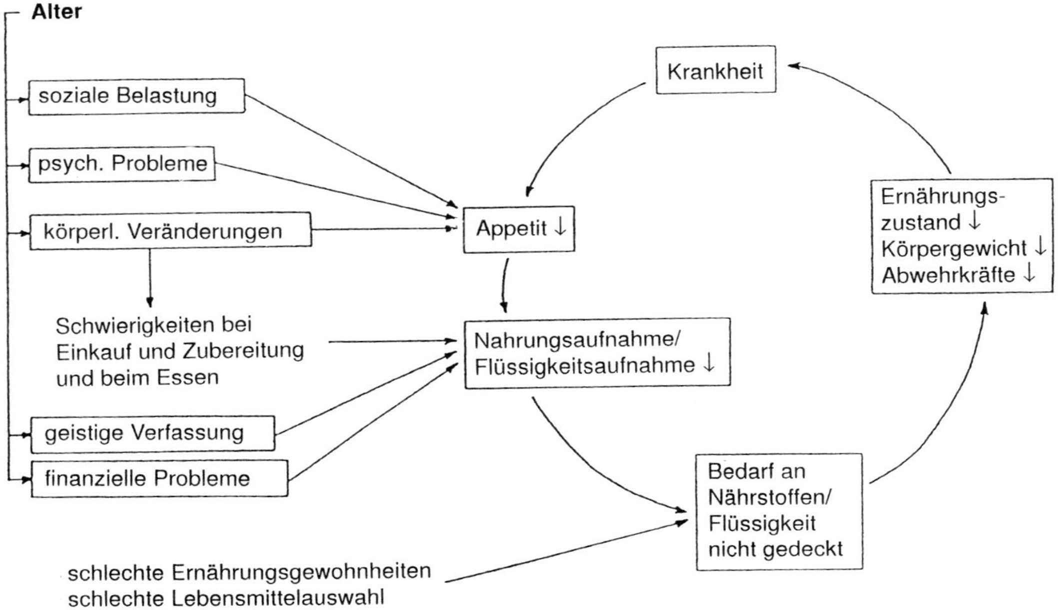

Abb. 7.4: Kreislauf der Mangelernährung (Volkert et al. 1989a). ↓ Abnahme/Verschlechterung.

7.2.4 Kreislauf der Mangelernährung

Durch die gegenseitige Beeinflussung von Gesundheits- und Ernährungszustand kann leicht ein Teufelskreis entstehen, der oft nur schwer wieder zu durchbrechen ist (Abb. 7.4). Kommt zu den altersbedingten Veränderungen in der Lebenssituation, die sich oft negativ auf Appetit, Einkauf, Zubereitung und Nahrungsaufnahme auswirken, eine Krankheit hinzu, werden Appetit und Nahrungsaufnahme zusätzlich beeinträchtigt, möglicherweise die Nährstoffverwertung gestört oder der Bedarf erhöht. Die Bedarfsdeckung mit Energie und Nährstoffen ist nicht mehr gesichert, der Ernährungszustand verschlechtert sich folglich. Ein schlechter Ernährungszustand führt zu beeinträchtigter Krankheitsgenesung, die Anfälligkeit für weitere Krankheiten steigt. Anhaltende Krankheit führt zu einer weiteren Verschlechterung des Ernährungszustands mit allen negativen Folgen für Gesundheit und Wohlbefinden.

7.3 Folgen von Unterernährung

Gewichtsabnahme und Unterernährung im Alter stellen nicht nur ein häufiges, sondern aufgrund der zahlreichen negativen Folgen für Gesundheits- und Allgemeinzustand, Wohlbefinden und Lebensqualität sowohl für den einzelnen als auch für die Gesellschaft ein durchaus ernstzunehmendes Problem dar.

Tab. 7.7: Folgen von Mangelernährung.

Unspezifisch:	beeinträchtigter Allgemeinzustand, allgemeine Schwäche, Müdigkeit, Antriebslosigkeit
Organfunktion:	
Skelettmuskulatur	Schwäche, Abnahme der Muskelkraft erhöhtes Sturz- und Frakturrisiko
Atemmuskulatur	Störung der respiratorischen Funktion
Immunfunktion	erhöhte Infektanfälligkeit
Haut	erhöhtes Dekubitusrisiko
Gehirn	neurologische und kognitive Störungen
Krankheitsverlauf/Regeneration:	beeinträchtigte Wundheilung verlangsamte Rekonvaleszenz erhöhtes Komplikationsrisiko
Mortalität:	erhöhtes Mortalitätsrisiko

Tab. 7.7 zeigt verschiedene Folgen von Mangelernährung. Art und Ausmaß der Folgen hängen dabei wesentlich von der Art des Defizits und vom Grad der Unterernährung ab.

Im Vordergrund steht bei den meisten betroffenen alten Menschen die kalorische bzw. **generelle Unterernährung** (Energie-Mangelernährung, Protein-Energie-Mangelernährung, PEM) in unterschiedlichem Ausmaß. Durch eine zu geringe Nahrungsmenge fehlt es an Energie und gleichzeitig an allen Nährstoffen.

Während bei leichten Formen genereller Unterernährung nur unspezifische Symptome auftreten, führt anhaltend unzureichende Nahrungsaufnahme mit defizitärer Energie- und Nährstoffversorgung zu charakteristischen klinischen Erscheinungsbildern, Funktionsstörungen und Mangelsymptomen.

Eine Nahrungsaufnahme, die unter dem Bedarf liegt, gleich welcher Ursache, führt zunächst zu einer Abnahme des Körpergewichts. Fettreserven und Proteinbestände werden aufgebraucht bis hin zur körperlichen Auszehrung und Kachexie (Kräfteverfall). Vorhandene Fettreserven vermindern bei fehlender Nahrungsaufnahme den Verlust an fettfreier Körpermasse, bei fehlenden Fettreserven wird die fettfreie Körpersubstanz abgebaut. Ein geringes Körpergewicht läßt üblicherweise auf fehlende Fettreserven schließen, eine weitere Gewichtsabnahme erfolgt dann auf Kosten der Proteinbestände. Sowohl visceraler Proteinbestand als auch Skelettmuskulatur werden abgebaut. Mit steigendem Verlust der fettfreien Körpermasse werden zunehmende Funktionseinbußen beobachtet.

Bei jungen Erwachsenen wird einem Verlust von weniger als 10 % des Körpergewichts keine physiologische Bedeutung beigemessen (Hill 1992), bei mittleren bis schweren Formen mit mehr als 15-20 % Gewichtsverlust treten physiologische Störungen auf, die durch Abbau von Körperprotein bedingt sind. Bei einem Verlust von mehr als 20 % des Körperproteinbestands sind die meisten physiologischen Funktionen gestört, es treten mehr postoperative Komplikationen auf, die Krankenhausaufenthalte sind länger.

Im Alter wirkt sich ein Verlust gravierender aus als bei jüngeren Personen, da die fettfreie Körpermasse ohnehin geringer ist und die Anfälligkeit größer. Bereits geringer Streß führt zu einer raschen Abnahme der fettfreien Körpersubstanz. Schnell ist ein Ausmaß erreicht, in dem Organ- und Körperfunktionen beeinträchtigt und körperliche und geistige Gesundheit nicht mehr gewährleistet sind. Die Genesung von Krankheiten ist erschwert oder verzögert und das Mortalitätsrisiko deutlich erhöht.

Auch **Defizite einzelner Nährstoffe** z. B. durch einseitige, vitamin-, ballaststoff- oder mineralstoffarme Ernährung oder durch Medikamenteneffekte, die speziell einen Nährstoff betreffen, werden bei älteren Menschen häufig beobachtet (vgl. Kap. 6.2.).

Unbefriedigende Blutparameter weisen auf Nährstoffdefizite hin, wobei die Folgen und klinische Bedeutung dieser subklinischen Nährstoffdefizite noch weitgehend unklar sind. Unspezifische Symptome wie Müdigkeit, Kraftlosigkeit, allgemeine Schwäche, Antriebslosigkeit oder schlechte Konzentrationsfähigkeit werden damit in Verbindung gebracht. Auch bei subklinischen Nährstoffmängeln gibt es Hinweise auf Funktionseinbußen wie eingeschränkte Immunfunktion oder reduzierte geistige Leistungsfähigkeit. Das Risiko, in Situationen erhöhten Bedarfs oder bei fehlender Nahrungaufnahme ernste Defizite und schwere Mangelzustände zu entwickeln, ist erhöht, da bei Streß, Krankheit und fehlender Nahrungsaufnahme keine Reserven zur Verfügung stehen.

Bei ausgeprägtem Mangel einzelner Nährstoffe treten spezifische Symptome und Funktionsstörungen je nach Funktion des Nährstoffs auf.

Im folgenden sollen die Folgen von Unterernährung und Nährstoffdefiziten im Alter für körperliche und geistige Leistungsfähigkeit, Gesundheit und Lebenserwartung beschrieben werden.

7.3.1 Körperliche Funktionen

Skelettmuskulatur

Der Verlust von Körperprotein und Muskelmasse bei anhaltender Protein-Energie-Mangelernährung geht mit einer Abnahme der Muskelkraft einher. Mit derAbnahme der Kraft sind funktionelle Beeinträchtigungen, veränderte Kontraktions- und Relaxationsmuster, verbunden (Lenmarken et al. 1986, Lopes et al. 1982, Shizgal et al. 1986).

Fiatarone et al. (1990) bestätigen die Zusammenhänge zwischen fettfreier Körpermasse, regionaler Muskelmasse und Muskelstärke bei alten Menschen in einer Studie mit 90jährigen Heimbewohnern. In mehreren Studien mit geriatrischen Patienten ist eine geringere Handkraft bei Patienten mit Mangelernährung belegt (Cederholm et al. 1993, Phillips 1986, Suboticanec et al. 1989).

Geringere Muskelkraft und Muskelfunktionsstörungen führen zu allgemeiner Schwäche, beeinträchtigen Gehfähigkeit und Bewegungskapazität und haben damit gravierende Auswirkungen auf die Selbständigkeit älterer Menschen. Es besteht ein höheres Risiko für Stürze und durch fehlende Fettpolster auch für Frakturen.

In der oben genannten Studie von Fiatarone et al. (1990) wurde der Zusammenhang zwischen Muskelstärke und Gehzeit bei gebrechlichen Heimbewohnern belegt. Eine jüngere Studie aus Finnland bestätigt die Korrelation zwischen Muskelkraft und Mobilität bei einer größeren Gruppe 75jähriger Männer und Frauen (Rantanen et al. 1994).

In einer jüngsten Auswertung der 3061 über 65jährigen Überlebenden der NHANES-I-Kohorte wird eine Beziehung zwischen Ernährungszustand und funktionellen Fähigkeiten beschrieben (Galanos et al. 1994). Personen mit geringem oder hohem BMI hatten ein höheres Risiko für funktionelle Störungen als diejenigen im mittleren BMI-Bereich. Je extremer der BMI, desto höher war das Risiko für funktionelle Störungen. Silver et al. (1988) zeigten bei 130 im Mittel 78jährigen Pflegeheimbewohnern, daß eine Verschlechterung des Ernährungszustands während des Aufenthalts im Heim mit einer Verschlechterung der Fähigkeit, die Aktivitäten des täglichen Lebens auszuüben, einhergeht.

Vellas et al. (1990b, 1992b) belegen in einer Studie mit 40 Zugängen einer geriatrischen Klinik Zusammenhänge zwischen Ernährungszustand und Frakturrisiko. Bei 20 Patienten, die gestürzt waren, wurden deutlich niedrigere anthropometrische Meßwerte und Blutproteinwerte festgestellt als bei 20 Patienten ohne Sturz. Veränderungen der Körperzusammensetzung, Protein-Energie-Mangelernährung und ein grenzwertiger Ernährungszustand scheinen dieser Studie zufolge potentielle Risikofaktoren für Stürze zu sein.

Bastow et al. (1983a) stellten die Hypothese auf, daß Mangelernährung zu einer beeinträchtigten Thermoregulation mit Hypothermie führt und in Folge davon Koordinationsstörungen auftreten, die das Risiko für Stürze und Unfälle erhöhen.

Störung der respiratorischen Funktion

Von den Muskelfunktionsstörungen bei Mangelernährung kann auch die Atemmuskulatur betroffen sein. Die respiratorische Muskelstärke, gemessen durch den maximalen inspiratorischen und expiratorischen Druck, ist bei Mangelernährung verringert. Zusätzlich ist der neurale Atemantrieb gestört (Arora & Rochester 1982). Bei Patienten mit schwerer Protein-Energie-Mangelernährung ist die Fähigkeit, eine adäquate Atmung aufrechtzuerhalten, reduziert.

In einer Studie von Schols et al. (1989) war ein schlechter Ernährungszustand bei Patienten mit chronisch obstruktiver Lungenkrankheit mit einem schlechten Gasaustauch verbunden.

Immunfunktion

Sowohl generelle Mangelernährung als auch Defizite einzelner Nährstoffe wirken sich negativ auf die Immunfunktion aus, wobei die Veränderungen der Immunreaktion nicht spezifisch für bestimmte Nährstoffe sind (Chandra 1989, 1990). Ein Mangel nahezu jeden Nährstoffs kann unter experimentellen Bedingungen zu einer Abnahme von immunologischen Parametern, besonders der zellulären Immunfunktion führen. Bereits bei subklinischen Defiziten werden Veränderungen verschiedener Immunparameter beschrieben. Umgekehrt gibt es Hinweise, daß Ernährungstherapie bei Senioren mit Hinweisen auf Protein-Energie-Mangelernährung die Beeinträchtigungen der zellulären Immunantwort verringern kann (CHANDRA et al. 1982, CHANDRA & PURI 1985, LIPSCHITZ & MITCHELL 1982). Verschiedene Studien beschreiben mittlerweile positive Effekte von Vitamin- und Mineralstoffsupplementen auf die Immunfunktion älterer Personen (BOGDEN et al. 1990, 1994, CHANDRA 1992b, MEYDANI et al. 1990, PENN et al. 1991, SUBOTICANEC et al. 1989).

Die altersbedingten Funktionseinbußen des Immunsystems werden durch eine unzureichende Nährstoffversorgung verstärkt, erhöhte Infektionsanfälligkeit und Infektionshäufigkeit sind die Folge.

Die hohe Häufigkeit von Infektionen in Pflegeheimen reflektiert die hohe Anfälligkeit der Bewohner. Infektionen der Harnwege, von Respirationstrakt, Haut oder Augen werden bei 15-20 % aller Pflegeheimbewohner beschrieben (GARIBALDI et al. 1981). In Zusammenhang mit einem schlechten Ernährungszustand werden Infektionen im Alter noch häufiger beobachtet. SANDMAN et al. (1987) stellten bei Pflegeheimbewohnern mit Mangelernährung viermal so häufig Infektionen fest wie bei Bewohnern in gutem Ernährungszustand. BIENIA et al. (1982) und AXELSON et al. (1988) fanden bei geriatrischen Patienten in schlechtem Ernährungszustand ebenfalls deutlich häufiger Infektionen als bei befriedigendem Ernährungszustand.

Infektionen in Zusammenhang mit Mangelernährung sind mit einer äußerst schlechten Prognose für die weitere Lebenserwartung verbunden (RUDMAN et al. 1987a).

7.3.2 Geistige Funktionen

Das Gehirn reagiert sensitiv auf Schwankungen in der Energieversorgung und benötigt außerdem verschiedene Vitamine zur Erhaltung normaler Funktionen. Bei anhaltendem Mangel an Thiamin, Niacin, Pantothensäure, Vitamin B_6, B_{12}, Folsäure und Vitamin E werden neurologische und/oder Verhaltensstörungen als Folge der Nährstoffdefizite beschrieben. Ausgeprägte Defizite können die kognitive Funktion stören und das Bild einer Demenz ergeben.

Insbesondere Folsäure- und Vitamin-B_{12}-Mangel werden ursächlich mit der Entstehung geistiger Einbußen in Verbindung gebracht. Patienten mit Vitamin B_{12}-Mangel entwickeln Neuropathien, die mit Lähmungen der Extremitäten beginnen und zu Ataxie (Störung der Bewegungskoordination) und Paralyse (vollständige Lähmung) führen. Gedächtnisverluste treten auf, die bei Behebung des Mangels reversibel sind. Folsäuremangel wurde mit Vergeßlichkeit, Verwirrtheit, Paranoia in Verbindung gebracht.

Auch bei Patienten mit psychiatrischen Störungen wie Depression, Demenz und Schizophrenie wird sehr häufig Folatmangel berichtet.

Ernährungsbedingte Demenzformen sind durch Substitution des fehlenden Nährstoffs reversibel, Vitaminsupplementation bei schwerem Vitaminmangel führt zu Verbesserungen im geistigen Zustand (Brocklehurst et al. 1968, Schorah et al. 1979, Stachan & Henderson 1976).

Wenngleich derart ausgeprägte klinische Vitamindefizite bei uns selten sind, gibt es doch zunehmend Hinweise, daß nicht nur klinisch ausgeprägte, sondern auch subklinische Defizite mit Einbußen der geistigen Leistungsfähigkeit in Verbindung stehen. Von verschiedenen Autoren werden Zusammenhänge zwischen Vitaminstatus und kognitiven Funktionen bzw. psychometrischen Testergebnissen bei älteren Menschen beschrieben.

In der Gießener Seniorenstudie von Heseker (1983) wurden bei Personen mit unbefriedigenden Blutwerten verschiedener Vitamine einschließlich Vitamin B_{12} und Folsäure ebenfalls schlechtere Ergebnisse verschiedener psychometrischer Tests festgestellt als bei einer gleichaltrigen Kontrollgruppe ohne Hinweise auf Vitamindefizite (Chomé et al. 1986). Goodwin et al. (1983) fanden bei gesunden älteren Personen mit geringer Nahrungszufuhr und niedrigen Blutspiegeln der Vitamine B_2, B_{12}, C und Folsäure schlechtere Ergebnisse bei Gedächtnistests und Tests des nonverbalen abstrakten Denkens und Tucker et al. (1990) stellten bei 28 über 60jährigen gesunden Probanden Zusammenhänge zwischen Vitaminparametern (B_1, B_2, Folat) und Hirnstromwellen (EEG-Indizes) fest. In einer Untersuchung von Bell et al. (1990) wurden niedrige Vitamin B_{12}- und Folat-Spiegel bei älteren Menschen mit bestimmten neuropsychiatrischen Störungen beobachtet.

Die häufig unbefriedigenden Ernährungszustände bei Patienten mit Demenz (vgl. Kap. 7.1.5) lassen vermuten, daß unbefriedigende Ernährungssituationen zur Demenzentstehung beitragen bzw. eine vorhandene Demenz verschlimmern. Durch gegenseitige Wechselwirkungen sind Ursache und Wirkung jedoch nicht eindeutig auszumachen. Stähelin (1986) ist der Meinung, daß eine schlechte Ernährung bei vorhandener Disposition den Ausbruch einer Demenz begünstigen kann. Insgesamt ist derzeit nicht klar, inwieweit subklinische Mängel eine Rolle in der Pathogenese neurologischer und kognitiver Funktionseinbußen mit dem Alter spielen. Nach derzeitigem Stand der Erkenntnisse kann aber davon ausgegangen werden, daß Nährstoffdefizite das Risiko für geistige Funktionseinbußen erhöhen (s. auch Kap. 7.1.5).

7.3.3 Krankheitsverlauf und Morbidität

Komplikationen im Krankheitsverlauf

Kein Zweifel besteht darüber, daß ausgeprägte Energie- und Nährstoffdefizite im Krankheitsfall die Genesung negativ beeinflussen. Unbefriedigende Ernährungszustände sind eindeutig mit längerer Krankheitsdauer, erhöhten Komplikationsraten beim Krankheitsverlauf, erhöhter Morbidität und Mortalität verbunden (Übersicht bei Dempsey et al. 1988).

Sullivan et al. (1990, 1994) untersuchten den Zusammenhang zwischen Ernährungszustand und Entwicklung von Komplikationen bei geriatrischen Patienten und identifizierten Protein-Energie-Mangelernährung als unabhängigen Risikofaktor für Morbidität.

Bei 100 konsekutiven Aufnahmen in eine geriatrische Rehabilitationsabteilung (mittleres Alter 78 ± 9 J.) korrellierte das Risiko, mindestens eine Komplikation während des Aufenthalts zu entwickeln, mit der Serumalbuminkonzentration und dem Körpergewichtsverlust vor der Aufnahme, außerdem mit dem funktionellen Status (ADL) bei Aufnahme und Nieren- oder Lungenkrankheit (Sullivan et al. 1990). In einer weiteren Studie an 350 im Mittel 76jährigen Rehabilitationspatienten wurde überprüft, ob sich der einmal gezeigte Zusammenhang zwischen Ernährungszustand und Morbidität bestätigen läßt. Von 96 untersuchten Variablen war neben ADL, Anzahl der eingenommenen Medikamente, Nierenkrankheit, Einkommen, Dekubiti und Schluckstörung Protein-Energie-Mangelernährung ein starker unabhängiger Prädiktor für nachfolgende Krankheitskomplikationen (Sullivan & Walls 1994).

Mehrere Studien belegen die erhöhte Komplikationsrate bei mangelernährten geriatrischen Patienten.

Bei 250 über 65jährigen chirurgischen Patienten wird eine Komplikationsrate von 25 % beschrieben, die bei den mangelernährten Patienten der Studie doppelt so hoch war als bei Patienten ohne Mangelernährung (Tuchschmid & Tschantz 1991). Rich et al. (1989) beobachteten bei über 75jährigen Patienten mit Herzoperationen und Albuminwerten unter 35 g/l mehr Komplikationen (Herzinsuffizienz, gastrointestinale und Nierenfunktionsstörungen) und häufiger postoperative Verwirrtheitszustände als bei Patienten mit höheren Albuminwerten. Albumin wird demzufolge als aussagekräftiger Parameter für ein erhöhtes Risiko perioperativer Komplikationen bei älteren Patienten mit Herzoperationen angesehen. Linn (1984) untersuchte geriatrische Patienten 1 Jahr lang nach dem Klinikaufenthalt und stellte bei anfangs Mangelernährten in diesem Zeitraum mehr diagnostische Probleme, insbesondere Infektionen, fest als bei guterernährten Patienten.

Mangelernährte ältere Patienten haben damit sowohl ein erhöhtes Risiko für Komplikationen in der Klinik als auch ein höheres Risiko für Langzeit-Gesundheitsprobleme.

Druckgeschwüre (Dekubitalulzera, Dekubiti)

Eine häufige Komplikation im Krankheitsverlauf bei bettlägrigen alten Patienten, die ebenfalls in engem Zusammenhang mit dem Ernährungszustand steht, sind Druckgeschwüre (Dekubitalulzera, Dekubiti).

In verschiedenen Studien wurde der Ernährungszustand als Einflußfaktor bei der Entwicklung von Dekubiti identifiziert (ALLMAN et al. 1986, ANDERSON & KVORNING 1982, PINCHKOFSKY-DEVIN & KAMINSKI 1986, SILVER 1988). Neben Immobilität und funktioneller Anhängigkeit, verändertem Bewußtseinsgrad, Schädigungen der Hautoberfläche und Hautreizung durch ständige Feuchtigkeit bei Inkontinenz zählt Mangelernährung zu den Faktoren, die das Risiko für Dekubiti erhöhen (ALLMAN 1989, ALLMAN et al. 1986, BERLOWITZ & WILKING 1989, EK et al. 1991). Die Ernährung geht daher neben anderen Einflußfaktoren in die standardisierten Instrumente zur Abschätzung des Dekubitus-Risikos (NORTON-Scale, BRADEN-Scale) mit ein.

Umgekehrt gibt es Hinweise, daß die Heilung von Dekubiti durch Ernährungsmaßnahmen gefördert werden kann.

Proteinreiche Ernährung mit einem Proteinanteil von 24 % der Energie erwies sich in einer Studie von BRESLOW et al. (1993) bei 28 mangelernährten geriatrischen Patienten mit Dekubiti als effektiver bei der Heilung als eine Kost mit 14 % Proteingehalt. EK et al. (1991) überprüften den Effekt von Nahrungssupplementen auf die Heilung bzw. Bildung von Dekubiti und fanden tendenziell weniger neue Druckgeschwüre und eine bessere Heilung bestehender Dekubiti bei Patienten mit Zusatznahrung im Vergleich zu denen ohne.

Dekubitusrisiko, unzureichende Nahrungsaufnahme, schwere Mangelernährung, Immobilität und funktionelle Abhängigkeit sind untereinander verbunden und führen zu einer erhöhten Häufigkeit medizinischer Komplikationen und Infektionen und zu einer erhöhten Mortalität (ALLMAN 1989, BRANDEIS et al. 1990, BERLOWITZ & WILKING 1989, BRESLOW et al. 1991, MOOLTEN 1972).

Krankenhausaufenthalte: Dauer und Wiedereinweisung

Verschiedene Studien beschreiben längere Krankenhausaufenthalte bei Patienten mit Mangelernährung, die sich durch eine langsamere Krankheitsgenesung und größere Komplikationshäufigkeit erklären lassen (ASPLUND et al. 1981, BURNS et al. 1989, RICH et al. 1989, ROBINSON et al. 1987, WILLIAMS et al. 1990). Da die Aufenthaltsdauer in der Klinik bei älteren Patienten jedoch vielfach von anderen Faktoren wie z. B. sozialer Situation und Versorgungsmöglichkeiten mitabhängig ist, wird dieser Zusammenhang nicht immer bestätigt (SANDMAN et al. 1987). Darüber hinaus ist Unterernährung mit einem erhöhten Risiko für frühe Rehospitalisierung und einer geringeren Wahrscheinlichkeit, zuhause zurechtzukommen, verbunden.

Bei der Suche nach Risikofaktoren für eine Krankenhauswiedereinweisung innerhalb von 3 Monaten nach der Entlassung wurde von Sullivan (1992) die Albuminkonzentration bei Entlassung als bester Prädiktor von 109 Variablen identifiziert. Axelson et al. (1988) fanden, daß Schlaganfallpatienten mit zwei oder mehr suboptimalen Ernährungsparametern seltener nach Hause entlassen werden können als Schlaganfallpatienten in gutem Ernährungszustand. In einer finnischen Studie mit 84-88jährigen zuhauselebenden Senioren war ein niedriger BMI neben erhöhter Mortalität mit permanenter Hospitalisierung und der Unfähigkeit, zuhause zurechtzukommen, verbunden (Rajala et al. 1990).

7.3.4 Mortalitätsrisiko

Neben den negativen Folgen für Organfunktionen und Gesundheitszustand ist Unterernährung mit einem erhöhten Mortalitätsrisiko verbunden.

Da die Mortalität wesentlich leichter zu erfassen und besser zu quantifizieren ist als Funktionseinbußen, Krankheitsverlauf und Komplikationen, befassen sich die weitaus meisten Studien mit der Frage, welche Bedeutung ein reduzierter Ernährungszustand für die weitere Lebenserwartung hat.

Sowohl bei gesunden Senioren als auch bei Pflegeheimbewohnern und geriatrischen Patienten wird bei unbefriedigenden Ernährungsparametern eine deutlich erhöhte Mortalität beobachtet. Einzelne Parameter – Körpergewicht, BMI und Gewichtsverlust, anthropometrische Variablen, Protein- und Vitaminblutwerte und Immunindizes – oder Scores, die mehrere Parameter einbeziehen, werden zur Abschätzung des Mortalitätsriskos herangezogen. Trotz unterschiedlicher Kollektive, Parameter und Untersuchungszeiträume kommen die Studien zu dem übereinstimmenden Ergebnis, daß Hinweise auf Ernährungsdefizite mit einer deutlich erhöhten Mortalität verbunden sind.

Sowohl die Kurzzeitmortaliät während des Klinikaufenthalts als auch die Mortalität nach einem oder mehreren Jahren ist bei Unterernährung bzw. beim Vorhandensein unbefriedigender Ernährungsparameter deutlich höher als bei gutem Ernährungszustand.

Körpergewicht / BMI: Verschiedene Studien haben in den letzten Jahren bei älteren gesunden Senioren mit geringem Körpergewicht bzw. niedrigem BMI erhöhte Mortalitätsraten gezeigt (Andres et al. 1985, Burr et al. 1982b, Harris et al. 1988, Jarrett et al. 1982, Potter et al. 1988, Tayback et al. 1990).

Mattila et al. (1986) belegen den Zusammenhang für Hochbetagte. Sie untersuchten die Beziehung zwischen BMI und Mortalität bei 526 über 85jährigen Finnen und beobachteten die höchste 5-Jahres-Mortalitätsrate mit 87 % bei den Personen mit erniedrigtem BMI (< 20 kg/m², n = 103), dagegen war die Mortalität in der Gruppe mit übermäßig hohem BMI (> 30 kg/m², n = 41) mit 53 % am geringsten. Eine spätere Untersuchung (1981-84) in der gleichen finnischen Stadt bei zuhauselebenden 84-88jährigen mit jährlichem Follow-up für 3 Jahre ergab eine erhöhte 3-Jahres-Mortalität bei einem BMI ≤ 22 kg/m² (RAJALA et al. 1990) (vgl. Kap. 6.1.3.1).

Gewichtsverlust: Unbeabsichtigter Gewichtsverlust wurde bei älteren Menschen in mehreren Untersuchungen in Zusammenhang mit erhöhter Mortalität beobachtet.

HARRIS et al. (1988) berichten bei 55-65jährigen Probanden der Framingham-Studie eine erhöhte Mortalität bei Nichtrauchern mit einem Gewichtsverlust von 10 % des BMI. Bei 65-85jährigen Heimbewohnern beschreiben DWYER et al. (1987) bei denjenigen mit einem Gewichtsverlust von mehr als 4,5 kg in 2 Jahren eine höhere 4-Jahres-Mortalitätsrate als bei Personen mit stabilem Körpergewicht oder Gewichtszunahme. SELTZER et al. (1982) fanden bei 878 über 60jährigen Patienten, die sich einer freiwilligen Operation unterzogen, bei denen, die einen Gewichtsverlust von über 4,5 kg in den letzten 6 Monaten berichteten (n = 76), mit 13,2 % im Vergleich zu 1,2 % eine signifikant höhere Mortalitätsrate als bei den übrigen Patienten.

WALLACE et al. (1995) beobachteten bei über 65jährigen zuhause lebenden Senioren mit einem jährlichen Gewichtsverlust von über 4 % eine deutlich höhere Mortalitätsrate nach 2 Jahren. KELLER et al. (1995) konnten umgekehrt zeigen, daß eine Gewichtszunahme von mehr als 5 % in etwa einem Jahr bei anfangs unterernährten institutionalisierten Senioren mit verringerter Mortalität und tendenziell verringerter Morbidität verbunden war.

Anthropometrie: Die schlechte Prognose von Unterernährung wird anhand anthropometrischer Messungen u.a. von FRIEDMANN et al. (1985), RUDMAN et al. (1987a), PHILLIPS (1986), CAMPBELL et al. (1990) und KEMM und ALLCOCK (1984) beschrieben.

In einer Studie von BASTOW et al. (1983a) starben 18 % der anhand anthropometrischer Messungen als schwer mangelernährt eingestuften Patienten mit Femurfraktur im Vergleich zu 4 % der guternährten Patienten mit vergleichbarer Krankheit. In der Bethanien-Ernährungsstudie waren sowohl Körpergewicht und BMI als auch Trizepshautfaltendicke und Armmuskelumfang bei Patienten, die nach 18 Monaten verstorben waren, signifikant niedriger als bei den noch lebenden Patienten (VOLKERT et al. 1992a).

Blutproteinwerte: Die ungünstige prognostische Bedeutung niedriger Albuminkonzentrationen im Serum ist in verschiedenen Studien mit Pflegeheimbewohnern (RUDMAN et al. 1987a,b, VERDERY & GOLDBERG 1991) und geriatrischen Patienten (AGARVAL et al. 1988, FOSTER et al. 1990, KEMM

& ALLCOCK 1984, PHILLIPS et al. 1986, RICH et al. 1989, RAPIN et al. 1986) belegt.

In einer neueren Studie untersuchten FERGUSON et al. (1993) Albumin und Präalbuminwerte von 81 im Mittel 83jährigen Pflegeheimbewohnern bei Aufnahme ins Krankenhaus, nach ½ Woche, nach 1 Woche und nach 1 Monat in Zusammenhang mit der Mortalität nach 90 Tagen. Beide Proteinwerte waren beim überwiegenden Teil der Patienten erniedrigt. Albumin erwies sich im Vergleich zu Präalbumin als besserer Prädiktor von Mortalität und verlängertem Krankenhausaufenthalt, wobei der Wert nach ½ Woche noch höhere Vorhersagekraft hatte als die Albuminkonzentration bei Aufnahme.

Albumin wird auch im Alter als der beste Prädiktor von Mortalität angesehen (AGARVAL et al. 1988, FÜLÖP et al. 1989, MITCHELL & LIPSCHITZ 1982b, PHILIPS 1986).

Vitaminstatus: Auch bei unbefriedigenden Vitaminblutwerten werden bei alten Menschen erhöhte Mortalitätsraten beschrieben.

Mehrere Studien weisen auf die kurzeitprognostische Bedeutung niedriger Vitamin-C-Werte bei akut kranken geriatrischen Patienten hin (BURR et al. 1982b, HUNT et al. 1984, WILSON et al. 1973). Langzeitstudien von BURR et al. (1982b) und HODKINSON und EXTON-SMITH (1976) haben gezeigt, daß niedrige Vitamin-C-Werte auch noch die Mortaltität nach einigen Jahren voraussagen können.

In der Bethanien-Ernährungsstudie waren niedrige Vitamin-A- und -C-Werte bei geriatrischen Patienten mit einer erhöhten 18-Monats-Mortalität verbunden (VOLKERT et al. 1992a). Die Ergebnisse der prospektiven Basel-Studie weisen ebenfalls auf die prognostische Bedeutung niedriger Vitamin-A- und -C-Werte hin: Die nach 7 Jahren Überlebenden hatten zu Beginn der Untersuchung höhere β-Carotin- und Vitamin-C-Werte als die Verstorbenen (BRUBACHER 1989).

Immunparameter: Erhöhte Mortalitätsraten werden bei älteren Menschen auch in Verbindung mit erniedrigten Lymphozytenzahlen (AGARVAL et al. 1988) und negativer Hautreaktion (COHN et al. 1983, RAPIN et al. 1986, ROBERTS-THOMSON et al. 1974, SHAVER et al. 1980) beschrieben.

Cholesterin: In mehreren Studien mit Pflegeheimbewohnern wurde ein deutlich erhöhtes Mortalitätsrisiko bei niedrigen Cholesterinwerten belegt (FORETTE et al. 1989, RUDMANN et al. 1988, VERDERY & GOLDBERG 1991).

In einer Untersuchung von RUDMAN et al. (1988) waren Cholesterinwerte unter 150 mg/dl bei 129 im Mittel 71jährigen männlichen Pflegeheimbewohnern mit einer Mortaltitätsrate von 63 % verbunden, verglichen mit 9 % bei Cholesterinwerten über 150 mg/dl. Eine Multivarianzanalyse ergab einen Mortalitätsrisiko-Index mit Cholesterin und Hämatokrit, der eine Mortalitätsvorhersage bei der untersuchten Gruppe mit einer Sensitivität von 90 % und einer Spezifität von 85 % ermöglicht.

Eine höhere Mortalitätsrate wurde neben längeren Krankenhausaufenthalten und höherer Komplikationsrate auch von Noel et al. (1991) bei über 65jährigen Patienten beobachtet, die im Verlauf ihres Klinikaufenhalts Hypocholesterinämie entwickelten (von ≥ 160 mg/dl auf ≤ 120 mg/dl).

Dehydration: Wasserdefizite haben im Vergleich zu anderen Nährstoffdefiziten relativ schnell drastische Konsequenzen. In ausgeprägten Mangelstadien führt Wassermangel zu Kreislauf- und Nierenversagen und zum Tod. Mahowald und Himmelstein (1981) belegten eine erhöhte Mortalitätsrate bei dehydrierten geriatrischen Patienten.

Scores: Auch mit Definitionen der Unterernährung, die auf mehreren Parametern beruhen, werden erhöhte Mortalitätsraten beschrieben.

Bienia et al. (1982) und Linn (1984) beobachten mit auf mehreren Ernährungsparametern basierenden Definitionen der Mangelernährung höhere Mortalitätsraten bei mangelernährten geriatrischen Patienten im Vergleich zu Patienten in gutem Ernährungszustand, Thomas et al. (1991) bei Pflegeheimbewohnern. Frisoni et al. (1994) erstellten einen prognostischen Index aus Cholesterin, Lymphozytenzahl, Oberarmumfang, Hämoglobin, Alter und Geschlecht und konnten die Mortalität nach 18 Monaten von 104 über 60jährigen Pflegeheimbewohnern in relativ gutem Gesundheits- und Ernährungszustand mit einer Sensitivität von 80 % und einer Spezifität von 78 % vorhersagen.

Auch Studien, die neben Ernährungsparametern den Einfluß anderer Faktoren auf die Mortalität untersuchten, fanden Ernährungsparameter als bedeutende prognostische Indizes beteiligt.

In einer Studie von Sullivan et al. (1991) bei 109 im Durchschnitt 78jährigen männlichen Rehabilitationspatienten zeigten sich von 81 untersuchten Variablen Gewichtsverlust im Jahr vor der Klinikaufnahme, subskapulare Hautfaltendicke und der ADL-Score bei Entlassung als beste Prädiktoren für Mortalität im Jahr nach der Entlassung. Rudman et al. (1987a) fanden bei 55-100jährigen Pflegeheimbewohnern 8 von 67 Variablen mit der 1-Jahres-Mortalität verbunden: Neben Alter und funktionellem Status handelte es sich um 6 Ernährungsparameter: Trizepshautfaltendicke, Armmuskelumfang, Albumin, Cholesterin, Hämoglobin und Hämatokrit.

Die Informationen über Zusammenhänge zwischen Ernährungszustand und Funktionsstörungen, Morbidität bzw. Mortalität bei Älteren liefern die Grundlage für Interventionsstudien, die nun klären müssen, ob und welche Formen der Ernährungstherapie bei unterernährten älteren Patienten zur Verbesserung der körperlichen und geistigen Leistungsfähigkeit und zur Senkung von Morbidität und Mortalität beitragen (Lipschitz 1992).

8 Prävention und Therapie von Unterernährung im Alter

Häufigkeit und Folgen von Ernährungsproblemen, insbesondere von Ernährungsdefiziten, bei alten Menschen legen Maßnahmen zur Prävention und Therapie nahe. Der Ernährungszustand von guternährten Senioren muß erhalten, der von unterernährten Senioren verbessert werden.

Das Ziel von Ernährungsmaßnahmen ist dabei letztendlich, die Lebensqualität für die verbleibende Lebenszeit zu erhalten bzw. zu verbessern (vgl. Kap. 1.5). Frühzeitige Erkennung von Ernährungsproblemen und angemessene Interventionsmaßnahmen erhöhen die Wahrscheinlichkeit für ein längeres selbständiges Leben. Ernährungsmaßnahmen bieten die Möglichkeit zur Verbesserung der Ernährungsversorgung, zur Erhaltung bzw. Verbesserung des Ernährungs- und Gesundheitszustands und damit zur Vermeidung unnötiger Behandlungen und Krankenhausaufenthalte. Die negativen Folgen von Unterernährung wären durch erfolgreiche Prävention bzw. Therapie in einem Teil der Fälle vermeidbar, sowohl der einzelne Patient als auch das Gesundheitswesen können profitieren.

Da die Beseitigung von Mangelernährung ungleich schwieriger, langwieriger und mühsamer ist als die Entstehung, kommt ihrer Prävention besondere Bedeutung zu. Der Sicherung einer ausreichenden bedarfsgerechten Ernährung und der Erhaltung eines guten Ernährungszustands sollte kontinuierlich, insbesondere jedoch beim Auftreten akuter Erkrankungen oder außergewöhnlicher psychischer Belastungen ein besonderes Augenmerk gelten.

8.1 Status Quo: Nichtbeachtung der Ernährung

Leider wird das Präventions- und Behandlungspotential von Ernährungsmaßnahmen bisher kaum genutzt. Obwohl Notwendigkeit und Bedeutung einer adäquaten Ernährung für Gesundheit und Wohlbefinden allgemein bekannt sind, ist der Stellenwert der Ernährung im Rahmen ärztlicher und pflegerischer Maßnahmen meist unangemessen gering. Die Ernährung wird oft vernachlässigt, Ernährungsprobleme werden sowohl in Kliniken als auch in Heimen weder wahrgenommen noch ernst genommen, Mangelernährung wird selten diagnostiziert und kaum behandelt (Bender 1984, Kamath et al. 1986, McWhirter & Pennington 1994, Sullivan et al. 1989).

Ernährungstherapie beschränkt sich meist auf den Einsatz künstlicher Ernährungsformen, falls Ernährungstherapie erfolgt, geschieht dies häufig ineffektiv und mit hoher Komplikationsrate (SULLIVAN et al. 1989).

Eine Analyse der üblichen Ernährungsversorgung älterer Krankenhauspatienten in Amerika ergab bei 39 % von 250 über 65jährigen bei Krankenhausaufnahme Zeichen klinisch relevanter Protein-Energie-Mangelernährung. Davon wurden lediglich 13 % in irgendeiner Form ernährungsspezifisch behandelt, kein einziger der Patienten erhielt nach Meinung der Autoren eine optimale Ernährungstherapie. Bei 17 % war eine Beurteilung des Ernährungszustands aufgrund fehlender Angaben gar nicht möglich (SULLIVAN et al. 1989).

Zwischen dem derzeitigen Wissensstand über Häufigkeit und Folgen von Mangelernährung und den Bemühungen zur Prävention und Therapie klafft demnach eine offensichtliche Lücke.

Verschiedene Gründe werden diskutiert, die der Erkennung und Behandlung von Ernährungsproblemen und einer adäquaten Ernährungsversorgung älterer Patienten und Heimbewohner im Wege stehen. Eine wesentliche Ursache wird im *mangelnden Problembewußtsein* gesehen. Ärzte fühlen sich für Ernährungsprobleme nicht verantwortlich, die Bedeutung der Ernährung wird unterschätzt (BENDER 1984, MORLEY 1991, ROUBENOFF et al. 1987). Die *fehlende Kenntnis*, Mangelernährung und Risikopatienten zu erkennen, und mangelndes Wissen über die Möglichkeiten einer adäquaten Ernährungstherapie werden ebenfalls als wesentliche Gründe genannt, die einer optimalen Ernährungsversorgung im Wege stehen. Bemühungen zur Verbesserung der Ernährungssituation werden als aufwendig, komplikationsreich und wenig erfolgreich angesehen. Mangelnde Sensibilität für Ernährungsprobleme und der hohe zeitliche Aufwand für die individuelle Betreuung beim Essen zusammen mit schlechter personeller Besetzung begünstigen die Vernachlässigung der Ernährung bei Pflegepersonen.

Maßnahmen zur Steigerung des Ernährungsbewußtseins und zur Verbesserung des Ernährungswissens sind somit dringend notwendig. Dazu gehören Schulungs- und Fortbildungsmaßnahmen für alle Berufsgruppen, die mit Senioren zu tun haben. Die wesentlichen Kenntnisse über Ernährungsrisiken und mögliche Interventionsmaßnahmen müssen vermittelt und die Umsetzung der vorhandenen Kenntnisse in die tägliche Routine gefördert werden.

ROUBENOFF et al. (1987) berichten von einem Schulungsprogramm für Klinikpersonal und der Einführung eines Ernährungsfragebogens als Routine-Bestandteil der Aufnahmeuntersuchung, die dazu führten, daß alle Patienten mit Mangelernährung erkannt wurden, Ernährungskenntnisse des Personals und Ernährungspflege verbesserten sich.

Darüber hinaus wird die Integration von Ernährungsfragen und speziellen geriatrischen Ernährungsproblemen in die ärztliche und pflegerische Ausbildung gefordert (BENDER 1984).

Nicht nur bei Pflegepersonen und Ärzten, auch bei älteren Menschen selbst und ihren Angehörigen muß das Bewußtsein für das Problem Mangelernährung und die Gefahren der Mangelernährung geschärft werden. Ernährungsaufklärung für Senioren soll neben den Grundzügen einer gesunderhaltenden Ernährung vermitteln, welche Ernährungsrisiken und Probleme im Alter auftreten können und wie sie zu vermeiden sind.

Mit der Nutrition Screening Initiative (NSI) wurde 1991 in den USA eine Initiative gestartet, die zum Ziel hat, den Stellenwert der Ernährung und das Bewußtsein für die Bedeutung der Ernährung für Gesundheit und Lebensqualität im Alter zu steigern. Sowohl Senioren selbst als auch Berufsgruppen, die mit alten Menschen zu tun haben, sollen mit verschiedenen Schulungs- und Aufklärungsinstrumenten für Ernährungsaspekte sensibilisiert werden (NSI 1991). Derartige Maßnahmen können dazu beitragen, daß Ernährungsrisiken und Ernährungsprobleme frühzeitig erkannt und geeignete Maßnahmen ergriffen werden.

8.2 Erfassung von Ernährungsproblemen und Risiken

Regelmäßige Ernährungserhebungen mit einer sorgfältigen Erfassung von Ernährungsproblemen und Risikofaktoren ermöglichen es, Risikopersonen und Ernährungsprobleme rechtzeitig zu erkennen und liefern Ansatzpunkte für Interventionsmaßnahmen. Sie liefern daüber hinaus die Grundlage zum Vergleich für spätere Erhebungen und sind sowohl zur Evaluierung von Interventionsmaßnahmen als auch zur Steigerung des Ernährungsbewußtseins sinnvoll.

Verschiedene Vorschläge zur Formalisierung der Ernährungserhebung bei Älteren wurden gemacht (FALUTZ et al. 1992, NIKOLAUS et al. 1995, NSI 1991, TRAMPOSCH & BLUE 987, VELLAS et al. 1994, WOLINSKI et al. 1985).

Durch die vielfältige Einflußfaktoren aus allen Lebensbereichen muß eine Ernährungserhebung bei Senioren mehr Faktoren umfassen als bei jüngeren Personen. Die wesentlichen Einflußbereiche, die als Elemente eines sogenannten Ernährungs- oder Risiko-Screenings gefordert bzw. berücksichtigt werden, stimmen bei verschiedenen Autoren weitgehend überein. Gesundheitszustand (insbesondere Verdauungsstörungen, gastrointestinale Erkrankungen) und Medikamentenkonsum, funktioneller Status und körperliche Behinderungen werden ebenso erfragt wie geistige und psychische Verfassung, soziale und finanzielle Verhältnisse. Fragen über Ernährungsgewohnheiten und Genußmittelkonsum geben Aufschluß über ungünstiges Ernährungsverhalten (vgl. Kap. 7.1).

Der Umfang der Erhebung richtet sich nach Situation und Ernährungszustand.

Ohne offensichtliche Ernährungsprobleme genügt zunächst ein einfacher Fragebogen zur Risikoabschätzung, wie er z. B. von der Nutrition Screening Initiative (NSI 1991) für gesunde zuhauselebende Senioren entwickelt wurde (Tab. 8.1). Die sogenannte „Determine your nutritional health"-Checkliste ist für Senioren selbst konzipiert mit dem Ziel, das öffentliche Bewußtsein für die Bedeutung der Ernährung für die Gesundheit im Alter zu erhöhen. Mit Hilfe von 10 kurzen Fragen über Gesundheitszustand, Ernährungsgewohnheiten, körperliche Verfassung, finanzielle und soziale Situation, Medikamentenkonsum und Gewichtsveränderung soll herausgefunden werden, ob ein Risiko für Mangelernährung vorliegt.

Tab. 8.1: Ernährungs-Screening bei gesunden Senioren – „Determine your nutritional health checklist". (Nach Nutrition Screening Initiative, USA, 1991.)

1. Ich habe eine Krankheit oder Beeinträchtigung, durch die sich Art und Menge meiner Nahrung geändert haben.	ja = 2 Punkte
2. Ich esse weniger als 2 Mahlzeiten pro Tag.	ja = 3 Punkte
3. Ich esse wenig Obst, Gemüse oder Milchprodukte.	ja = 2 Punkte
4. Ich trinke 3 oder mehr alkoholische Getränke am Tag.	ja = 2 Punkte
5. Ich habe Zahn- oder Mundprobleme, die das Essen erschweren.	ja = 2 Punkte
6. Ich habe nicht immer genug Geld, um Lebensmittel zu kaufen.	ja = 4 Punkte
7. Ich esse meistens allein.	ja = 1 Punkt
8. Ich nehme 3 oder mehr verschiedene Medikamente pro Tag ein.	ja = 1 Punkt
9. Ich habe im letzten halben Jahr unbeabsichtigt 5 kg oder mehr zu- oder abgenommen.	ja = 2 Punkte
10. Ich bin körperlich nicht immer in der Lage, einzukaufen, zu kochen und/oder selbst zu essen.	ja = 2 Punkte

Auswertung:

0-2 Punkte:	„Gut!" => Wiederholung des Fragebogens in 6 Monaten
3-5 Punkte:	„Mäßiges Risiko" => Wiederholung des Fragebogens in 3 Monaten
≥ 6 Punkte:	„Hohes Risiko" => Arztbesuch mit weiterführender Untersuchung

Für geriatrische Patienten im Krankenhaus wurde in Heidelberg ein Fragebogen entwickelt, der im Rahmen der Aufnahmeuntersuchung eingesetzt werden kann, um Risikofaktoren und Ernährungsprobleme abzuklären (Tab. 8.2).

Tab. 8.2: Erfassung von Risikofaktoren für Mangelernährung bei geriatrischen Patienten (Bethanien-Krankenhaus Heidelberg).

1. ja / nein	auffallende **Gewichtsabnahme** in letzter Zeit – Ist Ihnen der Rock bzw. die Hose spürbar zu weit geworden? – Haben Sie in der letzten Zeit deutlich Gewicht abgenommen? (> 2-3 kg im letzten Monat oder > 5 kg im letzten halben Jahr)
2. ja / nein	**Appetitlosigkeit** / Veränderung des Appetits – Ist Ihr Appetit mäßig oder schlecht? – Hat er sich in den letzen Wochen verschlechtert?
3. ja / nein	**Schwierigkeiten beim Kauen** – Haben Sie Probleme beim Apfel essen oder Fleisch beißen? – Macht es Ihnen Schwierigkeiten, Brot mit der Rinde/Kruste zu essen?
4. ja / nein	**Schluckstörung** (Cerebrale Ischämie, M. Parkinson) – Haben Sie Probleme beim Schlucken?
5. ja / nein	**Schwierigkeiten beim Schneiden** von Lebensmitteln – Haben Sie Probleme, ein Stück Fleisch kleinzuschneiden? – Macht es Ihnen Schwierigkeiten, ein Marmeladebrot zu schmieren?
6. ja / nein	**Immobilität** – Kann der Patient ohne Hilfsperson nur weniger als 10 Meter gehen? oder – Timed Up & Go* > 20 Sekunden
7. ja / nein	**Gastrointestinale Erkrankung** – Krankheit mit Beeinträchtigung der Verdauung und/oder Resorption?
8. ja / nein	**Chronische Schmerzen** und/oder **chronische Erkrankung** – Hatten Sie innerhalb des letzen halben Jahres mehrmals pro Woche Schmerzen? oder – Besteht bei dem Patienten eine Erkrankung mit Auswirkung auf seine Ernährung (verminderte Nahrungsaufnahme z.B. bei Tumoren und/oder gesteigerter Nährstoffbedarf z. B. bei Stoffwechselerkrankungen)
9. ja / nein	**Geistige Beeinträchtigungen** – gesicherte Demenz oder – MMSE** < 24 Punkte

Forts. Tab. 8.2:

10. ja / nein	**Depression** / einschneidendes Lebensereignis – Fühlen Sie sich oft traurig oder niedergeschlagen? oder – GDS*** > 5 Punkte
11. ja / nein	hoher Konsum an **Medikamenten** und/oder **Genußmitteln** – 5 oder mehr verschiedene Medikamente pro Tag oder – mehr als 10 Zigaretten pro Tag oder – mehr als 3 Gläser alkoholische Getränke pro Tag
12. ja / nein	**unbefriedigende soziale Sitaution** – Haben Sie Schwierigkeiten, mit Ihrem Geld über die Runden zu kommen? oder – Essen Sie zu Hause meistens alleine? oder – Ist es für Sie problematisch, selbst einzukaufen (bzw. einkaufen zu lassen) oder Ihr Essen zuzubereiten (bzw. zubereiten zu lassen)?

* Motilitätstest von PODSIADLO & RICHARDSON 1991
** Mini Mental State Examination nach FOLSTEIN et al. 1975
*** Geriatric Depression Scale nach YESAVAGE et al. 1983

Appetitlosigkeit und auffallender, unbeabsichtigter Gewichtsverlust – zwei wichtige Warnsignale für ernste Ernährungsprobleme – werden erfragt, gesundheitliche, funktionelle und soziale Beeinträchtigungen erhoben. Zur Erfassung von Immobilität, geistiger und psychischer Beeinträchtigung können standardisierte Tests herangezogen werden (NIKOLAUS & SPECHT-LEIBLE 1992).

Eine hohe Anzahl positiver Antworten spricht nicht nur für ein hohes Risiko, sondern meist auch für bereits vorhandene Ernährungsdefizite (vgl. Kap. 7.2.1). In einer Validierungsstudie wurde gezeigt, daß sich Patienten mit 4 oder mehr Risikofaktoren in deutlich schlechterem Ernährungszustand befinden als Patienen mit 1 bis 3 Risikofaktoren (BACH et al. 1995).

Bei hohem Risiko muß daher eine weiterführende Untersuchung folgen, um spezifischere Information über Art und Ausmaß vorhandener Defizite zu erhalten (siehe Kap. 6.1). Genauere Informationen über den Ernährungszustand ermöglichen dann gezielte medizinische oder Ernährungsinterventionen.

8.3 Geriatrische Ernährungsintervention

Bei Senioren mit hohem Risiko für Ernährungsprobleme können gezielte Interventionsmaßnahmen dazu beitragen, das Risiko zu verringern und die Entstehung von Ernährungsproblemen zu vermeiden. Bei Senioren in schlechtem Ernährungszustand sind Maßnahmen zur Verbesserung der Ernährungssituation erforderlich.

8.3.1 Grundprinzipien

Die Prinzipien der Intervention zur Prävention und Therapie von Unterernährung ergeben sich aus dem Verständnis von Ursachen und Entstehung und verschiedener Besonderheiten bei alten Menschen.

MOBARHAN & TRUMBORE (1991) nennen folgende Grundprinzipien geriatrischer Ernährungsintervention (Tab. 8.3).

Tab. 8.3: Allgemeine Prinzipien der Ernährungsintervention in der Geriatrie. (Nach MOBARHAN & TRUMBORE 1991.)

- präventiv – frühe Erhebung und kontinuierliche Überwachung
- multidisziplinär – Teamansatz
- individualisiert – Nutzen-Risiko-Abwägung je nach Bedürfnissen
- realistisch – im Rahmen der Möglichkeiten
- schnell – nicht lange warten, rechtzeitig, möglichst früh
- ganzheitlich – physiologische und psychosoziale Bedürfnisse berücksichtigen
- human – im Einvernehmen mit dem Betroffenen und seinen Angehörigen

Präventiv

Gemäß dem Grundsatz „vorbeugen ist besser als heilen“ kommt präventiven Maßnahmen zur Vermeidung von Ernährungsproblemen und -defiziten große Bedeutung zu. Eine regelmäßige Erfassung und Überprüfung von Risikofaktoren und Ernährungszustand ermöglicht es, Probleme rechtzeitig zu erkennen, und liefert die Grundlage zum Vergleich für spätere Erhebungen.

Multidisziplinär

Die Behandlung und Beseitigung von Ernährungsproblemen ist eine interdisziplinäre Aufgabe und erfordert die aktive, engagierte Mitarbeit und enge Zusammenarbeit aller Personen, die mit alten Menschen und deren Ernährung im weitesten Sinne zu tun haben.

Sowohl Senioren selbst als auch ihre Angehörigen und Bekannten, Hilfs- und Pflegepersonen, Therapeuten, Sozialarbeiter, Ärzte und Zahnärzte sind gefordert, Ernährungsrisiken zu beachten und zu beseitigen.

Im klinischen Bereich wird geriatrischen Grundsätzen entsprechend die Einbettung von Ernährungsmaßnahmen in das Gesamttherapiekonzept gefordert. Ein Teamansatz mit Integration aller beteiligten Personen und Berufsgruppen einschließlich geriatrisch geschulte Diätassistenten, die mit den speziellen Bedürfnissen alter, akut und chronisch kranker Patienten vertraut sind, wird propagiert (DICKERSON 1989, MOBARHAN & TRUMBORE 1991). Bei regelmäßigen Teambesprechungen erfolgt ein Informationsaustausch, werden sinnvolle Ziele und notwendige Maßnahmen festgelegt. Gespräche mit Angehörigen liefern zusätzlich wichtige Informationen bzw. bestätigen die erhaltenen Informationen.

Individualisiert und patientenzentriert

Die großen Unterschiede in der Gesundheits- und Lebenssituation älterer Menschen und die leichtere Störanfälligkeit des älteren Organismus erfordern individuelle Maßnahmen je nach Gegebenheiten und Notwendigkeiten. Mehr als früher und soweit wie möglich muß auf die individuelle Situation, individuelle Bedürfnisse und Wünsche eingegangen werden.

Im Mittelpunkt aller Überlegungen steht dabei die betroffene Person mit ihren Bedürfnissen. In jedem Einzelfall sind andere Maßnahmen, Hilfeleistungen oder Unterstützungen angezeigt. Generell sollte keine Möglichkeit der Intervention allein aufgrund des hohen Alters einer Person ausgeschlossen werden.

Realistisch

Nicht alle denkbaren Maßnahmen sind aufgrund praktischer Gegebenheiten realisierbar. Oft setzen zeitliche und finanzielle Möglichkeiten Grenzen für therapeutisch sinnvolle Maßnahmen. Innerhalb realistischer Grenzen muß erkannt werden, welche Maßnahmen dem Betroffenen helfen und zur Sicherung der bestmöglichen Lebensqualität beitragen.

Schnell

Da Ältere empfindlich auf Nahrungsentzug reagieren und sich der Ernährungszustand bei anhaltendem Hungern schnell verschlechtert, ist frühe Intervention besonders wichtig. Nahrungs- und Flüssigkeitsdefizite wirken sich bei älteren Menschen schneller und drastischer aus als bei jungen. Innerhalb kurzer Zeit entstehen Defizite, die nur schwer und mühsam wieder ausgeglichen werden können.

Um unnötige Verschlechterungen zu vermeiden, sollten Interventionen frühzeitig und zügig erfolgen. Ernährungserhebungen sind schnell durchzuführen; sobald die Probleme erkannt sind, muß ein Interventionsplan erstellt und realisiert werden.

MORLEY (1990b) sieht schnelle, frühzeitige Intervention bereits bei ersten Anzeichen von Gewichtsverlust als den Schlüssel zum erfolgreichen Umgang mit sich abzeichnenden Ernährungsproblemen.

Ganzheitlich
Die Zusammenhänge zwischen Ernährungszustand, körperlicher, geistiger und psychischer Verfassung und sozialer Situation, Morbidität und Mortalität erfordern ein umfassendes Gesamtkonzept unter Berücksichtigung aller Einflußfaktoren. Entsprechend der multifaktoriellen Entstehung von Mangelernährung ist auch bei der Prävention und Therapie ein Gesamtkonzept erforderlich, das alle Einflußfaktoren und wesentlichen Aspekte der Problematik berücksichtigt. Die Ernährung muß eingebettet sein in ein „Maßnahmenpaket" aus Bemühungen in verschiedenen Bereichen. Nicht nur direkte Ernährungsfaktoren, auch die gesamte Lebenssituation und das Lebensumfeld sind im Hinblick auf eine Optimierung der Ernährungssituation zu berücksichtigen.

Human
Entscheidungen jeglicher Art sind im Einvernehmen mit der betroffenen Person und ihren Angehörigen zu treffen. Besonders schwierige Situationen können bei dementen Patienten durch Essensverweigerung oder bei der Behandlung von Patienten im Finalstadium entstehen. Hier können sich Fragen über den Einsatz invasiver Ernährungsmaßnahmen ergeben. Für die Entscheidungsfindung ist die Kommunikation aller Beteiligten essentiell. Frühzeitige, verständliche Informationen über die bestehenden Möglichkeiten, über Nutzen und Risiken einzelner Therapiemaßnahmen sind notwendig. Entscheidungen sollten rasch, aber nicht überstürzt getroffen werden. Einmal getroffene Entscheidungen sind jederzeit korrigierbar und modifzierbar.

8.3.2 Interventionsbereiche – Mögliche Maßnahmen

Möglichkeiten sinnvoller Interventionsmaßnahmen ergeben sich aus vorhandenen Risikofaktoren bzw. Ursachen von Unterernährung.

Nicht alle Risikofaktoren bzw. Ursachen sind jedoch Interventionsmaßnahmen zugänglich. Es wird daher zwischen unbeeinflußbaren, irreversiblen bzw. nicht behebbaren Ursachen und potentiell behebbaren Ursachen unterschieden (ABBASI & RUDMAN 1994).

Zu den **unbeeinflußbaren Ursachen** von Gewichtsverlust und Unterernährung zählen z.B. unheilbare maligne Erkrankungen, Lungen-, Herz-, Nieren- und Leberkrankheiten im Endstadium, fortgeschrittene Krankheiten des Dünndarms sowie die Unfähigkeit zu essen bei gleichzeitiger Verweigerung von künstlicher Ernährung. Auch physiologische Altersveränderungen (vgl. Kap. 7.1.1) und Demenzen werden als unbeeinflußbare Mangelernährungsursachen angesehen (KELLER 1993).

Selbst bei unbeeinflußbaren Ursachen ist Ernährungstherapie jedoch durchaus möglich und sinnvoll. Die Ernährungsmaßnahmen erfolgen dann symptomatisch und richten sich auf eine Steigerung der Energie- und Nährstoffversorgung mit dem Ziel, das Gewicht zu steigern, zu erhalten oder zumindest den Gewichtsverlust zu minimieren.

Tab. 8.4: Behebbare Ursachen von Mangelernährung und mögliche Interventionsmaßnahmen.

Behebbare Ursachen	Mögliche Maßnahmen
Direkte Ernährungsfaktoren	
* Weglassen von Lebensmittelgruppen * Auslassen von Mahlzeiten * Alkohol * Diät notwendig	* Ernährungsberatung * Gespräche mit Angehörigen * Nahrungssupplemente * Eingehen auf Bedürfnisse/Vorlieben * Notwendigkeit restriktiver Diät überprüfen * bedarfsgerechtes Nahrungsangebot in Einrichtungen der Gemeinschaftsverpflegung
Gesundheitliche Situation	
* Krankheiten mit Einfluß auf – Appetit – Nahrungsaufnahme – Verwertung – Bedarf	* optimale Krankheitsbehandlung nach geriatrischen Therapieprinzipien * optimale Schmerzbehandlung * optimale medikamentöse Einstellung * angemessene Diätverordnung * gezielte Nährstoffsupplementation * orale Nahrungssupplemente * Sondenernährung oder parenterale Ernährung
Medikamenten-Einnahme	
* $\geq$ 3 Medikamente /Tag	* kritische Überprüfung der Verordnung
* Medikamente mit negativen Effekten auf den Ernährungszustand	* Reduktion der Medikamentenzahl

Forts. Tab. 8.4

Behebbare Ursachen	Mögliche Maßnahmen
Körperliche Behinderung	
* Kaustörung	* Zahnbehandlung, Zahnsanierung, Zahnprothese
	* Mundpflege, Mundhygiene
* Schluckstörung	* Logopädie, Schlucktraining
	* angemessene Konsistenz der Nahrung
* Probleme beim Schneiden	* Hilfsmittel, Ergotherapie, Eßtraining
* Immobilität	* Krankengymnastik, Mobilisierung
	* Hilfe bei Einkauf, Zubereitung, Essen
	* Essen auf Rädern
Geistige und psychische Gesundheit	
* Verwirrtheit	* Aufforderung zum Essen
* Demenz	* Hilfe bei Einkauf, Zubereitung, Essen
* Depression	* Gesellschaft beim Essen, Zuwendung
	* Überprüfen der medikamentösen Therapie
	* Hilfsmittel
	* Beratung von Angehörigen
Soziale und finanzielle Situation	
* Einsamkeit	* Gemeinschaftsessen
	* Besuchsdienst
* Armut	* Sozialhilfe
* suboptimale Eßumgebung	* Verbesserung der Umgebung

Bei **behebbaren Ursachen** müssen entsprechende Maßnahmen in die Wege geleitet werden. Die Spanne der Interventionen, die einem Individuum nützen können, ist dabei so groß und vielfältig wie die verschiedenen Faktoren, die den Ernährungszustand bestimmen. Durch die komplexen Zusammenhänge wird es in den seltensten Fällen eine einfache Lösung geben, selten wird eine einzelne Maßnahme die Problemsituation beseitigen.

Mögliche Interventionsmaßnahmen erstrecken sich auf die selben Bereiche, aus denen Ursachen und Risikofaktoren stammen (vgl. Kap. 7.1) (Tab. 8.4).

Direkte Ernährungsfaktoren

Bei jeder einseitigen Ernährungsweise, auffälligen Änderungen der Ernährungsgewohnheiten, Vernachlässigung der Ernährung, Appetitverlust, Gewichtsverlust oder starker Gewichtszunahme können durch Ernährungsberatung Problempunkte erkannt und auf die möglichen Folgen hingewiesen werden. Gespräche mit Senioren selbst oder mit an der Versorgung beteiligten Angehörigen können die Bedeutung einer adäquaten Ernährung verdeutlichen und die Aufmerksamkeit für dieses Thema erhöhen. Im gemeinsamen Gespräch ergeben sich mögliche Ansatzpunkte für Verbesserungen, können Hinweise zur Erleichterung der Situation gegeben werden wie z. B. Hinweise auf Hilfsmittel, Einkaufshilfen oder Nahrungssupplemente, Essen auf Rädern oder Mittagessen in Senioreneinrichtungen. Tageskostpläne, rationelle Einkaufslisten oder Vorschläge zur Mahlzeitengestaltung können zur Verwirklichung einer bedarfsgerechten, ausgeglichenen Ernährung und ausreichenden Flüssigkeitsversorgung beitragen.

Von restriktiven Diäten, die oft unnötigerweise verordnet oder aus eigenem übermäßigem Gesundheitsbewußtsein befolgt werden, muß bei Tendenz zu Unterernährung dringend abgeraten werden. Sollten diätetische Maßnahmen jedoch angezeigt sein, wie z. B. bei Diabetes mellitus, kann die Ernährungsberatung Unterstützung bei der Umstellung der bisherigen Gewohnheiten bieten.

In Einrichtungen der Gemeinschaftsverpflegung und bei „Essen auf Rädern" stellt ein qualitativ hochwertiges Nahrungsangebot, das sich an den Bedürfnissen der Essensteilnehmer orientiert, einen Beitrag zur Prävention von Ernährungsdefiziten dar.

Gesundheitliche Situation und Medikamenten-Einnahme

Die optimale Behandlung vorhandener Beschwerden, akuter und chronischer Krankheiten ist auch im Hinblick auf die Ernährungssituation von Bedeutung, Gesundheit und Wohlbefinden sind wichtige Voraussetzungen für Appetit und Freude am Essen. Insbesondere Krankheiten, die die Nahrungsaufnahme oder Nährstoffverwertung beeinträchtigen, erfordern im Zusammenhang mit Ernährungsdefiziten die Aufmerksamkeit des Arztes. So können Krankheiten der Verdauungsorgane die Gabe von Nährstoffpräparaten erforderlich machen, z. B. Verabreichung fettlöslicher Vitamine bei Fettresorptionsstörungen oder parenterale Gabe von Vitamin B_{12} bei Magenresektionen. Bei chronischen Schmerzen muß eine angemessene Schmerzbehandlung erfolgen. Eine erhöhte Bedarfssituation sollte als solche erkannt und das Nahrungsangebot entsprechend gesteigert werden, u.U. durch zusätzliche Sondenkost oder parenterale Ernährung (vgl. Kap. 8.4.3 ff).

Bei gestörtem Appetit oder Geschmacksempfinden, Mundtrockenheit, unbeabsichtigtem Gewichtsverlust oder -zunahme, bei Depressionen, Verwirrtheitszuständen, Desinteresse oder Müdigkeit beim Essen ist eine Überprüfung der Medikamentenverordnung angezeigt.

Die Anzahl eingenommener Medikamente sollte wegen möglicher Nebenwirkungen und Interaktionen auf ein Mindestmaß reduziert werden. Mit der Anzahl der Medikamente erhöht sich das Risiko negativer Effekte, die auch für die Ernährungssituation von Bedeutung sein können. Werden mehr als 3 verschiedene Präparate am Tag eingenommen, sollte eine Überprüfung der Notwendigkeit durch den Hausarzt erfolgen. Insbesondere der Einsatz von Medikamenten, die mit der Nahrungsaufnahme und Bioverfügbarkeit von Nährstoffen interferieren, sollte nach Möglichkeit minimiert werden (vgl. Kap. 7.1.3).

Verzicht auf appetithemmende Medikamente oder Ersatz von Abführmitteln durch ballaststoff- und flüssigkeitsreiche Ernährung sind Möglichkeiten sinnvoller Intervention.

Körperliche Behinderung

Ein Bereich mit großem Interventionsbedarf ist die Mundgesundheit alter Menschen. Mundpflege und passender Zahnersatz sind die Voraussetzung für eine adäquate Kauleistung. Mund-, Zahn- und Gebißpflege werden jedoch oft vernachlässigt und der zahnärztliche Behandlungsbedarf bzw. die Möglichkeiten der Zahnbehandlung oder der prothetischen Versorgung unterschätzt. Regelmäßige Zahnarztbesuche und Mundhygiene sind zur Vorbeugung und Beseitigung von Schmerzen und Schwierigkeiten beim Kauen angezeigt. Oft kann eine Haftpaste zwischen Gebiß und Gaumen für einen besseren Halt der Prothese sorgen (s. auch Kap. 9.1.2).

Schluckbeschwerden können durch logopädische Behandlung beseitigt oder gebessert werden. Eine Anpassung der Nahrungskonsistenz an die vorhandene Störung bzw. Sondenernährung kann erforderlich sein (s. auch Kap. 9.1.3).

Bei körperlichen Behinderungen, die die Nahrungsaufnahme beeinträchtigen, können geeignete Hilfsmittel Zubereitung und Essen erleichtern. Bei größerer Abhängigkeit muß eine Versorgung durch Hilfspersonen – Angehörige, Nachbarn, freiwillige Helfer oder Sozialarbeiter – gewährleistet werden. Unter Umständen kann ein Eßtraing durch Ergotherapeuten zu größerer Selbständigkeit beim Essen führen, insbesondere im Rahmen der Rehabilitation nach Schlaganfällen (s. auch Kap. 9.1.4).

Da Bewegung den Appetit und Stoffwechsel anregt, gehört auch die Steigerung der Aktivität zum Bereich der Interventionen bei zu geringer Nahrungsaufnahme. Bei beeinträchtigter Gehfähigkeit oder Immobilität kann krankengymnastische Betreuung zur Mobilisierung, Verringerung der Abhängigkeit und Steigerung des Appetits beitragen.

Geistige und psychische Gesundheit
Bei Beeinträchtigungen der geistigen und psychischen Gesundheit, in erster Linie Verwirrtheit, Demenzen oder Depressionen, muß eine Abklärung der Ursachen und optimale medizinische Behandlung erfolgen. Bei Medikamentenverordnungen sollte auf ernährungsbeeinträchtigende Nebeneffekte geachtet werden.

Einfache Gedächtnisstützen, Anrufe oder Besuche von Bekannten und Angehörigen und Hilfe bei Einkauf und Zubereitung können bei leichten Formen geistiger Beeinträchtigung zu einer Verbesserung der Ernährungssituation beitragen. In fortgeschrittenen Stadien kann intensivere Zuwendung beim Essen, ständige Aufforderung zum Essen und Trinken oder das Darreichen der Speisen und Getränke erforderlich werden (vgl. Kap. 9.1.5).

Bei depressiven Verstimmungen wirken sich Gesellschaft beim Essen, Unterhaltung und Abwechslung, eine angenehme Atmosphäre und liebevolle Betreuung unter Umständen positiv aus.

Soziale und finanzielle Situation
Wenn durch Einsamkeit bedingt die Motivation zum Kochen und Essen fehlt, kann durch Gesellschaft beim Essen, z. B. bei gemeinschaftlichen Mittagessen in Seniorenzentren oder durch gegenseitige Einladungen zum Essen, Abhilfe erfolgen. Besuchsdienste für Gespräche, zum Vorlesen oder für gemeinsame Spaziergänge können vermittelt werden.

Für Senioren mit wirtschaftlichen Schwierigkeiten sind ein finanziell tragbares Essensangebot in Einrichtungen der Gemeinschaftsverpflegung, bei Essen auf Rädern oder Seniorenangebote in Gaststätten ein Beitrag zur Verbesserung der Ernährungssituation. Möglichkeiten finanzieller Zuschüsse und die Notwendigkeit einer Heimeinweisung sind im Hinblick auf eine Verbesserung der Ernährungs- und Lebenssituation zu klären.

Sind Probleme im Ernährungsbereich erst identifiziert, sind die notwendigen Interventionsmaßnahmen oft einfach und naheliegend. Schwieriger gestaltet sich vielfach leider die praktische Umsetzung. Begrenzte finanzielle Ressourcen können wünschenwerte Veränderungen, z. B. die Versorgung mit einer neuen, besser sitzenden Zahnprothese oder den Einsatz einer Haushalts- oder Pflegehilfe, erschweren. Auch im Fall von gestörtem Eßverhalten bei Demenz kann die Beseitigung eines klar erkannten Ernährungsproblems bzw. der Umgang damit schwierig sein.

8.4 Möglichkeiten zur Verbesserung der Ernährungssituation bei geriatrischen Patienten

Geriatrische Patienten sind in besonderem Maße von Unterernährung betroffen, das Risiko für Ernährungsdefizite ist in Zusammenhang mit akuten und chronischen Krankheiten besonders hoch. Oft verschlechtert sich der Ernährungszustand im Verlauf des Klinikaufenthalts mit negativen Folgen für Krankheitsverlauf und Genesung (vgl. Kap. 6.2.3).

Üblicherweise hat die Ernährungstherapie einen geringen Stellenwert im Rahmen der klinischen Behandlung (vgl. Kap. 8.1). Maßnahmen zur Verbesserung der Ernährungssituation zur Prävention und Therapie von Unterernährung sind daher insbesondere in Kliniken und Langzeitpflegeeinrichtungen angezeigt.

Maßnahmen im Ernährungsbereich betreffen hier sowohl das Nahrungsangebot als auch die Essensversorgung auf der Krankenstation und die ärztliche Behandlung. Im Rahmen der ärztlichen Ernährungstherapie können orale Nahrungssupplemente, enterale und parenterale Ernährung sowie anabol wirkende Substanzen zum Einsatz kommen und zur Verbesserung des Ernährungszustands beitragen.

8.4.1 Optimierung des Nahrungsangebots

Ein bedarfsgerechtes, nährstoffreiches Essensangebot ist die Voraussetzung für eine bedarfsgerechte Ernährung.

Das erst kürzlich aktualisierte Rationalisierungsschema der DGEM (Kasper et al. 1994) liefert das Grundgerüst für erforderliche Kostformen im Krankenhaus. Um eine möglichst hohe Akzeptanz zu erzielen, ist ein Kompromiß zwischen optimaler Nährstoffzusammensetzung und den üblichen Gewohnheiten erforderlich, wobei größtmögliche Abwechslung und Vielfalt nicht nur die beste Möglichkeit sind, unterschiedlichen Vorlieben und Geschmäckern gerecht zu werden, sondern auch am ehesten die ausreichende Versorgung mit allen Nährstoffen gewährleisten.

Um speziellen Erfordernissen geriatrischer Patienten gerecht zu werden, müssen häufige geriatrische Ernährungsprobleme im Spektrum der angebotenen Kostformen berücksichtigt werden.

Kost bei Kau- und Schluckstörungen: Häufig vorkommende Kau- und Schluckbeschwerden machen das Angebot einer vollwertige Kost in verschiedenen Konsistenzen erforderlich, je nach vorhandener Fähigkeit, das

Essen im Mund zu zerkleinern und zu schlucken. Eine Vollkost bei Kaustörungen muß harte Lebensmittel durch möglichst gleichwertige weichere oder pürierte Produkte ersetzen. Brotrinde muß eventuell abgeschnitten, hartes Obst fein gerieben oder gedünstet werden. Bei völliger Kauunfähigkeit oder bei Schluckstörungen müssen dickflüssige bis breiige Speisen angeboten werden. Eine besondere Herausforderung für jeden Koch ist die attraktive und abwechslungsreiche Gestaltung dieser pürierten Kost (s. auch Kap. 9.1.2 und 9.1.3).

Wunschkost: Ist der Patient in der Lage, seine Vorlieben und Abneigungen und besondere Wünsche zu äußern, sollte – so weit wie dies im Ablauf einer Großküche und einer Krankenstation möglich ist –, darauf eingegangen werden. Sensible und depressive Patienten erfahren die Wunschkost als Ausdruck persönlicher Zuwendung, die mit dazu beiträgt, daß mehr gegessen wird (s. auch Kap. 9.1.1).

Energiereiche Kost: Da Unterernährte einen hohen Energiebedarf haben, um verlorene Körpersubstanz wieder aufzubauen, müssen energiereiche Lebensmittel und Gerichte bei Unterernährung vermehrt eingesetzt werden. Suppen, Soßen und Breie können mit Sahne, Butter oder Speiseöl angereichert, Desserts mit fettreichen Milchprodukten zubereitet werden. Als energiereiche Zwischenmahlzeiten bieten sich beispielsweise Eis, Kuchen oder Sahnepudding an.

Bei allen Kostformen ist ein ausreichender Gehalt aller essentiellen Nährstoffe wesentlich. Frisches Obst und Gemüse sollte deshalb ebenso zum täglichen Essen gehören wie Milch- und Vollkornprodukte. Regelmäßige Berechnungen des Nährstoffangebots und Qualitätskontrollen der Küche, die sich an den Richtlinien und Empfehlungen des Referats für Gemeinschaftsverpflegung der DGE für das Nahrungsangebot in Kliniken und Altenheimen (DGE 1994) orientieren können, decken Defizite auf, liefern Ansatzpunkte für Verbesserungen und sind im Interesse der Patientenversorgung in jeder Klinik und in jedem Seniorenheim wünschenswert (vgl. Kap. 11.1).

8.4.2 Mehr Aufmerksamkeit für die „Ernährungspflege"

Mangelnde Aufmerksamkeit des Pflegepersonals für Probleme beim Essen, eine ungünstige Sitzordung, Hektik und Lärm während den Mahlzeiten werden als Ursache für eine unzureichende Nahrungsaufnahme in Altenheimen beschrieben (Davies 1980b, Ell et al. 1992, Sidenvall & Ek

1993). Eigene Beobachtungen im Krankenhaus bestätigen, daß oft die nötige Hilfe und Zuwendung beim Essen fehlt, weil nicht gleichzeitig mehrere eßabhängige Personen gut versorgt werden können oder auch weil sich Essenszeiten von Patienten und Personal überschneiden. Durch mangelnde Kommunikation zwischen wechselnden Personen, die beim Essenreichen und Abtragen helfen, sind Eßprobleme und individuelle Bedürfnisse nicht ausreichend bekannt, Zufuhrdefizite werden nicht wahrgenommen.

Obwohl die Ernährung zu den Grundpfeilern der Kranken- und Altenpflege zählt, kommt die ausreichende Nahrungsversorgung in der täglichen Routine häufig zu kurz. Ernährungsprobleme werden als normal akzeptiert und nicht besonders beachtet.

Optimale Bedingungen beim Essen und Aufmerksamkeit gegenüber Ernährungsproblemen sind jedoch wesentliche Voraussetzungen zur ausreichenden Nahrungsaufnahme geriatrischer Patienten. Genügend Zeit zum Essen, eine angenehme entspannte Atmosphäre, eine aufrechte Sitzhaltung im Bett oder wenn immer möglich am Tisch, keine Toilettenstühle und Nachttöpfe im Zimmer und Verzicht auf Untersuchungen oder Therapien während der Essenszeiten sollten eigentlich selbstverständlich sein. Jeder einzelne Patient sollte seinen Bedürfnissen entsprechend beim Essen versorgt werden. Eine solche **individuelle Ernährungsbetreuung** bedeutet je nach Bedarf Einsetzen der Zahnprothese zum Essen, Hilfe beim Kleinschneiden oder beim Öffnen der Portionspackungen, das Besteck oder den Trinkbecher reichen, Aufmuntern und Auffordern zum Essen oder jeden Bissen zum Mund führen. Der Patient sollte ermutigt werden, soviel wie möglich zu essen.

Eine genaue **Beobachtung des Eßverhaltens** kann Aufschluß über die eigentlichen Probleme und Ansatzpunkte zur Verbesserung der Situation liefern. Wieviel wird gegessen? Ist der Teller nach dem Essen immer noch fast voll? Was ißt der Patient, was läßt er stehen? Warum wird wenig gegessen? Können geeignete Hilfsmittel – Schnabeltasse, Besteck mit dikken Griffen, Teller mit hohem Rand, Schneidebrettchen mit Nägeln zur Fixierung einer Brotscheibe – das Essen erleichtern? Letztendlich zielen diese Fragen und Beobachtungen darauf ab, herauszufinden, wo die Hemmnisse für ausreichendes Essen und die Ursachen von Gewichtsverlust, Appetitlosigkeit und Unterernährung liegen und wie die Situation im Sinne einer vermehrten Nahrungsaufnahme verbessert werden kann. Nur durch genaue Beobachtung und das Gespräch mit Patienten und Angehörigen können Ursachen und Risikofaktoren für Mangelernährung wie Kau- oder Schluckstörungen, Hilfsbedürftigkeit beim Essen, Demenz oder Depression erkannt werden, der erste Schritt zu ihrer Beseitigung, Besserung oder zumindest Berücksichtigung.

Name: ....

Diät: ....

Datum	Tag	Mahlzeit	(fast) nichts	wenig	etwa die Hälfte	fast alles	alles
		Frühstück					
		Mittagessen					
		Abendessen					
		Sonstiges					
		Frühstück					
		Mittagessen					
		Abendessen					
		Sonstiges					
		Frühstück					
		Mittagessen					
		Abendessen					
		Sonstiges					
		Frühstück					
		Mittagessen					
		Abendessen					
		Sonstiges					

Datum	Tag	Mahlzeit	(fast) nichts	wenig	etwa die Hälfte	fast alles	alles
		Frühstück					
		Mittagessen					
		Abendessen					
		Sonstiges					
		Frühstück					
		Mittagessen					
		Abendessen					
		Sonstiges					
		Frühstück					
		Mittagessen					
		Abendessen					
		Sonstiges					
		Frühstück					
		Mittagessen					
		Abendessen					
		Sonstiges					

Abb. 8.1: Eßprotokoll (Bethanien-Krankenhaus Heidelberg).

Die **Dokumentation der Nahrungsaufnahme** mit Hilfe von Eßprotokollen am Bett des Patienten erhöht die Aufmerksamkeit für Eßprobleme und Problempatienten. Ebenso wie beim sogenannten „Trinkzettel" zur besseren Kontrolle des Flüssigkeitshaushalts kann mit Hilfe einfacher Eßprotokolle die gegessene Nahrungsmenge bei den einzelnen Mahlzeiten festgehalten werden (Abb. 8.1). Nach jedem Essen wird die verzehrte Menge grob beurteilt und mit einem Kreuz an der entsprechenden Stelle auf dem Eßprotokoll vermerkt. Bei der ärztlichen Visite kann so mit einem Blick erfaßt werden, ob Ernährungsprobleme vorhanden sind, die in die Therapieplanung mit einbezogen werden müssen. Das Eßprotokoll bietet zudem immer eine Möglichkeit für den Arzt, im Gespräch mit dem Patienten die Wichtigkeit einer ausreichenden Ernährung zu betonen und Ernährungsprobleme zu besprechen. Auch der Patient selbst wird so auf den Stellenwert der Ernährung aufmerksam gemacht, Angehörige werden motiviert, während des Besuchs Zwischenmahlzeiten zu reichen und den Patienten zum Essen zu ermutigen.

Neben der direkten Ernährungspflege ist **regelmäßiges Wiegen** ein weiterer wichtiger Beitrag des Pflegepersonals zur Beurteilung der Ernährungssituation

In Tab. 8.5 sind die Möglichkeiten pflegerischer Maßnahmen im Überblick dargestellt.

Tab. 8.5: Ernährungsversorgung geriatrischer Patienten: Aufgaben des Pflegepersonals.

- Für angenehme Atmosphäre beim Essen sorgen
- Patient zum Essen aus dem Bett helfen bzw. im Bett aufrecht setzen
- Genaue Beobachtung des Eßverhaltens:
  Erkennen von Problemen, Hilfsbedarf, Wünschen, Vorlieben, Abneigungen
- Individuelle Ernährungsbetreuung: Eingehen auf die Bedürfnisse des Patienten
  * beim Schneiden, Essen und Trinken helfen (mundgerechte Stück schneiden, Portionspackungen öffnen, Brot streichen, Essen reichen, den Löffel zum Mund führen)
  * adäquate Hilfsmittel einsetzen
  * individuelle Vorlieben und Abneigungen berücksichtigen
  * individuelle Eßmuster und Essenszeiten berücksichtigen
  * Patient zum Essen und Trinken ermuntern, auffordern
- Zwischenmahlzeiten verabreichen, Obst schälen, Getränk einschenken usw.
- Dokumentation der Nahrungsaufnahme: Eß-, Trinkprotokoll
- Regelmäßige Kontrolle und Aktualisierung der Kostanordnung
- Regelmäßige Gewichtskontrolle: Gewichtskurve

Insgesamt kommt den Pflegepersonen eine wichtige Schlüsselrolle beim Informationsaustausch zwischen Patient, Küche, Arzt und beteiligten Therapeuten zu. In regelmäßigen Teambesprechungen müssen Probleme besprochen und klare Ziele in Form eines Pflegeplans festgelegt werden. Nur wenn alle Beteiligten die vorhandenen Probleme kennen und die gleichen Prinzipien bei der Behandlung verfolgen, kann effektiv Abhilfe geschaffen werden.

Beobachtungen von Evans und Stock (1971) und von Nguyen et al. (1985), die bei hilfsbedürftigen Patienten, denen das Essen gereicht wurde, eine deutlich höhere Nahrungsaufnahme feststellten als bei den vermeintlich selbständig essenden, lassen zusammen mit den bestehenden Pflegedefiziten vermuten, daß intensivere Aufmerksamkeit und Unterstützung beim Essen zur Besserung von Nahrungsaufnahme und Ernährungszustand führen.

Erfahrungen im Bethanien-Krankenhaus in Heidelberg zeigen, daß viele Patienten über vermehrte Zuwendung und die Erfüllung ihrer Essenswünsche sehr dankbar sind. Eßprotokolle am Patientenbett erweisen sich als überaus hilfreich zur Beurteilung der Ernährungssituation. Andererseits muß auch immer wieder festgestellt werden, daß die Ernährungsbemühungen oftmals trotz intensiver Zuwendung erfolglos bleiben.

Pflegerische Maßnahmen zur Steigerung der Nahrungsaufnahme müssen dennoch vermehrt in Routine-Abläufe integriert werden. Darüber hinaus ist die Entwicklung und Erprobung neuer Pflegekonzepte zur Verbesserung der Ernährungssituation geriatrischer Patienten erforderlich.

8.4.3 Ernährung als Teil der ärztlichen Behandlung

Wie in Kap. 8.1 beschrieben, ist der Stellenwert der Ernährung im Rahmen der ärztlichen Therapie meist unangemessen gering.

Zur Verbesserung der Ernährungssituation sollten die Beurteilung des Ernährungszustands und die Identifikation von Risikofaktoren und Ernährungsproblemen feste Bestandteile der ärztlichen Untersuchung geriatrischer Patienten sein. Die Frage nach Appetitlosigkeit und Gewichtsverlust kann bereits erste Hinweise auf Ernährungsprobleme liefern und sollte deshalb immer ernst genommen werden. In Zusammenarbeit mit dem Pflegepersonal müssen mögliche Ursachen von Unterernährung und Risikofaktoren für eine unzureichende Nahrungsaufnahme identifiziert werden. Ein einfacher Fragebogen, wie er in Kap. 8.2 (Tab. 8.2) bereits vorgestellt wurde, ist dabei hilfreich.

Der Therapieplan muß unter Berücksichtigung der vorhandenen Ernährungsprobleme und Ernährungdefizite erstellt und die notwendigen Maßnahmen so bald wie möglich eingeleitet werden.

Medizinische Ursachen für einen reduzierten Ernährungszustand wie Hyperthyreose, gastrointestinale Erkrankungen oder Tumoren sind selbstverständlich abzuklären. Demenz, Depression oder Morbus Parkinson erfordern auch im Hinblick auf den Ernährungszustand ebenso schnelle und optimale Therapie wie beispielsweise Probleme im Mundbereich – schlechtsitzende Zahnprothesen, Entzündungen oder Pilzbefall.

Tab. 8.6: Ernährungstherapie bei geriatrischen Patienten als ärztliche Aufgabe.

- Identifikation von Patienten in schlechtem Ernährungszustand bzw. mit hohem Risiko durch
  * Beurteilung des Ernährungszustands bei Aufnahme
  * Erfassung von Ernährungsproblemen und Risikofaktoren
- Therapieplan zur Beseitigung von Ernährungsdefiziten und Ernährungsrisiken erstellen und frühzeitige Behandlung einleiten
- Therapieanordnung
  * Ernährungsberatung bei Ernährungsproblemen
  * Logopädie bei Schluckbeschwerden
  * Zahnarzt bei Zahnproblemen
  * Ergotherapie / Eßtraining bei Schwierigkeiten mit der Nahrungsaufnahme
  * Krankengymnastik bei Immobilität
  * Sozialdienst – Esssenversorgung zu Hause sicherstellen
- Abklärung spezieller Ernährungsbedürfnisse
  * Kostform verordnen und regelmäßig überprüfen
  * Vermeidung unnötiger restriktiver Diäten
  * Notwendigkeit enteraler / parenteraler Ernährung ?
  * gegebenenfalls Nahrungssupplemente anordnen
- Gespräch mit Patient und Angehörigen über die Wichtigkeit adäquater Ernährung
- Überprüfung der Medikamentenverordnung mit möglichen negativen Auswirkungen auf Nahrungsaufnahme und Ernährungszustand – angemessene Modifikation zum richtigen Zeitpunkt

Auch die Anordnung von Therapiemaßnahmen kann für die Ernährungssituation wesentlich sein. So trägt rasche Mobilisierung durch gezielte Krankengymnastik zur Steigerung von Energieumsatz und Appetit bei. Die Verordnung von logopädischer Behandlung bei Schluckstörungen oder von Ernährungsberatung für Patienten, die in der Lage sind, davon zu profitieren, kann ebenfalls ein Beitrag zur Verbesserung der Ernährung sein. Bei Problemen, die die Essensversorgung nach der Entlassung zuhause in Frage stellen, müssen Angehörige oder Sozialarbeiter eingeschaltet werden, die sich um eine angemessene Lösung und effiziente Fortführung der Therapie kümmern.

Ein weiterer für Ernährung und Ernährungszustand wichtiger Bereich ärztlicher Verantwortung ist der hohe Medikamentenkonsum vieler Patienten. Die Medikamentenverordnung sollte regelmäßig im Hinblick auf negative Auswirkungen auf Nahrungsaufnahme und Nährstoffversorgung überprüft und weitmöglichst reduziert werden (vgl. Kap. 7.1.3).

Last not least gehört es zu den Aufgaben des Arztes, direkte Ernährungsmaßnahmen in die Wege zu leiten. Selbstverständlich müssen spezielle Bedürfnisse der Patienten hinsichtlich Zusammensetzung und Konsistenz des Essens abgeklärt und die entsprechende Kostform verordnet werden. Ständige Anpassungen an geänderte Bedürfnisse sind erforderlich.

Die Ziele von Diätverordnungen im Alter und vor allem im hohen Alter unterscheiden sich dabei von denen bei jüngeren Erwachsenen. Im Vordergrund der Überlegungen stehen aktuelles Wohlbefinden und die Beseitigung akuter Krankheitssymptome. Bei Tendenz zu Unterernährung muß die reichliche Nahrungsaufnahme im Vordergrund der Bemühungen stehen. Eine falsche Diätverordnung kann eine unnötige Stoffwechselbelastung bedeuten und unnötige Einschränkung der Lebensmittelvielfalt und -menge. Leider werden oft unnötigerweise restriktive oder geschmacklich unattraktive Diäten wie salzarme oder cholesterinarme Kost verordnet, die mehr zum Problem Unterernährung beitragen als sie dem Patienten nützen. Eine möglichst hohe Nahrungsaufnahme ist vielfach wichtiger einzustufen als der Verzicht auf bestimmte Lebensmittel. Wichtiger als strenge Reglementierung sind Verträglichkeit, ausreichende Aufnahme von Energie, Nährstoffen und Flüssigkeit sowie Wohlbefinden und Zufriedenheit des Patienten. Auch die Verzögerung von Komplikationen und Folgeschäden ist ein wichtiger Aspekt diätetischer Maßnahmen im Alter, jedoch rücken Langzeitaspekte verständlicherweise aufgrund der noch relativ kurzen Lebenserwartung Hochbetagter in den Hintergrund.

Der Arzt entscheidet schließlich, ob Zusatznahrung, Sondenernährung oder parenterale Ernährungsmaßnahmen nötig sind oder sogar anabol wirkende Substanzen verabreicht werden sollen.

8.4.4 Flüssige Zusatznahrung

Neben der Optimierung des Essensangebots durch übliche Lebensmittel und Gerichte bieten industriell hergestellte Produkte zur Nahrungsergänzung eine Möglichkeit, die Energie- und Nährstoffversorgung unterernährter Patienten auf oralem Wege zu verbessern. Ergänzende Zusatznahrung kann zusätzlich zum normalen Essen wichtige Nährstoffe liefern, wenn übliche Lebensmittel nicht in ausreichendem Maße gegessen werden.

Eine Vielzahl verschiedener Produkte, meist in flüssiger, trinkfertiger Form oder als Pulver zum Anrühren in verschiedenen Geschmacksrichtungen ist auf dem Markt erhältlich. Standardprodukte liefern pro ml 1-1,25 kcal (4,2-5,2 kJ), mit einer üblichen Portion von 200-250 ml können also 200-300 kcal (0,8-1,3 MJ) zusätzlich aufgenommen werden. Energiereiche Varianten enthalten mit 1,4-1,6 kcal (5,9-6,7 kJ)/ml sogar noch mehr Energie. Ein weiterer Pluspunkt der Supplemente liegt in ihrer hohen Nährstoffdichte. In geringem Volumen sind in konzentrierter Form relativ große Nährstoffmengen enthalten, eine deutliche Steigerung der Nährstoffzufuhr ist so leicht möglich. Im Vergleich zu Wunschkost und energiereichem Essen sind Nahrungssupplemente eine einfache und schnelle Möglichkeit, relativ große Nährstoffmengen in geringem Volumen anzubieten. Sie sind praktisch in der Handhabung, jederzeit ohne Zubereitungsaufwand verfügbar und werden von vielen Patienten gern getrunken.

Je nach Verzehrsmenge der üblichen Klinikkost sind 1-2 Portionen täglich als Ergänzung zwischen den Mahlzeiten und am Abend als realistische Menge anzusehen. Verschiedene Produkte – herzhafte Suppen und süße Getränke in unterschiedlichen Geschmacksrichtungen – ermöglichen Abwechslung und erhöhen die Akzeptanz. Im Bewußtsein des Pflegepersonals und der Patienten hat flüssige Zusatznahrung eher den Rang eines Medikaments als eines Nahrungsmittels, vom Arzt verordnet, assoziiert mit beschleunigter Genesung, wird sie sicher auch deshalb eher zusätzlich akzeptiert als größere Mengen normaler Lebensmittel. Es muß nicht extra betont werden, daß die Bereitstellung eines solchen Getränks auf dem Nachttisch bei vielen Patienten jedoch nicht ausreicht. Besonders bei dementen und hilfsbedürftigen Patienten ist hier ebenso wie beim Reichen üblicher Speisen und Getränke viel Zeit und Geduld erforderlich, um den gewünschten Konsum zu erzielen.

Die Effekte von Flüssignahrung auf Nährstoffversorgung und Ernährungszustand älterer Heimbewohner und geriatrischer Patienten wurden in mehreren Studien untersucht.

Sowohl eine Steigerung der Nährstoffaufnahme (Banerjee et al. 1978, Delmi et al. 1990, Elmstahl & Steen 1987, Lipschitz & Mitchell 1982, Lipschitz et al. 1985, Ovesen 1992, Unosson et al. 1992, Welch et al. 1991) als auch Verbesserungen des Ernährungszustands anhand von anthropometrischen (Banerjee et al. 1978, Bastow et al. 1983b, Elmstahl & Steen 1987, Lipschitz & Mitchell 1982, Lipschitz et al. 1985, McEvoy & James 1982b) und biochemischen (Banerjee et al. 1978, Bastow et al. 1983b, Chandra et al. 1982, Delmi et al. 1990, Lipschitz & Mitchell 1982, Lipschitz et al. 1985, McEvoy & James 1982b, Tomaiolo et al. 1981) Parametern werden beschrieben. In Heidelberg konnte in zwei Untersuchungen ebenfalls gezeigt werden, daß durch Zusatznahrung eine Steigerung der Nahrungsaufnahme ohne nennenswerten Minderverzehr der üblichen Klinikkost möglich ist (Jakobeit 1991, Hübsch et al. 1994).

Die Steigerung ist bei den Mikronährstoffen derart ausgeprägt, daß die Empfehlungen für die tägliche Nährstoffaufnahme für gesunde Senioren für fast alle Nährstoffe erreicht werden (Abb. 8.2). Darüber hinaus wurden in der supplementierten Gruppe Verbesserungen von Körperzusammensetzung und Vitaminstatus beobachtet sowie Hinweise auf einen Rückgang der Pflegebedürftigkeit gewonnen (Hübsch et al. 1994).

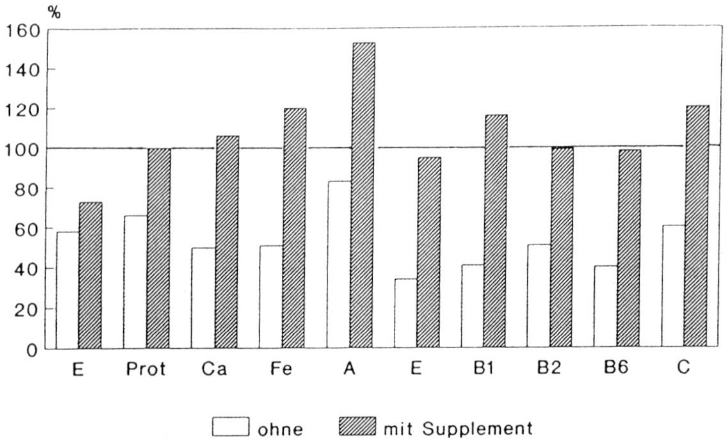

Abb. 8.2: Mittlere tägliche Nährstoffaufnahme unterernährter geriatrischer Patientinnen im Krankenhaus ohne (n = 36) und mit (n = 34) Zusatznahrung: Prozentuale Erfüllung der Zufuhrempfehlung der DGE 1991 (Hübsch et al. 1994).

Beeindruckende klinische Erfolge wurden in einer schweizer Studie bei supplementierten betagten Patienten mit Oberschenkelhalsfrakturen in Form von geringeren Komplikationsraten, kürzeren Rehabilitationszeiten und einer geringere Mortalität im Vergleich zur nicht supplementierten Kontrollgruppe beobachtet (DELMI et al. 1990). Von LARSSON et al. (1990) wird aus Schweden neben der Erhaltung bzw. Verbesserung des Ernährungszustands ebenfalls von geringeren Mortalitätsraten bei geriatrischen Patienten mit oraler Nahrungsergänzung berichtet.

8.4.5 Sondenernährung und parenterale Ernährung

Sind die Möglichkeiten der oralen Ernährungstherapie mit Optimierung von Nahrungsangebot und Ernährungspflege und dem Angebot flüssiger Zusatznahrung ausgeschöpft, kommen auch bei geriatrischen Patienten Sondenernährung und parenterale Ernährungsmaßnahmen zur Sicherung einer ausreichenden Nährstoffversorgung in Betracht (Tab. 8.7).

Tab. 8.7: Möglichkeiten der Ernährungstherapie geriatrischer Patienten.

oral	normale Lebensmittel (ausgewogenes bedarfsgerechtes Angebot, Wunschkost energiereiche Vollkost) industriell hergestellte Nahrungssupplemente (als Ergänzung oder zur ausschließlichen Ernährung)
enteral	Sondennahrung
parenteral	Infusionslösungen

Hohes Alter allein darf in keinem Fall ein Hinderungsgrund für die sogenannte „künstliche Ernährung“ sein. Alle Patienten, die eine Chance haben, sich von ihrer akuten Krankheit zu erholen, sollten generell die Möglichkeit haben, auch von dieser Art der Ernährungstherapie zu profitieren.

Der Einsatz von Sondenernährung und Nährstoffinfusionen sollte allerdings im Alter nicht zur unüberlegten Routine werden, da Belastungen für den Patienten und Komplikationsrisiko bei diesen invasiven Ernährungsformen wesentlich größer sind als bei der üblichen oralen Ernährung. Mögliche Risiken und erwarteter Nutzen der Maßnahmen müssen in jedem Einzelfall unter Einbeziehung von Patient und Angehörigen sorgfältig abgewogen werden.

Indikationen und Prinzipien entsprechen generell denen bei jüngeren Erwachsenen, durch die größere Empfindkeit gegenüber äußeren Einflüssen und leichtere Störbarkeit der Homöostase sind jedoch behutsameres Vorgehen und strengere Überwachung unerläßlich.

8.4.6 *Einsatz anaboler Substanzen*

Die Gabe von Anabolika oder evtl. Wachstumshormon, die den Aufbau von Körpersubstanz fördern, stellen eine weitere Möglichkeit dar, um eine Verbesserung des Ernährungszustands in Gang zu bringen. Ein reduzierter Allgemeinzustand im Alter, Untergewicht und Appetitlosigkeit in der Rekonvaleszenz, besonders nach schweren Operationen, zählen zu den Indikationen für Anabolika.

In mehreren Studien konnte in den letzten Jahren gezeigt werden, daß die altersbegleitende Abnahme von Körperzellmasse, Muskelmasse und Muskelkraft, die durch Unterernährung noch verstärkt wird, mit der abnehmendem Freisetzung von Wachstumshormon aus der Hypophyse in Verbindung steht. Die genannten Veränderungen waren durch die Gabe von Wachstumshormon teilweise reversibel (HARMAN & BLACKMAN 1992, KELIJMAN 1991, RUDMAN et al. 1985, 1990, VANCE 1990). Da optimale Art und Dauer der Anwendung sowie mögliche negative Nebenwirkungen bei längerer Einnahme bisher nicht geklärt sind, kann der Einsatz von Wachstumshormon allerdings erst empfohlen werden, wenn Nutzen und mögliche Risiken in weiteren klinischen Untersuchungen geklärt sind (BORST et al. 1994).

8.4.7 *Körperliche Aktivität – Muskeltraining*

Strategien zur Verbesserung des Ernährungszustands müssen sich nicht auf reine Ernährungsmaßnahmen beschränken. Durch den engen Zusamenhang zwischen körperlicher Aktivität, Körperzusammensetzung, Stoffwechsel und Ernährungszustand spielt regelmäßige Bewegung eine wichtige Rolle für die Ernährungssituation.

Bewegungsmangel, Immobilität und Inaktivität sind bei geriatrischen Patienten häufig und führen innerhalb kürzester Zeit zu Muskelabbau und körperlicher Schwäche. Schnelle Mobilisierung bettlägriger Patienten und Steigerung von Aktivität und Bewegung im Rahmen eines multifaktoriellen, interdisziplinären Therapieansatzes kann auch im hohen Alter Muskelschwäche und Gebrechlichkeit entgegenwirken und sich positiv auf Ernährung und Ernährungszustand auswirken.

In verschiedenen Studien wurde gezeigt, daß durch kontinuierliches Muskeltraining auch im Alter und selbst im hohen Alter eine Steigerung von Muskelmasse und Muskelkraft möglich ist (DUPLER & CORTES 1993, FIATORONE et al. 1990, FRONTERA et al. 1988, MCMURDO & RENNIE 1993, NICHOLS et al. 1993). FIATORONE et al. (1990, 1994) und MCMURDO und RENNIE (1993) belegen funktionelle Verbesserungen in

Form besserer Gehfähigkeit und Mobilität und besserer Fähigkeit, Treppen zu steigen bei hochbetagten Altenheimbewohnern.

Körperliche Aktivität ist neben dem Erhalt oder Wiedererlangen der Selbständigkeit mit positiven Effekten auf den Appetit verbunden. Der antidepressive Effekt von Bewegung, der sich positiv auf die Ernährung auswirken kann, wurde bei älteren ebenfalls gezeigt (McMurdo & Rennie 1993). Darüber hinaus ermöglicht die Steigerung des Energiebedarfs durch Aktivität eine leichtere Bedarfsdeckung mit Nährstoffen.

Zusammenfassend stellt Ernährungsintervention zweifellos sowohl präventiv als auch therapeutisch einen entscheidenden Faktor in der Gesamtstrategie zur Rehabilitation und Wiedererlangung funktioneller Selbständigkeit bei geriatrischen Patienten dar.

Alles in allem ist die Ernährungstherapie unterernährter geriatrischer Patienten sicherlich keine leichte Aufgabe. Die Zusammenhänge sind komplex, ein einheitliches, effektives Therapiekonzept steht bisher nicht zur Verfügung. Die Notwendigkeit von Maßnahmen zur Optimierung der Ernährungssituation steht jedoch außer Zweifel.

Zum besseren Verständnis der Ernährungsprobleme und Bedürfnisse geriatrischer Patienten und zur Entwicklung effektiver Therapiekonzepte sind weitere Interventionsstudien nötig, in denen umfassende Konzepte zur Beseitigung von Ernährungsproblemen bei alten Patienten entwickelt und erprobt werden.

9 Umgang mit Ernährungsproblemen – Praktische Aspekte

9.1 Risikofaktoren für Unterernährung

Unterernährung ist das zentrale Ernährungsproblem hochbetagter und alter kranker Menschen. Häufigkeit, Ursachen und Folgen wurden in Kap. 6 und 7 beschrieben, mögliche Maßnahmen zur Prävention und Therapie in Kap. 8.

Im folgenden soll auf die Risikofaktoren Appetitlosigkeit, Kau- und Schluckprobleme sowie körperliche und geistige Beeinträchtigungen im Hinblick auf praktische Aspekte im Umgang mit den einzelnen Problemen näher eingegangen werden.

9.1.1 Appetitlosigkeit (Anorexie)

Ursachen

Eine Vielzahl von Faktoren kann zur Appetitminderung im Alter beitragen (Tab. 9.1).

Tab. 9.1: Ursachen von Anorexie im Alter. (Nach Morley & Silver 1988.)

- **altersbedingt** durch abnehmende Sinneswahrnehmungen, verringerten Eßantrieb und erhöhte Aktivität von Sättigungsfaktoren
- **krankheitsbedingt** durch Schmerzen, Übelkeit, Anstrengung, Erschöpfung, Medikamente
- **körperliche Faktoren**: geringere körperliche Aktivität, Mundtrockenheit
- **psychologische Faktoren**: Verwitwung, Demenz, Depression
- **soziale Faktoren**: Armut, Einsamkeit, fehlende Gesellschaft beim Essen

Obwohl die genauen Altersveränderungen der Hunger- und Sättigungsregulation nicht vollständig geklärt sind, wird von einer altersbedingten Appetitabnahme ausgegangen (vgl. Kap. 2.1.1). Häufig tritt Appetitlosigkeit in Zusammenhang mit Krankheit, Behinderung oder chronischen Schmerzen auf. Dadurch bedingte Immobilitiät und fehlende Bewegung an frischer Luft tragen zu Appetitmangel bei. Eine Vielzahl von Medikamenten beeinträchtigt als unerwünschte Nebenwirkung den Appetit. Verringerte oder fehlende Geschmacks- und Geruchswahrnehmung, die oft ebenfalls durch Medikamente ausgelöst oder verstärkt sind, vermindern die Lust auf ein gutes Essen. Ganz häufig sind es auch soziale und psychische Probleme, insbesondere Einsamkeit und Depressionen, die den Appetit hemmen.

Bei geriatrischen Patienten im Krankenhaus kommt eine Reihe weiterer Fakoren wie die Krankenhausatmosphäre, ungewohntes Essensangebot und ungewohnte Essenszeiten hinzu (Tab. 9.2).

Tab. 9.2: Faktoren, die zur Appetitlosigkeit bei geriatrischen Patienten beitragen.

- Krankheitssituation (Schmerzen, Unwohlsein, Stoffwechselbelastung)
- Krankenhausatmosphäre, Umfeld Gebrechlicher und Behinderter
- wechselndes Pflegepersonal, keine Bezugsperson
- ungewohntes Essensangebot und ungewohnte Essenszeiten (fremdbestimmt und nicht an den individuellen Gewohnheiten orientiert)
- Essen im Bett, Atmosphäre beim Essen (Hektik, Lärm)
- fehlende Bewegung
- Depressionen, Zukunftsängste, psychische Belastung von Abhängigkeit durch Behinderungen (z. B. Sehstörung, Hemiparese)
- Beschwerden durch Essen (Übelkeit, Unwohlsein, Völlegefühl, Erbrechen)
- Medikamente, die den Appetit beeinträchtigen, Multimedikation

Folgen

Es liegt auf der Hand, daß mangelnder Appetit zu ungenügender Nahrungsaufnahme und damit zu einer unzureichenden Energie- und Nährstoffversorgung führt. Anorexie wird als Hauptursache geringer Nahrungsaufnahme bei Älteren angesehen (Morley & Silver 1988).

Das Risiko für Ernährungsdefizite ist dadurch erhöht, bei anhaltender Appetitlosigkeit sind Gewichtsverlust, Unterernährung und Nährstoffmangel die Folge.

Mögliche Maßnahmen

Appetitlosigkeit ist ein wichtiger Warnhinweis für Ernährungs- und Gesundheitsprobleme und sollte in jedem Fall ernst genommen werden. Um den drohenden Gewichtsverlust zu vermeiden, ist die frühzeitige Erkennung des Problems wichtig.

Leider gibt es bisher kaum Untersuchungen über Appetitlosigkeit im Alter und die Effektivität verschiedener Möglichkeiten zu ihrer Beseitigung. Weder einfache wirkungsvolle Mittel noch allgemeine Rezepte zur Appetitsteigerung sind verfügbar. Im Einzelfall muß ausprobiert werden, wie die Ernährungssituation am effektivsten verbessert werden kann.

Mögliche Maßnahmen erstrecken sich sowohl auf den Bereich der Ernährung und die Essenssituation als auch auf das gesamte Lebensumfeld.

Lebensumfeld

Oft ergeben sich bei der Suche nach den Ursachen Ansatzpunkte für mögliche Maßnahmen. Da Appetitlosigkeit ernste medizinische Ursachen haben kann, müssen diese selbstverständlich abgeklärt und angemessen behandelt werden. Weiterhin sollte vom Arzt die Medikamentenverordnung auf mögliche negative Auswirkungen auf Appetit und Nahrungsaufnahme überprüft und auf das notwendige Minimum reduziert werden. Die Medikamenteneinnahme sollte zudem zur richtigen Zeit erfolgen, damit mögliche Nebenwirkungen möglichst wenig mit den Mahlzeiten interferieren. Angemessene medikamentöse Behandlung z. B. bei Depressionen kann sich positiv auf den Appetit auswirken. Neben der optimalen Krankheitsbehandlung sind psychische und soziale Ursachen von Appetitlosigkeit soweit wie möglich zu beseitigen.

Da körperliche Bewegung untrennbar mit dem Stoffwechsel der Nährstoffe und dem Appetit verbunden ist, kann eine Steigerung der körperlichen Aktivität, beispielsweise ein Spaziergang vor dem Essen oder Gymnastik am offenen Fenster, den Appetit verbessern. Auch frische Luft beim Essen kann appetitanregend wirken.

Kleinigkeiten wie Blumen auf dem Tisch oder eine schöne Tischdecke verschönern die Eßumgebung und wirken sich u. U. positiv auf die Atmosphäre beim Essen und damit auf die Stimmung und den Appetit aus. Adäquate Gesellschaft beim Essen, z. B. durch Besuche oder gemeinsame Mahlzeiten in Senioreneinrichtungen, ermöglicht soziale Kontakte und gegenseitige Hilfe. Gespräche beim Essen oder auch Lesen oder Fernsehen lenken vom Essen ab und unbewußt wird quasi „nebenher“ eine ganze Menge gegessen.

Besondere Anforderungen an die Ernährung

Da große Portionen oft abgelehnt werden bzw. schnelle Sättigung eintritt, empfiehlt es sich, die Nahrungsmenge auf mehrere kleine Mahlzeiten über den ganzen Tag zu verteilen.

Mit einem Glas Saft gleich morgens nach dem Aufstehen kann der Tag begonnen werden, eine Spätmahlzeit vor dem Zubettgehen beendet den Tag.

Regelmäßige Essenszeiten, ein Gläschen Sherry, Portwein oder Campari als Aperitif können den Appetit anregen.

Bei der Auswahl der Lebensmittel und Gerichte sollte soweit wie möglich auf persönliche Vorlieben und Abneigungen eingegangen werden. Ähnlich wie bei der Versorgung von Kindern, die oft ausgeprägte Vorlieben und Abneigungen haben, sind auch bei der Essensversorgung alter Menschen Phantasie und Ideen nötig, um bei Appetitlosigkeit möglicherweise eine Steigerung der Nährstoffaufnahme zu erreichen.

Attraktive, schmackhafte Speisen, appetitlich angerichtet und in kleinen Portionen serviert, regen ebenfalls zum Essen an. Verschiedene Lebensmittel in unterschiedlichen Geschmacksrichtungen, Farben, Formen, Temperaturen und Texturen, auch innerhalb einer Mahlzeit, sorgen für Abwechslung und sprechen die Sinne an. Mundgerechte Stücke können bei geschwächten oder behinderten Senioren die Nahrungsaufnahme erleichtern und unnötige Anstrengung beim Essen vermeiden. Neue Gerichte und Zubereitungen können das Interesse wecken und möglicherweise den Appetit verbessern.

Da das verminderte Geruchs- und Geschmacksempfinden eine Schlüsselrolle für mangelnden Appetit und unzureichende Nahrungsaufnahme spielt, ist es naheliegend, durch großzügige Zugabe von Gewürzen und Kräutern den Geschmack von Speisen und Gerichten zu intensivieren.

SCHIFFMAN und WARWICK (1988) sind der Meinung, daß durch Intensivierung des Geschmacks von Speisen und Gerichten mit Hilfe von Aromastoffen und Geschmacksverstärkern die verringerte sensorische Wahrnehmung kompensiert und die Nahrungsaufnahme gesteigert werden kann. In einer Testreihe boten sie 70-79jährigen Senioren je 3 Proben verschiedener Lebensmittel an: eine unbehandelte und zwei mit unterschiedlicher Konzentration eines zugegebenen Aromastoffs (z. B. Karottenaroma zu Karotten in unterschiedlicher Menge) oder zwei Proben mit unterschiedlichen Geschmackszugaben (z. B. Kartoffeln mit Kartoffelaroma und Kartoffeln mit Speckaroma). Jede der 3 Proben konnte so oft wie gewünschst probiert werden, um dann eine als die beste auszuwählen. In allen Fällen wurden die aromatisierten Lebensmittel besser bewertet, im Durchschnitt bevorzugten 75 % der Probanden eines der geschmacksverstärkten Lebensmittel und nur 25 % das natürliche.

Da die Effekte von Geschmacksverstärkern auf Appetit und Nahrungsaufnahme Älterer nicht ausreichend untersucht sind, kann ihre Anwendung bisher nicht allgemein empfohlen werden. Insbesondere ist dabei zu bedenken, daß bci Personen mit normalem Geschmacksempfinden der Appetit durch derartige Maßnahmen wesentlich beeinträchtigt werden kann. Die Möglichkeit der geschmacklichen Anpassung von Lebensmitteln an altersbedingte Veränderungen des Geschmacksempfindens sollte in Zukunft weiter untersucht werden.

Weiterhin sollte bei Appetitlosigkeit und geringer Nahrungsaufnahme selbstverständlich auf unnötige restriktive Diäten von zweifelhaftem Nutzen verzichtet werden. Bei geringem Körpergewicht oder Gewichtsverlust muß die reichliche Nahrungsaufnahme im Vordergrund aller Bemühungen stehen. Energiereiche Lebensmittel und Gerichte, die bei gesunden Senioren ohne Ernährungsprobleme üblicherweise zur Vermeidung von Übergewicht und negativen Gesundheitsfolgen vermieden werden sollen, sind in diesem Fall sinnvoll und angezeigt.

Tab. 9.3: Tips bei Appetitlosigkeit.

Lebensumfeld – Identifikation und Beseitigung von Ursachen
- medizinische Ursachen abklären und behandeln – optimale Krankheitsbehandlung
- Medikamentenverordnung auf Nebenwirkungen überprüfen und minimieren
- Medikamenteneinnahme zur richtigen Zeit
- psychische und soziale Ursachen beseitigen
- Steigerung der körperlichen Aktivität: Spaziergang, Gymnastik am offenen Fenster
- in einem gut gelüfteten Raum essen, am Fenster essen, gelegentlich draußen essen
- die Atmosphäre beim Essen verbessern z. B. durch genügend Zeit, Blumen, Tischdecke
- durch Lesen, Fernsehen, Gespräche etwas beim Essen ablenken
- in Gesellschaft essen

Besondere Anforderungen an die Ernährung
- fünf bis acht kleinere Mahlzeiten auf den Tag verteilen
- gleich morgens nach dem Aufstehen mit einem Getränk beginnen
- noch ein spätes Appetithäppchen und etwas zu trinken als Betthupfel vor dem Schlafengehen
- regelmäßige Mahlzeiten zu regelmäßigen Zeiten
- vor der Mahlzeit ein Gläschen Sherry, Portwein oder Campari als Aperitif
- Vorlieben und Abneigungen berücksichtigen – Lieblingsgerichte anbieten
- attraktive, schmackhafte Speisen auswählen
- die Speisen appetitlich in kleinen Portionen anrichten
- Vielzahl von Lebensmitteln mit verschiedenen Geschmacksrichtungen, Farben, Formen, Temperaturen, Texturen anbieten
- mundgerechte Stücke schneiden
- neue Lebensmittel und Gerichte ausprobieren
- die Gerichte kräftig würzen, jedoch sparsam salzen
- Vermeidung unnötiger Diäten
- energie- und nährstoffreiche Lebensmittel und Gerichte
- energie- und nährstoffreiche Zusatznahrung

Es ist klar, daß die individuelle Betreuung und Ernährungsversorgung apptitloser alter Menschen Zeit und Geduld erfordert. Oft gelingt es trotz großer Anstrengung nicht, jemanden ohne Appetit zum Essen zu überreden, nach wenigen Bissen wird der Teller wieder beiseite geschoben. In diesem Fall können industriell hergestellte, energie- und nährstoffreiche Nahrungssupplemente, die auch den Appetit steigern sollen, zur Verbesserung der Nährstoffversorgung beitragen.

Darüberhinaus kann der Einsatz appetitanregender Medikamente in Erwägung gezogen werden.

Tab. 9.3 faßt die verschiedenen Anregungen zusammen.

9.1.2 Kaustörung

Ursachen

Meist sind Zahnverlust, schlecht sitzende oder fehlende Zahnprothesen für Probleme beim Zerkleinern der Nahrung im Mund verantwortlich. Durch ihre weite Verbreitung werden sie als übliche Alterserscheinung angesehen (s. Kap. 2.2.1.1). Aber auch Entzündungen im Mundbereich, Druckstellen der Prothese oder Pilzbefall können weitere Ursachen sein. Schlechte Mundhygiene und Mundtrockenheit können das Kauen erschweren und nicht zuletzt sind neurologisch bedingte Kaustörungen zu nennen, wie sie bei fortgeschrittenen Formen der Demenz oder nach Schlaganfällen vorkommen können (Tab. 9.4).

Tab. 9.4: Ursachen von Kaubeschwerden.

- Zahnverlust, schlecht sitzende oder fehlende Zahnprothesen
- Druckstellen der Prothese
- Entzündungen im Mundbereich
- Pilzerkrankungen
- Mundtrockenheit
- schlechte Mundhygiene
- neurologische Störungen

Folgen

Kauprobleme beeinflussen die Nahrungsmenge, Lebensmittelauswahl und Zubereitung. Es wird weniger gegessen, bestimmte Lebensmittel werden gemieden, andere werden sehr lange weich gekocht. Oft beschränkt sich die Ernährung bei Kauschwierigkeiten auf eine begrenzte Auswahl an weichen, breiigen Lebensmitteln und Gerichten, die geeignet erscheinen und leicht zu essen sind. Grieß- oder Haferbrei zum Frühstück und Abendessen und Kartoffelpüree mit Haschee dominieren vielfach den täglichen Speiseplan älterer Menschen mit Kauproblemen. Das Essen wird durch die begrenzte Abwechslung eintönig und Probleme ergeben sich im Hinblick auf einen ausreichenden Energie- und Nährstoffgehalt (s. Kap.7.1.4), darüberhinaus besteht ein erhöhtes Risiko, sich zu verschlucken.

Mögliche Maßnahmen

Mögliche Maßnahmen richten sich einerseits auf die Optimierung der Mund- und Zahnpflege, andererseits auf eine Anpassung der Ernährung an die vorhandenen Schwierigkeiten.

Mund- und Zahnpflege

Mundhygiene und sorgfältige Pflege von Zähnen und Zahnersatz sind die Voraussetzung für anhaltende Mundgesundheit. Regelmäßige zahnärztliche Kontrollen und gegebenenfalls Behandlungen einschließlich einer angemessenen Sanierung der Zahnprothese sollten selbstverständlich sein. Interessanterweise besteht allerdings eine große Diskrepanz zwischen dem professionell erfaßten und dem subjektiv wahrgenommenen Behandlungsbedarf bei älteren Menschen (SMITH & SHEIHAM 1980, STUCK et al. 1989).

Von 219 geriatrischen Patienten einer Berner Klinik bestand bei 58 % objektiver Zahnbehandlungsbedarf gegenüber 21 % subjektiv wahrgenommenem. 29 % der älteren Patienten mit eigenen Zähnen waren in den letzten 5 Jahren nicht beim Zahnarzt (STUCK et al. 1989)!

Nur wenige Untersuchungen gibt es bisher über den Effekt von Zahnsanierungsmaßnahmen auf die Ernährung.

In einer finnischen Studie wird von einer verbesserten Nahrungsaufnahme zahnloser Senioren nach Anpassung einer Prothese berichtet (MÄKILÄ 1970). Auch BAXTER (1984) stellte bei zahnlosen Senioren nach Anpassung einer neuen Prothese eine deutlich höhere Zufuhr fest, die für verschiedene Nährstoffe allerdings noch immer weit unter der empfohlenen Menge lag. Die Energiezufuhr konnte von 78 % auf 87 % der Empfehlung gesteigert werden.

Insgesamt ergibt sich die Forderung nach einer besseren Zahnversorgung alter Menschen und geriatrischer Patienten bei gleichzeitiger Überprüfung des Nutzens der Maßnahmen für Kaufunktion, Ernährungszustand und die gesamte Lebensqualität.

Besondere Anforderungen an die Ernährung

Auch bei der besten Mund- und Zahnpflege, ärztlichen und zahnärztlichen Versorgung kann Kauen jedoch ein Problem sein, auf das durch spezielle Auswahl geeigneter Lebensmittel und Zubereitungsmethoden je nach vorhandener Fähigkeit, das Essen im Mund zu zerkleinern, eingegangen werden muß.

Da Breikost üblicherweise eine geringere Energiedichte hat und weniger Nährstoffe enthält, ist sie zur Langzeiternährung weniger geeignet und sollte nur bei wirklich bestehender Notwendigkeit verordnet bzw. verabreicht werden. In Institutionen ist es sinnvoll und wünschenswert, neben der Vollkost und der allgemein üblichen Breikost bzw. pürierten Kost eine Vollkost für Senioren mit Kaustörungen anzubieten, die der Vollkost weitgehend entspricht, jedoch auf harte Lebensmittel verzichtet (Tab. 9.5).

Tab. 9.5: Ernährung bei Kaubeschwerden: Konsistenz der Nahrung an die vorhandene Kaufähigkeit anpassen.

harte Lebensmittelteile entfernen

* Brotrinde abschneiden, Obst schälen, Wursthaut entfernen

harte Lebensmittel durch gleichwertige weichere ersetzten:

* z. B. Kartoffeln statt Reis oder Nudeln, Frischkäse statt Hartkäse, Fisch statt Fleisch, Bisquit statt Mürbekekse

mechanische Zerkleinerung

* Obst und Gemüse mixen, raspeln, reiben, pürieren
* Hackfleischgerichte

geeignete Zubereitungsmethoden wählen

* Pellkartoffeln oder Kartoffelpüree statt Bratkartoffeln
* gedünstetes Obst statt frische Früchte
* gekochtes Gemüse statt Rohkost
* Vollkorngetreide feingemahlen in Aufläufen und Breien statt grobe Vollkornprodukte
* Brot einweichen, z. B. in Milch

bei völliger Kauunfähigkeit dickflüssige bis breiige Speisen

* Suppen, passierte Eintöpfe, Soufflees, Mixgetränke, Cremes, Soßen, Püree, flüssige Zusatznahrung

Oft reicht es bereits aus, die Brotrinde abzuschneiden, Schalen und harte Haut von Obst oder Lebensmitteln wie Würstchen zu entfernen. Darüber hinaus sind harte Lebensmittel durch möglichst gleichwertige weichere oder pürierte Produkte zu ersetzen, ohne die Vielfalt einzuschränken oder gar auf bestimmte Lebensmittelgruppen zu verzichten.

Durch geeignete Zubereitungsmethoden können alle nährstoffreichen Lebensmittelgruppen auch bei Kaubeschwerden zum Einsatz kommen. Dabei ist jedoch zu beachten, daß die Verarbeitung von Lebensmitteln in jedem Fall mit Nährstoffverlusten verbunden ist. Mechanische Zerkleinerung ist dabei nährstoffschonender als lange Kochprozesse. In jedem Fall ist es sinnvoll, die Lebensmittel zur Nährwerterhaltung erst unmittelbar vor dem Verzehr zu verarbeiten.

Hartes Obst und Gemüse kann fein geraffelt, gerieben, gedünstet oder püriert werden. Obst- und Gemüsesäfte – idealerweise frisch gepreßt – können bei Kauproblemen zur Vitaminversorgung beitragen. Der Verzehr von Milchprodukten bereitet durch deren überwiegend weiche Konsistenz üblicherweise keine Probleme. Bei täglichem Verzehr von Breien und Desserts auf Milchbasis ist die Calciumversorgung gesichert. Dagegen muß auf eine ausreichende Ballaststoffzufuhr besonders geachtet werden. Auf Vollkornprodukte sollte bei Kauproblemen deshalb keinesfalls verzichtet werden. Vollkornbrote sind nicht nur in schwer zu kauender, grober Form, sondern auch in feiner Ausführung z. B. als Weizenkeim- oder Vollkorntoastbrot erhältlich. Vollgetreide kann als Brei, als Flocken im Müsli oder in gemahlener Form in Aufläufen gegessen werden. Fisch läßt sich oft leichter im Mund zerkleinern und mit dem Gaumen zerdrücken als Fleisch. Auch für Hackfleischgerichte gibt es unzählige Varianten.

Bei völliger Kauunfähigkeit muß auf dickflüssige bis breiige Speisen zurückgegriffen werden. Verschiedene Zubereitungsarten als Suppen, passierte Eintöpfe, Breie, Soufflees, Mixgetränke, Cremes, Soßen oder Püree sind denkbar.

Ähnlich der Babynahrung stehen mittlerweile auch industriell hergestellte pürierte Gerichte verschiedener Zusammensetzung in Gläschen für Patienten und Senioren mit Kau- und Schluckstörungen zur Verfügung. Flüssige Nahrungssupplemente können zur Verbesserung der Nährstoffversorgung beitragen, wenn die ausreichende Ernährung mit natürlichen Lebensmitteln nicht möglich ist.

9.1.3 Schluckstörung (Dysphagie)

Ursachen

Während Appetitlosigkeit als normale Alterserscheinung betrachtet wird, treten Schluckstörungen nur in Zusammenhang mit Krankheiten auf. Sie sind überwiegend durch neurologische Störungen bedingt, können aber auch durch Verengungen in Rachen oder Speiseröhre entstehen. Bestimmte Medikamente und Mangelernährung werden ebenfalls als Ursache genannt (Mendez et al. 1991, Shamburek & Farrar 1990, Veldee & Peth 1992) (Tab. 9.6).

Tab. 9.6: Ursachen von Schluckstörungen im Alter.

- neurologische Störungen / Störungen der neuromuskulären Koordination
  * Schlaganfall
  * Morbus Parkinson
  * Diabetes mellitus
  * Demenz
- gutartige oder maligne Verengung von Rachen oder Speiseröhre
- Zungenabszesse
- Muskelschwäche, Muskelatrophie z. B. bei Mangelernährung
- Medikamente, z. B. Neuroleptika

Folgen

Gestörte Koordination der Vorgänge beim Schlucken oder Spasmen können dazu führen, daß Nahrung in die Luftwege gelangt (Aspiration). Morbidität und Mortalität durch Aspirationspneumonie sind bei Dysphagien deutlich erhöht (Shamburek & Farrar 1990).

Schluckstörungen können Art und Menge der eßbaren Speisen und Getränke begrenzen, eine ausreichende Nahrungsaufnahme verhindern und so die Entstehung von Mangelernährung und Dehydration begünstigen (s. Kap. 7.1.4). Mangelernährung kann wiederum die Schluckfunktion verschlechtern und einen Teufelskreis in Gang bringen.

Soziale Folgen können sich z. B. durch Sabbern beim Essen oder entstellendes Aussehen bei Gesichtslähmung ergeben.

Mögliche Maßnahmen

Schluckstörungen müssen in jedem Fall ernst genommen werden. Als Voraussetzung für eine angemessene Behandlung sind die genauen Ursachen und vorliegenden Schädigungen abzuklären.

Ernährungsmaßnahmen dienen dabei nicht nur der Sicherung einer ausreichenden Ernährung, sie stellen auch einen wichtigen Teil der Behandlung von Schluckstörungen dar. Schlucktraining mit Hilfe bestimmter Lebensmittel trägt im Gesamtkonzept rehabilitativer Maßnahmen wesentlich zum Wiedererlangen der Schluckfunktion bei.

Allgemeines

Nur durch enge Zusammenarbeit von Diätassistenten, Logopäden, Ärzten und Pflegepersonen bei der Diagnose und Behandlung von Schluckstörungen kann eine optimale Versorgung gewährleistet werden.

Die Diagnose erfolgt durch die Anamnese von Beschwerden, eine umfassende orale Untersuchung, Untersuchung von Stimme und Artikulation sowie durch Beobachtung beim Essen. Zahlreiche Symptome können Hinweise auf eine möglicherweise vorhandene Dysphagie geben (Tab. 9.7).

Bariumschlucktest oder Videofluoroskopie ermöglichen es, den Bolus (Bissen) in allen Phasen des Schluckvorgangs zu beobachten. Mit einer dünnen Sonde können darüberhinaus die Druckverhältnisse im Pharynx und Ösophagus bestimmt und Anomalien festgestellt werden.

Tab. 9.7: Symptome, die auf eine Schluckstörung hinweisen können. (Nach TRIPP & CORDERO 1991.)

Orale Phase
- herabhängende Gesichtshälfte – Facialisschwäche
- Sabbern oder Probleme, den Speichel zu kontrollieren
- ungenügend, dicker oder übermäßig viel Speichel
- Verschütten von Essen oder Flüssigkeiten aus dem Mund
- Probleme, Essen im Mund herum zu bewegen
- unzerkaute oder ungenügend gekaute Nahrung wird geschluckt
- Probleme, einen Bolus zu bilden
- Essen wird in den Backentaschen behalten
- Vermeiden fester Nahrungsmittel

Pharyngeale Phase
- haufiges Räuspern
- heisere oder feuchte Stimme wie bei Erkältung
- Unfähigkeit, stark zu husten
- Husten oder Würgen
- Wiederausströmen von Essen durch die Nase
- Klage, daß Essen stecken bleibt (auch ösophageale Phase)

Sonstiges
- Geschichte von Schluckproblemen
- häufige (Aspirations-) Pneumonien
- subjektive Beschwerden wie Schmerzen beim Schlucken, Sodbrennen und Mundgeruch
- verwaschene Sprache
- Dysarthrie
- Erbrechen
- Gewichtsverlust

Regelmäßige Überprüfungen von Schluckfunktion und Ernährungszustand sind zur Erfolgskontrolle und Optimierung der Behandlung wünschenswert.

Optimale Eßbedingungen

Die betroffene Person sollte beim Essen möglichst am Tisch sitzen. In jedem Fall wird eine aufrechte Sitzposition – möglichst auch eine halbe Stunde vor und nach dem Essen – empfohlen, um die Speiseröhre zu entspannen, den Transport der Nahrung mit Hilfe der Schwerkraft zu erleichtern und einen möglichen Reflux zu verhindern. Kissen oder Keile können bei der Positionierung von Patienten mit neuromuskulären Störungen hilfreich sein.

Während der Mahlzeit ist eine entspannte Atmosphäre wichtig, damit der Patient ohne Bedrängnis in für ihn angenehmer Geschwindigkeit essen kann. Der Patient sollte vorzugsweise selbst essen, um den Zeitpunkt der Mundöffnung zu bestimmen und ein möglichst großes Kontrollgefühl zu erreichen. Ausreichend große, aber nicht zu große Bissen sollen mit dem Löffel aufgenommen werden. Ein Bissen muß geschluckt sein, bevor der nächste aufgenommen wird.

Nach dem Essen ist der Mund von Essensresten zu reinigen (Tab. 9.8).

Tab. 9.8: Optimale Eßbedingungen für den dysphagischen Patienten. (Nach TRIPP & CORDERO 1991.)

Haltung

* sitzend: aufrecht im 90°-Winkel
  Kopf leicht nach unten gebeugt
  Füße flach auf dem Boden oder unterstützt auf stabiler Oberfläche
  Hüfte und Knie gebeugt
* im Bett: aufrecht im 75°-Winkel
  Knie gebeugt im 15°-Winkel
  Kopf leicht nach unten gebeugt
  Körper leicht vorwärts geneigt
  Schultern leicht vorwärts geneigt
* Kissen, Nackenrolle oder Schaumkeile können beim Positionieren von Patienten mit neuromuskulären Störungen hilfreich sein

während dem Essen

* kleine Mengen Nahrung mit dem Löffel
* langsame Gabe – ein Löffel muß geschluckt sein bevor der nächste gegeben wird
* kleine Schlucke an Flüssigkeit oder Gabe mit dem Löffel
* sprechen während dem Essen vermeiden

nach dem Essen

* Mund von Essensresten reinigen
* der Patient sollte für mindestens 30 Minuten nach dem Essen aufrecht bleiben
* wenn der Patient liegen muß, ist die sicherste Lage seitlich

Lebensmittelauswahl

Die sorgfältige Auswahl geeigneter Lebensmittel und die Zubereitung in der angemessenen Konsistenz sind bei Schluckstörungen von großer Bedeutung.

Die Lebensmittelauswahl richtet sich nach Art und Ausmaß der Störung und muß den individuellen Problemen in Absprache mit dem Logopäden angepaßt werden.

Bei leichten oralen und pharyngealen Dysphagien werden mechanisch weiche Lebensmittel empfohlen, bei mittleren bis schweren oralen und pharyngealen Dysphagien und leichten bis mittleren ösophagealen Dysphagien pürierte, dickflüssige Kost (Tab. 9.9) (TRIPP & CORDERO 1991).

Tab. 9.9: Empfohlene Nahrungskonstistenz bei verschiedenen Arten von Schluckstörung. (Nach TRIPP & CORDERO 1991.)

Art der Dysphagie	Konsistenz der Nahrung:
leicht orale und pharyngeale Dysphagie	mechanisch weich
mittlere bis schwere orale und pharyngeale, leichte bis mittlere ösophageale Dysphagie	püriert
schwere ösophageale Dysphagie	Flüssigkeiten

Tab. 9.10 (S. 274/275) gibt eine Orientierung über geeignete und weniger geeignete Lebensmittel bei Schluckstörungen mit Ursache in der oralen Phase.

Die Konsistenz sollte hier einerseits zwar von homogener Beschaffenheit sein, andererseits jedoch auch einen Anreiz zum Beißen und Kauen bieten (TÖBECK 1993). Im allgemeinen werden breiige Speisen nicht ausreichend gespürt, bieten keinen Kauanreiz und verstärken dadurch pathologische Eßmuster (TÖBECK 1993).

Geeignet sind Speisen, die die Sinne ansprechen und eine geschmackliche (durch würzige Lebensmittel, kräftiges Würzen), akkustische (z. B. bei knusprigen Lebensmitteln wie Toast) oder sensorische (durch unterschiedliche Temperatur) Rückmeldung liefern. Farbliche Kontraste bieten visuelle Anreize (TÖBECK 1993).

Dickflüssige Lebensmittel, die leicht einen Bolus bilden, sollten bevorzugt werden, dünnflüssige, die nur schwer einen Bolus bilden, sind dagegen zu meiden (SCHLENKER 1993).

Ungeeignet sind generell Speisen mit unterschiedlichen Konsistenzen (z. B. Zitrusfrüchte, Joghurt mit Früchten), Flüssigkeiten mit festen Bestandteilen (z. B. Suppen mit Gemüse- oder Nudeleinlage), Lebensmittel mit kleinen Kernen (z. B. Kirschen, Weintrauben, Oliven) und fasrige Lebensmittel (z. B. Fenchel, Spargel, Sellerie, Spinat). Sie erhöhen das Risiko des Verschluckens und der Aspiration.

Klebrige Lebensmittel, die am Gaumen haften, wie frisches Weißbrot, trockene zerdrückte Kartoffeln, Erdnußbutter oder Karamell ermüden schnell und erschweren die Schluckkontrolle. Besonders bei Zungenparese (Lähmung der Zunge) sind sie schwer zu schlucken. In diesem Fall sollten außerdem zu glatte Konsistenzen (wie z. B. bei Götterspeise) und auch krümelige Speisen vermieden werden.

Dünne Flüssigkeiten können bei oraler und pharyngealer Dysphagie sehr schwer zu kontrollieren sein und sollten nur unter Kontrolle des Logopäden verabreicht werden. Bei Gaumensegelparesen bewirken sie Aushusten durch die Nase und sind deshalb zu meiden. Zur Konsistenzveränderung können dünnflüssige Lebensmittel mit kommerziellen Verdickungsmitteln, Instant-Kartoffelflocken, zerdrückten Kartoffeln, püriertem Gemüse oder Apfelbrei angedickt werden. Bei schweren ösophagealen Dysphagien werden Flüssigkeiten dagegen empfohlen (Tripp & Cordero 1991).

Bei völlig fehlenden Schutzreflexen darf überhaupt keine Nahrung aufgenommen werden, bei pathologisch veränderten Reflexen nur unter Aufsicht (Timm et al. 1990).

Schwere Schluckstörungen stellen eine Indikation für Sondenernährung oder parenterale Ernährung dar.

9.1.4 Körperliche Beeinträchtigung

Ursachen

Aus verschiedenen Gründen sind viele ältere Menschen nicht in der Lage (oder nicht willens) selbständig zu essen und werden als „eßabhängig“ bezeichnet (Rudman & Feller 1989).

Körperliche Behinderungen, die Probleme bei der Essenszubereitung und beim Essen verursachen, können vorübergehend während einer akuten Krankheit auftreten oder bei chronischen Krankheiten auch anhaltend die Ernährung erschweren.

Häufig sind Lähmungen, Bewegungsstörungen und Muskelschwächen in Armen und Händen und starkes Zittern die Ursache für Eßabhängigkeit. Auch Sehstörungen können Hilfe beim Essen erforderlich machen. Neben körperlichen Behinderungen sind es oft geistige Einbußen, die zur Eßabhängigkeit führen (s. Kap. 9.1.5).

Tab. 9.10: Geeignete und ungeeignete Lebensmittel bei Schluckstörungen mit Ursache in der oralen Phase. (Nach TÖBECK 1993.)

Nahrungsmittelgruppe	gut geeignet homogen (bietet Kauanreiz)
Fleisch	Geflügel, feine Bratwurst, Würstchen, Leber, Frikasseezubereitung
Wurst	sehr fein geschnittene Wurst ohne stückige Zusätze, Frischwurst, Pasteten, Tee- und Leberwurst
Fisch	Kochfische mit weichem Fleisch, Schollenfilet
Käse	alle, bis auf ...
Eier	frisch zubereitetes feuchtes Rührei
Süßspeisen	Cremes, Pflaumenmus, Gelee, glatte Puddinge, Grütze, Götterspeise, Eis
Vegetarisches	Tofu (Sojaquark)
Getreideprodukte/ Nährmittel	Toastbrot, Graubrot ohne Rinde, abgelagertes Weißbrot, Löffelbisquits, Butterkekse, gut ausgeqollene Nudeln, Grieß, Schmelzflocken, sehr gut ausgequollener Milchreis
Kartoffeln	Salzkartoffeln, Püree
Gemüse	Kohlrabi, Möhren, Blumenkohl, Rosenkohl, Spinat, Sellerie, Brokkoli, Gurkenfleisch ohne Kerne, Tomatenfleisch ohne Haut und ohne Kerne, Rote Bete, Schwarzwurzeln, Zucchini
Obst	roh: Apfel, Birne, Pfirsich ohne Haut, Avocado, Nektarine Kompott: Aprikosen
Milch und Milchprodukte	Milch, Buttermilch, Milchmix, Kefir, Joghurt und Quarkspeisen mit den geeigneten Obstsorten, feinverrührt ohne Stückchen
Getränke	Milchmixe, Obst- und Gemüsesäfte, Milch, Buttermilch, Kefir, Fruchtsaft mit Kartoffelstärkemehl andicken
Gewürze	süß-säuerliche, salzige

Forts. Tab. 9.10:

geeignet nach Austestung (bietet Kaunareiz)	**ungeeignet, krümelig**
Kalbfleisch, Schweinefleisch	trockenes Fleisch (Wild), zähes Feisch (Rind), krümelige Zubereitung, scharf Gebratenes, Paniertes
gekochter Schinken, Bratenaufschnitt, Putenfleisch	Wurst mit stückigen Zusätzen (Pistazien, Fett- oder Fleischstückchen, grob vermahlene Leber- oder Teewurst, Sülzen, Corned Beef)
mehlierte Bratfische mit weichem Fleisch, Matjesfilet	trockenes Fischfleisch, Lengfisch, Fische, die mit Haut und Gräten verzehrt werden (Sprotten, Sardinen), panierte Fertigfische
Schmelzkäse (klebt am Gaumen)	mit Nußstückchen oder grobem Pfeffer, Kräuterquarkzubereitungen
weichgekochte Eier, Spiegeleier ohne Bräune	hartgekochte Eier, kroß gebratene Spiegeleier, trockenes Rührei
Honig, Marmelade aus geeigneten Obstsorten	Nußnougatcreme, Pralinees
	texturiertes Soja als Würfel oder Krümel (Gulasch- oder Bologneseersatz)
Schwarzbrot ohne Schrot, ohne Körner, Bisquittorte mit Sahne oder Zitronenquarkcreme	alle unvermahlenen Körner, Produkte mit hohem Schalenanteil, Reis, Sago, kernige Haferflocken, kleine Faden- od. Sternchennudeln (Suppeneinlage), frisches Weißbrot, Kuchen mit Nüssen, Rosinen
Kartoffel-Schnee, Klöße	Bratkartoffeln, Klöße mit Croutons, Pommes frites, Kartoffel-Chips
Weißkohl ohne Strunken, Paprika, Pilze, Blattsalate	faseriges Gemüse: Spargel, Porree, Brechbohnen, Rhabarber; Hülsenfrüchte mit Schalensplitter: Erbsen, Bohnen, Linsen, Mais; Küchenkräuter, Sauerkraut, Rotkohl, Grünkohl, Rettich
roh: Kiwi, Melone ohne Kerne, Banane	faserige Sorten: Ananas, Zitrusfrüchte; Beeren mit Kernen, Zwetschgen, Pflaumen, Mirabellen, Reineclauden, Stachelbeeren, Weintrauben
	Joghurt und Quarkspeisen mit ungeeigneten Obstsorten, Kräuterquark
CO_2-armes Mineralwasser, Kaffee, Tee,	CO_2-haltige Getränke, alkoholiche Getränke
	scharfe, bittere

Art und Ausmaß der Eßabhängigkeit können je nach der Ursache unterschiedlich sein und von der Hilfe beim Ausschöpfen, Kleinschneiden und Brotstreichen über zeitweise Überwachung beim Essen bis zum Löffel zum Mund führen reichen.

Folgen

Schwächen der Hand- oder Armmuskeln verursachen Schwierigkeiten beim Heben, partielle Lähmungen oder Koordinationsverluste machen das Greifen von Eßutensilien und Lebensmitteln schwierig oder sogar unmöglich, starkes Zittern führt dazu, daß Getränke verschüttet werden oder das Essen auf dem Weg zum Mund vom Löffel fällt.

Der Verlust der Fähigkeit, selbständig zu essen und zu trinken, kann ernste Folgen in Form von unzureichender Nahrungsaufnahme, Mangelernährung und Dehydration haben, wenn die Defizite nicht durch entsprechende Pflegemaßnahmen kompensiert werden.

Mögliche Maßnahmen

Es ist naheliegend, daß jemand, der nicht in der Lage ist, die täglichen Mahlzeiten selbst zuzubereiten oder selbständig zu essen, Hilfe und Unterstützung bei diesen Tätigkeiten braucht. In jedem Fall sind jedoch auch die Ursachen für die Eßabhängigkeit abzuklären, um eventuell Möglichkeiten zur Besserung des Zustands zu erkennen. Idealerweise sollte bei Beginn der Eßabhängigkeit eine systematische Untersuchung zur Abklärung der Ursachen durchgeführt werden (Siebens et al. 1986).

Eßtraining

Im Sinne der aktivierenden Pflege gilt auch beim Essen, daß der Betroffene so weit wie möglich zu eigenen Aktivitäten aufgefordert und ermuntert werden soll, um die vorhandenen Fähigkeiten zu fördern und weiterzuentwickeln. Ein gezieltes Eßtraining kann – unter der Voraussetzung, daß die Muskel- und Nervenversorgung der Gewebe erhalten ist – dazu verhelfen, daß verlorengegangene Fähigkeiten beim Essen zumindest teilweise wiedererlangt werden. Meist ist dies allerdings ein langwieriger und mühsamer Prozeß, der viel Geduld und Verständnis für versehentliche Mißgeschicke erfordert.

Hilfsmittel

Durch die Benutzung spezieller Eßutensilien kann die Fähigkeit, selbständig zu essen, bei vielen behinderten oder gebrechlichen alten Menschen deutlich verbessert werden.

Verschiedene Hilfsmittel wurden für spezielle Bedürfnisse entwickelt, wobei meist nur geringe Veränderungen an normalen Gebrauchsgegenständen vorgenommen wurden, die die Handhabung erleichtern.

Die bekanntesten und meistbenutzten Hilfsmittel sind **Schnabeltasse** und Schnabelbecher, eine Tasse oder ein Becher aus leichtem Plastikmaterial mit Deckel und eingearbeitetem Ausgießer, aus dem direkt getrunken werden kann. Das Trinken ist dadurch wesentlich erleichtert, die Gefahr des Verschüttens nahezu beseitigt. Nicht nur Getränke, auch Suppen können so leichter aufgenommen werden. Für manche Lebensmittel und Speisen kann die Zubereitung in (dick-) flüssiger Form und Aufnahme mit der Schnabeltasse das Essen wesentlich erleichtern, z. B. Joghurt in Form von Trinkjoghurt oder Eintopfgerichte in Form einer Suppe.

Beim **Besteck** ermöglichen extra dicke Griffe das Greifen und Halten. Ein dicker, schwerer Griff erleichtert Patienten mit Parkinson-Krankheit oder starkem Zitten das Essen. Eine Gabel mit einseitig geschärfter Kante, mit der man schneiden kann, ermöglicht Essen und Schneiden mit einer Hand. Abgewinkelte oder extra lange Löffel können ebenfalls hilfreich sein.

Teller können am Boden mit rutschfestem Material versehen werden, damit sie auf dem Tisch fest fixiert sind. Ein hoher senkrechter Tellerrand erleichtert das Aufladen von Speisen auf den Löffel mit einer Hand. Durch einen doppelten Rand, der mit heißem Wasser aufgefüllt wird, kann das Essen für langsame Esser während der Mahlzeit warmgehalten werden.

Mit Nägeln versehene **Schneidebrettchen** ermöglichen das Fixieren einer Brotscheibe und dadurch das Streichen des Brotes auch mit einer Hand.

Auswahl und Zubereitung der Lebensmittel

Auch Auswahl und Zubereitung der Lebensmittel können zu einer Steigerung der Selbständigkeit beitragen. Geeignete Lebensmittel, die in die Finger genommen werden können, wie ein hartes geschältes Ei, Apfelschnitze oder andere in Stücke geschnittene Obst- oder Gemüsesorten, können das Essen erleichtern. Textur, Konsistenz und Größe der Lebensmittel können entsprechend den individuellen Fähigkeiten geändert werden.

Bei Bewegungsstörungen und schneller Ermüdung sollte das Essen nicht zu klein geschnitten werden, da weniger Bissen weniger Bewegung erfordern.

Essen reichen

Viele chronisch kranke Senioren sind jedoch auch mit Hilfsmitteln nicht mehr in der Lage, selbständig zu essen. Jeder Bissen und jeder Schluck muß dann vorsichtig gereicht werden.

Probleme können dabei durch Appetitlosigkeit und Essensverweigerung, Kau- und Schluckschwierigkeiten oder völliges Desinteresse bei schwerer Demenz entstehen.

Der Erfolg beim Essen reichen hängt ganz wesentlich vom emotionalen Verhältnis zwischen Patient und Pflegeperson ab. Eine geduldige, aufmunternde Haltung der Hilfsperson ist entscheidend. Wichtige Vorausetzungen sind auch eine entspannte Atmosphäre, Ruhe und Zeit zum Essen.

Der Patient sollte möglichst in aufrechter Position (Oberkörper im 90°-Winkel) sitzen. Der Transport der Speisen durch die Speiseröhre ist dadurch der Schwerkraft folgend erleichtert, die Gefahr des Verschluckens und der Aspiration (Einatmen von Nahrung in die Luftröhre) minimiert.

Das Essen sollte immer nur in kleinen Mengen gereicht werden, da sonst ebenfalls die Gefahr des Verschluckens besteht. Auch bei der Verwendung von Strohhalmen zum Trinken besteht diese Gefahr, da die Flüssigkeit unter Umständen schneller in den Mund gelangt, als sie geschluckt werden kann. Das Andicken von dünnflüssigen Getränken kann das Trinken in diesem Fall erleichtern (s. Kap.9.1.3).

Da oft nur geringe Mengen gegessen werden können, sollten die angebotenen Speisen und Getränke besonders energie- und nährstoffdicht sein (s. Kap. 9.1.1).

9.1.5 Geistige Beeinträchtigung

Ursachen

Mit zunehmendem Alter werden geistige Einbußen von unterschiedlicher Ursache und Ausprägung häufiger. Bei den Ursachen wird zwischen degenerativen Prozessen und gefäßbedingten Schädigungen unterschieden. Die häufigsten Formen sind senile Demenz vom Alzheimer-Typ und Multiinfarkt-Demenz (Schlaganfall). Geistige Beeinträchtigungen können auch durch metabolische und endokrine Störungen, Gehirntumore oder als Folge übermäßigen Alkoholkonsums auftreten. Vitamindefizite können ebenfalls zu geistigen Funktionseinbußen beitragen, durch Vitaminmangel verursachte Demenzen spielen jedoch insgesamt eine untergeordnete Rolle. Akute Verwirrtheitszustände entstehen z. B. durch Infektionen, Dehydration, Operationen oder Medikamentennebenwirkungen.

Folgen

Sowohl einfache Gedächtnisdefizite als auch Verwirrtheitszustände und schwere Demenzen können die Ernährung alter Menschen beeinflussen. Schweregrad und Ausprägung geistiger Beeinträchtigungen bestimmen die Art der Störung und der Ernährungsprobleme. Schwere Formen der Multiinfarkt- oder Alzheimer-Demenz können auch für die Ernährung gravierende Folgen haben (s. Kap. 7.1.5).

Einseitige Ernährung, Reduktion der Nahrungsmenge und Gewichtsverlust stellen die Hauptemährungsprobleme bei Dementen dar. Nicht selten tritt Gewichtsverlust trotz üblicher Nahrungsmengen ein.

Mögliche Maßnahmen

Die Ernährungsrichtlinien und Empfehlungen entsprechen mit einer vollwertigen, nährstoffreichen, abwechlsungsreichen und vielseitigen Kost denen für gesunde Senioren.

Es ist nicht bekannt, daß durch eine bestimmte Ernährungweise oder Nahrungsergänzung tiefgreifende Verbesserungen einer vorhandenen Demenz zu erwarten sind, es sei denn, sie ist durch Nährstoffdefizite – Wasser- oder ausgeprägten Vitaminmangel – bedingt.

Ernährungsmaßnahmen zielen bei Personen mit geistigen Behinderungen vielmehr darauf ab, Unterernährung und die damit verbundenen Folgen zu vermeiden, den Ernährungszustand zu erhalten bzw. zu bessern.

Die Maßnahmen richten sich nach Schweregrad, Art und Ausprägung der Störung und den damit verbundenen Ernährungsproblemen. Gleichzeitig vorhandene Gesundheitsprobleme, körperliche Behinderungen, Kau- oder Schluckstörungen müssen selbstverständlich berücksichtigt und in die Interventionsplanung mit einbezogen werden.

Da die Unterschiede in der Lebens- und Gesundheitssituation und im Eßverhalten zwischen verschiedenen dementen Patienten enorm sind, ist es hier besonders schwierig, allgemeine Empfehlungen zu geben. Selbst bei der gleichen Person ändert sich das Verhalten oft von Tag zu Tag oder sogar im Verlauf eines Tages und macht eine individuelle, situationsangepaßte Betreuung im Rahmen der jeweiligen Möglichkeiten unverzichtbar.

Ernährung

Bei extremen Formen der Hyperphagie ist eine Begrenzung der Nahrungsmenge erforderlich. Wesentlich häufiger sind jedoch unzureichende Nahrungsaufnahme und Gewichtsverlust. Die Bemühungen müssen sich auf eine Steigerung der Nahrungs- und Nährstoffaufnahme konzentrieren. Generell gelten die gleichen Hinweise und Empfehlungen wie für Patienten mit Appetitlosigkeit (s. Kap. 9.1.1). Dazu sollte sich das Nahrungsangebot soweit wie möglich nach den speziellen Vorlieben und Abneigungen richten. Einem allzu einseitigen Ernährungsverhalten kann durch das Angebot attraktiver Alternativen entgegengewirkt werden. Mundgerechte Stücke und Lebensmittel, die man aus der Hand beim Umhergehen essen kann, können für umherwandernde, unruhige oder eßabhängige Patienten hilfreich sein. Feste Essenszeiten tragen zu einem strukturierten, planmäßigen Tagesablauf bei und bieten Halt und Orientierung für den Verwirrten.

Von WATSON (1990) wurde beobachtet, daß demente Patienten beim Frühstück am besten essen. Falls es Mahlzeiten gibt, bei denen bevorzugt gegessen wird, kann die Nahrungsaufnahme auf diese Mahlzeit konzentriert und eine geringere Nahrungsmenge bei anderen Mahlzeiten akzeptiert werden.

Verhaltensänderungen sollten aufmerksam beobachtet und bei zukünftigen Mahlzeiten berücksichtigt werden, von abrupten Änderungen der Ernährung ist jedoch abzuraten.

Selbst essen steigert das Selbstwertgefühl, auch wenn dabei gekleckert wird. Abwaschbare Tischtücher und unzerbrechliches Geschirr entspannen die Eßsituation. Geeignete Hilfsmittel (Schnabeltasse, rutschfeste Unterlagen unter Teller und Tassen, geeignetes Besteck) und Hilfeleistungen sollten je nach Bedarf zum Einsatz kommen.

Neben der ausreichenden Eßmenge muß eine reichliche Flüssigkeitsaufnahme gewährleistet werden. Demente Patienten haben ein besonders hohes Risiko für Austrockungszustände, sie vergessen zu trinken und müssen immer wieder aufgefordert, überwacht oder beim Trinken unterstützt werden (s. Kap. 9.2).

Patienten mit erhöhtem Bedarf oder unüberwindbaren Problemen beim Essen können von Nahrungssupplementen profitieren. Reicht die orale Nahrungsmenge nicht aus, muß Sondenernährung in Erwägung gezogen werden.

Allgemeines

Aus den geschilderten Ernährungsproblemen wird klar, daß die Ernährung Dementer mehr als die Bereitstellung eines guten Essensangebots erfordert. In Frühstadien können Gedächtnisstützen ans Essen erinnern, mit fortschreitender Demenz wird zunehmende Überwachung notwendig. Der Ernährungszustand dementer Patienten hängt dann wesentlich von denen ab, die sie versorgen.

Diese Versorgung kann außerordentlich viel Geduld und Verständnis erfordern, ein ruhiger, liebevoller Umgang mit dem Betroffenen ist wünschenswert. Darüberhinaus ist es wichtig zu erkennen, daß Patienten mit schwerer Demenz nicht verstehen, was man ihnen sagt, und nicht aus bösem Willen unangemessen handeln und reagieren. Kommunikationsstörungen des Patienten erfordern ein feines Gespür der Pflegeperson für die Bedürfnisse des Betroffenen. Anweisungen sollten in klarer Form in einfachen, kurzen Sätzen erfolgen.

Der Patient sollte gelobt und aktiviert, jedoch nicht überfordert werden.

Die Medikamenteneinnahme sollte so erfolgen, daß durch Wirkungen oder Nebenwirkungen wie Sedierung, Appetit- und Geschmacksverminderung keine Beeinträchtigung bei den Mahlzeiten entsteht.

Tab. 9.11: Hinweise zur Ernährungsversorgung dementer Senioren.

Ernährung
- bei Hyperphagie Begrenzung der Nahrungsmenge
- bei unzureichende Nahrungsaufnahme und Gewichtsverlust Steigerung der Nahrungs- und Nährstoffaufnahme (s. Tips bei Appetitlosigkeit)
- auf spezielle Vorlieben und Abneigungen eingehen
- Angebot attraktiver Alternativen bei einseitigem Ernährungsverhalten
- mundgerechte Stücke und Lebensmittel, die man aus der Hand essen kann
- fester Mahlzeitenrhythmus
- Optimierung der Nahrungsaufnahme bei Mahlzeiten, bei denen bevorzugt gegessen wird
- Verhaltensänderungen aufmerksam beobachten und bei zukünftigen Mahlzeiten berücksichtigen
- keine abrupten Änderungen der Ernährung
- Abwaschbare Tischtücher und unzerbrechliches Geschirr entspannen die Eßsituation.
- Geeignete Hilfsmittel einsetzen (Schnabeltasse, rutschfeste Unterlagen unter Teller und Tassen, geeignetes Besteck)
- ausreichende Flüssigkeitsaufnahme sicherstellen
- Nahrungssupplemente
- Sondenernährung

Allgemeines
- Gedächtnisstützen zur Erinnerung ans Essen
- zunehmende Überwachung und Hilfeleistungen bei fortschreitender Demenz
- geduldiger, verständnisvoller, ruhiger, liebevoller Umgang
- Verständnis für unangemessene Handlungen, Reaktionen und Kommunikationsstörungen
- Anweisungen in klarer Form in einfachen, kurzen Sätzen
- Patient loben und aktivieren, jedoch nicht überfordern
- Medikamentenwirkungen sollten nicht mit dem Mahlzeiten interferieren.

Tab. 9.11 faßt die verschiedenen Anregungen zusammen.

Während anfangs geringe Unterstützung durch Angehörige und Freunde ausreicht und die selbständige Lebensführung noch möglich ist, wird der Hilfs- und Pflegebedarf in schwereren Stadien immer größer. Die Versorgung älterer Dementer in der Familie kann sehr zeitaufwendig und belastend werden. Selbsthilfegruppen können in diesem Fall für Angehörige, die durch die ständige Betreuung strapaziert sind, eine hilfreiche Unterstützung sein. Häufig machen die Probleme, die in Zusammenhang mit der Demenz entstehen, eine Heimeinweisung jedoch unumgänglich.

Bei der Versorgung Dementer im Heim ist eine konstante Pflegeperson als Bezugsperson wünschenswert, zu der ein Vertrauensverhältnis besteht und die die speziellen Probleme kennt.

Im Endstadium kommt es vor, daß der Patient essen und trinken völlig verweigert. Es entsteht eine schwierige ethische Situation für Pflegepersonen, Angehörige und Arzt, die entscheiden müssen, ob der Wille des Patienten mit der Folge des Verhungerns respektiert wird oder ob eine Form der künstlichen Ernährung durchgeführt wird. Physische und psychische Belastungen sind in jedem Einzelfall gegen den zu erwartenden Nutzen abzuwägen. Das Wohlergehen des Patienten muß im Mittelpunkt der Entscheidung stehen, wobei eine einmal getroffene Entscheidung jederzeit änderbar ist.

9.2 Austrockungszustände (Exsikkose)

Austrocknungszustände – Dehydrationssyndrome, Exsikkose – durch unzureichenden Ersatz der anfallenden Flüssigkeitsverluste sind ein häufiges Problem alter Menschen mit weitreichenden Folgen.

Häufigkeit

Austrocknungszustände sind die häufigste Form von Störungen im Wasserhaushalt alter Menschen, genaue Angaben zur Häufigkeit von Exsikkose bei Älteren sind jedoch nicht verfügbar.

In der Bethanien-Ernährungsstudie wurde anhand des klinischen Eindrucks – trokkene Haut, Schleimhäute und Zunge, stehende Hautfalten – bei Aufnahme ins Krankenhaus bei fast der Hälfte der Patienten (46 %) eine Exsikkose festgestellt (Volkert 1990). Besonders häufig waren Austrocknungszustände bei unterernährten Patienten (73 %), bei pflegebedürftigen (62 %), schwerkranken (56 %) und immobilen (54 %) sowie bei Patienten, die aus einem Heim eingewiesen wurden (57 %).

Lavizzio-Mourey et al. (1988) fanden bei der Suche nach Risikofaktoren für Dehydration bei Pflegeheimbewohnern mit akuter Krankheit ähnliche Ergebnisse. Sie kommen zu dem Schluß, daß ein geschwächter, entkräfteter Zustand mit chronischen Krankheiten, Einnahme mehrerer Medikamente, Pflegebedürftigkeit und chronischen Infektionen mit hoher Wahrscheinlichkeit zu Dehydration führt.

Ursachen

Unzureichende Flüssigkeitsaufnahme und erhöhte Flüssigkeitsverluste können zu einer negativen Wasserbilanz führen (Tab. 9.12).

Tab. 9.12: Ursachen von Austrockungszuständen im Alter.

1. **unzureichende Flüssigkeitszufuhr** durch
   - vermindertes Durstgefühl
   - mangelnde Gewohnheit
   - Angst vor nächtlichen Toilettengängen
   - Angst vor Inkontinenz
   - Wunsch geringerer Urinmenge bei Inkontinenz
   - Schwierigkeiten beim Getränkeeinkauf
   - Hilfsbedürftigkeit beim Trinken in Verbindung mit Pflegedefiziten
2. **erhöhte Flüssigkeitsverluste** durch
   - verringerte Konzentrationsfähigkeit der Nieren
   - hohe Umgebungstemperatur (Sommer, überheizte Räume)
   - Erkrankungen mit Fieber, Durchfällen, Erbrechen und andere
   - Medikamente (Diuretika, Laxantien)

Verschiedene Altersveränderungen machen ältere Menschen anfälliger für Störungen des Gleichgewichts zwischen Flüssigkeitsaufnahme und Ausscheidung als jüngere. Das reduzierte Durstempfinden im Alter begrenzt einerseits die Flüssigkeitsaufnahme (vgl. Kap. 2.1.2), die Flüssigkeitsausscheidung ist andererseits durch die verringerte Konzentrationsfähigkeit der Nieren erhöht (vgl. Kap. 2.2.2). Der geringere Körperwassergehalt (s. Kap. 2.3.3.2) und die Abnahme homöostatischer Fähigkeiten (s. Kap. 1.3.3) tragen dazu bei, daß das normale Gleichgewicht durch geringe Auslöser leicht störbar ist. Das Risiko für eine negative Wasserbilanz und Dehydration ist damit bei alten Menschen im Vergleich zu jüngeren wesentlich erhöht.

Eine *geringe Trinkmenge* im Alter wird darüber hinaus durch die mangelnde Gewohnheit, sich reichlich an Getränken zu bedienen, begünstigt. Häufig spielen Angst vor nächtlichen Toilettengängen, Angst vor Inkontinenz oder der Wunsch, bei Inkontinenz die Urinmenge zu reduzieren, eine Rolle. Schwierigkeiten beim Getränkeeinkauf oder Hilfsbedürftigkeit beim Trinken durch Krankheit und Behinderungen können weitere Gründe für eine Reduktion der Trinkmenge sein. Vielfach wird die ausreichende Trinkmenge von Pflegepersonen zu wenig beachtet.

So ergab eine Untersuchung bei Pflegeheimbewohnern (Lavizzio-Mourey et al. 1988), daß diejenigen, die Hilfe beim Essen oder Trinken benötigten, im Vergleich zu selbständig essenden ein 11faches Risiko für Dehydration hatten. Auch Himmelstein et al. (1983) machen darauf aufmerksam, daß Dehydration bei Heimbewohnern ein Indikator für schlechte Pflege und unzureichende Beachtung einer ausreichenden Flüssigkeitszufuhr ist.

Erhöhte Wasserverluste sind im Sommer durch vermehrtes Schwitzen üblich, in überheizten Räumen oder bei Erkrankungen mit Fieber, Durchfällen oder Erbrechen. Auch Medikamente können zu übermäßigen Flüssigkeitsverlusten beitragen. So kann Diuretikatherapie das Risiko für Dehydration bei Älteren erhöhen; bei Pflegeheimbewohnern wurde die Einnahme von Laxantien als Risikofaktor für schwere Dehydrationen identifiziert (LAVIZZIO-MOUREY et al. 1988).

Eine protein- und elektrolytreiche Ernährung erfordert eine große Flüssigkeitsmenge zur Ausscheidung harnpflichtiger Substanzen und Erhaltung des Elektrolytgleichgewichts.

Dehydration wurde auch bei älteren Patienten mit proteinreicher Sondenernährung berichtet (SCHLENKER 1993).

Folgen

Die Folgen von Wassermangel machen sich relativ schnell bemerkbar (Tab. 9.13). Als klinische Symptome zeigen sich zunächst eine trockene Zunge, trockene Schleimhäute und durch einen verringerten Hautturgor stehenbleibende Hautfalten. Eine deutliche Minderung der Leistungsfähigkeit macht sich bemerkbar. Die Nieren werden übermäßig belastet, insbesondere bei protein- und elektrolytreicher Ernährung. Die Regulation der Körpertemperatur ist bei geringem Körperwassergehalt erschwert. Eine Verringerung des Körpergewichts von 10 % mangels Flüssigkeit bedeutet bereits eine schwere Dehydration und führt zu Desorientiertheit und Verwirrtheitszuständen, Schwäche, Schwindel, bis zur Apathie und Bewußtlosigkeit. Es treten vermehrt Infektionen auf, insbesondere der Harnwege, Obstipation kann durch zu geringe Flüssigkeitsaufnahme bedingt oder zumindest mitbedingt sein.

Tab. 9.13: Folgen unzureichender Trinkmenge im Alter.

- Mundtrockenheit, trockene Schleimhäute, verringerter Hautturgor
- Leistungsminderung
- erschwerte Regulation der Körpertemperatur
- Verwirrtheitszustände
- Schwäche, Schwindel, Apathie, Bewußtlosigkeit
- Infektionen
- Obstipation
- veränderte Medikamentenwirkung
- Kreislaufversagen
- Nierenversagen

Da Wasser als Lösungsmittel für Medikamente dient, kann die Medikamentenwirkung bei Wassermangel verändert sein, es besteht die Gefahr der Medikamententoxizität. Bei ausgeprägtem Wassermangel kommt es schließlich zu Kreislauf- und Nierenversagen. Verluste von 15-20 % des Körpergewichts führen zum Tod.

MAHOWALD und HIMMELSTEIN (1981) berichten bei dehydrierten geriatrischen Patienten von einer Mortalitätsrate von 48 % während des Krankenhausaufenthalts und einer Infektionshäufigkeit von 74 % mit besonders hoher Mortalität bei dehydrierten Patienten mit Infektion.

Abhilfe

Die möglichen Folgen von Flüssigkeitsmangel verpflichten zur Prophylaxe. Präventive Maßnahmen in diesem Bereich können einen wesentlichen Beitrag zur Vermeidung von Gesundheitsstörungen leisten. Da Exsikkose und ihre Folgen ein häufiger Grund für die Einweisung ins Krankenhaus sind, kann die Prävention nicht zuletzt zur Vermeidung von Krankenhausaufenthalten beitragen.

Flüssigkeitszufuhr ist die einzige Möglichkeit, eine Exsikkose zu vermeiden bzw. zu beheben. Zur Prävention von Austrocknungszuständen ist es daher wichtig, täglich für eine ausreichende Flüssigkeitszufuhr zu sorgen und störende Einflüsse auf das Flüssigkeitsgleichgewicht zu vermeiden. Eine reichliche Trinkmenge von 1,5-2 l sollte zur üblichen Gewohnheit werden und verdient besondere Beachtung bei schlechter werdendem Gesundheits- und Allgemeinzustand, in Situationen erschwerter Zufuhr oder erhöhten Bedarfs. Erhöhte Verluste erfordern Ersatz durch entsprechende Steigerung der Trinkmenge.

Auch ohne Durst kann man sich durch regelmäßiges Trinkverhalten an eine ausreichende Trinkmenge gewöhnen (Tab. 9.14).

Tab. 9.14: Tips zur Sicherung einer ausreichenden Trinkmenge.

- morgens die Getränke bereit stellen, die im Verlauf des Tages getrunken werden sollen
- eingeschenkte Getränke immer in Reichweite stellen
- zwischendurch immer wieder einen Schluck trinken
- ein Glas Mineralwasser oder Tee zum Essen sollte zur Gewohnheit werden
- zwischen verschiedenen Getränken immer wieder abwechseln
- das Trinken genießen – Getränke können ebenso wie ein gutes Essen ein Genuß sein
- Kontrolle der täglichen Trinkmenge: abends die getrunkene Flüssigkeitsmenge zusammenzählen

Als Hilfestellung und Erinnerung ist es sinnvoll, bereits morgens die Menge bereitzustellen, die den Tag über getrunken werden soll. Eingeschenkte Getränke sollten immer in Reichweite stehen. Ein Glas Mineralwasser oder Tee zum Essen sollte ebenso zur Gewohnheit werden, wie immer wieder zwischendurch zu trinken.

Zur Kontrolle ist es hilfreich, abends die getrunkene Flüssigkeitsmenge zusammenzuzählen. Tab. 9.15 zeigt, wie der „Trinkplan" für einen Tag aussehen kann.

Tab. 9.15: Tages-Trink-Plan.

morgens:	2 Tassen Milchkaffee oder Tee oder Kakao	300 ml
vormittags:	1 Glas Saft oder Buttermilch	200 ml
mittags:	1 Tasse Brühe oder Suppe	150 ml
	1 Glas Mineralwasser	200 ml
nachmittags:	2 Tassen Milchkaffee	300 ml
abends:	2 Tassen Kräutertee	300 ml
	1 Glas Wein- oder Saftschorle oder Bier	200 ml
zusammen		1650 ml

Bei hilfs- und pflegebedürftigen Senioren sind in besonderem Maß auch Angehörige und Pflegepersonen für die ausreichende Trinkmenge mitverantwortlich. Ältere Menschen, vor allem verwirrte Senioren, können nicht oft genug ans Trinken erinnert und zum Trinken aufgefordert werden. Oft ist praktische Hilfe beim Getränkeeinkauf oder bei der Zubereitung nötig. Hilflosen Patienten muß immer wieder der Becher gereicht oder beim Trinken sogar gehalten werden.

Sogenannte „Trinkzettel" zur Protokollierung von Flüssigkeitsaufnahme und -ausscheidung können hilfreich sein, eine unzureichende Flüssigkeitsaufnahme zu erkennen und die ausreichende Versorgung zu sichern.

Bei besonders gefährdeten Personen sollte eine erhöhte Wasserzufuhr nicht nur empfohlen, sondern Wasser regelrecht als „Arznei" – etwa in der Form „viermal täglich ein großes Glas Wasser" – verordnet und verabreicht werden (Miller et al. 1982, Steen 1988).

Als Getränke eignen sich besonders Mineralwasser, Früchte- und Kräutertees, Frucht- und Gemüsesäfte. Auch gegen Kaffee und Schwarztee und alkoholische Getränke in Maßen ist bei guter Verträglichkeit nichts einzuwenden (s. Kap. 4.2.4).

Ob eine Erhöhung der Vielfalt angebotener Getränke bei alten Menschen zu einer Steigerung der Trinkmenge führt, ist fraglich.

Nach ROLLS (1992) lassen sich ältere Menschen durch das Angebot mehrerer Getränke nicht zu einem vermehrten Konsum animieren. Nach einem 24stündigen Wasserentzug tranken 66-78jährige beim Angebot von nur einem Getränk ähnliche Mengen wie beim Angebot von 4 verschiedenen Getränken, eine junge Kontrollgruppe fehlte leider. In einer anderen Studie wird jedoch von einem höheren Flüssigkeitskonsum junger Menschen beim Angebot mehrerer verschiedener Getränke berichtet. Diese Beobachtungen stehen in Einklang mit der berichteten Abnahme der geschmacksspezifischen Sättigung im Alter (vgl. Kap. 2.2.1.1).

Die Sicherung einer ausreichenden Trinkmenge ist – ähnlich wie die Sicherung einer ausreichenden Nahrungsmenge bei Appetitlosigkeit (vgl. Kap. 9.1) – oft nicht einfach und selbst intensive Bemühungen bringen häufig nicht den gewünschten Erfolg. Auch hier ist Ideenreichtum gefragt und müssen die effektivsten Maßnahmen im Einzelfall durch Ausprobieren herausgefunden werden.

Bei anhaltend unzureichender Trinkmenge mit nachfolgend schweren Störungen des Wasserhaushalts muß ein Ausgleich der Defizite durch Flüssigkeitsinfusion erfolgen. Die benötigte Flüssigkeitsmenge orientiert sich am Rückgang der Exsikkosesymptome und an der Flüssigkeitsbilanz. Bei der Korrektur der Exsikkose darf die Gefahr der Dekompensation durch übermäßige Zufuhr nicht unerwähnt bleiben, die vor allem bei parenteraler Flüssigkeitszufuhr besteht. Auch durch Retention bei organischen Nierenerkrankungen, renalen Ischämien, Hypotonus und peripheren Kreislaufproblemen kann es zur Wasserintoxikation kommen, cerebrale Ödeme oder Herzversagen sind mögliche Folgen.

Insgesamt kann im Bereich von Flüssigkeitszufuhr und Wasserhaushalt mit vergleichsweise einfachen Mitteln wie der Bereitstellung von Getränken, beständigem und geduldigem Anhalten zum Trinken und Handreichungen ein nicht zu unterschätzender Beitrag zu Gesundheit und Wohlbefinden alter Menschen geleistet werden. Die Erziehung älterer Menschen zu regelmäßigem ausreichenden Trinkverhalten und die Schulung von Personal in Senioreneinrichtungen und Sozialstationen könnten wesentlich zur Prävention von Austrocknungszuständen beitragen.

9.3 Obstipation

Obstipation gehört zu den am häufigsten genannten gastrointestinalen Beschwerden und gilt als klassische Alterserscheinung.

Generell wird unter Obstipation (Verstopfung) eine verzögerte, verringerte Darmentleerung mit schwerer Stuhlpassage verstanden. Bei normalen Darmgewohnheiten kann die Stuhlfrequenz zwischen 3 Entleerungen pro Woche und 2 Entleerungen pro Tag schwanken. Eine übliche Definition von Verstopfung liegt bei weniger als 3 Darmentleerungen pro Woche (CASTLE 1989, FÜSGEN 1992).

Häufigkeit

Nach Angaben des Ernährungsberichts 1980 leiden etwa 30 % der Erwachsenen in der Bundesrepublik an Verstopfung (AID 1994). Insbesondere alte Frauen sind betroffen. Genaue Angaben zur Häufigkeit sind in Ermangelung einer standardisierten Definition nicht möglich.

Verschiedenen Studien zufolge ist etwa ein Viertel der älteren Bevölkerung betroffen, in höheren Altersgruppen und in Pflegeheimen steigen die Angaben auf über 50 % (DONALD et al. 1985, EVERHARDT et al. 1989, FÜSGEN 1992, HARARI et al. 1994, STEWARD et al. 1992, TALLEY et al. 1992, WHITEHEAD et al. 1989). Im allgemeinen handelt es sich um einen chronischen Zustand, viele Senioren leiden bereits seit Jahren oder sogar Jahrzehnten darunter (EVERHARDT et al. 1989).

Durch falsche Definitionen wird das Problem allerdings generell überschätzt. Vielfach wird das Ausbleiben des täglichen Stuhlgangs bereits als Verstopfung betrachtet, und es ist davon auszugehen, daß den oben genannten Häufigkeiten oft Fehlinterpretationen zugrunde liegen. So zeigen eigene Berichte von Betroffenen und die ihrer Pflegepersonen oft wenig Übereinstimmung. In einer Untersuchung von HARARI et al. (1994) berichten fast die Hälfte (47 %) der Bewohner eines Langzeitpflegeheims von Verstopfung. Davon erfüllten lediglich 62 % die Definition von weniger als 3 Stuhlgängen pro Woche.

Ursachen

Ein harter Stuhl entsteht durch übermäßigen Wasserentzug im Kolon bei zu langer Darmpassagezeit. Meist sind mehrere Faktoren an der Entstehung beteiligt (Tab. 9.16).

Tab. 9.16: Mögliche Ursachen von Verstopfung.

* altersbedingte Veränderungen im Verdauungstrakt: geringere Rektumsensibilität
* Ernährung: geringere Nahrungsmenge, verminderte Aufnahme von Ballaststoffen
* mangelnde Flüssigkeitszufuhr
* mangelnde Bewegung
* Einnahme obstipationsfördernder Medikamente
* Krankheiten – neurologische, psychiatrische Erkrankungen – Erkrankungen des Enddarms

*Alter*sbedingt kann ein verringerter Defäkationsreflex zu längerer Verweildauer des Stuhls im Rektum beitragen (vgl. Kap. 2.2.1.8). Die Stuhlfüllung wird dadurch weniger gut oder nicht wahrgenommen bzw. es ist eine größere Stuhlmenge erforderlich, um Stuhldrang zu verspüren.
Die Darmpassage und das Wasserbindungsvermögen des Stuhls hängen auch von Art und Menge der Nahrung ab. Änderungen der *Ernährung*sgewohnheiten mit Verringerung von Nahrungsmenge und/oder Ballaststoffgehalt werden als wesentlicher Faktor bei der Entstehung von Obstipation angesehen. Eine faserarme Kost hat ein geringes Wasserbindungsvermögen und wirkt motilitätshemmend.

Eine häufige Ursache im Alter ist aufgrund des nachlassenden Durstgefühls eine mangelhafte *Flüssigkeit*saufnahme. Eine negative Flüssigkeitsbilanz bewirkt eine Verhärtung des Stuhls und kann zur Obstipation führen.

Abnahme der körperlichen *Aktivität* und Immobilisierung bei Bettlägrigkeit wirken sich ebenfalls negativ auf die Dickdarmmotilität aus.

Eine Vielzahl von *Medikamenten* fördert die Entstehung oder verstärkt eine bereits bestehende Obstipation insbesondere bei chronischer Einnahme und Multimedikation. Verschiedene Medikamentenklassen – Antihypertensiva, Anticholinergika, Antidepressiva, Antazida, Eisenpräparate, Tranquillizer, Spasmolytika und andere – werden als obstipationsfördernd eingestuft (Tab. 9.17).

Tab. 9.17: Obstipationsfördernde Medikamente. (Nach FÜSGEN 1992.)

Analgetika (z. B. Aspirin)	Diuretika
Antazida (speziell Al-Hydroxid)	Eisenpräparate
Anticholinergika	Koffeinhaltige Medikamente und Getränke
Antidepressiva	Koronartherapeutika
Antiepileptika	Neuroleptika
Antihypertensiva	Opiate
Antiparkinsonmittel	Psychopharmaka (insbesondere Sedativa)
Bariumsulfat	Spasmolytika
Cholestyramin	Wismutpräparate

Auch Laxantien (s. u.) tragen letztendlich zu einer Verstärkung der Verstopfung bei.

Weiterhin können verschiedene *Krankheiten* die neurale und motorische Kontrolle der Kolon- und Rektumfunktion stören. *Neurologische und psychiatrische Störungen* wie Demenz, Apoplex, diabetische Neuropathie, Parkinsonismus, Zerebralsklerose und multiple Sklerose sind zu nennen, die unter Umständen die Rektumsensibilität vermindern. Der Stuhldrang wird erst verspätet wahrgenommen und die Verweildauer im Kolon steigt. *Psychische Belastungen* und *Streß* können sich auf die Entleerungshäufigkeit auswirken, Darmträgheit kann in jedem Alter ein Zeichen von Depressionen sein. *Durchfälle* durch virale Infektionen oder gastrointestinale Verstimmungen können ebenfalls zu einer Obstipation beitragen. Weitere mögliche Ursachen sind *Erkrankungen des Enddarms* wie Hämorrhoiden, Analfissuren oder Rhagaden, die Schmerzen verursachen und zu einer Abschwächung des Defäkationsreflexes führen. Eine Passagebehinderung kann auch durch Divertikel oder Malignome entstehen. Bösartige Ursachen müssen durch eine sorgfältige Untersuchung ausgeschlossen werden. Insbesondere bei plötzlichen Veränderungen des Stuhlverhaltens ist eine schnelle medizinische Abklärung erforderlich. Als Begleitsymptom kann Verstopfung auch bei *abdominellen Erkrankungen* wie Nieren- und Gallenkolik oder Pankreatitis auftreten (FÜSGEN 1992).

Folgen

Stuhlverstopfung verursacht Schmerzen und Anstrengung beim Stuhlgang und hinterläßt ein Gefühl der unvollständigen Darmentleerung. Unwohlsein, Bauchschmerzen, Völlegefühl und Appetitlosigkeit können die Folge sein. Häufig entstehen Hämorrhoiden oder Anallläsionen durch verstärkes Pressen. Eine chronische, über Jahre anhaltende Verlaufsform ist verbreitet. Die meist damit verbundene regelmäßige Einnahme von Abführmitteln führt zur Gewöhnung und häufig zur Verstärkung der Verstopfung anstatt zu ihrer Beseitigung. Bei chronischer Verstopfung wird die Entstehung von Divertikeln im Enddarm begünstigt. Impaktbildung, verbunden mit dem Risiko für Stuhlinkontinenz, zählt zu den schweren Komplikationen von Stuhlverstopfung.

Mögliche Maßnahmen zur Vorbeugung und Behandlung

Die effektive Behandlung einer chronischen Obstipation erfordert eine sorgfältige Abklärung der Ursachen.

Ernährungs- und Bewegungsmaßnahmen, Ritualisierung der Stuhlgewohnheiten, physikalische und medikamentöse Therapiemaßnahmen können zur Behandlung herangezogen werden (Tab. 9.18).

Tab. 9.18: Empfehlungen zur Behandlung einer Obstipation.

- ballaststoffreiche Ernährung: 30 g/Tag
- Steigerung der Flüssigkeitszufuhr auf 2 l /Tag
- Ritualisierung der Stuhlganggewohnheiten
- Steigerung der körperlichen Aktivität
- physikalische Therapie zur Anregung der Darmperistaltik
- medikamentöse Therapie bei Indikationsstellung durch den Arzt

Ernährungsmaßnahmen

Oft kann Verstopfung durch Steigerung der täglichen Ballaststoff- und Flüssigkeitsmenge gebessert, beseitigt oder vermieden werden. Selbst bei anhaltender Obstipation können diese einfachen und risikoarmen Ernährungsmaßnahmen erfolgreich sein.

Die positive Wirkung der Ballaststoffe auf die Darmfunktion beruhen zum Teil auf ihrer Wasserbindungskapazität. Der Stuhl wird dadurch weicher und das Stuhlvolumen ist vergrößert, was mit einem verstärkten Dehnungsreiz, Anregung der Peristaltik und dadurch beschleunigtem intestinalen Transit verbunden ist. Mechanische Stimulierung der inneren Kolonwand durch die Faserstoffe kommt hinzu.

Besonders die wasserunlöslichen Fasern, die z. B. in Weizen, Roggen, Mais und der Hülle von Hülsenfrüchten enthalten sind und den Darm größtenteils unverdaut passieren, können eine deutliche Steigerung der Darmfüllung bewirken. Lösliche Ballaststoffe wie Guar und Pektin werden dagegen von Kolonbakterien teilweise zu kurzkettigen Fettsäuren und Gasen abgebaut. Durch den Fermentationprozeß haben die Bakterien günstige Bedingungen und steigern die Fäkalmasse durch Vermehrung der Bakterienzellen.

Ballaststoffe sind daher allgemein als wirkungsvolle Therapiemaßnahme bei Obstipation anerkannt. Diese Effekte sind unabhängig vom Lebensalter und es gibt keine Hinweise dafür, daß ältere Menschen in geringerem Maße von einer vermehrten Ballaststoffaufnahme profitieren können als jüngere.

Verschiedene Studien belegen den erfolgreichen Einsatz von Ballaststoffen bei der Behandlung von Obstipation bei älteren Patienten.

HULL et al. (1980) stellten fest, daß die Gabe von 20-25 g Ballaststoffen pro Tag in Form von Weizenkleie in Getreidegerichten und Säften im Rahmen eines einjährigen Ernährungsprogramms bei Bewohnern eines geriatrischen Zentrums zum fast völligen Verzicht auf Abführmittel führte. PRINGLE et al. (1984) beobachteten mit 7,5 g Ballaststoffen pro Tag in Form von Keksen aus Weizen- und Maiskleie ebenfalls eine Verringerung von Darmträgheit und Laxantienbedarf. Auch SANDMAN et al. (1983) kamen zu dem Ergebnis, daß ein mit Kleie angereichertes Brot, das 11 g Ballaststoffe/Tag lieferte, bereits nach 5 Wochen zu einer Besserung der Stuhlgewohnheiten und geringerem Laxantienbedarf führte.

Zwei ältere Studien über die Behandlung von Divertikulose, bei denen auch ältere Patienten eingeschlossen waren, beobachteten, daß grobe Weizenkleie als Supplement zu üblicher (EASTWOOD et al. 1978) oder faserreicher Ernährung (PAINTER et al. 1972) zu erhöhten Stuhlgewichten führte und zur Beseitigung von Symptomen.

Über die angemessene Zufuhrmenge von Ballaststoffen bei Älteren gibt es keine separate Empfehlung. Die von der DGE für Erwachsene empfohlene tägliche Menge liegt bei 30 g, die jedoch bei unseren üblichen Ernährungsgewohnheiten bei weitem nicht erreicht werden.

Bei älteren Menschen kann die Verwirklichung der Empfehlung durch eine geringe Nahrungsmenge und durch Kauprobleme zusätzlich erschwert sein.

Generell kann die Ballaststoffmenge durch vermehrten Verzehr ballaststoffreicher Lebensmittel wie Vollkornbrote, Getreidegerichte, Obst, Gemüse und Hülsenfrüchte erhöht werden. Mindestens die Hälfte der aufgenommenen Ballaststoffe sollte aus Getreideprodukten stammen. Auch eingeweichte Trockenfrüchte und Kleiesupplemente, in Milchprodukte eingerührt, können zu einer Steigerung der Ballaststoffmenge beitragen (Tab. 9.19).

Tab. 9.19: Geeignete Lebensmittel zur Deckung des Ballaststoffbedarfs.

- **Vollkornprodukte**: Vollkornbrot, Müsli, Getreide
- **Gemüse:** Kartoffeln, Hülsenfrüchte, Rohkost
- **Obst**: Beeren, Trockenfrüchte
- Kleiesupplemente, Leinsamen – mit viel Flüssigkeit

Im Gesamtzusammenhang einer gesunden Ernährung gesehen ist die vermehrte Zufuhr verschiedener faserreicher Lebensmittel den Kleiesupplementen vorzuziehen, bei geringer Nahrungsmenge und ausgeprägten Kauproblemen können Kleieprodukte jedoch durchaus geeignet sein, die geregelte Darmtätigkeit ohne Medikamente aufrechtzuerhalten.

Ballaststoffreiche Lebensmittel müssen langsam in die Ernährung eingebaut werden, um anfangs häufige Bauchbeschwerden wie Völlegefühl oder Blähungen zu vermeiden. Ältere Menschen brauchen meist etwa 2 Wochen, um sich an eine faserreiche Ernährung zu gewöhnen (Schlenker 1993). Übliche Gewohnheiten, vorhandene Ernährungsdefizite und Zahnprobleme müssen berücksichtigt werden.

Tab. 9.20 gibt ein Beispiel dafür, wie sich die empfohlene Ballaststoffmenge von 30 g pro Tag zusammensetzen kann. Ernährungsprotokolle können Problempunkte aufdecken und Ansatzpunkte zur Verbesserung liefern.

Neben der Steigerung der Ballaststoffmenge kann die Normalisierung einer vernachlässigten Flüssigkeitszufuhr zur Normalisierung des Stuhlgangs beitragen. Durch eine reichliche Trinkmenge von mindestens 2 l täglich werden Dehydrationszustände und die vollständige Rückresoprtion von Wasser aus dem Dickdarm vermieden, weichere Stühle sind das Resultat.

Tab. 9.20: Tagesbeispiel zur Deckung der Empfehlung von 30 g Ballaststoffen.

			Ballaststoffgehalt
Frühstück	1 Roggenbrötchen	(45 g)	2 g
	1 Weizenvollkornbrötchen	(45 g)	3 g
Zwischenmahlzeit	1 Apfel	(125 g)	3 g
Mittagessen	1 Pt. Kartoffeln	(200 g)	6 g
	1 Pt. Möhren	(100 g)	3 g
	1 Pt. Erbsen	(75 g)	3 g
	Rhabarberkompott	(150 g)	3 g
Abendessen	1 Sch. Graubrot	(45 g)	2 g
	1 Sch. Leinsamenbrot	(45 g)	5 g
			30 g

Jede Erhöhung der Ballaststoffzufuhr sollte durch deren große Wasserbindungskapazität mit einer großzügigen Flüssigkeitsmenge verbunden sein. Bei isolierten Ballastoffprodukten wie Weizenkleie ist eine gleichzeitige Steigerung der Trinkmenge obligat.

Praktische Empfehlungen zur Verwirklichung einer ausreichenden Trinkmenge s. Kap. 9.2.

Andere Maßnahmen

Durch geeignete Lebensweise kann der Darm wieder zu normalen Entleerungen erzogen werden. Wichtig ist dabei, jedem Stuhldrang nachzugehen und die Stuhlganggewohnheiten zu einem festen Ritual zu machen.

Jede Art von Bewegung fördert die Darmperistaltik und kräftigt die Bauchmuskulatur. Der tägliche Spaziergang und gymnastische Übungen sind ebenso geeignet wie eine gezielte Bewegungstherapie bei immobilen Patienten.

Durch verschiedene physikalische Therapiemethoden wie Kolonmassage oder Reizstromtherapie kann die Peristaltik ebenfalls angeregt werden.

Sind alle anderen Möglichkeiten ausgeschöpft, ergibt sich bei chronischer Verstopfung die Notwendigkeit einer medikamentösen Therapie mit Abführmitteln. Dies ist häufig der Fall bei andauernder Immobilisation z. B. nach einem Schlaganfall, bei psychiatrischen Erkrankungen wie z. B. Demenz oder Depression und bei notwendiger Einnahme von obstipationsfördernden Medikamenten. Selbst bei anhaltender Obstipation sind einfache Maßnahmen jedoch oft erfolgreich und Abführmittel sollten nur dann eingenommen werden, wenn die anderen Maßnahmen erfolglos waren.

Unerfreulicherweise werden Abführmittel von vielen Senioren übermäßig und unangemessen eingenommen, zwischen dem üblichen Verbrauch und eigentlichen Bedarf besteht eine große Diskrepanz. Abführmittel zählen zu den am häufigsten eingenommenen Medikamenten, schätzungsweise jeder zweite der über 65jährigen verwendet sie mehr oder weniger regelmäßig. In Deutschland sind derzeit 280 Präparate auf dem Markt, wovon einige zu den umsatzstärksten Medikamenten zählen. 1990 wurden in den alten Bundesländern 135 Mio DM für Laxantien ausgegeben (Füsgen 1992), in den USA sind es über 400 Mio $ jährlich (Schlenker 1993).

Durch Gewöhnungseffekte bei anhaltender Einnahme sind Laxantien nicht als Dauermedikation geeignet. Außerdem können Abführmittel durch Kaliumverluste eine Tonusabnahme der Darmwand bewirken und eine bestehende Obstipation dadurch noch verstärken, anstatt sie zu beseitigen. Bei Älteren mit chronischer Einnahme von Abführmitteln wurde gezeigt, daß die intestinale Transitzeit verlängert ist und physiologische Änderungen der Kolonfunktion vorliegen (Schlenker 1993).

Für ältere Menschen ist eine schonende Regulierung des Stuhlgangs von entscheidender Bedeutung. Aufgrund der erhöhten Anfälligkeit für Störungen im Wasserhaushalt und der verzögerten Anpassung an Belastungssituationen sind besonders betagte Patienten durch aggressive Laxantien mit ihren Nebenwirkungen gefährdet.

Laktulose, ein künstliches Disaccharid aus Fruktose und Galaktose, kann durch seine physiologische Wirkung als natürliches, schonendes Abführmittel empfohlen werden. Spaltung des Zuckers im Dickdarm und Abbau zu organischen Säuren führt zu einer Senkung des pH im Kolon. Die dadurch angeregte vermehrte Bildung von Lactobacillus bifidus trägt zur Sanierung der Darmflora bei. Außerdem wird durch den Laktuloseabbau die Wasserresorption gehemmt, das Stuhlvolumen vergrößert und die Transitzeit verkürzt. Laktulose macht keine zusätzliche Flüssigkeitszufuhr erforderlich, ist auch für Diabetiker geeignet und bisher sind keine Wechselwirkungen mit anderen Medikamenten bekannt (Füsgen 1992).

10 Ernährungsgewohnheiten von Senioren

Die Ernährungsgewohnheiten eines Menschen entwickeln sich bereits in der Kindheit, festigen sich im Lauf des Lebens und sind sowohl von äußeren Einflüssen wie Lebensmittelangebot und Verfügbarkeit, Kultur und Traditionen als auch von persönlichen Vorlieben und Abneigungen geprägt.

Ernährungsgewohnheiten bestimmen die Lebensmittelauswahl und Nährstoffaufnahme und tragen damit entscheidend zum Ernährungszustand einer Person bei. Informationen über Ernährungsgewohnheiten sind daher unverzichtbarer Bestandteil einer umfassenden Untersuchung des Ernährungszustands. Kenntnisse üblicher oder aktueller Mahlzeiten- und Verzehrsmuster, über Art und Menge der verzehrten Lebensmittel ermöglichen eine Abschätzung der Nährstoffversorgung; Hinweise auf gesundheitsgefährdendes Fehlverhalten und Ernährungsdefizite bei Individuen können gewonnen werden. Der Vergleich mit anderen Altersgruppen zeigt typisches Ernährungsverhalten im Alter auf und läßt Unterschiede zu jüngeren Altersgruppen erkennen. Innerhalb der Gruppe alter Menschen können Untergruppen mit besonders günstigen oder ungünstigen Ernährungsweisen identifiziert werden. Die Kenntnis von Ernährungsgewohnheiten ist außerdem Voraussetzung für eine erfolgreiche Ernährungsberatung und ermöglicht zielgruppengerechte Ernährungsaufklärung.

10.1 Erfassung von Ernährungsgewohnheiten – Besonderheiten im Alter

Zur Erfassung der Ernährungsgewohnheiten, Nahrungs- und Nährstoffaufnahme stehen verschiedene Methoden zur Verfügung, wobei jede Methode in Bezug auf Zuverlässigkeit und Fehlerquellen ernsthafte Grenzen hat. Generell sind qualitative und quantitative, retrospektive und prospektive Methoden zu unterscheiden.

Während qualitative Erhebungen einen groben Eindruck über Ernährungsgewohnheiten und Verzehrsmuster liefern, werden mit Hilfe quantitativer Methoden genauere Informationen über verzehrte Nahrungs- und Nährstoffmengen gewonnen.

Bei retrospektiven Methoden wird rückblickend der vergangene Verzehr erfragt. Dabei kann der Verzehr in einem bestimmten Zeitraum, zum

Beispiel in den letzten 24 Stunden wie bei der 24-Stunden-Befragung, oder auch über einen längeren Zeitraum (bis zu einem Jahr) wie bei der Ernährungsgeschichte (Diet history) erhoben werden. Eine generelle Schwäche der retrospektiven Methoden liegt darin, daß die Qualität der Angaben wesentlich vom Erinnerungsvermögen geprägt ist. Generell sind mündliche Interviews und schriftliche Fragebögen möglich.

Bei prospektiven Methoden wird der laufende Nahrungsverzehr über einen bestimmten Zeitraum protokolliert oder beobachtet. Ernährungsprotokolle oder -tagebücher, bei denen alle verzehrten Lebensmittel und Gerichte in üblichen Haushaltsmaßen geschätzt oder genau abgewogen werden, gehören dazu. Die Qualität der erhobenen Daten hängt hier stark von der Motivation der Teilnehmer und ihrer Haltung gegenüber Nahrungsmitteln und Essen ab.

Die Wahl der Methoden richtet sich nach dem Ziel der Erhebung, den jeweiligen finanziellen und zeitlichen Möglichkeiten und nach Motivation, Fähigkeiten und Bedürfnissen der untersuchten Person.

Es stellt sich die Frage, ob Ernährungserhebungsmethoden, die für jüngere entwickelt und validiert wurden, auch für Studien an alten Menschen geeignet sind.

Nachlassende Konzentrations- und Erinnerungsfähigkeit, nachlassendes Interesse und häufige Verwirrtheit beeinträchtigen die Qualität von Befragungsergebnissen bei alten Menschen. So wurde gezeigt, daß 24-Stunden-Befragungen die tatsächliche Nährstoffzufuhr deutlich unterschätzen (VAN STAVEREN 1994, NN 1991). Genauere Methoden wie mehrtägige Ernährungsprotokolle zur Erfassung der Nährstoffzufuhr sind wegen ihres relativ großen Aufwands für ältere Menschen oft nicht mehr zumutbar.

Neben der Gewinnung zuverlässiger Informationen stellt die Beurteilung erhobener Daten ein Problem dar. Fehlende Definitionen des optimalen Ernährungsverhaltens und Unsicherheiten über den genauen Nährstoffbedarf im fortgeschrittenen Alter erschweren die Interpretation. Häufig verwendete Richtlinien, die zur Beurteilung herangezogen werden, sind regelmäßige Mahlzeiteneinnahme, mindestens eine warme Mahlzeit am Tag, der tägliche Verzehr von Lebensmitteln aus allen wichtigen Lebensmittelgruppen sowie die Erfüllung der Empfehlungen zur Nährstoffzufuhr der DGE für über 65jährige (DGE 1991).

Insgesamt muß die Ernährungserhebung alter Menschen als relativ grobes Instrument zur Beurteilung der Nährstoffversorgung betrachtet werden. Extrem ungünstige und einseitige Verhaltensweisen bzw. ausgeprägte Defizite können erkannt werden. Für genauere Informationen über Versorgungslücken sind Untersuchungen des Ernährungszustands erforderlich (s. Kap.6.1).

SCHLETTWEIN-GSELL (1989) kommt nach einer Übersicht derzeitiger Erhebungsmethoden zu dem Ergebnis, daß eine an die besondere Situation älterer Menschen angepaßte Ernährungsgeschichte („modified diet history") die Methode der Wahl ist, wenn individuelle Informationen über die übliche Ernährung von Senioren benötigt werden. Mit Hilfe von Häufigkeitslisten kann schnell und einfach erfaßt werden, ob die Ernährung einer Person einseitig ist, Risikogruppen unter den Senioren können damit erkannt werden. Die detaillierte Wiegemethode ist dagegen nur dann sinnvoll, wenn Informationen über die aktuelle Zufuhr wichtiger sind als Informationen über die übliche Zufuhr, wie es bei physiologischen oder biochemischen Untersuchungen der Fall sein kann (SCHLETTWEIN-GSELL 1989).

Da Tests der Validität und Reliabilität der Methoden bei Studien über die Ernährungsgewohnheiten älterer Menschen fast immer fehlen, ist dies eine besondere Herausforderung für die zukünftige Forschung (SCHLETTWEIN-GSELL 1989).

10.2 Ernährungsgewohnheiten von Senioren

In mehreren Studien wurden in den letzten Jahren die Ernährungsgewohnheiten älterer Menschen in der Bundesrepublik untersucht (Tab. 10.1).

Tab. 10.1: Untersuchungen über die Ernährung von Senioren in der BRD.

Jahr	Ort	n	Alter	Autor
1976	Stadt u. Land Gießen	206	65-90 J.	STEINMETZ
1982/83	Heidelberg-Michelstadt-Berlin (HMBS)	400	65-74 J.	SCHLIERF, ARAB et al.
1985-88	bundesweit (NVS)	2109	65-94 J.	KÜBLER, ADOLF et al.
1987	Gießen	216	80-97 J.	MENDEN et al.
1987/88	Heidelberg (BEST)	300	75-97 J.	SCHLIERF, VOLKERT et al.
1990	bundesweit (GMF)	150	65-85 J.	BECKER et al.

Bereits 1976 erfaßte **STEINMETZ** (1976, 1978, 1985) die Lebensmittel- und Nährstoffaufnahme von 206 über 65jährigen Senioren aus dem Stadt- und Landkreis Gießen mittles 10 Tage-Ernährungsprotokollen, beginnend mit einer 24-Stunden-Befragung.

1982/83 wurden im Rahmen der **Heidelberg-Michelstadt-Berlin-Studie** (HMBS) die Ernährungsgewohnheiten von 400 zufällig ausgewählten 65-74jährigen mit Hilfe von 7-Tage-Protokollen und 24-Stunden-Erinnerungsprotokollen erhoben (Arab et al. 1984, Arab 1985, Bellin et al. 1986).

Zwischen 1985 und 1988 wurde im Rahmen der Nationalen Verzehrsstudie (**NVS**) die Nahrungsaufnahme einer repräsentativen Bevölkerungsstichprobe mit Hilfe von 7-Tage-Ernährungsprotokollen und Häufigkeitslisten untersucht. Unter den Teilnehmern waren 2109 über 65jährige (Adolf et al. 1995). Von einer Unterstichprobe von 219 Senioren, bei der zusätzlich klinisch-biochemische Untersuchungen durchgeführt wurden (vgl. Kap. 6.2.1), liegen ebenfalls Informationen über Ernährungsgewohnheiten und Nährstoffaufnahme vor (Verbundstudie Ernährungserhebung und Risikofaktoren Analytik, **VERA**) (Heseker et al. 1994).

Menden et al. (1989, Brodhagen 1993) untersuchten 1987 wiederum in Gießen die Zusammenhänge zwischen Ernährung und Langlebigkeit (s. auch Kap. 1.4). Eine repräsentative Stichprobe von 600 über 80jährigen Bürgern der Stadt Gießen wurde angeschrieben, 216 waren zu einer umfassenden, retrospektiven Befragung ihrer Ernährungsgewohnheiten in Vergangenheit und Gegenwart bereit.

Ebenfalls mit Hilfe einer umfassenden Befragung wurden 1990 von der Vereinigung Getreide, Markt und Ernährungsforschung (**GMF**) Verzehrsgewohnheiten, übliche Mahlzeitenzusammensetzung und Verzehr am Vortag von 150 60-85jährigen, quotiert nach Alter, Geschlecht, Wohnsituation und sozialer Schicht, ermittelt (Becker et al. 1990, Brodhagen et al. 1990, Brodhagen 1993).

Im Rahmen der Bethanien-Ernährungsstudie (**BEST**) wurden die Ernährungsgewohnheiten von über 75jährigen Senioren mit Hilfe eines 24-Stunden-Erinnerungsprotokolls und einer Häufigkeitsliste erhoben. 300 geriatrische Patienten bzw. deren Pflegepersonen berichteten über die üblichen Ernährungsgewohnheiten *vor* Eintritt der akuten Krankheit, die zum Klinikaufenthalt führte (Frauenrath et al. 1989, Schlierf et al. 1989, Volkert et al. 1988, 1989a, 1992d).

Die europaweite Multicenter-Studie **SENECA** (Survey in Europe on Nutrition and the Elderly, a Concerted Action) beinhaltet ebenfalls Untersuchungen über Ernährungsgewohnheiten und Nahrungsaufnahme von Senioren. 1217 Männern und 1241 Frauen der Geburtsjahrgänge 1913 und 1918 aus 18 Städten in 12 europäischen Ländern gaben mit Hilfe einer standardisierten modifizierten Ernährungsgeschichte mit 3-Tage-Schätz-Protokollen und einer Häufigkeitsliste Auskunft über ihre übliche Ernährung (Cruz et al. 1991, de Groot et al. 1992, Moreiras-Varela et al. 1991, Schlettwein-Gsell et al. 1991a,b).

Im folgenden werden die Ergebnisse und wesentliche Schlußfolgerungen der genannten Studien hinsichtlich Mahlzeiteneinnahme, Lebensmittelauswahl, Nährstoffaufnahme, Trinkgewohnheiten und der Einnahme von Ergänzungspräparaten dargestellt.

10.2.1 Mahlzeiten-Einnahme

Die Mahlzeiten werden von Senioren überwiegend **zuhause** eingenommen.

Angaben der VERA-Studie zufolge nimmt der Außerhausverzehr mit dem Alter ab und ist bei über 55jährigen deutlich seltener als in jüngeren Altersgruppen. 8 % der befragten über 65jährigen Männer und 1 % der Frauen essen täglich außer Haus im Vergleich zu 41 % (Männer) bzw. 12 % (Frauen) bei den 35-44jährigen (HESEKER et al. 1994). Nach BECKER et al. (1990) essen 15 % der befragten Senioren 1-2mal pro Woche außer Haus, 5 % häufiger. Auch in anderen europäischen Ländern nehmen mehr als 90 % der Studienteilnehmer ihre Mahlzeiten immer zuhause ein. Bei alleinlebenden Teilnehmern der SENECA-Studie, besonders bei alleinlebenden Männern, war der Außerhausverzehr häufiger (SCHLETTWEIN-GSELL et al. 1991a).

Alle Studien berichten übereinstimmend von großer **Regelmäßigkeit** der Mahlzeiteneinnahme (BECKER et al. 1990, MENDEN et al. 1989, SCHLETTWEIN-GSELL et al. 1991a,b, STEINMETZ 1976, VOLKERT et al. 1988).

Über 90 % der hochbetagten Teilnehmer der Befragung von MENDEN et al. (1989) legten zeitlebens großen Wert auf Regelmäßigkeit bei der Ernährung, im Alter sogar 97 %. Regelmäßige Essenszeiten werden von 73 % der Teilnehmer der Bethanien-Ernährungsstudie immer und von 17 % meistens eingehalten, lediglich 2 der 300 Patienten gaben an, völlig unregelmäßig zu essen.

Auch in einer älteren Schweizer Befragung von 1200 über 65jährigen in Basel und Bern gaben 94 % an, immer zu bestimmten Zeiten zu essen, die beteiligten 240 über 80jährigen pflegten besonders regelmäßig zu essen (SCHLETTWEIN-GSELL 1984).

Eine größere Regelmäßigkeit mit zunehmendem Alter stellten auch BECKER et al. (1990) fest.

Die für eine bedarfsgerechte Ernährung geforderte **tägliche warme Mahlzeit** scheint für den Großteil der Senioren selbstverständlich zu sein. Der Anteil derer, die mindestens täglich eine warme Mahlzeit essen, nimmt mit dem Alter ebenfalls zu (BECKER et al. 1990, HESEKER et al. 1994).

In fast allen Städten der SENECA-Studie gaben über 90 % an, täglich eine warme Mahlzeit einzunehmen, wobei Alleinlebende häufiger keine warme Mahlzeit haben als die mit Partner oder Familie lebenden Senioren (SCHLETTWEIN-GSELL 1991a).

In der Bethanien-Ernährungsstudie gaben 96 % der über 75jährigen Teilnehmer an, mindestens einmal täglich warm zu essen.

Der traditionelle **Mahlzeiten-Rhythmus** morgens-mittags-abends wird von fast allen Senioren eingehalten (BECKER et al. 1990, HESEKER et al. 1994, MENDEN et al. 1989, STEINMETZ 1976, VOLKERT). Der Großteil der Senioren nimmt täglich 3 bis 5 Mahlzeiten zu sich, nur vereinzelt werden weniger als 3 oder mehr als 5 Mahlzeiten pro Tag gegessen (BRODHAGEN 1993, HESEKER et al. 1994, VOLKERT).

97 % der Gießener Senioren nannten als Hauptmahlzeit das Mittagessen (BRODHAGEN 1993). Zwischenmahlzeiten spielen im Vergleich zu den Hauptmahlzeiten eine geringere Rolle. Angaben über die Häufigkeit einzelner Zwischenmahlzeiten schwanken zwischen 25 und 81 % wobei der Nachmittagskaffee die meistgenannte Zwi-

schenmahlzeit ist (Becker et al. 1990). In der Studie von Becker et al. (1990) nimmt fast die Hälfte der Senioren regelmäßig am Nachmittag eine Zwischenmahlzeit ein, je ein Viertel am Vormittag und späten Abend. Am Tag vor der Befragung hatten ¾ der Befragten mehr als 3 Mahlzeiten. Von den Teilnehmern der Studie von Menden et al. nahmen zwei Drittel zeitlebens mehr als 3 Mahlzeiten am Tag zu sich (Brodhagen 1993).

10.2.2 Lebensmittelauswahl: Häufigkeit und Menge verzehrter Lebensmittel

Häufigkeit

Die Wahl der Lebensmittel erfolgt bei Senioren überwiegend nach traditionellen Ernährungsmustern.

So ergab die Untersuchung von Becker et al. (1990) und Brodhagen (1993), daß Frühstück und Abendessen typische Brotmahlzeiten sind, morgens überwiegend mit süßem und abends mit herzhaftem Belag. Das Mittagessen besteht meist aus Fleischgerichten mit Beilagen, überwiegend Kartoffeln, seltener Reis oder Teigwaren, ergänzt mit Gemüse und/oder Salat. Auch Eintöpfe und Suppen werden häufig genannt.

Bei der Zwischenmahlzeit am Nachmittag werden überwiegend Kuchen oder Gebäck (64 %) und Brötchen (25 %), seltener Obst (13 %) oder Joghurt (2 %) verzehrt. Obst wird bei den Zwischenmahlzeiten am Vormittag und am Abend am häufigsten genannt (Brodhagen 1993).

Dem relativ groben Eindruck zufolge, der durch Häufigkeitsprotokolle vermittelt wird, scheinen Senioren insgesamt günstigere Verzehrsmuster aufzuweisen als jüngere Erwachsene.

In der Studie von Menden et al. (1989) berichten 95 % der Befragten von einer abwechslungsreichen, gemischten Ernährungsweise mit relativ hohem Anteil an Getreideerzeugnissen, Milch und Milchprodukten, Gemüse, Rohkost und Obst. Getreideerzeugnisse und Gemüse waren bei diesen Senioren immer Bestandteil der täglichen Ernährung, 75 % gaben an, täglich Milch- und Milchprodukte zu verzehren, ein häufiger Verzehr von Fleisch und Fleischprodukten war bei 60 % üblich. Bei den befragten Hochbetagten waren weder strenge Vegetarier noch übermäßige Fleischesser. Menden et al. (1989) schließen daraus, daß man sich bei Vermeidung jeder Einseitigkeit mit sehr unterschiedlichen Lebensmitteln vollwertig ernähren und gesund alt werden kann (vgl. Kap. 1.4.3).

Die Senioren der Heidelberg-Michelstadt-Berlin-Studie essen häufiger und regelmäßiger *Obst, Gemüse, Salat* und Brot als eine 18-24jährige Vergleichsgruppe. Immerhin 7 % essen jedoch selten oder nie Salat bzw. Rohkost und 8 % essen nur gelegentlich Obst. Fast die Hälfte trinkt weniger als einmal pro Woche *Milch* einschließlich Butter- und Sauermilch, was im Hinblick auf die Calciumversorgung als bedenklich anzusehen ist (Arab et al. 1984).

Der sehr geringe Milchkonsum findet sich in anderen Studien bestätigt (Brodhagen 1993, Frauenrath et al. 1989, Heseker et al. 1994, Menden et al. 1989, Steinmetz 1976). Von den Heidelberger über 75jährigen Senioren trinken nur 24 % täglich Milch, mehr als die Hälfte nur einmal in der Woche oder seltener. Auch bei Joghurt, Quark und Käse wird nur selten von täglichem Konsum berichtet (18 %, 8 % bzw. 20 %), der Anteil derer, die diese Milchprodukte selten oder nie essen liegt bei 29 %, 22 % bzw. 17 % (Abb. 10.1).

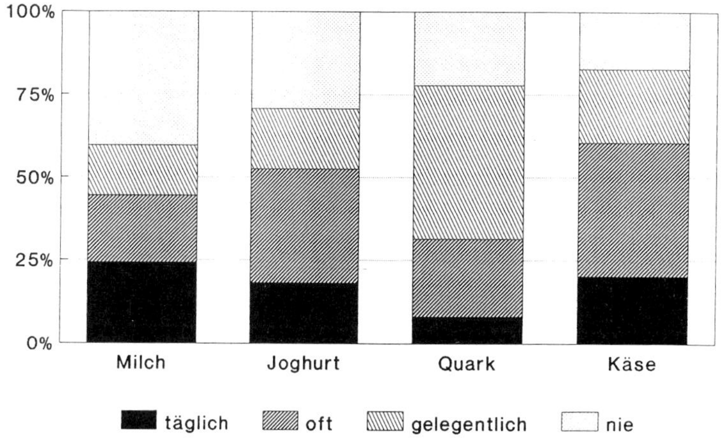

Abb. 10.1: Verzehrshäufigkeit von Milch und Milchprodukten bei über 75jährigen Teilnehmern der Bethanien-Ernährungsstudie . – Oft = mehrmals pro Woche, gelegentlich = mehrmals pro Monat, nie = einmal im Monat, seltener oder nie.

Die Ergebnisse der NVS- und VERA-Studie zeigen, daß der *Milch*konsum mit dem Alter abnimmt. Im Vergleich zur Gruppe der 18-24jährigen trinken ältere Männer und Frauen deutlich seltener Milch. Auch der *Joghurt*konsum nimmt mit dem Alter ab: Joghurt wird von fast der Hälfte der älteren Männer selten oder nie gegessen. Dagegen ist bei Quark eine deutliche Zunahme mit dem Alter festzustellen. Mehr als 1/3 der Senioren gibt an, täglich *Quark* zu essen (Abb. 10.2 a) (Adolf et al. 1995, Heseker et al. 1994).

Der häufigere Verzehr von *Obst, Gemüse* und *Kartoffeln* mit dem Alter findet sich in der NVS-Studie ebenfalls bestätigt. 80 % der über 65jährigen Frauen und 65 % der Männer essen täglich Obst, 45 % bzw. 49 % essen täglich Gemüse. Besonders deutlich ist der Altersunterschied beim Kartoffelverzehr. Mehr als die Hälfte der Senioren ißt täglich Kartoffeln im Vergleich zu etwa 25 % bei jungen Erwachsenen (Abb. 10.2 b).

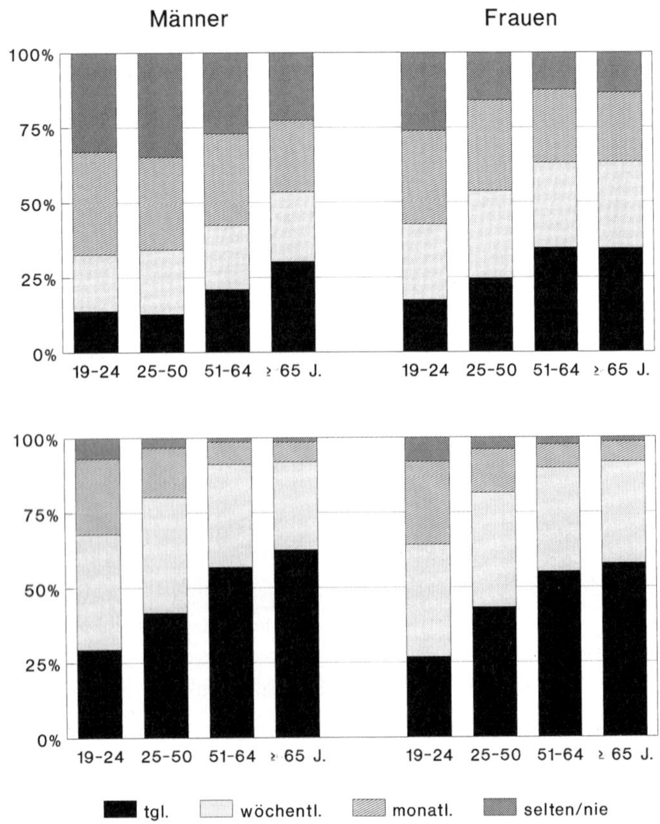

a

b

Abb. 10.2: Verzehrshäufigkeit von a) Quark und b) Kartoffeln bei Männern und Frauen in verschiedenen Altersgruppen (Daten der Nationalen Verzehrsstudie, ADOLF et al. 1995).

Beim Verzehr von *Misch-/Vollkorn-/Schwarzbrot* wird ebenfalls eine zunehmende Häufigkeit mit dem Alter beschrieben, *Wurstwaren, Fleisch, Fertigprodukte, Zukker* und *Süßwaren* werden im Alter dagegen seltener gegessen als in mittleren Altersgruppen (ADOLPH et al. 1995).

Verschiedene Studien belegen damit übereinstimmend einen zu geringen Konsum von Milch- und Milchprodukten. Der Verzehr von Obst, Gemüse und Kartoffeln ist dagegen im Alter höher als in jüngeren Altersgruppen.

Menge

Hinsichtlich der üblicherweise aufgenommenen Lebensmittelmengen wird eine außerordentliche Streuung festgestellt (ADOLF et al. 1995, STEINMETZ 1976).

Tab. 10.2 zeigt die durchschnittlich verzehrten Mengen verschiedener Lebensmittelgruppen in der Heidelberg-Michelstadt-Berlin-Studie (HMBS) (BELLIN 1986) und der Nationalen Verzehrsstudie (NVS) (ADOLF et al. 1995).

Tab. 10.2: Lebensmittelauswahl über 65jähriger Senioren in der Bundesrepublik: Verzehrte Lebensmittel in g/Person/Tag: Heidelberg-Michelstadt-Berlin-Studie (HMBS) (BELLIN et al. 1986), Nationale Verzehrsstudie (NVS) (ADOLF et al. 1995). Mittelwerte aus 7 Tagen, n = Anzahl der Studienteilnehmer.

	HMBS		NVS	
	Männer (n = 200)	Frauen (n = 200)	Männer (n = 390)	Frauen (n = 1174)
Milch und Milchprodukte	163	195	158	155
Käse und Quark	45	62	42	40
Eier	35	31	33	29
Streichfett Butter	30	29	24	22
Speisefette und Öle	18	18	23	18
Fleisch	114	101	81	71
Fisch und Fischwaren	27	19	23	17
Wurst- und Fleischwaren	80	66	82	57
Brot- und Backwaren	252	235	249	206
Nährmittel	66	53	30	28
Gemüse und Gemüseprodukte	279	311	142	147
Kartoffeln	171	148	134	113
einheimisches Obst	150	177	78	84
Südfrüchte	37	50	35	42
Obstprodukte	37	41	8	7
Zucker	7	6	11	9
Süßwaren	29	24	14	13
alkoholfreie Getränke*	352	410	393	441
Kaffee	361	341	353	339
Tee	121	103	104	80
alkoholische Getränke	377	125	363	100

* Mineralwasser, Erfrischungsgetränke, Säfte, Kräuter- und Früchtetee

Der NVS zufolge nehmen Senioren in der Bundesrepublik im Vergleich zu Erwachsenen im mittleren Lebensalter (25-50jährige) weniger Fleisch, Nährmittel, Süßwaren, Kaffee und alkoholische Getränke zu sich, dagegen mehr Kartoffeln, einheimisches Obst und Marmelade. Ältere Frauen essen mehr Butter, Brot und Backwaren als jüngere Frauen, ältere Männer weniger Wurstwaren und alkoholfreie Getränke als jüngere. Die übrigen Lebensmittelmengen entsprechen weitgehend denen der jüngeren Altersgruppe.

Die Senioren der Heidelberg-Michelstadt-Berlin-Studie konsumierten im Vergleich zu einer 18-24jährigen Vergleichsgruppe in Übereinstimmung mit der NVS ebenfalls mehr einheimisches Frischobst, Obstprodukte, Kartoffeln und Butter, und weniger Nährmittel und Süßwaren, außerdem mehr Fisch und Fischwaren, Speisefette und Öle und weniger Milch und Milchprodukte. Ältere Frauen essen mehr Fleisch, Käse und Quark als junge Frauen, Männer essen mehr Fleisch und Wurst als Frauen und trinken mehr Alkohol (Bellin et al. 1986).

Im Vergleich zur Heidelberg-Michelstadt-Berlin-Studie wurde in der NVS ein geringerer Verzehr an Butter, Fleisch, Nährmitteln und Gemüse, Obst, Ostprodukten und Süßwaren festgestellt und ein höherer Verzehr an Zucker und alkoholfreien Getränken. Ob diese Unterschiede methodisch bedingt sind oder eine Veränderung der Ernährungsgewohnheiten von Senioren im Lauf der Zeit widerspiegeln, muß leider offen bleiben.

10.2.3 Nährstoffaufnahme

Die Analyse der täglichen Nährstoffzufuhr aus Tages- oder Mehrtagesprotokollen liefert genauere Informationen über die Nährstoffversorgung und ermöglicht durch den Vergleich mit den Empfehlungen zur täglichen Nährstoffzufuhr eine Beurteilung der Versorgungslage bzw. Bedarfsdeckung.

Aus der Studie von Steinmetz (1976, 1978), der Heidelberg-Michelstadt-Berlin-Studie (Arab et al. 1984, Bellin et al. 1986), der NVS (Adolf et al. 1995, Heseker 1995a) und der Bethanien-Ernährungsstudie (Volkert et al. 1988) stehen Informationen über die mittlere tägliche Nährstoffaufnahme von Senioren in der Bundesrepublik zur Verfügung. In der SENECA-Studie wurde die Nährstoffzufuhr von Senioren in verschiedenen Ländern Europas untersucht (Cruz et al. 1991, Moreiras-Varela et al. 1991, Schlettwein-Gsell et al. 1991a,b).

Die im Durchschnitt pro Tag aufgenommene Energiemenge liegt in allen Studien in der Bundesrepublik sowohl bei den Männern als auch bei den Frauen über dem Richtwert für die tägliche Energieaufnahme, wobei jedoch beachtet werden muß, daß die Energieversorgung aufgrund vielfältiger Einflußfaktoren auf den Energiebedarf (vgl. Kap. 3.1) nicht allein aus Zufuhrdaten beurteilt werden kann.

Die Proteinversorgung mit 60-80 g/Tag bzw. ca. 13 % der Energie wird in allen Untersuchungen übereinstimmend als ausreichend bzw. reichlich beurteilt, die Fettzufuhr mit 85-111 g/Tag als deutlich zu hoch (BELLIN et al. 1986, STEINMETZ 1976, VOLKERT et al. 1988). Ebenso wie in jüngeren Altersgruppen werden mehr als 40 % der Energie in Form von Fett aufgenommen, Kohlenhydrate kommen dagegen wie beim Bevölkerungsdurchschnitt auch in der Ernährung von Senioren zu kurz.

In der älteren Studie von STEINMETZ (1976, 1978) und der Heidelberg-Michelstadt-Berlin-Studie (BELLIN et al. 1986) wurde festgestellt, daß häufig auch die Zufuhr an Vitaminen und Mineralstoffen unter der empfohlenen Menge bleibt. Insbesondere die Aufnahme an B-Vitaminen und Calcium wird als unzureichend beurteilt. So fand STEINMETZ (1986) bei den untersuchten Senioren eine unzureichende Aufnahme der Vitamine A, B_1, B_2 und Niacin und von Calcium. In der Heidelberg-Michelstadt-Berlin-Studie lag die Aufnahme der Vitamine B_1, B_2, B_6 und Folsäure sowie von Calcium, Iod und Zink lediglich bei 60-80 % der Empfehlung (BELLIN et al. 1986).

Die aktuelleren Daten der NVS erlauben eine Differenzierung der Senioren in eine jüngere und eine ältere Gruppe. Tab. 10.3 zeigt die mittlere Energie- und Nährstoffaufnahme von 65-74jährigen und über 74jährigen Männer und Frauen in der Bundesrepublik (HESEKER 1995a).

Die Aufnahme an Energie und allen Nährstoffen ist in der älteren Gruppe sowohl bei den Männern als auch bei den Frauen geringer. Insgesamt wurden keine Hinweise für wesentliche Defizite festgestellt. Auch im Hinblick auf die Vitaminversorgung gibt es keine Anzeichen dafür, daß relativ gesunde ältere Menschen möglicherweise durch eine unzureichende Vitaminaufnahme besonders gefährdet wären. Die mittlere Zufuhr liegt für alle Nährstoffe außer Vitamin D und Calcium bei Frauen sowie Folsäure, Niacin und Zink bei Männern und Frauen über 80 % der Empfehlung.

Bei der Berechnung der Nährstoffdichte fällt allerdings auf, daß diese für Calcium und Zink, Folsäure und Niacin sowohl bei Männern als auch bei Frauen in beiden Altersgruppen im Mittel weniger als 2/3 der Empfehlung beträgt.

Die niedrige Vitamin-D-Zufuhr kann bei ans Haus gebundenen Senioren, bei denen die Bildung von Vitamin D in der Haut durch UV-Strahlung entfällt, zum Problem werden. Auch die mehrfach festgestellte geringe Calciumaufnahme verdient in Zusammenhang mit Knochenstoffwechsel und Osteoporose vermehrte Aufmerksamkeit.

In einer umfassenden Übersichtsarbeit über 90 internationale Studien, die die Nährstoffzufuhr zuhause lebender älterer Menschen untersuchten, kommt HORWATH (1989a) zu dem Ergebnis, daß Calcium, Magnesium und Zink, Vitamin B_6 und Folsäure die Nährstoffe mit der schlechtesten Zufuhr bei älteren Menschen sind. Übereinstimmend mit den deutschen Ergebnissen wird eine zu hohe Fettzufuhr und zu geringe Aufnahme an komplexen Kohlenhydraten festgestellt.

Die geringere Nährstoffaufnahme der älteren Teilnehmer der NVS im Vergleich zu den jüngeren Senioren sowohl bei Männern als auch bei Frauen enspricht der allgemeinen Beobachtung vieler Querschnittstudien, daß

Tab. 10.3: Nährstoffzufuhr von Senioren in der Bundesrepublik. Aufgenommene Nährstoffmenge pro Tag lt. Nationale Verzehrsstudie (NVS) (HESEKER 1995a). Mediane aus 7 Tagen, n = Anzahl der Studienteilnehmer.

		Männer		Frauen	
		65-74 J. (n = 697)	≥ 75 J. (n = 230)	65–74 J. (n = 866)	≥ 75 J. (n = 313)
Energie	[kcal]	2587	2345	2049	1923
	[kJ]	10832	9828	8573	8055
Eiweiß	[g]	84	77	70	64
Fett	[g]	111	102	91	84
Kohlenhydrate	[g]	238	230	194	193
Ballaststoffe	[g]	29,0	27,9	23,1	21
Alkohol	[g]	12,6	10,2	2,8	0,9
Wasser	[ml]	1892	1744	1612	1456
Vitamim A	[mg RÄ]	1,07	0,98	0,92	0,85
β-Carotin	[mg]	1,66	1,47	1,59	1,39
Vitamin D	[μg]	4,44	4,13	3,38	3,18
Vitamin E	[mg TÄ]	13,8	12,6	12,0	10,5
Vitamin B_1	[mg]	1,32	1,22	1,12	1,03
Vitamin B_2	[mg]	1,53	1,45	1,32	1,23
Vitamin B_6	[mg]	1,75	1,56	1,45	1,30
Vitamin B_{12}	[μg]	5,99	5,37	4,65	4,16
Folsäure*	[μg]	133	122	113	103
Niacin	[mg]	14,6	13,1	11,5	10,7
Vitamin C	[mg]	81,5	67,2	82,6	67,0
Natrium	[mg]	3472	3137	2789	2514
Kalium	[mg]	3255	3063	2880	2573
Calcium	[mg]	693	639	634	584
Magnesium	[mg]	345	324	289	268
Phosphor	[mg]	1401	1285	1176	1087
Eisen	[mg]	15,3	14,4	13,1	11,8
Zink	[mg]	11,4	10,5	9,6	8,8

* Folatäquivalente bzw. freie Folsäure

die Nahrungsmenge mit dem Alter abnimmt. In mehreren longitudinalen Untersuchungen wurde diese Altersabnahme in den letzten Jahren bestätigt (HALLFRISCH et al. 1990: Baltimore Longitudinal Study of Aging, BLSA; SJÖRGEN et al. 1994: Göteborg-Studie; GARRY et al. 1992: New Mexico Aging Process Study, NMAPS; DEPT. OF HEALTH, London 1993).

Bei den Teilnehmern der Bethanien-Ernährungsstudie ergab sich mit einer mittleren Zufuhr zahlreicher Nährstoffe unter 60 % der empfohlenen Menge ein deutlich schlechteres Bild als bei den Teilnehmern der NVS (Volkert et al. 1988). Zum Teil können diese Ergebnisse durch Vergessen von Lebensmitteln bei der 24-Stunden-Befragung methodisch bedingt sein, sehr naheliegend ist jedoch auch eine geringere Nahrungsmenge und unbefriedigende Nährstoffaufnahme durch den schlechten Allgemeinzustand der Teilnehmer dieser Studie.

In der SENECA-Studie waren insbesondere die enormen Unterschiede zwischen den Studienzentren in der mittleren Aufnahme aller Nährstoffe auffällig (Cruz et al. 1991, Moreiras-Varela et al. 1991, Schlettwein-Gsell et al. 1991a). Trotz des allgemeinen Trends zu homogeneren Ernährungsmustern innerhalb Europas zeigte die Studie enorme Variationen in der mittleren Energie- und Nährstoffzufuhr der untersuchten Senioren.

So liegt beispielsweise die mittlere Energiezufuhr der Männer zwischen 1960 kcal (8,2 MJ, Schweiz, Frankreich) und 3035 kcal (12,7 MJ, Polen), bei Frauen zwischen 1505 kcal (6,3 MJ, Schweiz, Portugal) und 2605 kcal (10,9 MJ, Polen). 9 % der Männer und 28 % der Frauen essen weniger als 1500 kcal (6,3 MJ) pro Tag. Entsprechend unterschiedlich fallen die Ergebnisse der Zufuhr einzelner Nährstoffe aus. In manchen Städten wurden beträchtliche Anteile Älterer festgestellt, bei denen die Zufuhr unter der niedrigsten europäischen Empfehlung liegt und somit ein Mangelrisiko besteht. Trotz der standardisierten Erhebung der Daten sind systematische Fehler bei der Erhebung bzw. Nährstoffberechnung nicht auszuschließen, die einen Teil der Variation erklären.

Die Ergebnisse zeigen deutlich, daß eine pauschale Beurteilung der Nährstoffzufuhr älterer Menschen ebenso schwierig ist wie eine allgemeine Beurteilung des Ernährungszustands. Die enormen Unterschiede sowohl zwischen verschiedenen Seniorengruppen als auch zwischen verschiedenen Personen erfordern auch im Hinblick auf die Nährstoffversorgung eine differenzierte Betrachtungsweise.

10.2.4 Trinkgewohnheiten

Obwohl das Risiko für Wasserdefizite und Austrocknungszustände im Alter besonders hoch ist, gibt es über Trinkgewohnheiten und Flüssigkeitsaufnahme von Senioren wenig Informationen. Lediglich in der Untersuchung von Menden et al. (Menden 1989, Brodhagen 1993) und in der Bethanien-Ernährungsstudie (Volkert et al. 1989b) wurden bei der Erhebung der Ernährungsgewohnheiten die Trinkgewohnheiten besonders berücksichtigt. Auch aus der Heidelberg-Michelstadt-Berlin-Studie (Bellin et al. 1986) und aus der NVS/VERA-Studie (Adolf et al. 1995, Heseker et al. 1994) liegen Informationen über Art der Getränke, Häufigkeit des Konsums und Trinkmenge vor.

Art und Häufigkeit der Getränke

Kaffee, Tee und Mineralwasser werden als Getränke erwartungsgemäß wie in jüngeren Altersgruppen auch von älteren Menschen bevorzugt.

Ergebnissen der VERA-Studie zufolge werden Kaffee und Tee von fast allen Senioren täglich getrunken, Mineralwasser von 59 % der Männer und 75 % der Frauen täglich. Obstsäfte und Erfrischungsgetränke werden im Vergleich dazu und auch im Vergleich zu jüngeren Erwachsenen deutlich seltener konsumiert (Tab. 10.4) (HESEKER et al. 1994).

Tab. 10.4: Verzehrshäufigkeit von Getränken bei über 65jährigen Männern und Frauen (Anteil Probanden, Angaben in %) (VERA-Studie, HESEKER et al. 1994).

	täglich	wöchentlich	monatlich	selten/nie
Männer				
Kaffee / Tee	95	2	3	0
Mineralwasser	59	17	9	15
Obstsaft	30	22	20	28
Erfrischungsgetränke	8	10	20	63
Frauen				
Kaffee / Tee	97	2	1	0
Mineralwasser	75	8	9	9
Obstsaft	45	15	15	25
Erfrischungsgetränke	14	8	9	69

In der MENDEN-Studie geben 93-99 % an, normalerweise zu den Mahlzeiten etwas zu trinken, morgens überwiegend Kaffee und Tee, abends Tee. Zum Abendessen werden auch häufig Bier und andere alkoholische Getränke konsumiert, zum Mittagessen Mineralwasser (28 %) und Bier (24 %). Frauen gaben öfter als Männer an, Mineralwasser, Tee und Milch zu trinken, Männer bevorzugen alkoholische Getränke (BRODHAGEN 1993).

Patienten der Bethanien-Ernährungsstudie trinken ebenfalls überwiegend Kaffee, Tee und Mineralwasser und weitaus seltener Säfte und Erfrischungsgetränke.

Trinkmenge

Die durchschnittliche tägliche Trinkmenge von älteren Frauen in der Bundesrepublik liegt bei etwa 1000 ml, die von älteren Männern bei 1200 ml (ADOLF et al. 1995, BELLIN et al. 1986, HESEKER et al. 1994) (vgl. Tab. 10.2) und ist damit etwa 200 ml geringer als bei Erwachsenen im mittleren Lebensalter (ADOLF et al. 1995). Dennoch entspricht sie der Empfehlung der

DGE für Senioren, täglich 1 l Flüssigkeit durch Getränke aufzunehmen (DGE 1991). Die anzustrebende Trinkmenge von 1,5-2 l zur sicheren Vermeidung von Austrocknungszuständen wird damit allerdings nicht erreicht.

Tab. 10.5 zeigt die Häufigkeitsverteilung der Trinkmenge in der Gießener Studie von MENDEN et al. (1989) und der Heidelberger Bethanien-Ernährungsstudie. In beiden Studien wurden Trinkmengen unter 500 ml nur vereinzelt angegeben. Immerhin 25 % bzw. 31 % trinken jedoch weniger als 1 l/Tag.

Tab. 10.5: Trinkgewohnheiten von über 80jährigen Senioren in Gießen (MENDEN et al. 1989) und über 75jährigen Teilnehmern der Bethanien-Ernährungsstudie in Heidelberg: Übliche tägliche Trinkmenge (Anteil Probanden, Angaben in %).

	Gießen	Heidelberg
weniger als ½ l	1	2
½ – 1 l	24	29
1 – 1 ½ l	47	40
1 ½ – 2 l	24	19
mehr als 2 l	4	10

Gesamtwasserzufuhr aus Getränken und Lebensmitteln

In der NVS wurde aus der täglichen Trinkmenge zusammen mit dem Wassergehalt in Lebensmitteln eine Gesamtwasserzufuhr von durchschnittlich 1890 ml bei 65-74jährigen Männern, 1760 ml bei über 74jährigen Männern und von 1610 ml bei 65-74jährigen Frauen bzw. 1460 ml bei über 74jährigen Frauen festgestellt (vgl. Tab. 10.3). In der Bethanien-Ernährungsstudie lag die Flüssigkeitszufuhr mit im Mittel etwa 1700 ml insgesamt in der gleichen Größenordnung.

Die von der DGE (1991) empfohlene Gesamtflüssigkeitszufuhr von 1600 ml für Senioren ist damit im Durchschnitt erfüllt, die allgemeine Richtlinie von 1 ml/kcal aufgenommener Nahrungsenergie bleibt allerdings um 400-600 ml unterschritten.

Alkoholkonsum

Alkohol ersetzt oftmals andere Lebensmittel, führt zu einer beeinträchtigten Resorption von Vitamin B_1 und Folsäure und ist deshalb bei hohem Konsum als mögliche Ursache von Mangelernährung nicht zu unterschätzen (RUSSELL 1985) (vgl. Kap.7.1.2).

Generell ist es schwierig, zuverlässige Angaben über den Alkoholkonsum zu erhalten.

Ergebnissen der VERA-Studie zufolge trinken 14 % der über 65jährigen Männer und 47 % der Frauen keinen Alkohol (HESEKER et al. 1994). In der Befragung von

Menden et al. (1989) gaben 26 % der Hochbetagten an, im Alter nie alkoholische Getränke zu konsumieren. Von den Teilnehmern der Bethanien-Ernährungsstudie nehmen 41 % nie oder äußerst selten Alkohol zu sich. Häufiger Konsum alkoholischer Getränke wird in der Studie von Menden et al. (1989) von 24 % der Befragten angegeben, in der Bethanien-Ernährungsstudie gaben 27 % der Befragten an, täglich alkoholische Getränke zu konsumieren (Volkert).

Im Durchschnitt trinken Senioren weniger Alkohol als Erwachsene im mittleren Alter, aber auch im Alter konsumieren Männer deutlich mehr Alkohol als Frauen (Adolf et al. 1995, Heseker et al. 1994, Heseker 1995a, Volkert). Angaben der NVS zufolge nehmen über 65jährige Männer durchschnittlich 363 g alkoholische Getränke pro Tag zu sich im Vergleich zu 507 g bei 25-50jährigen, über 65jährige Frauen konsumieren im Mittel 100 g alkoholische Getränke verglichen mit 166 g bei 25-50jährigen Frauen. Ältere Männer trinken im Vergleich zu jüngeren mehr Spirituosen, deutlich weniger Bier und vergleichbare Mengen an Wein, ältere Frauen weniger Spirituosen, Bier und Wein als jüngere (Adolf et al. 1995).

Der mittlere Alkoholkonsum sinkt bei Männern von 12,6 g/Tag bei jüngeren Senioren (65-74 J.) auf 10,2 g/Tag bei über 74jährigen. Frauen nehmen mit 2,8 g/Tag in der jüngeren Altersgruppe bzw. 0,9 g/Tag bei über 74jährigen deutlich weniger Alkohol zu sich (Tab. 10.3).

Auswertungen der Heidelberg-Michelstadt-Berlin-Studie zufolge ist dagegen ein wesentlich höherer täglicher Alkoholkonsum von ¼ l Wein und 200 ml Bier (29 g Alkohol) bei Senioren als typisch anzusehen. Mit 7 % nahmen hier doppelt soviele ältere wie junge Erwachsene täglich mehr als 80 g Alkohol zu sich (Arab et al. 1984). Laut VERA-Studie konsumieren 9 % der älteren Männer und 2 % der älteren Frauen mehr als 30 g Alkohol/Tag (Heseker et al. 1994).

In der SENECA-Studie waren die enormen Unterschiede zwischen den Ländern mit einem deutlichen Nord-Süd-Gradienten auffällig. Bei den Männern lag die mittlere tägliche Alkoholmenge zwischen 1,4 g in Norwegen und 41,3 g in Italien, bei den Frauen zwischen 0,2 g in Griechenland und Polen und 14,7 g in Italien (Moreiras-Varela et al. 1991). In der Schweiz betrug die mittlere Alkoholaufnahme bei den männlichen Senioren 17 g/Tag, bei den Frauen 4 g/Tag (Schlettwein-Gsell et al. 1991a). Mindestens 1/3 der untersuchten älteren Männer in jeder Stadt nehmen fast täglich ein alkoholisches Getränk zu sich, in Bellinzona und Padua sogar mehr als 80 %. Von den Frauen trinken durchweg weniger als 1/3 täglich Alkohol.

Insgesamt kann festgehalten werden, daß der mittlere Alkoholkonsum mit dem Alter sinkt. Ein Großteil älterer Menschen, vor allem Frauen, trinkt nie oder nur selten alkoholische Getränke. Häufiger als in jüngeren Altersgruppen scheinen allerdings auch sehr große Alkoholmengen konsumiert zu werden.

10.2.5 *Ergänzungspräparate, Vitamin- und Mineralstoffsupplemente*

Neben üblichen Lebensmitteln können Ergänzungspräparate wesentlich zur Vitamin- und Mineralstoffversorgung beitragen, wobei die Einnahme jedoch nicht unumstritten ist.

Auswertungen der VERA-Studie zufolge nehmen ältere Bundesbürger häufiger täglich Vitaminsupplemente zu sich als jüngere. Insbesondere bei Frauen ist der Unterschied auffällig. 10 % der über 65jährigen Frauen wählen diese Form der Nahrungsergänzung mit der Absicht, ihre Nährstoffversorgung zu verbessern (HESEKER et al. 1994).

In der Befragung der Gießener Hochbetagten von MENDEN et al. (1989) gaben ebenfalls 11 % an, täglich Vitaminpräparate zu sich zu nehmen, vor allem Multivitaminprodukte und Vitamin E werden gewählt.

In der SENECA-Studie wurden enorme Unterschiede im Konsum von Nährstoffsupplementen zwischen den Ländern und selbst zwischen verschiedenen europäischen Städten innerhalb des gleichen Landes festgestellt. Ein Nord-Süd-Gefälle mit häufigerer Einnahme in den nördlichen Ländern fiel auf (CRUZ et al. 1991). Teilweise wurde ein Konsum großer Vitaminmengen festgestellt, die bei längerer Einnahme – besonders bei den Vitaminen A, B_1, B_6 und C – mit Toxizitätsrisiko verbunden sind. Durch die eingeschränkte Nierenfunktion im Alter kann das Potential für Toxizität der wasserlöslichen Vitamine bei älteren Menschen erhöht sein.

In den USA ist die Einanhme von Vitaminsupplementen bei Senioren generell wesentlich weiter verbreitet als in Europa. In der New Mexico-Studie von GARRY et al. (1982c) nahmen beispielsweise 57 % der Männer und 61 % der Frauen Vitaminsupplemente, von den Teilnehmern der Boston-Studie (MCGANDY et al. 1986) etwa 40 % der Männer und 55 % der Frauen, wodurch die Vitaminaufnahme häufig auf ein Vielfaches der durch Lebensmittel aufgenommenen Menge anstieg. In der Boston-Studie wurde dabei festgestellt, daß die biochemischen Vitaminparameter für die Vitamine E, B_2, B_{12}, C und Folsäure bei Personen mit Supplement-Einnahme deutlich besser waren. Fast alle marginalen Blutwerte wurden bei Personen gefunden, die keine Vitaminpräparate einnehmen.

In der SENECA-Studie zeigt ein Vergleich der Vitaminzufuhr durch Lebensmittel und Supplemente mit dem Blutstatus dagegen, daß die Einnahme von Vitaminpräparaten meist nicht angemessen erfolgt. So werden Vitaminpräparate zum einen von gesundheitsbewußten Personen eingenommen, die sich ohnehin ausgeglichen ernähren und eigentlich keinen Bedarf haben. Weiterhin sind die eingenommenen Präparate nicht nährstofforientiert und passen nicht zu den Blutspiegeln – die Einnahme erfolgt meist willkürlich und wahllos, mehr von aktuellen Werbekampagnen beeinflußt als von der individuellen Versorgungslage.

Im Rahmen der SENECA-Studie wurde Vitamin A z. B. in Dänemark und Norwegen in Städten mit der höchsten Vitamin-A-Zufuhr aus Lebensmittteln ebenso häufig supplementiert wie andere Vitamine mit geringer Zufuhr durch die Nahrung. In Griechenland, Ungarn oder Frankreich werden Supplemente dagegen trotz schlechter Zufuhr wenig oder gar nicht konsumiert (CRUZ et al. 1991, DE GROOT et al. 1992). Auch HORWATH (1989a) stellt in ihrer umfassenden Übersicht fest, daß die Nährstoffe, die bei der üblichen Ernährung am schlechtesten abschneiden (Calcium, Zink, Magnesium, Folsäure und Vitamin B_6), nur selten als Supplemente aufgenommen werden.

Insgesamt scheinen ältere Menschen häufiger Vitamin- und Mineralstoffsupplemente zu sich zu nehmen als jüngere, wobei die Einnahme von Ergänzungspräparaten meist willkürlich und unangemessen erfolgt. Es wird als unwahrscheinlich angesehen, daß derzeitige Supplementierungsgewohnheiten vorhandene Ernährungslücken schließen.

Da die Bedeutung bestimmter Vitaminblutwerte im Alter für Gesundheits- und Allgemeinzustand noch weitgehend ungeklärt ist, können allgemeine Empfehlungen zur Supplementeinnahme bisher nicht gemacht werden. Effekte auf Stoffwechselabläufe und metabolische Gleichgewichte, Interaktionen mit Medikamenten und Toxizitätsrisiko sind derzeit nicht überschaubar. Von einem unkontrollierten Konsum zusätzlicher Nährstoffe ist daher insgesamt abzuraten. Oberste Priorität bei den Maßnahmen zur Verbesserung der Nährstoffversorgung sollte die Verbesserung der Nahrungsaufnahme durch hochwertige Lebensmittel haben.

In verschiedenen Situationen haben Nährstoffsupplemente bei älteren Menschen jedoch durchaus ihre Berechtigung und können zu einer Verbesserung der Nährstoffversorgung beitragen. Einzelne Autoren empfehlen bereits heute, generell bei Senioren mit beeinträchtigter Nahrungsaufnahme und bei älteren Patienten die Gabe von Vitaminpräparaten in Betracht zu ziehen (BRUBACHER 1989). Allgemein wird bei Krankheiten mit hoher Wahrscheinlichkeit für Nährstoffdefizite, wie Maldigestions- und Malabsorptionszustände oder Leberparenchymschäden, zu einer zusätzliche Gabe von Nährstoffen geraten. Auch bei regelmäßiger langanhaltender Einnahme von Medikamenten, die mit Resorption, Stoffwechsel oder Ausscheidung von Nährstoffen interferieren, sollte eine angemessene Supplementierung erfolgen. Eine zusätzliche Aufnahme von Vitamin D kann bei ans Haus gebundenen Senioren angezeigt sein, eine Supplementierung mit Calcium bei Osteoporose. Idealerweise sollte eine Supplementierung bei Verdacht auf ein Nährstoffdefizit gezielt nach Bestimmung der individuellen Versorgungslage erfolgen.

10.3 Ernährungsumstellung

Veränderungen der Ernährungsgewohnheiten älterer Menschen sind wünschenswert, um dem mit dem Alter abnehmenden Energiebedarf und der Notwendigkeit einer erhöhten Nährstoffdichte gerecht zu werden. Generell sind natürlich auch bei älteren Menschen insgesamt gesundheitsbewußtere Ernährungsweisen erstrebenswert.

Die Frage nach einer Ernährungsumstellung und Änderung der Ernährungsgewohnheiten im Alter im Vergleich zu früher wird in verschiedenen Studien unterschiedlich beantwortet.

Steinmetz (1976) zitiert eine repräsentative Befragung der Forschungsgruppe Gerontologie e.V. von 1972 zur Erfassung von Veränderungen der Verzehrsgewohnheiten von Senioren in der Bundesrepublik, die ergab, daß 38 % von 1190 Befragten ihre Ernährung umgestellt haben. Als Gründe wurden hier am häufigsten gesundheitliche Aspekte angeführt (32 %), 25 % konnten keine Begründung geben. In der eigenen Untersuchung von Steinmetz (1976) gaben zwei Drittel der 175 Befragten eine Umstellung an, die haupsächlich mit altersbedingten Einschränkungen begründet wurde. 22 % gaben hier gesundheitliche Gründe an und 20 % änderten ihre Ernährung aus Einsicht über die Zusammenhänge zwischen Ernährung und Gesundheit. Die Art der Umstellung betrifft vor allem Auswahl der Lebensmittel und Zubereitungsmethoden. 56 % essen mehr Quark, jeweils knapp die Hälfte mehr Geflügel, mehr Südfrüchte bzw. mehr Rohkost als früher. 48 % essen weniger Butter, 44 % weniger Torten und Kuchen. Gemüse wird häufiger gedünstet und gedämpft, Fleisch häufiger ohne Fett angebraten (Steinmetz 1976).

In der Untersuchung von Brodhagen et al. (1990) gibt die Hälfte der Befragten an, die Ernährung im Vergleich zum Lebensalter um die 50 Jahre umgestellt zu haben. 92 % der Änderungen beziehen sich auf eine geringere Nahrungsmenge, vor allem Fett und fette Speisen, Fleisch, Wurst und Innereien werden weniger gegessen. Dagegen werden Gemüse, Salat und Rohkost, Obst, Volkorn- und Milchprodukte von jeweils 13-35 % häufiger gegessen als früher. Die Autoren konstatieren einen Trend zur gesünderen Ernährung im höheren Lebensalter. Bei derartigen Befragungen muß allerdings offen bleiben, inwieweit die Angaben das tatsächliche Ernährungsverhalten oder lediglich das Ernährungs*wissen* der Befragten reflektieren.

In repräsentativen amerikanischen Studien wird berichtet, daß etwa ein Drittel der befragten Senioren ihre Ernährungsgewohnheiten im Vergleich zum Alter um 50 verändert haben, in australischen Untersuchungen älterer Menschen berichten zwei Drittel von Änderungen ihrer Ernährung in den letzten 18 Monaten (Horwath 1989a).

Zwischen einem und zwei Drittel der Befragten in verschiedenen Studien geben somit an, ihre Ernährung im Vergleich zum Lebensalter um die 50 Jahre umgestellt zu haben. Die Veränderung bezieht sich sowohl auf die Art als auch auf die Menge der Lebensmittel. Überwiegend werden gesundheitliche Gründe dafür genannt.

Entgegen der allgemeinen Annahme, daß Ältere nicht mehr in der Lage sind, festgefahrene Gewohnheiten zu verändern, scheinen Senioren diesen Studien zufolge durchaus zu Veränderungen fähig zu sein. Longitudinale Untersuchungen aus Amerika (Hallfrisch et al. 1990, Popkin et al.

1992) und Schweden (Sjörgen et al. 1994) bestätigen in den letzten Jahren bei Senioren Lebensmittel- und Ernährungstrends, die denen der Gesamtbevölkerung entsprechen. Ältere Menschen zeigen, daß sie mit einer Verminderung der Fettzufuhr und Steigerung der Ballaststoffaufnahme positive Lebensstiländerungen vornehmen können. Änderungen der Nährstoffzufuhr scheinen demnach mit entsprechenden Informations- und Aufklärungsprogrammen in jedem Alter möglich und mehr von der Motivation als vom Lebensalter abhängig zu sein (vgl. Kap. 4.1.5).

10.4 Ernährungsbewußtsein – Ernährungsinteresse

Das **Ernährungsbewußtsein** scheint bei älteren Menschen besonders ausgeprägt zu sein.

Nach Brodhagen et al. (1990) bezeichneten 80 % der Befragten ihr Ernährungsverhalten aus subjektiver Sicht als bewußt. Im Vergleich zum Alter um etwa 50 Jahre ist im höheren Alter ein deutlich stärkeres Ernährungsbewußtsein vorhanden. Dies drückt sich für viele Senioren durch die Wahl bestimmter Lebensmittel – viel Gemüse, Salat, wenig Fett, wenig Fleisch – und eine ausgewogene Ernährung aus. Gesundheit, Geschmack und Genuß haben einen hohen Stellenwert (Brodhagen et al. 1990, Brodhagen 1993). In der Untersuchung von Menden et al. (1989) bezeichneten zwei Drittel der Befragten die Ernährung als „sehr wichtig" für die Erhaltung ihrer Gesundheit.

Auch das **Ernährungsinteresse** ist bei Senioren im allgemeinen groß. Die meisten älteren Menschen sind an Ernährungsfragen sehr interessiert und glauben, durch die Ernährung ihren Gesundheitszustand verbessern zu können (Arab 1985).

In einer älteren Befragung von Wirths et al. (1983) waren 85 % von über 7000 älteren Menschen an Informationen über Ernährungsfragen interessiert. In der Befragung von Becker et al. (1990) äußerte die Hälfte – besonders Frauen und jüngere Senioren – großes Interesse an Ernährungsfragen. Auch amerikanische Untersuchungen belegen, daß ältere Menschen besonders gesundheitsorientiert sind und gewillt, ihr Verhalten zu verändern, um ihre Gesundheit zu verbessern (Popkin et al. 1992).

Trotz des ausgeprägten Ernährungsinteresses haben Senioren ein vergleichsweise geringes Ernährungswissen (Arab 1985, Brodhagen 1993). Bisher erhalten Senioren Ernährungsinformationen in erster Linie von ihrem Arzt (51 %) oder von Freunden und Bekannten (27 %). Eine geringere Rolle spielen Reformhäuser (16 %), Apotheken (13 %) und Verbraucherberatungen (2 %). Bei den Medien stehen Zeitschriften und Illustrierte (55 %) vor dem Fernsehen (43 %) an erster Stelle (Becker et al. 1990).

Mit dem derzeitigen Informationsangebot sind Senioren überwiegend unzufrieden. Unverständliche und widersprüchliche Informationen sind zu beklagen, die mehr verwirren als sie nützen.

Das große Ernährungsinteresse und Ernährungsbewußtsein vieler Senioren bieten insgesamt gute Voraussetzungen für seniorenspezifische Maßnahmen zur Ernährungsaufklärung.

11 Ernährung in der Gemeinschaftsverpflegung

Wenngleich die meisten älteren Menschen ihre Mahlzeiten zuhause selbst zubereiten oder von Angehörigen versorgt werden, gewinnt doch auch die Gemeinschaftsverpflegung für Senioren an Bedeutung. Als Folge der Bevölkerungsentwicklung, der steigenden Krankheitshäufigkeit und der zunehmenden Hilfs- und Pflegebedürftigkeit mit dem Alter wird der Anteil von Heimbewohnern in Zukunft deutlich steigen. Immer mehr ältere Menschen müssen in Altenheimen, Pflegeheimen oder Kliniken mit dem täglichen Essen versorgt werden. Alte Menschen zuhause können von mobilen Mahlzeitendiensten, sogenanntem „Essen auf Rädern“, beliefert werden oder an Gemeinschaftsessen in Senioreneinrichtungen teilnehmen.

11.1 Empfehlungen für die Gemeinschaftsverpflegung von Senioren

Von der Deutschen Gesellschaft für Ernährung (DGE) wurden für die verschiedenen Bereiche der Gemeinschaftsverpflegung Richtlinien erarbeitet, die sich von den allgemeinen Empfehlungen zur Nährstoffzufuhr (DGE 1991) herleiten. Sowohl Empfehlungen zum Nährstoffgehalt des Essensangebots (Tab. 11.1) als auch Richtlininen zur Speiseplangestaltung, Auswahl und Menge verschiedener Lebensmittel (Tab. 11.2) werden gegeben.

Die Nährstoffempfehlungen für die Seniorenverpflegung basieren auf den Empfehlungen der DGE zur Nährstoffaufnahme von über 65jährigen (DGE 1991). Den Empfehlungen für den Nährstoffgehalt der Mittagsmahlzeit liegt der sogenannte Drittelansatz zugrunde, nach dem ein Drittel der empfohlenen Tagesmenge im Mittagessen enthalten sein soll (PEINELT 1992). Die Richtlinien zur Speiseplangestaltung sind so allgemein gehalten, daß sie für alle Altersgruppen gleichermaßen als Orientierung gelten können.

Verschiedene Besonderheiten im Alter müssen bei der Gemeinschaftsverpflegung älterer Menschen ebenso wie bei der Ernährung zuhause berücksichtigt werden (Tab. 11.3).

Tab. 11.1: Nährstoffempfehlungen für die Gemeinschaftsverpflegung: Altenheime (DGE 1994).

		Tageskost	Mittagessen
Energie	[kcal]	1900	633
	[kJ]	8000	2660
Protein	[g]	≤71	≤32
Fett	[g]	≤63	≤21
Cholesterin	[mg]	≤300	≤100
Kohlenhydrate	[g]	≥261	≥79
Ballaststoffe	[g]	≥30	≥10
Calcium	[mg]	800	267
Magnesium	[mg]	350	175
Eisen	[mg]	10	5
Iod	[µg]	180	60
Zink	[mg]	15	5
Vitamin A	[mg RÄ]	1,0	0,5
Vitamin B_1	[mg]	1,3	0,4
Vitamin B_2	[mg]	1,7	0,6
Vitamin B_6	[mg]	1,8	0,9
Folsäure	[µg FÄ]	150	75
Vitamin C	[mg]	75	38
Nährwertrelation *		15 : 30 : 55	20 : 30 : 50

RÄ = Retinol-Äquivalente,
FÄ = Folat-Äquivalente bzw. freie Folsäure

* Protein : Fett : Kohlenhydrate (Anteil an der Energie in %)

Generell muß der Energiegehalt der Nahrung an den geringeren Bedarf im Alter bzw. an die individuellen Erfordernisse angepaßt sein. Deutliches Übergewicht sollte durch eine Reduktion der Energiemenge abgebaut werden, bei Gewichtsverlust und Unterernährung ist ein reichhaltiges, energiereiches Angebot die Voraussetzung für eine reichliche Energieaufnahme. Da vor allem im hohen Alter und mit zunehmender Pflegebedürftigkeit die Problematik der Unterernährung an Bedeutung gewinnt, wird die empfohlene Energiemenge großzügig bemessen. Als Richtwert für den Energiegehalt eines Tagesessens werden 1900 kcal empfohlen (DGE 1994). Ein sogenannter Luxuskonsum für zusätzliche Zwischendurch-Mahlzeiten, der in anderen Altersgruppen berücksichtigt wird, entfällt hier.

Weit verbreitete Kau- und Schluckstörungen machen eine Anpassung der Nahrungskonsistenz an die jeweilige Funktionsstörung erforderlich (s. Kap. 9.1.2 und Kap. 9.1.3).

Tab. 11.2: Richtwerte für die Speisenzusammenstellung Erwachsener beim Mittagessen (TP = Trockenprodukt, vf = verzehrsfertig) (DGE, Referat Gemeinschaftsverpflegung 1994).

Speisengruppe	Portionsmenge	Häufigkeit / 5 Tage
Suppe	200-250 g	1 - 2 x
Hauptspeise	100-150 g	5 x
– Fleisch	100 g	1 x
– Fisch	150 g	1 x
– vegetarisch	150 g	3 x
Gemüsebeilage	100-220g	6 x
– gegartes Gemüse	200 g	4 x
– Salatgemüse	100 g	2 x
Stärkebeilage (vf)	100 g	5 x
– Kartoffeln	200 g	frei
– Getreide wie Reis (TP)	50-60 g	frei
– Teigwaren (TP)	60-70 g	frei
Dessert	75-150 g	3-4 x
– Obst	150 g	1 x
– milchhaltige Speise	150 g	1-2 x
– sonstige	75 - 150 g	1 x

Tab. 11.3: Anforderungen an die Gemeinschaftsverpflegung von Senioren.

Bedarfsgerechtes Energie- und Nährstoffangebot – angepaßter Energiegehalt – hohe Nährstoffdichte
Berücksichtigung häufiger Ernährungsprobleme alter Menschen – Veränderung der Nahrungskonsistenz bei Kau- und Schluckstörungen – Energiereiche Kost, Wunschkost bei Appetitlosigkeit und Unterernährung
Reichliches Angebot von Getränken
Hygienischer Umgang mit Lebensmitteln
Berücksichtigung von Gewohnheiten, Vorlieben und Abneigungen der Essensteilnehmer

Bei Appetitlosigkeit und Unterernährung ist durch attraktive, wohlschmekkende Mahlzeiten, energiereiche Speisen und Gerichte und ein häufigeres Angebot ansprechender Zwischenmahlzeiten eine Steigerung der Energie- und Nahrungsaufnahme anzustreben. Auf individuelle Wünsche, Vorlieben und Abneigungen sollte, soweit dies im Ablauf einer Einrichtung der Gemeinschaftsverpflegung möglich ist, eingegangen werden (s. auch Kap. 8.4.1 und Kap. 9.1.1).

Bei allen Kostformen ist ein ausreichender Gehalt aller essentiellen Nährstoffe wesentlich, der durch tägliche Verwendung der nährstoffdichten Lebensmittelgruppen Obst, Gemüse, Milch- und Getreideprodukte und durch nährstoffschonende Zubereitungsverfahren erzielt werden kann (s. Kap. 4.2.2). Durch vermehrten Einsatz von Eintöpfen, Suppen, Desserts und frischem Obst und größere Portionsmengen von Stärke- und Gemüsebeilagen kann eine Verbesserung der üblicherweise ungünstigen Nährwertrelation (weniger Fett und Protein, mehr Kohlenhydrate) und eine Erhöhung der Nährstoffdichte erreicht werden (Peinelt 1992).

Neben einem ausgeglichenen, vollwertigen Essensangebot ist bei der Versorgung älterer Menschen auf ein reichliches Angebot von Getränken sowohl zu als auch zwischen den Mahlzeiten besonders zu achten.

Darüber hinaus ist der hygienische Umgang mit Lebensmitteln bei der Gemeinschaftsverpflegung von Senioren von besonderer Bedeutung. Die schwächere Immunfunktion und leichtere Störanfälligkeit des Organismus im Alter machen Senioren besonders anfällig für Lebensmittelvergiftungen, die durch ungenügende Hygienemaßnahmen auftreten können und durch Beachtung der Hygienevorschriften zu vermeiden sind.

Da das Angebot einer Mahlzeit nicht notwendigerweise in ihrem Verzehr endet, müssen bei der Speiseplangestaltung neben den Empfehlungen zur Nährstoffzufuhr auch die Gewohnheiten und Bedürfnisse der Essensteilnehmer berücksichtigt werden. Insbesondere die Empfehlung zur Nährwertrelation mit maximal 30 % Fett und mehr als 55 % Kohlenhydrate ist mit den bei uns üblichen Ernährungsgewohnheiten kaum zu erfüllen. Um eine größtmögliche Akzeptanz und ausreichende Nährstoffaufnahme zu ermöglichen, sind daher Kompromisse zwischen üblicher und wünschenswerter Ernährung notwendig. Größtmögliche Abwechslung und Vielfalt wird dabei einerseits als sinnvoller Weg angesehen, ein optimales Angebot an Nährstoffen zu erreichen, und ermöglicht es gleichzeitig, unterschiedlichen Vorlieben und Abneigungen gerecht zu werden. In Seniorenheimen hat es sich bewährt, die Bewohner bzw. einen Heimbeirat in die Speiseplangestaltung mit einzubeziehen, um die Zufriedenheit mit dem Essensangebot und damit die Akzeptanz zu steigern.

11.2 Ernährungssituation in Senioren- und Pflegeheimen

11.2.1 Vor- und Nachteile der Heimverpflegung

Ebenso wie bei zuhause lebenden Senioren sind auch bei Bewohnern von Alten- und Pflegeheimen enorme Unterschiede im Gesundheits- und Allgemeinzustand auffällig. Ein Heimbewohner kann rüstig und aktiv sein und selbständig in alltäglichen Verrichtungen oder pflegebedürftig mit den verschiedensten chronischen und akuten Gesundheitsproblemen, die sich möglicherweise auch auf die Ernährung auswirken.

Mehrere nationale Untersuchungen in den USA zur Charakterisierung von Pflegeheimen und ihren Bewohnern ergaben ein Durchschnittsalter von über 80 Jahren und eine mittlere Wohndauer im Heim von knapp 3 Jahren. Die meisten Senioren ziehen erst dann in ein Heim um, wenn selbständiges Wohnen nicht mehr länger möglich ist, und bleiben dort bis zu ihrem Tod. 40 % der amerikanischen Heimbewohner sind älter als 85 Jahre, die meisten haben mindestens eine chronische Krankheit und nehmen eine Vielzahl von Medikamenten ein, der Gesundheitszustand ist jedoch im allgemeinen stabil. 79 % leiden unter geistigen Beeinträchtigungen, 89 % brauchen Hilfe beim Baden und 39 % beim Essen (Coulston 1995).

Auch wenn für die Bundesrepublik bisher keine vergleichbaren Daten vorliegen, kann von einer ähnlichen Situation mit überdurchschnittlicher Häufigkeit körperlicher und geistiger Beeinträchtigungen ausgegangen werden.

Neben der Heterogenität der Senioren ist die Heterogenität der Heime bemerkenswert: Senioren-Wohnanlagen und Altenwohnheime mit der Möglichkeit, selbst zu kochen, sind von Alten- und Pflegeheimen zu unterscheiden, wo ausschließlich die Möglichkeit gemeinschaftlicher Mahlzeiten besteht. Sowohl die äußeren Rahmenbedingungen wie Trägerschaft und Größe des Heims und apparative Ausstattung der Küche als auch personelle und finanzielle Voraussetzungen variieren von Heim zu Heim enorm.

Im Rahmen ihrer Versorgungspflicht sind Alten- und Pflegeheime für ein bedarfsgerechtes, hygienisch einwandfreies Nahrungsangebot für die Bewohner verantwortlich. Lebensmitteleinkauf und Mahlzeitenzubereitung werden überwiegend von einer zentralen Heimküche übernommen. Daneben gibt es Heime, die das Essen für die Bewohner nicht selbst herstellen, sondern von Mahlzeitendiensten beliefert werden oder Tiefkühlkost aufbereiten. Durch die zentrale Essensversorgung sind die Heimbewohner von den alltäglichen Einkaufs- und Haushaltsaufgaben entlastet, wovon insbesondere gebrechliche, behinderte und immobile Personen profitieren. Für ein gemischtes Angebot an Speisen und für regelmäßige Mahlzeiten ist gesorgt. Auch im Krankheitsfall ist die Nahrungsversorgung gesichert. Darüber hinaus kann in der Gemeinschaftsverpflegung bei Bedarf beim Schneiden, Essen und Trinken geholfen werden, und die Gesellschaft beim Essen trägt vielfach zu Wohlbefinden und einer Steigerung des Appetits bei.

Dagegen kann auf kulturelle oder persönliche Vorlieben und Abneigungen und individuelle Bedürfnisse im Rahmen einer Gemeinschaftsverpflegung nicht in jedem Fall eingegangen werden. Ein monotones, unattraktives Essensangebot, das den eigenen Geschmack, eigene Bedürfnisse und Gewohnheiten zu wenig berücksichtigt, kann zu einer unzureichenden Nahrungsaufnahme führen. Vielfach herrscht eine unpersönliche, ungemütliche Atmosphäre im Speisesaal, Hektik und Lärm während der Mahlzeiten oder ein schmatzender Tischnachbar stören beim Essen. Weiterhin sind psychische Probleme und Belastungen in Zusammenhang mit der Ernährungssituation nennenswert, die bei Heimbewohnern häufig sind: Unzufriedenheit mit der Lebenssituation im Heim und das Gefühl zunehmender Abhängigkeit und Unselbständigkeit beeinträchtigen den Appetit und wirken sich negativ auf die aufgenommene Nahrungsmenge aus.

Mangelndes Ernährungsbewußtsein des Pflegepersonals und ungenügende Aufmerksamkeit für Ernährungsprobleme sowie die Notwendigkeit, mehrere hilfsbedürftige Bewohner gleichzeitig beim Essen versorgen zu müssen, können vorhandene Ernährungsrisiken noch steigern.

Auch Nährstoffverluste, die durch lange Warmhaltezeiten bei der Großküchenzubereitung auftreten, können zu einer unbefriedigenden Nährstoffversorgung von Heimbewohnern beitragen.

11.2.2 Qualität der Ernährungsversorgung in Heimen

Neben Art, Größe und Ausstattung des Heims sind Ernährungswissen und -einstellungen der verantwortlichen Mitarbeiter von der Heimleitung bis zur Pflegehilfe wesentlich für die Qualität der Ernährungsversorgung älterer Menschen in Heimen verantwortlich. Aufgrund der Heterogenität der Heime und der Heterogenität der Bewohner sind allgemeine Aussagen über die Ernährungssituation in Heimen schwierig. Je nach finanziellen und personellen Möglichkeiten einer Einrichtung und je nach Gesundheits- und Allgemeinzustand der Bewohner kann die Ernährungssituation von Heimbewohnern gut oder schlecht sein. Institutionalisierung per se garantiert weder eine gute Ernährungsversorgung noch ist sie zwangsläufig mit Defiziten verbunden (vgl. Kap. 6.2.2 und Kap. 7.1.6).

Qualität des Essensangebots

In der Bundesrepublik wurden bisher nur vereinzelt Untersuchungen über das Nahrungsangebot in Senioreneinrichtungen durchgeführt.

In einer Studie des hessischen Sozialministeriums im Jahr 1982 von Muskat & Weidemann (1982) wurden Qualität und Quantität des Essens in 37 Altenheimen in Hessen überprüft. Das Speisenangebot an 14 Tagen wurde chemisch analysiert und der Gehalt an verschiedenen Nährstoffen bestimmt. Insgesamt wurde die Qualität der eingesetzten Rohstoffe als zufriedenstellend beurteilt, gravierenden Mängel wurden nicht festgestellt. Im Hinblick auf den Nährstoffgehalt waren enorme Unterschiede zwischen den Heimen auffällig. Während Energie- und Eiweißgehalt und das Angebot an Vitamin B_1 und B_2 überwiegend bedarfsgerecht waren, wurde der Fettgehalt in allen Einrichtungen als deutlich zu hoch beurteilt. Das Vitamin-C-Angebot erreichte im Durchschnitt lediglich 25 % (9-64 %) der empfohlenen Menge. Der Ballaststoffgehalt des Essens mit durchschnittlich 19 g/Tag war nach den heutigen Richtlinien ebenfalls zu gering.

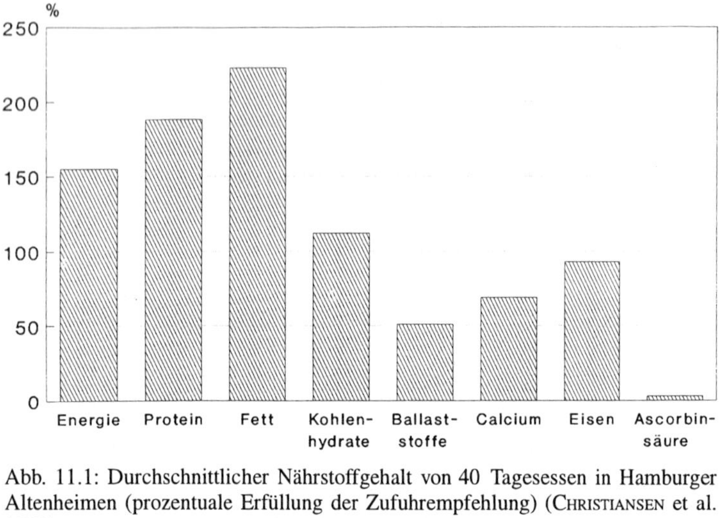

Abb. 11.1: Durchschnittlicher Nährstoffgehalt von 40 Tagesessen in Hamburger Altenheimen (prozentuale Erfüllung der Zufuhrempfehlung) (Christiansen et al. 1992).

In einer jüngeren Untersuchung wurde von Christiansen et al. (1992) das Essensangebot in 8 Hamburger Alteneinrichtungen chemisch analysiert. Abb. 11.1 zeigt die durchschnittlichen Gehalte der untersuchten 40 Tagesportionen an Energie, Fett, Protein, Kohlenhydraten, Ballaststoffen, Calcium, Eisen und Vitamin C verglichen mit der Zufuhrempfehlung der Deutschen Gesellschaft für Ernährung. Der

Energiegehalt war mit 155 % der empfohlenen Menge reichlich, die bei uns übliche ungünstige Nährwertrelation mit zuviel Fett und Eiweiß und zuwenig Kohlenhydraten wurde auch hier bestätigt. In Übereinstimmmung mit der älteren Untersuchung von MUSKAT & WEIDEMANN (1982) waren Ballaststoff- und Vitamin-C-Gehalt auffallend niedrig. Auch das Angebot an Calcium lag mit 69 % deutlich unter der Empfehlung.

In einer Fragebogenaktion der Verbraucherzentralen Hessen und Hamburg (1990) wurde anhand von Speiseplänen aus 145 Seniorenheimen eine Beurteilung des Nahrungsangebots vorgenommen und dementsprechend festgestellt, daß zuwenig hochwertige, nährstoffreiche Lebensmittel angeboten werden. Überwiegend wird traditionelle „Hausmannskost" mit einer fleischhaltigen Mittagsmahlzeit serviert, nur selten Salat und frisches Obst und kaum Getreideprodukte. Die angebotenen Zwischenmahlzeiten bestehen zu 45 % aus Keksen und Kuchen, die Abendmahlzeit aus Brot mit Käse oder Wurst.

Insgesamt bestätigen diese Ergebnisse für die Essensversorgung in Heimen die Probleme anderer Einrichtungen der Gemeinschaftsverpflegung, in Kantinen und Krankenhäusern (GEBHARDT & KLUTHE 1993, HAUENSTEIN & MUSKAT 1986, JEKAT 1982, SCHAUDER et al. 1993).

Ein vermehrtes Angebot von Obst, Gemüse, Milch- und Vollkornprodukten sind zur Verbesserung der Situation dringend wünschenswert (vgl. Kap. 11.1).

Nahrungsaufnahme von Heimbewohnern

Neben der Frage nach der Qualität des Nahrungsangebots ist es von Interesse, wieviel von den angebotenen Mahlzeiten tatsächlich verzehrt wird.

Zahlreiche Studien über die Nahrungsaufnahme von Heimbewohnern in den USA ergaben für die meisten Nährstoffe Zufuhrmengen, die unter der empfohlenen Tagesmenge liegen und auch niedriger sind als bei zuhause lebenden Senioren (BROWN 1977, JANSEN & HARRILL 1977, JUSTICE et al. 1974, LÖWIK et al. 1992, NGUYEN et al. 1985, STIEDEMAN et al. 1978, THOMAS 1994, VIR & LOVE 1979).

Nicht verwunderlich ist demzufolge, daß häufig unbefriedigende Ernährungszustände bei Heimbewohnern sowie Gewichtsverlust und Verschlechterungen des Ernährungszustands im Verlauf des Heimaufenthalts beschrieben werden (s. Kap.6.2.2).

Die Ursachen für eine unzureichende Nahrungs- und Nährstoffaufnahme sind außer im unbefriedigenden Essensangebot sowohl im häufig schlechten Gesundheits- und Allgemeinzustand der Bewohner (vgl. Kap. 7.1) als auch in unzureichenden pflegerischen Maßnahmen in Zusammenhang mit der Ernährung zu suchen. Neben einem bedarfsgerechten, hygienisch einwandfreien Angebot, das Ernährungsgewohnheiten und Vorlieben der Essensteilnehmer berücksichtigt, spielen soziale Aspekte des Lebens im

Heim, die Atmosphäre beim Essen, psychische Befindlichkeit der Bewohner und Engagement des Pflegepersonals eine große Rolle für Appetit und Nahrungsaufnahme. Unzureichende Aufmerksamkeit des Pflegepersonals für Ernährungsprobleme, Zeitmangel, Hektik und Lärm beim Essen, eine ungünstige Sitzordnung und wenig ansprechende Umgebung im Speisesaal können zu einer schlechten Ernährungsversorgung beitragen (Davies & Snaith 1980a,b, Elmstahl et al. 1987, Sidenvall & Ek 1993, Sullivan et al. 1989). Darüber hinaus können unnötigerweise verordnete restriktive Diäten die Entstehung von Ernährungsdefiziten begünstigen.

11.2.3 Maßnahmen zur Verbesserung der Ernährungssituation in Heimen

Zur Verbesserung der Ernährungssituation von Senioren in Heimen sind Bemühungen zur Optimierung von Nährstoffangebot und -verzehr erforderlich und dringend wünschenswert.

Ziel ist es dabei, sowohl der Entstehung von Unterernährung vorzubeugen als auch bereits bestehende Ernährungsdefizite auszugleichen.

Einerseits können regelmäßige Nährwertberechnungen des Essensangebots zur Qualitätskontrolle und Qualitätssicherung auch in Einrichtungen der Seniorenverpflegung beitragen, andererseits muß neben einem optimalen Nährstoffangebot auch die Nahrungsaufnahme gesichert sein. Die Atmosphäre beim Essen muß stimmen, nötige Hilfeleistungen müssen erbracht werden, Hemmnisse für eine ausreichende Nahrungsaufnahme im Einzelfall erkannt und beseitigt werden (vgl. Kap. 8.4.2).

Zur besseren Ernährungsversorgung werden daher auch in Heimen nach dem Vorbild amerikanischer Kliniken Ernährungsteams gefordert, die sich um die Ernährungsbedürfnisse und -probleme der Bewohner kümmern (Abbasi & Rudman 1994, Henderson 1988). Regelmäßige standardisierte Erfassung von Ernährungszustand und Risikofaktoren für Mangelernährung wären zur frühzeitigen Erkennung von Ernährungsproblemen und als Voraussetzung für geeignete Interventionsmaßnahmen wünschenswert (vgl. Kap. 8.2). Die Erstellung eines Interventionsplans mit realistischen Zielen erleichtert die praktische Umsetzung möglicher Maßnahmen. In jedem Fall sind gemeinsame Bemühungen von Heimleitung, Bewohnern, Küchen- und Pflegepersonal zur Optimierung der Nährstoffversorgung älterer Heimbewohner unumgänglich. Schulungs- und Fortbildungsmaßnahmen für die beteiligten Berufsgruppen können zur Steigerung des Ernährungsbewußtseins und Verbesserung der Situation beitragen.

Weitere Untersuchungen über die Ernährungsituation in Heimen, über die diätetischen Erfordernisse älterer Menschen in verschiedenen Gesundheitssituationen und über die Effizienz verschiedener Interventionsmaßnahmen sind als Grundlage für ein angemessenes Vorgehen zur Verbesserung der Situation dringend erforderlich.

11.3 Essen auf Rädern

Mobile Mahlzeitendienste, sogenanntes „Essen auf Rädern", versorgen ältere Menschen und hilfsbedürftige Personen in ihrem eigenen Haushalt regelmäßig mit fertigen oder fast fertigen Mahlzeiten.

Essen auf Rädern wurde 1943 in England eingeführt und hat inzwischen in vielen Ländern seinen festen Platz. In der Bundesrepublik gibt es derartige Mahlzeitendienste seit 1961 (Berglar 1984). 1984 wurden etwa 100 000 Essensteilnehmer in der Bundesrepublik mit Essen auf Rädern beliefert (Berglar 1984). 1992 wurden allein in München über 700 000 Essen an 3564 Personen verteilt (Metges et al. 1994). In erster Linie machen über 75jährige und Alleinlebende von dieser Möglilchkeit der Essensversorgung Gebrauch.

Verschiedene Systeme sind dabei im Einsatz. Die sogenannte Warmverpflegung wird meist in Großküchen von Kliniken, Altenheimen oder auch Fernküchen zubereitet und täglich außer sonn- und feiertags warm ausgeliefert. Neben frisch zubereiteten, warmgehaltenen Mahlzeiten werden aufbereitete tiefgefrorene Gerichte oder Tiefkühlmenüs angeboten. Teilweise werden auch sogenannte rohe Rationen, d. h. zum Garen vorbereitete Speisen, oder sterilisierte Mahlzeiten in Kunststoffbeuteln verteilt.

Die Häufigkeit des Besuchs variiert je nach System zwischen 1 und 7 mal pro Woche.

Tiefkühlmenüs können meist aus verschiedenen Komponenten zusammengestellt werden und werden üblicherweise in einem Wochenkarton ausgefahren. Notwendige Tiefkühlgeräte können vom Hersteller oder von Sozialstationen ausgeliehen werden.

Für Menschen, die an ihre Wohnung gebunden sind, Probleme bei Einkauf und Zubereitung haben, aber dennoch in ihren eigenen vier Wänden leben möchten, ist es äußerst praktisch, wenn Mahlzeitendienste die Versorgung mit der täglichen warmen Mahlzeit übernehmen. Häufig tragen Mahlzeitendienste dazu bei, eine Heimeinweisung zu vermeiden und ermöglichen trotz eingeschränkter Mobilität und Behinderung ein eigenständiges Leben in gewohnter Umgebung.

Essen auf Rädern liefert so einen wertvollen Beitrag zur Erhaltung und Förderung der Selbständigkeit älterer hilfsbedürftiger Menschen. Sowohl die Essensversorgung als auch der Kontakt mit dem Mahlzeitenauslieferer kann dazu beitragen, die Lebensqualität zu verbessern.

Durch einmal wöchentliche Ausgabe bei Tiefkühlmenüs entfallen die täglichen Kontakte mit der ausliefernden Person und dadurch mögliche Kontroll- bzw. Hilfsmöglichkeiten allerdings. Menüs, die nicht warm angeliefert werden, erfordern von den Senioren außerdem mehr Eigenaktivität und Selbständigkeit für die weitere Zubereitung. Je nach körperlicher und geistiger Verfassung kann sich dies im Sinne von Förderung der Eigenaktivität positiv auswirken oder aber auch den Essensteilnehmer überfordern.

Der tatsächliche Nutzen und die gesundheitliche Bedeutung von Essen auf Rädern wurden bisher kaum untersucht. Allgemein wird von der Annahme ausgegangen, daß die Bereitstellung warmer Mahlzeiten für Senioren zuhause deren Essensversorgung und Nahrungsqualität automatisch verbessert und das Risiko für Mangelernährung dadurch abnimmt (Roe 1994b).

11.3.1 Qualität der Mahlzeiten

Durch die zentrale Herstellung und lange Transportwege der Mahlzeiten müssen häufig lange Warmhaltezeiten in Kauf genommen werden, die sich negativ auf die sensorische und ernährungsphysiologische Qualität der Gerichte auswirken. Oft ist die Temperatur der Speisen bei der Ankunft in der Wohnung der Senioren zu niedrig, das Essen nur noch lauwarm (Elaine & Darling 1988).

Eine ältere englische Untersuchung aus dem Jahr 1973 kam zu dem Ergebnis, daß nur 27 % der Mahlzeiten in einer Zeit von unter 2,5 Stunden nach dem Garende ausgeliefert waren (Glew 1983). Bereits in dieser Zeit muß mit einer erheblichen Beeinträchtigung thermolabiler Inhaltsstoffe gerechnet werden. In einer Münchner Untersuchung aus den Jahren 1992/93 lag die maximale Warmhaltedauer von 7 Wohlfahrtsverbänden, die Essen auf Rädern ausliefern, zwischen 1,5 und 3,75 Stunden (Metges et al. 1994).

In der gleichen Studie wurde auch der ernährungsphysiologische Wert der Mahlzeiten von Essen auf Rädern untersucht. Metges et al. (1994) überprüften den Hauptnährstoffgehalt von jeweils 2 Wochensortimenten der 3 Hersteller von Tiefkühlmenüs anhand der Herstellerangaben. Auch hier wurden wie bei den Untersuchungen in Altenheimen ein zu hoher Fettgehalt und ein zu geringes Angebot hochwertiger Lebensmittel festgestellt. Die Autoren schließen aus ihrer Untersuchung, daß die ernährungsphysiologische Qualität der Mittagsmahlzeiten stark verbesserungswürdig ist.

Auch andere Untersuchungen fanden ähnlich ungünstige Verhältnisse der Hauptnährstoffe beim Mittagessen (BERGLAR 1984, ELAINE & DARLING 1988).

Teilnehmern von Mahlzeitendiensten ist daher zu empfehlen, ihre Ernährung durch nährstoffreiche Lebensmittel und Gerichte bei den restlichen Mahlzeiten des Tages aufzuwerten.

11.3.2 Beurteilung durch die Senioren

Die Mahlzeiten tragen nur dann zur Nährstoffversorgung bei, wenn sie auch gegessen werden. Es ist daher auch hier wichtig, Gewohnheiten alter Menschen, geschmackliche Wünsche und Vorlieben zu berücksichtigen. Erfahrungsgemäß werden „moderne" Gerichte eher abgelehnt als traditionelle und regionale Speisen (BERGLAR 1984).

Ein Essen wird als gut beurteilt, wenn es schmeckt und bekommt. Optik und Portionsgröße sind weitere Beurteilungskriterien.

Nach Beobachtungen von BERGLAR (1984) werden von älteren Menschen zartes Fleisch und Gemüse wegen verminderter Kauleistung und eine mildere Würzung wegen teilweiser Ablehnung von Salz bevorzugt. Einer Befragung von 5300 Essensteilnehmern von Essen auf Rädern zufolge zählen Rotkohl, Sauerkraut, Spinat, Sauerbraten, Hähnchenschlegel, Schweinebraten, Kartoffelsuppe mit Wiener Würstchen und Apfelpfannkuchen zu den besonders beliebten Speisen. Weniger beliebt waren dagegen Lauch, Bohnen und Erbsen, gefüllte Paprika, Zigeunerklöße, Szegediner Gulasch, Reis, Maultaschen, Wirsing- und Möhreneintopf.

11.4 Gemeinschaftsessen in Seniorenzentren

Neben der Gemeinschaftsverpflegung von Senioren, die in Heimen leben, und dem Angebot von Essen auf Rädern gibt es in zunehmendem Maß das Angebot gemeinsamer Mahlzeiten in Seniorenzentren oder Sozialstationen. Überwiegend von Gemeinden, aber auch von Hilfsorganisationen organisiert, werden kleinere Gruppen von Senioren mit einer warmen Mahlzeit versorgt. Häufig werden Frühstücksbüffets und Nachmittagskaffees angeboten.

Auch manche Altenheime bieten für die Senioren der Umgebung die Möglichkeit, am Gemeinschaftsessen im Heim teilzunehmen.

Da das gemeinsame Essen alleinlebenden Senioren Abwechslung im Tagesablauf und die Möglichkeiten sozialer Kontakte bietet, sind derartige Einrichtungen besonders begrüßenswert. Bekanntschaften können geknüpft und Verabredungen für andere gemeinsame Aktivitäten getroffen werden.

Voraussetzung ist jedoch Mobilität, nicht zu große Entfernungen zwischen Wohnung und Mahlzeitenort und innere Aufgeschlossenheit anderen älteren Menschen gegenüber.

Erfahrungen über Akzeptanz und Nutzen dieser Mahlzeitenangebote liegen bisher nicht vor.

Literatur

ABBASI AA, RUDMAN D (1993): Observations on the prevalence of protein-calorie undernutrition in VA nursing homes. J. Am. Geriatr. Soc. 41, 117-121.

ABBASI AA, RUDMAN D (1994): Undernutrition in the nursing home: Prevalence, consequences, causes and prevention. Nutr. Rev. 52, 113-122.

ADELMAN RC (1975): Impaired hormonal regulation of enzyme activity during aging. Fed. Proc. 34, 179-182.

ADOLF T, SCHNEIDER T, EBERHARD W et al. (1995): Ergebnisse der Nationalen Verzehrsstudie (1985-1988) über die Lebensmittel- und Nährstoffaufnahme in der Bundesrepublik Deutschland. In: KÜBLER W, ANDERS HJ, HEESCHEN W (Hrsg.): VERA-Schriftenreihe Band IX. Wissenschaftl. Fachverlag Dr. Fleck, Niederkleen.

AGARVAL N, ACEVEDO F, LEIGHTON LS et al. (1988): Predictive ability of various nutritional variables for mortality in elderly people. Am. J. Clin. Nutr. 48, 1173-1178.

ALBANESE AA (1952): Protein requirements of old age. Geriatrics 7, 109-116.

ALBANESE AA et al. (1957): Protein and amino acid needs in the aged in health and convalescence. Geriatrics 12, 465-475.

ALLMAN RM (1989): Epidemiology of pressure sores in different populations. Decubitus 2, 30-33.

ALLMAN RM, LAPRADE CA, NOEL LB et al. (1986): Pressure sores among hospitalized patients. Ann. Intern. Med. 105, 337-342.

ALOIA JF, MCGOWAN DM, VASWANI AN et al. (1991): Relationship of menopause to skeletal and mucle mass. Am. J. Clin. Nutr. 53, 1378-1381.

ANDERSON KE, KVORNING SA (1982): Medical aspects of decubital ulcer. Int. J. Dermatol. 21, 265-270.

ANDRES R, ELAHI D, TOBIN JD et al. (1985): Impact of age on weight goals. Ann. Intern. Med. 106, 1030-1033.

ANDREWS J, LETCHER M, BROOK M (1969): Vitamin C supplementation in the elderly: A 17-month trial in an old person's home. Br. Med. J. 2, 416-418.

ANURAS S, SUTHERLAND J (1984): Small intestinal manometry in healthy elderly subjects. J. Am. Geriatr. Soc. 32, 581-583.

ARAB L (1985): Ernährungszustand von Senioren - Ergebnisse einer repräsentativen Bevölkerungsuntersuchung. Ernährungs-Umschau 32, 67-71.

ARAB L, KOHLMEIER W, SCHLIERF G (1984): Bedarfsdeckung mit Mineralstoffen und Vitaminen: Ältere Menschen. In: DEUTSCHE GESELLSCHAFT FÜR ERNÄHRUNG (Hrsg.): Ernährungsbericht 1984, S.59-65. Druckerei Henrich, Frankfurt/Main.

ARCIERO PJ, GORAN MI, GARDNER AM et al. (1993): A practical equation to predict resting metabolic rate in older females. J. Am. Geriatr. Soc. 41, 389-395.

ARORA NS, ROCHESTER DF (1982): Respiratory muscle strength and maximal voluntary ventilation in undernourished patients. Am. Rev. Respir. Dis. 126, 5-8.

ARORA S, KASSARJAN Z, KRASINSKI SD et al. (1989): Effect of age on tests of intestinal and hepatic function in healthy humans. Gastroenterology 96, 1560-1565.

ARVIDSON K (1979): Location and variation in number of taste buds in human fungiform papillae. Scand. J. Dent. Res. 87, 435-442.

ASPLUND K, NORMARK M, PETTERSON V (1981): Nutritional assessment of psychogeriatric patients. Age and Ageing 10, 87-94.

Axelson K, Asplund K, Norberg A, Alafuzoff I (1988): Nutritional status in patients with acute stroke. Acta Med. Scand. 244, 217-224.
Bach M, Nikolaus T, Siezen S et al. (1995): Nutritional status of elderly patients: identification of risk-factors for malnutrition with a short screening test. Federation of European Nutrition Societies. 7th European Nutrition Conference, Vienna, Book of Abstracs, 58.
Baker H, Frank O, Thind IS (1979): Vitamin profiles in eldely persons living at home or in nursing homes, versus profile in healthy young subjects. J. Am. Geriatr. Soc. 27, 444-450.
Baker JP, Detsky AS, Wesson DE et al. (1982): Nutritional assessment. A Comparison of clinical judgement and objective measurements. N. Engl. J. Med. 306, 969-972.
Banerjee AK, Brocklehurst JC, Wainwright H, Swindell R (1978): Nutritional status of long-stay geriatric in-patients: effects of a food supplement (complain). Age and Ageing 7, 237-243.
Baran DT, Sorensen A, Grimes J et al. (1990): Dietary modification with dairy products for preventing vertebral bone loss in premenopausal women. J. Clin. Endocr. Metab. 70, 260-270.
Barer DH (1989): The natural history and functional consequences of dysphagia after hemispheric stroke. J. Neurol. Neurosurg. Psychiatry 52, 236-241.
Bartos V, Groh J (1969): The effect of repeated stimulation of the pancreas on the pancreatic secretion in young and aged men. Gerontol. Clin. 11, 56-62.
Bassey EJ, Terry AM (1986): The oxygen cost of walking in the elderly. J. Physiol. 373, 42P.
Bastow MD, Rawlings J, Allison SP (1983a): Undernutrition, hypothermia and injury in elderly women with fractured femur: an injury response to altered metabolism? Lancet i, 143-146.
Bastow MD, Rawlings J, Allison SP (1983b): Benefits of supplementary tube feeding after fractured neck of femur: A randomised controlled trial. Br. Med. J. 287, 1589-1592.
Basu TK, Jordan SJ, Jenner M (1976): Blood values of some vitamins in long-stay psycho-geriatric patients. Int. J. Vit. Nutr. Res. 46, 61-65.
Baum BJ (1981): Evaluation of stimulated parotid saliva flow rate in different age groups. J. Dent. Res. 60, 1292-1296.
Baum BJ (1989): Salivary gland fluid secretion during aging. J. Am. Geriatr. Soc. 37, 453-458.
Baumgartner RN, Rhyne RL, Garry PJ, Heymsfield SB (1993): Imaging techniques and anatomical body composition in aging. J. Nutr. 123, 444-448.
Baxter JC (1980): The nutritional intake of complete denture patients: a computerized study. J. Indiana Dent. Assoc. 59, 14-17.
Baxter JC (1984): The nutritional intake of geriatric patients with varied dentitions. J. Prosthet. Dent. 51, 164-168.
Beach RS, Gershwin ME, Hurley LS (1982): Nutritional factors and autommunity. Prolongation of survival in zinc-deprived NZB-W mice. J. Immunol. 128, 303-313.
Becker HG, Brodhagen D, Steller W (1990): Das Ernährungs- und Informationsverhalten von Senioren. AID-Verbraucherdienst 35, Heft 8, 169-173.
Bell IR, Edman JS, Miller JW et al (1990): Relationship of normal serum vitamin B_{12} and folate levels to cognitive test performance in subtypes of geriatric major depression. J. Geriatr. Psychiatry Neurol. 3, 98-105.

BELLIN O, ARAB L, SCHLIERF G (1986): Wie ernähren sich ältere Menschen in der Bundesrepublik Deutschland? In: SCHLIERF G (Hrsg.): Ernährung und Alter, S. 26-36. Wissenschaftliche Verlagsgesellschaft Stuttgart.

BENDER AE (1984): Institutional malnutrition. Br. Med. J. 288, 92-93.

BERGLAR T (1984): Ernährung im Alter: Situationsanalyse „Essen auf Rädern“. Ernährungs-Umschau 31, 309-313.

BERLOWITZ DR, WILKING SVB (1989): Risk factors for pressure sores. A comparison of cross-sectional and cohort-derived data. J. Am. Geriatr. Soc. 37, 1043-1050.

BERRY WTC (1972): Mastication, food and nutrition. Dent. Pract. 22, 249-253.

BERTHÉLEMY P, BOUISSON M, VELLAS B et al. (1992): Postprandial cholecystokinin secretion in elderly with protein-energy undernutrition. J. Am. Geriatr. Soc. 40, 365-369.

BERTOLINI AM (1969): Gerontologic metabolism. CC Thomas, Springfield, Illinois.

BERTRAND HA, LYND FT, MASORO EH (1980): Changes in adipose mass and cellularity through the adult life of rats fed ad libitum or a life-prolonging restricted diet. J. Gerontol. 35, 827-853.

BIANCHETTI A, ROZZINI R, CARABELLESE C, ZANETTI O (1990): Nutritional intake, socioeconomic conditions and health status in a large elderly population. J. Am. Geriatr. Soc. 38, 521-526.

BIENIA R, RATCLIFF S, BARBOUR GS, KUMMER M (1982): Malnutrition in the hospitalized geriatric patient. J. Am. Geriatr. Soc. 30, 433-436.

BJÖRNTORP P (1990): Portal adipose tissue as a generator of risk factors for cardiovascular disease and diabetes. Arteriosclerosis 10, 493-496.

BLACK DA, HEDUAN E, MITCHELL D (1988): Hepatic stores of retinol and retinyl esters in elderly people. Age and Ageing 17, 337-342.

BLACKBURN GL, BISTRIAN BR, MAINI BS et al. (1977): Nutritional and metabolic assessment of the hositalized patient. J. Parent. Ent. Nutr. 1, 11-22.

BLOCK G (1991): Dietary guidelines and the results of food consumption surveys. Am. J. Clin. Nutr. 53, 356S-357S.

BLOESCH D, BREITENSTEIN E, JEQUIR E, FELBER JP (1988): Thermogenic response to an oral glucose load in man: comparison between young and elderly subjects. J. Am. Coll. Nutr. 7, 471-483.

BLUM M, AVERBUCH M, WOLMAN Y, AVIRAM A (1989): Protein intake and kidney function in humans: its effects on 'normal aging'. Arch. Intern. Med. 149, 211-212.

BMG s. Bundesministerium für Gesundheit.

BODE C, BODE JC (1995): Ernährungs- und Gesundheitsstörungen durch Alkoholmißbrauch. In: BIESALSKI HK, FÜRST P, KASPAR H et al. (Hrsg.): Ernährungsmedizin, S. 378-395. Georg Thieme Verlag, Stuttgart.

BOGDEN JD, BENDICH A, KEMP FW et al. (1994): Daily micronutrient supplements enhance delayed hypersensitivity skin test responses in older people. Am. J. Clin. Nutr. 60, 437-447.

BOGDEN JD, OLESKE JM, LAVENHAR MA et al. (1990): Effects of one year of supplementation with zinc and other micronutrients on cellular immunity in the elderly. J. Am. Coll. Nutr. 9, 214-225.

BORKAN GA, HULTS DE, GLYNN RJ (1983): Role of longitudinal change and secular trend in age differences in male body dimensions. Hum. Biol. 55, 629-641.

BORKAN GA, NORRIS AH (1977): Fat redistribution and the changing body dimensions of the adult male. Hum. Biol. 49, 495-514.

BORST SE, MILLARD WJ, LOWENTHAL DT (1994): Growth hormone, exercise and ageing: The future of therapy for the frail elderly. J. Am. Geriatr. Soc. 42, 528-535.

Bosch TH (1995): Nierenerkrankungen. In: Biesalski HK, Fürst P, Kasper H et al (Hrsg.): Ernährungsmedizin, S. 332-341. Georg Thieme Verlag, Stuttgart .
Bowman BA, Rosenberg IH (1982): Assessment of the nutritional status of the elderly. Am. J. Clin. Nutr. 35, 1142-1151.
Bowman BA, Rosenberg IH, Johnson MA (1992): Gastrointestinal function in the elderly. In: Munro HN, Schlierf G (eds.): Nutrition of the elderly. Nestlé Nutrition Workshop Series, Vol. 29, 43-50. Raven Press, New York.
Bradley RM (1988): Effects of aging on the anatomy and neurophysiology of taste. Gerodontics 4, 244-248.
Bradley RM, Stedman HM, Mistretta CM (1985): Age does not affect numbers of taste buds and papillae in adult rhesus monkeys. Anat. Rec. 212, 246-249.
Branch LG, Flower FJ (1975): The health care needs of the elderly and chronically disabled in Massachusetts. Submission to Massachusetts Department of Public Health by Survey Research Program. University of Massachusetts, Boston.
Brandeis GH, Morris JN, Nash DJ, Lipsitz LA (1990): The epidemiology and natural history of pressure ulcers in elderly nursing home residents. J. Am. Med. Assoc. 264, 2905-2909.
Bray GA (1987): Definition, measurement and classification of the syndromes of obesity. Int. J. Obesity 2, 99-112.
Brenner U, Müller JM, Keller HW et al. (1987): Der Vergleich prognostischer Ernährungsindizes zur präoperativen Erfassung von Risokopatienten. Eine prospektive Prüfung. Infusionstherapie 14, 215-221.
Breslow RA, Hallfrisch J, Goldberg AP (1991): Malnutrition in tube-fed nursing home patients with pressure sores. J. Parent. Ent. Nutr. 15, 663-668.
Breslow RA, Hallfrisch J, Guy DG et al. (1993): The importance of dietary protein in healing pressure ulcers. J. Am. Geriatr. Soc. 41, 357-362.
Brocklehurst JC, Griffiths LL, Taylor GF (1968): The clinical features of chronic vitamin deficiency - A therapeutic trial in geriatric hospital patients. Gerontol. Clin. 10, 309-320.
Brodhagen D (1993): Ernährungsaufklärung älterer Menschen. Sankt Augustin: Asgard-Verlag Hippe.
Brodhagen D, Becker HG, Steller W (1990): Ernährung im Alter - Ernährungsbewußtsein von Senioren. Ernährungs-Umschau 37, 365-367.
Brown EL (1976): Factors influencing food choices and intake. Geriatrics 31, 89-92.
Brown PT, Bergan JG, Parson EP, Krol I (1977): Dietary status of elderly people. J. Am. Diet. Assoc. 71, 41-45.
Brubacher G (1979): Relevance of borderline vitamin deficiency in relation to the question of vitamin requirement. Bibl. Nutr. Dieta 28, 176-183. Karger, Basel.
Brubacher G (1989): Vitamin deficiency in the elderly. Bibl. Nutr. Dieta 44, 60-75. Karger, Basel.
Bucht G, Sandman PO (1990): Nutritional aspects of dementia, especially Alzheimer's disease. Age and Ageing 19, S32-S36.
Buckler DA, Kelber ST, Goodwin JS (1994): The use of dietary restrictions in malnourished nursing home patients. J. Am. Geriatr. Soc. 42, 1100-1102.
Bullamore JR, Gallagher JC, Wilkonson R et al. (1970): Effect of age on calcium absorption. Lancet ii, 535-537.
Bundesministerium für Gesundheit (Hrsg.) (1991): Daten des Gesundheitswesens. Ausgabe 1991. Schriftenreihe des Bundesministeriums für Gesundheit Band 3. Nomos Verlagsgesellschaft, Baden-Baden.

Burns A, Marsh A, Bender D (1989): Dietary intake and clinical, anthropometric and biochemical indices of malnutrition in elderly demented patients and non-demented subjects. Psychol. Med. 19, 383-391.

Burns R, Nichols L, Calkins E (1986): Nutritional assessment of community-living well elderly. J. Am. Geriatr. Soc. 34, 781-786.

Burr ML, Milbank JE, Gibbs D (1982a): The nutritional status of the elderly. Age and Ageing 11, 89-96.

Burr ML, Lennings CI, Milbank JE (1982b): The prognostic significance of weight and of vitamin C status in the elderly. Age and Ageing 11, 249-255.

Burr ML, Phillips KM (1984): Anthropometric norms in the elderly. Br. J. Nutr. 51, 165-169.

Busse EW (1987): How mind and body and environment influence nutrition in the elderly. Postgrad Med. 63, 118-125.

Calloway DH, Zanni E (1980): Energy requirements and energy expenditure of elderly men. Am. J. Clin. Nutr. 33, 2088-2092.

Campbell AJ, Spears GFS, Brown JS et al. (1990): Anthropometric measurements as predictors of mortality in a community population aged 70 years and over. Age and Ageing 19, 131-135.

Campbell WW, Crim MC, Dallal GE et al. (1994): Increased protein requirements in elderly people: new data and retrospective reassessments. Am. J. Clin. Nutr. 60, 501-509.

Campillo B, Bories PN, Devanlay N et al. (1992): Aging, energy expenditure and nutritional status: Evidence for denutrition-related hyper-metabolism. Ann. Nutr. Metab. 36, 265-272.

Campion EW, deLabry LO, Glynn RJ (1988): The effect of age on serum albumin in healthy males: report from the Normative Aging Study. J. Gerontol 43, M18-M20.

Carlos JP, Wolfe MD (1989): Methodological and nutritional issues in assessing the oral health of aged subjects. Am. J. Clin. Nutr. 50, 1210-1218.

Carpentier YA, Barthel J, Bruyns J (1982): Plasma protein concentration in nutritional assessment. Proc. Nutr. Soc. 41, 405-417.

Cashman MD (1991): The aging gut. In: Chernoff R (ed.): Geriatric nutrition: the health professional´s handbook. Gaithersburg, Md, Aspen Publications.

Cashman MD, Wightkin WT (1987): Geriatric malnutrition: Recognition and prevention. Compr. Ther. 13 (3), 45-51.

Castle SC (1989): Constipation: endemic in the elderly. Med. Clin. N. Am. 73, 1497-1501.

Cederholm T, Hellström K (1992): Nutritional status in recently hospitalized free-living elderly subjects. Gerontology 38, 105-110.

Cederholm T, Jägren C, Hellström K (1993): Nutritional status and performance capacity in internal medical patients. Clin. Nutr. 12, 8-14.

Chandra RK (1989): Nutritional regulation of immunocompetence and risk of disease. In: Horwitz A, Macfadyen DM, Munro H et al. (eds.): Nutrition in the elderly, 203-218. Oxford University Press, Oxford.

Chandra RK (1990): The relation between immunology, nutrition and disease in elderly people. Age and Ageing 19, S25-S31.

Chandra RK (1992a): Nutrition and immunity in the elderly. Nutr. Rev. 50, 367-371.

Chandra RK (1992b): Effect of vitamin and trace-element supplementation on immune responses and infection in elderly subjects. Lancet 340, 1124-1127.

CHANDRA RK, JOSHI P, AU B, WOODFORD G (1982): Nutrition and immunocompetence of the elderly: effect of short-term nutritional supplementation on cell-mediated immunity and lymphocyte subsets. Nutr. Res. 2, 223-232.

CHANDRA RK, PURI S (1985): Nutritional support improves antibody response to influenza virus vaccine in the elderly. Br. Med. J. 291, 705-706.

CHAUHAN J, HAWRISH ZJ, GEE M et al. (1987): Age-related olfactory and taste changes and interrelationships between taste and nutrition. J. Am. Diet. Assoc. 87, 1543-1550.

CHAUNCEY HH, BORKAN GA, WAYLER AH et al. (1981): Parotid fluid composition in healthy aging males. Adv. Physiol. Sci. 28, 323-328.

CHENG AHR, GOMEZ A, BERGAN J et al. (1978): Comparative nitrogen balance study between young and aged adults using three levels of protein intake from a combination of wheat-soy-milk mixture. Am. J. Clin. Nutr. 31, 12-22.

CHOMÉ J, PAUL T, PUDEL V et al. (1986): Effects of suboptimal vitamin status on behavior. Bibl. Nutr. Dieta 38, 94-103, Karger Basel.

CHRISTIANSEN U, HELM A, KIRSCHNICK B, KNIPPENBERG-DONNER S (1992): Bestandsaufnahme und Bewertung der Verpflegungssituation in Hamburger Alteneinrichtungen. Akt. Ernähr.-Med. 17, 210-214.

CHUMLEA WC, BAUMGARTNER RN (1989): Status of anthropometry and body composition data in elderly subjects. Am. J. Clin. Nutr. 50, 1158-1166.

CHUMLEA WC, GUO S (1992): Equations for predicting stature in white and black elderly individuals. J. Gerontol. 47, 197-201.

CHUMLEA WC, GUO SS, KUCZMARSKI RJ, VELLAS B (1993): Bioelectric and anthropometric assessments and reference data in the elderly. J. Nutr. 123, 449-453.

CHUMLEA WC, ROCHE AF, MUKHERJEE D, STEINBAUGH ML (1985a): Errors of measurement for methods of recumbent nutritional anthropometry in the elderly. J. Nutr. Elderly 5, 3-11.

CHUMLEA WC, ROCHE AF, STEINBAUGH ML (1985b): Estimating stature from knee height for persons 60 to 90 years of age. J. Am. Geriatr. Soc. 33, 116-120.

CHUMLEA WC, STEINBAUGH ML, ROCHE AF et al. (1985c): Nutritional anthropometric assessment in elderly persons 65 to 90 years of age. J. Nutr. Elderly 4(4), 39-51.

COGGAN AR, SPINA RJ, KING DS et al. (1992): Histochemical and enzymatic comparison of the gastrocnemius muscle of young and elderly men and women. J. Gerontol. 47, 71-76.

COHN JR, BUCKLEY CE, HOHL CA et al. (1983): Persistent cutaneuos cellular immune responsiveness in a nursing home population. J. Am. Geriatr. Soc. 31, 261-265.

COHN SH, VARTSKY D, YASUMURA S, et al. (1980): Compartmental body composition based on total body nitrogen, potassium and calcium. Am. J. Physiol. 239, E524-E530.

CONSTANS T, BACQ Y, BREÉCHOT JF et al. (1992): Protein-energy malnutrition in elderly medical patients. J. Am. Geriatr. Soc. 40, 263-268.

CONTALDO F, DI BIASE G, LANZETTA R et al. (1987): Nutritional status of the elderly in Naples. Int. J. Vit. Nutr. Res. 57, 193-202.

COULSTON AM (1995): Nutrition management in nursing homes. In: MORLEY LE, GLICK Z, RUBENSTEIN LZ (eds.): Geriatric nutrition. A comprehensive review, 295-302. Raven Press, New York.

CRISTOFALO VJ (1990): Overview of biological mechanisms of aging. Ann. Rev. Gerontol. Geriatr. 10, 1-22.

Cruz JAA, Moreiras-Varela O, van Staveren WA et al. (1991): Euronut - Seneca: Nutrition and the elderly in Europe. Intake of vitamins and minerals. Eur. J. Clin. Nutr. 45, Suppl.3, 121-139.

Davies ADM, Snaith PA (1980a): The social behaviour of geriatric patients at mealtimes: An observational and an intervention study. Age and Ageing 9, 93-99.

Davies ADM, Snaith PA (1980b): Mealtime problems in a continuing-care hospital for the elderly. Age and Ageing 9, 100-105.

Davies KN, King D, Davies H (1994): A study of the nutritional status of elderly with Parkinson's disease. Age and Ageing 23, 142-145.

Davies MA, Murphy SP, Neuhaus JM (1988): Living arrangements and eating behaviours of older adults in the United States. J. Gerontol. 43, S96.

de Groot LCPGM, Hautvast JGAJ, van Staveren WA (1991): Euronut - Seneca: Nutrition and the elderly in Europe. Eur. J. Clin. Nutr. 45, Suppl.3.

de Groot LCPGM, Hautvast JGAJ, van Staveren WA (1992): Nutrition and health of elderly people in Europe: The Euronut-Seneca Study. Nutr. Rev. 50, 185-194.

Delmi M, Rapin C-H, Benoga JM et al. (1990): Dietary supplementation in elderly patients with fractured neck of femur. Lancet 335, 1013-1016.

Dempsey DT, Mullen JL, Buzby GP (1988): The link between nutritional status and clinical outcome: can nutritional intervention modify it? Am. J. Clin. Nutr. 47, 352-356.

Department of Health (1993): Report on Health and Social Subjects No.43. The Nutrition of elderly people. London, HMSO, 2nd impression.

Department of Health and Social Security (1979): Nutrition and health in old age. Report on Health and Social Subjects No.16. Her Majesty's Stationary Office, London.

Detsky AS, Baker JP, Mendelson RA (1984): Evaluating the accuracy of nutritional assessment techniques applied to hospitalized patients: methodology and comparisons. J. Parent. Ent. Nutr. 8, 153-159.

Deurenberg P, van der Kooij K, Evers P, Hulshof T (1990): Assessment of body composition by bioelectrical impedance in a population aged > 60 years. Am. J. Clin. Nutr. 51, 3-6.

Deurenberg P, van der Kooy K, Leenen R et al. 1991): Sex and age specific prediction formulas for estimating body composition from bioelectrical impedance: a cross-validation study. Int. J. Obesity 15, 17-25.

Deutsche Gesellschaft für Ernährung (1988): Ernährungsbericht 1988. Frankfurt.

Deutsche Gesellschaft für Ernährung (1989): Faltblatt "Vollwertig Essen und Trinken nach den 10 Regeln der DGE". Frankfurt/Main.

Deutsche Gesellschaft für Ernährung (1991): Empfehlungen für die Nährstoffzufuhr. 5. Überarb., Umschau Verlag Frankfurt/Main.

Deutsche Gesellschaft für Ernährung (1994): Nährstoffempfehlungen für die Gemeinschaftsverpflegung: Spezielle Hinweise für Altenheime. Frankfurt/Main.

DGE s. Deutsche Gesellschaft für Ernährung

DHSS s. Department of Health and Social Security

Dickerson JWT (1989): Hospital Catering - a nutritional challenge? Nutrition and Health 6, 147-154.

Doll R, Peto R (1981): The causes of cancer: quantitative estimate of avoidable risks of cancer in the United States today. J. Natl. Cancer Inst. 66, 1191-1308.

Donald IP, Smith RG, Cruishank JG et al. (1985): A study of constipation in the elderly living at home. Gerontology 31, 112-118.

Doty RL, Shaman P, Applebaum SL et al. (1984): Smell identification ability: changes with age. Science 226, 1441-1443.

Drinka PJ, Goodwin JS (1991): Prevalence and consequences of vitamin deficiency in the nursing home: A critical review. J. Am. Geriatr. Soc. 39, 1008-1017.

Dupler TL, Cortes C (1993): Effects of a whole-body resisitve training regimen in the elderly. Gerontology 39, 314-319.

Durnin JVGA, Womersley J (1973): Body fat assessed from total body density and its estimation from skinfold thickness: measurements on 481 men and women aged from 16 to 72 years. Br. J. Nutr. 32, 77-97.

Dwyer JT, Coleman KA, Krall E et al. (1987): Changes in relative weight among institutionalized elderly adults. J. Gerontology 42, 246-251.

Eastwood MA, Smith AN, Brydon WG, Pichard J (1978): Comparison of bran, isphaghula and lactulose on colon function in diverticular disease. Gut 19, 1144-1147.

Ek A-C, Unosson M, Larsson H et al. (1991): The development and healing of pressure sores related to the nutritional state. Clin. Nutr. 10, 245-250.

Elahi VK, Elahi D, Andres R et al. (1983): A longitudinal study of nutritional intake in men. J Gerontol 38, 162-180.

Elaine H, Darling ME (1988): Home-delivered meals: Food quality, nutrient content and characteristics of recipients. J. Am. Diet. Assoc. 88, 55-59.

Ell M, Johnson P, Donnachie A, Philp I (1992): Why are nutritional needs of elderly patients not met? (abstract). Age and Ageing 21 Suppl. 1, P7.

Elmadfa I, Leitzmann C (1988): Ernährung des Menschen. Verlag Eugen Ulmer, Stuttgart.

Elmstahl S, Blabolil V, Fex G et al. (1987): Hospital nutrition in geriatric long-term care medicine. I. Effects of a changed meal environment. Compr. Gerontol. A1, 29-33.

Elmstahl S, Steen B (1987): Hospital nutrition in geriatric long-term care medicine: II. Effects of dietary supplements. Age and Ageing 16, 73-80.

Essatara MB, Levine AS, Morley JE, McClain CJ (1984): Zinc deficiency and anorexia in rats: Normal feeding patterns and stress-induced feeding. Physiol. Behav. 32, 469-474.

Evans E, Stock AL (1971): Diatary intake of geriatric patients in hospital. Nutr. Metab. 13, 21-35.

Evans JG (1992): Commentary: Metabolic switches in ageing. Age and Ageing 22, 79-91.

Everhardt JE, Go VLW, Johannes RS et al. (1989): A longitudinal survey of self-reported bowel habits in the United States. Dig. Dis. Sci. 34, 1153-1162.

Exton-Smith AN (1977): Malnutrition in the elderly. Proc. Roy. Soc. Med. 70, 615-619.

Exton-Smith AN (1982): Epidemiological studies in the elderly: methodological considerations. Am. J. Clin. Nutr. 35 (Suppl.), 1273-1279.

Falutz J, Huang A, Callow L, Haddad D (1992): A short questionnaire estimating the risk of malnutrition (letter to the editor). J. Am. Geriatr. Soc. 40, 976.

Fanelli MT, Stevenhagen KJ (1985): Characterizing consumption patterns by food frequency methods: core foods and variety of foods in diets of older Americans. J. Am. Diet. Assoc. 85, 1570-1576.

FAO/WHO/UNU (1985): Energy and protein requirements. Report of a Joint FAO/WHO/UNU Expert Consultation. Tech. Report Ser. No. 74. Geneva: World Health Organization.

FEIBUSCH JM, HOLT PR (1982): Impaired absorptive capacity for carbohydrate in the aging human. Dig. Dis. Sci. 27, 1095-1099.

FELDMAN RS, KAPUR KK, ALMAN JE, CHAUNCEY HH (1980): Aging and mastication: Changes in performance and in the swallowing threshold with natural dentition. J. Am. Geriatr. Soc. 28, 97-103.

FERGUSON RP, O'CONNOR P, CRABTREE B et al. (1993): Serum albumin and prealbumin as predictors of clinical outcomes of hospitalized elderly nursing home residents. J. Am. Geriatr. Soc. 41, 545-549.

FERNANDEZ G (1984): Nutritional factors: Modulating effects on immune function and aging. Pharmacol. Rev. 36, 1235-1275.

FERRY M, FOGLIOTTI MJ (1992): Nutrient-drug interactions in the elderly. Age & Nutrition 3, 148-151.

FIATARONE MA, MARKS EC, RYAN ND et al. (1990): High-intensity strength training in nonagenarians. J. Am. Med. Assoc. 263, 3029-3034.

FIATARONE MA, O'NEILL EF, RYAN ND et al. (1994): Exercise training and nutritional supplementation for physical frailty in very elderly people. N. Engl. J. Med. 330, 1769-1775.

FIDANZA F, COLI R, DAMIANI P et al. (1988): Nutritional status of a group of institutionalized elderly people in Perugia (Italy). Int. J. Vit. Nutr. Res. 58, 85-91.

FIDANZA F, COLI R, COLI AM et al. (1992): Nutritional status of a group of self-sufficient institutionalized elderly people in Perugia (Italy). Int. J. Vit. Nutr. Res. 62, 272-280.

FIDANZA F, SIMONETTI MS, CUCCHIA LM et al. (1984): Nutritional status of the elderly. II. Anthropometry, dietary and biochemical data of old pensioners in Perugia at the fifth year follow-up. Int. J. Vit. Nutr. Res. 54, 75-90.

FINUCANE P, RUDRA T, HSU R et al. (1988): Markers of the nutritional status in acutely ill elderly patients. Gerontology 34, 304-310.

FIRKY ME (1968): Exocrine pancreas function in the aged. J. Am. Geriatr. Soc. 16, 463-468.

FISCHER J, JOHNSON MA (1990): Low body weight and weight loss in the aged. J. Am. Diet. Assoc. 90, 1697-1706.

FLYNN MA, NOLPH GB, BAKER AS et al. (1989): Total body potassium in aging humans: a longitudinal study. Am. J. Clin. Nutr. 50, 713-717.

FLYNN MA, NOLPH GB, BAKER S, KRAUSE G (1992): Aging in humans: A continious 20-year study of physiologic and dietary parameters. J. Am. Coll. Nutr. 11, 660-672.

FOLSTEIN MF, FOLSTEIN SE, MCMUGH PR (1975): „Mini Mental State": A practical method for grading the cognitive state of patients for the clinician. J. Psychiatr. Res. 12, 189-198.

FORBES GB (1987): Human body composition. Growth, aging, nutrition and activity. Springer Verlag New York, Berlin, Heidelberg.

FORBES GB, REINA JC (1970): Adult lean body mass declines with age: some longitudinal observations. Metabolism 19, 653-663.

FORBES WF, HIRDES JP (1993): The relationship between aging and disease: Geriatric ideology and myths of senility. J. Am. Geriatr. Soc. 41, 1267-1271.

FORD AB, FOLMAR SJ, SALMON RB et al. (1988): Health and function in the old and very old. J. Am. Geriatr. Soc. 36, 187-197.

FORETTE B, TORTRAT D, WOLMARK Y (1989): Cholesterol as risk factor for mortality in elderly women. Lancet, April 22, 868-870.

FORETTE F, PANISSET M, BOLLER F (1992): Clinical trials in cognitive impairment in the elderly. Aging Clin. Exp. Res. 4, 239-250.

FOSTER DW (1989): Diabetes mellitus. In: HARRISON (Hrsg.): Prinzipien der Inneren Medizin, S. 2095-2118. Schwabe Verlag, Basel.

FOSTER MR, HEPPENSTALL RB, FRIEDENBERG ZB, HOZACK WJ (1990): A prospective assessment of nutritional status and complications in patients with fractures of the hip. J. Orthopedic Trauma 4, 49-57.

FRANKE H (1987): Hoch- und Höchstbetagte. Ursachen und Probleme des hohen Alters. Springer-Verlag Berlin, Heidelberg.

FRANKLIN CA, KARKECK J (1989): Weight loss and senile dementia in an institutionalized elderly population. J. Am. Diet. Assoc. 89, 790-792.

FRASER CG, CUMMINGS ST, WILKINSON SP et al. (1989): Biological variability of 26 clinical chemistry analytes in elderly people. Clin. Chem. 35, 783-786.

FRAUENRATH C, VOLKERT D, OSTER P, SCHLIERF G (1989): Verzehrsgewohnheiten Hochbetagter - Häufigkeit der Zufuhr nährstoffdichter Lebensmittel. Z. Gerontol. 22 , 11-15.

FREDRIX EWHM, SOETERS PB, DEURENBERG IM et al. (1990): Resting and sleeping energy expenditure in the elderly. Eur. J. Clin. Nutr. 44, 741-747.

FRIEDMAN PJ, CAMPBELL AJ, CARADOC-DAVIES TH (1985): Prospective trial of a new diagnostic criterion for severe wasting malnutrition in the elderly. Age and Ageing 14, 149-154.

FRIES JF (1992): Strategies for reduction of morbidity. Am. J. Clin. Nutr. 55, 1257S-1262S.

FRISANCHO AR (1981): New norms of upper limb fat and muscle areas for assessment of nutritional status. Am. J. Clin. Nutr. 34, 2540-2545.

FRISANCHO AR (1984): New standards of weight and body composition by frame size and height for assessment of nutritional status of adults and the elderly. Am. J. Clin. Nutr. 40, 808-819.

FRISONI GB, FRANZONI S, ROZZINI R et al. (1994): Nutritional index predicting mortality in the nursing home. J. Am. Geriatr. Soc. 42, 1167-1172.

FRONTERA WR, HUGHES VA, EVANS WJ (1991): A cross-sectional study of upper and lower extremity muscle strength in 45-78 year old men and women. J. Appl. Physiol. 71, 644-650.

FRONTERA WR, MEREDITH CN, O'REILLY KP et al. (1988): Strength conditioning in older men: skeletal muscle hypertrophy and improved function. J. Appl. Physiol 64, 1038-1044.

FUKAGAWA NK, BANDINI LG, YOUNG JB (1990): Effect of age on body composition and resting metabolic rate. Am. J. Physiol. 259, E233-E238.

FUKAGAWA NK, MINAKER KL, ROWE JW et al. (1988): Glucose and amino acid metabolism in aging man: differential effects of insulin. Metabolism 37, 371-377.

FÜLÖP T, WORUM I, CSONGOR J et al. (1985): Body composition in elderly people. I. Determination of body composition by multi-isotope methods and the elimination kinetics of these isotopes in healthy elderly subjects. J. Gerontol. 31, 6-14.

FÜLÖP T, WORUM I, VARGA P et al. (1989): Blood laboratory parameters of carefully selected healthy elderly people. Arch. Gerontol. Geriatr. 8, 151-163.

FÜSGEN I (1992) Obstipation. Schriftenreihe Geriatrie-Praxis. MMV Medizin-Verlag, München.

GAINSBOROUGH N, MASKRERY VL, NELSON ML et al. (1993): The association of age with gastric emptying. Age and Ageing 22, 37-40.

GALANOS AN, PIEPER, CF, CORONI-HUNTLEY JC et al. (1994): Nutrition and function: Is there a relationship beween body mass index and the functional capabilities of community-dwelling elderly? J. Am. Geriatr. Soc. 42, 368-373.

Gallagher JC, Riggs BL, Eisman J et al. (1979): Intestinal calcium absorption and serum vitamin D metabolites in normal subjects and osteoporotic patients. J. Clin. Invest. 64, 729-736.

Garibaldi RA, Brodine S, Matsumiya S (1981): Infections among patients in nursing homes. N. Engl. J. Med. 305, 731-735.

Garry PJ, Goodwin JS, Hunt WC (1982a): Nutritional status in a healthy elderly population: Riboflavin. Am. J. Clin. Nutr. 36, 902-909.

Garry PJ, Goodwin JS, Hunt WC, Gilbert BA (1982b): Nutritional status in a healthy elderly population: Vitamin C. Am. J. Clin. Nutr. 36, 332-339.

Garry PJ, Goodwin JS, Hunt WC et al. (1982c): Nutritional status in a healthy elderly population: Dietary and supplemental intakes. Am. J. Clin. Nutr. 36, 319-331.

Garry PJ, Hunt WC, Koehler KM et al. (1992): Longitudinal study of dietary intakes and plasma lipids in healthy elderly men and women. Am. J. Clin. Nutr. 55, 682-688.

Garry PJ, Hunt WC, VanderJagt DJ, Rhyne RL (1989): Clinical chemistry reference intervals for healthy elderly subjects. Am. J. Clin. Nutr. 50, 1219-1230.

Gebhardt A, Kluthe R (1993): Chemische Qualitätssicherung der Krankenhauskost unter besonderer Berücksichtigung von Mineralstoffen und Spurenelementen. Akt. Ernähr.-Med. 18, 296-304.

Geissler CA, Bates JF (1984): The nutritional effects of tooth loss. Am. J. Clin. Nutr. 39, 478-489.

Gersovitz M, Motil K, Munro HN, et al. (1982): Human protein requirements: assessment of the adequacy of the current recommended dietary allowance for dietary protein in elderly men and women. Am. J. Clin. Nutr. 35, 6-14.

Gersovitz M, Munro HN, Udall J, Young VR (1980): Albumin synthesis in young and elderly subjects using a new stable isotope methodology: Response level of protein intake. Metabolism 29, 1075-1086.

Gilat T, Horwitz C, Halpern Z et al. (1985): Gallstones and diet in Tel Aviv and Gaza. Am. J. Clin. Nutr. 41, 336-342.

Gilbert AN (1986): The neuropsychology of olfaction in Alzheimer´s disease. Neurobiol. Aging 7, 578-582.

Glatzer W (1992): Die Lebensqualität älterer Menschen in Deutschland. Z. Gerontol. 25, 137-144.

Glew G (1983): Gemeinschaftsverpflegung und Ernährung: Senioren. Ernährungs-Umschau 30, 21-22.

Glick Z (1992): Energy balance in the elderly. In: Munro H, Schlierf G (eds.): Nutrition of the elderly. Nestlé Nutrition Workshop Series, Vol. 29, 99-108. Raven Press, New York.

Gofferje H, Fekl W, Brand O, Rupprecht M (1979): Untersuchungen zur Mangelernährung in einer medizinischen Klinik. Z. Ernährungswiss. 18, 62-70.

Gofferje H, Mörsdorf J, Lang E (1980): Mangelernährung im Alter - Diagnostik und Therapie. Z. Gerontologie 13, 52-61.

Golay A, Schutz Y, Broquet C et al. (1983): Decreased thermogenic response to an oral glucose load in older subjects. J. Am. Geriatr. Soc. 31, 144-148.

Golden MHN, Waterlow JC, Picou D (1977): Protein turnover, synthesis and breakdown before and after recovery from protein-energy malnutrition. Clin. Sci. Mol. Med. 53, 473-477.

Goldschmiedt M, Barnett CC, Schwarz BE et al. (1991): Effect of age on gastric acid secretion and serum gastrin concentrations in healthy men and women. Gastroenterology 101, 977-990.

GOOD RA (1981): Nutrition and immunity. J. Clin. Immunol. 1, 3-11.
GOODRICK CL, INGRAM DK, REYNOLDS MA et al (1983): Effects of intermittent feeding upon growth, activity, and lifespan in rats allowed voluntary exercise. Exp. Aging Res. 9, 203-209.
GOODWIN JS, GARRY PJ (1988): Lack of corrrelation between indices of nutritional status and immunologic function in elderly humans. J. Gerontology 43, M46-M49.
GOODWIN JS, GOODWIN JM, GARRY PJ (1983): Association between nutritional status and cognitive functioning in a healthy elderly population. J. Am. Med. Assoc 249, 2917-2921.
GORAN MI, POEHLMAN ET (1992): Total energy expenditure and energy requirements in healthy elderly persons. Metabolism 41, 744-753.
GORDON SR, KELLEY SL, SYBYL JR et al. (1985): Relationship in very elderly veterans of nutritional status, self-perceived chewing ability, dental status and social isolation. J. Am. Geriatr. Soc. 33, 334-339.
GOUWS E, ROSSOUW JE, LABADARIOS D, VAN ECK M (1989): The nutrient intake of a group of older South African hospitalized persons. J. Am. Diet. Assoc. 89, 254-257.
GRAY GE (1989): Nutrition and dementia. J. Am. Diet. Assoc. 89, 1795-1802.
GREER A, MCBRIDE DH, SHENKIN A (1986): Comparison of the nutritional state of new and long-term patients in a psychogeriatric unit. Br. J. Psychiatry 149, 738-741.
GREGER JL, GEISSLER AH (1978): Effect of zinc supplementation on taste acuity of the aged. Am. J. Clin. Nutr. 31, 633-637.
GRZEGORCZYK PB, JONES SW, MISTRETTA CM (1979): Age-related differences in salt taste acuity. J. Gerontol. 34, 834-840.
GULLO L, VENTRUCCI M, NALDONI P, PEZZILLI R (1986): Aging and exocrine pancreatic function. J. Am. Geriatr. Soc. 34, 790-792.
GUNBY MC, MORLEY JE (1995): Calcium, Vitamin D, and osteopenia. In: MORLEY JE, GLICK Z, RUBENSTEIN LZ (eds.): Geriatric nutrition. A comprehensive review, 107-114. Raven Press, New York.
GUNNE HSJ, WALL AK (1985) The effect of new complete dentures on mastication and dietary intake. Acta Odontol. Scand. 43, 257-268.
GUPTA KL, DWORKIN B, GAMBERT SR (1988): Common nutritional disorders in the elderly: atypical manifestations. Geriatrics 43, 87-97.
HABOUBI NY, COWLEY PA, LEE GS (1988): Small bowel bacterial overgrowth: A cause of malnutrition in the elderly? Eur. J. Clin. Nutr. 42, 999-1005.
HABOUBI NY, HUDSON PR, PATHY MS (1990): Measurement of height in the elderly. J. Am. Geriatr. Soc. 38, 1008-1010.
HABOUBI NY, MONTGOMERY RD (1992): Small-bowel bacterial overgrowth in elderly people: Clinical significance and response to treatment. Age and Ageing 21, 13-19.
HALL DA, BLACKETT AD, ZAJAC AR et al. (1981): Changes in skinfold thickness with increasing age. Age and Ageing 10, 19-23.
HALLFRISCH J, MULLER D, DRINKWATER D et al. (1990): Continuing diet trends in men: The Baltimore Longitudinal Study of Aging (1961-1987). J. Gerontol. 45, M186-M191.
HANCOCK MR, HULLIN RP, AYLARD PR et al. (1985): Nutritional status on elderly women on admission to mental hospital. Br. J. Psychiatry 147, 404-407.
HANSON BS, MATTISSON I, STEEN B (1987): Dietary intake and psychosocial factors in 68-year-old men: a population study. Comp. Gerontol. (B) 1(2), 62-67.
HARARI D, GURWITZ JH, AVORN J et al. (1994): Constipation: Assessment and management in an institutionalized elderly population. J. Am. Geriatr. Soc. 42, 947-952.

HARMAN SM, BLACKMAN MR (1992): Growth hormone, IGF-I, gonadal steroids, and aging. Aging Clin. Exp. Res. 4, 257-259.
HARRILL I, JANSEN C, BARTHROP J (1978): Serum cholesterin and triglycerides and hyperlipoproteinemia in elderly women. J. Gerontol. 33, 347-353.
HARRIS JA, BENEDICT FG (1919): A biometric study of basal metabolism in man. Carnegie Institution of Washington. Publ. No. 279, Washington DC.
HARRIS T, COOK F, GARRISON R et al. (1988): Body mass index and mortality among nonsmoking older persons. The Framingham Heart Study. J. Am. Med. Assoc. 259, 1520-1524.
HARTSOOK EI (1974): Food selection, dietary adequacy and related dental problems of patients with dental prostheses. J. Prosthet. Dent. 32, 32-40.
HAUENSTEIN I, MUSKAT E (1986): Feststellung des Ernährungsstatus von Patienten in zwei hessischen Krankenhäusern durch chemische Analyse der angebotenen Vollkost. Akt. Ernähr.-Med. 11, 253-257.
HÄUSSINGER D, ROTH E, LANG F, GEROK W (1993): Cellular hydration state: an important determinant of protein catabolism in health and disease. Lancet 341, 1330-1332.
HAVIVI E, LEVIN N, RESHEF A (1985): Nutritional status in elderly population in kibbutzim. Int. J. Vit. Nutr. Res. 55, 351-355.
HAYFLICK L, MOORHEAD PS (1961): The serial cultivation of human diploid cell strains. Exp. Cell. Res. 25, 585-621.
HAZZARD WR (1987): The biology of aging. In: BRAUNWALD E (ed.): Harrisons´s principles of internal medicine, 447-450. 11th edition. McGraw Hill Book Company.
HAZZARD WR, BURTON JR (1987): Health problems of the elderly. In: BRAUNWALD E (ed.): Harrisons´s principles of internal medicine, 450-454. 11th edition. McGraw Hill Book Company.
HEANEY RP, GALLAGHER JC, JOHNSTON CC et al. (1982): Calcium nutrition and bone health in the elderly. Am. J. Clin. Nutr. 36, 986-1013.
HEFT MW, BAUM BJ (1984): Unstimulated and stimulated parotid salivary flow rate in individuals of different ages. J. Dent. Res. 63, 1182-1185.
HEGSTED DM (1989): Recommended dietary intakes of elderly subjects. Am. J. Clin. Nutr. 50, 1190-1194.
HENDERSON CT (1988): Nutrition and malnutrition in the elderly nursing home patient. Clin. Geriatr. Med. 4, 527-547.
HESEKER H (1983): Die Bedarfsdeckung älterer Menschen mit Vitaminen. Ernährungs-Umschau 30, 366-369.
HESEKER H (1984): Biochemische Untersuchungen zur Bedarfsdeckung älterer Menschen mit essentiellen Nährstoffen. Dissertation, Justus-Liebig-Universität Gießen.
HESEKER H (1995a): unveröffentlichte Daten, persönliche Mitteilung.
HESEKER H (1995b): Antioxidative Vitamine und Katarakte im Alter. Z. Ernährungswiss. 34, 167-176.
HESEKER H, SCHNEIDER R (1994): Requirement and supply of vitamin C, E and β-carotene for elderly men and women. Eur. J. Clin. Nutr. 4, 118-127.
HESEKER H, SCHNEIDER R, MOCH K et al. (1992): Vitaminversorgung Erwachsener in der Bundesrepublik Deutschland. VERA-Schriftenreihe Band IV. Wissenschaftl. Fachverlag Dr. Fleck, Niederkleen.
HESEKER H, ADOLF T, EBERHARD W et al. (1994): Lebensmittel- und Nährstoffaufnahme Erwachsener in der Bundesrepublik Deutschland. In: KÜBLER W, ANDERS HJ, HEESCHEN W, KOHLMEIER M (Hrsg.): VERA-Schriftenreihe Band III, 2. überarb. Aufl. Wissenschaftl. Fachverlag Dr. Fleck, Niederkleen.

HESSOV I (1977): Energy and protein intake in elderly patients in an orthopedic surgical ward. Acta Chir. Scand. 143, 145-149.
HETHERINGTON MM, VERVAET N, BLASS E, ROLLS BJ (1991): Failure of naltrexone to affect the pleasantness or intake of food. Pharmacol. Biochem. Behav. 40, 185-189.
HEYMSFIELD SB, WANG J, LICHTMAN S et al. (1989): Body composition in elderly subjects: a critical appraisal of clinical methodology. Am. J. Clin. Nutr. 50, 1167-1175.
HEYMSFIELD SB, WANG J, BAUMGARTNER RN et al. (1993): Body composition and aging: a study by in vivo neutron-activation analysis. J. Nutr. 123, 432-437.
HILL GL (1992): Body composition research: Implications for the practice of clinical nutrition. J. Parent. Ent. Nutr. 16, 197-218.
HILL GL, BEDDOE AH (1988): Dimensions of the human body and its compartments. In: KINNEY JM, JEEJEBHOY KN, HILL GH, OWEN OE (eds.): Nutrition and metabolism in patient care, 89-118. W. B. Saunders Company, Philadelphia PA.
HIMMELSTEIN DU, JONES AA, WOOLHANDLER S (1983): Hypernatremic dehydration in nursing home patients: An indicator of neglect. J. Am. Geriatr. Soc. 31, 466-471.
HODKINSON HM, EXTON-SMITH AN (1976): Factors predicting mortality in the elderly in the community. Age and Ageing 5, 110-115.
HODKINSON M (ed.) (1985): Clinical biochemistry of the elderly. Churchill Livingstone, Edinburgh, London, Melbourne, New York.
HOLLIDAY R (1990): The limited proliferation of cultured human diploid cells: regulation or sensecence. J. Gerontol. 45, B36-B41.
HOLLIS JB, CASTELL DO (1974): Esophageal function in elderly men: a new look at „presbyesophagus“. Ann. Intern. Med. 80, 371-374.
HOLT PR (1993): Editorial: Are gastrointestinal disorders in the elderly important? Clin. Gastroenterol. 16, 186-188.
HOPE RA, FAIRBURN CG, GOODWIN GM (1989): Increased eating in dementia. Int. J. Eating Dis. 8, 111-114.
HOROWITZ M, MADDERN GJ, CHATTERTON BE et al. (1984): Changes in gastric emptying rates with age. Clin. Sci. 67, 213-218.
HORWATH CC (1989a): Dietary intake studies in elderly people. World Rev. Nutr. Diet. 59, 1-70. Karger Basel.
HORWATH CC (1989b): Socio-economic status and dietary habits in the elderly: results from a large random survey. J. Hum. Nutr. Diet. 2, 173-183.
HORWITT MK (1953): Dietary requirements of the aged. J. Am. Diet. Assoc. 29, 433.
HSU LKG, ZIMMER B (1988): Eating disorders in old age. Int. J. Eating Disorders 7, 133-138.
HU T, HUANG L, CARTWRIGHT WS (1986): Evaluation of the cost of caring for the senile demented elderly: A pilot study. Gerontologist 26, 158-163.
HÜBSCH S, VOLKERT D, OSTER P, SCHLIERF G (1994): Möglichkeiten und Grenzen der Anwendung flüssiger Nährstoffkonzentrate in der Therapie der Mangelernährung geriatrischer Patienten. Akt. Ernähr.-Med. 19, 109-114.
HUGHES VA, EVANS WJ (1987): Assessment of fat-free mass in an older population using bioelectrical impedance. 71st Annual Meeting, Washington DC, March 29 - April 2, Fed. Proc. 46, No.4, March 5, 1987.
HULL C, GRECO RS, BROOKS DL (1980): Alleviation of constipation in the elderly by dietary fiber supplementation. J. Am. Geriatr. Soc. 28, 410-414.
HUNT C, CHAKRAVORTY NK, ANNAN G (1984): The clinical and biochemical effects of vitamin C supplementation in short-stay hospitalized geriatric patients. Int. J. Vit. Nutr. Res. 54, 65-74.

HURD ER, JOHNSTON JM, OKITA JR et al (1981): Prevention of glomerulonephritis and prolonged survival in New Zealand black/New Zealand white F1 hybrid mice fed on essential fatty acid-deficient diet. J. Clin. Invest. 67, 4476-4485.

INOKUCHI S, ISHIKAWA H, IWAMOTO S, KIMURA T (1975): Age related changes in the histological composition of the rectus abdominis muscle of the adult human. Hum. Biol. 47, 231-249.

IRELAND P, FORDTRAN JS (1973): Effect of dietary calcium and age on jejunal calcium absorption in humans studied by intestinal perfusion. J. Clin. Invest. 52, 2672-2681.

JAKOBEIT G (1991): Einfluß oraler Nahrungssupplementation auf die Nährstoffzufuhr unterernährter geriatrischer Patientinnen. Inaugural-Dissertation Universität Heidelberg.

JAMES OFW (1983): Gastrointestinal and liver function in old age. Clin. Gastroenterol. 12, 671-691.

JAMES SJ, CASTLE SC, MAKINODAN T (1990): Modulation of age-associated immune dysfunction by nutritional intervention. In: MORLEY LE, GLICK Z, RUBENSTEIN LZ (eds.): Geriatric nutrition. A comprehensive review, 203-224. Raven Press, New York.

JAMES WPT (1989): Energy. In: HORWITZ A, MACFADYEN DM, MUNRO H et al. (eds): Nutrition in the elderly, 49-64. Oxford University Press, Oxford.

JAMES WPT, FERRO-LUZZI A, ISAKSSON B, SZOSTAK WB (1990): Gesunde Ernährung. Regionale Veröffentlichungen der WHO, Europäische Schriftenreihe Nr. 24.

JAMES WPT, RALPH A, FERRO-LUZZI A (1989): Energy needs of the elderly: A new approach. In MUNRO HN, DANFORD DE (eds.): Nutrition, aging and the elderly. Plenum Press, New York.

JANSEN C, HARRILL I (1977): Intakes and serum levels of protein and iron for 70 elderly women. Am. J. Clin. Nutr. 30, 1414-1422.

JARRETT RJ, SHIPLEY MJ, ROSE G (1982): Weight and mortality in the Whitehall Study. Br. Med. J. 285, 535-537.

JEEJEEBHOY KN, BAKER JP, WOLMAN SL, WESSON DE (1982): Critical evaluation of the role of clinical assessment and body composition studies in patients with malnutrition and after total parenteral nutrition. Am. J. Clin. Nutr. 35, 1117-1127.

JEKAT F (1982): Lebensmittelchemische und ernährungsphysiologische Bewertung von verschiedenen Gemeinschaftsverpflegungen. Akt. Ernähr.-Med. 7, 121-126.

JERNIGAN JA, GUDAT JC, BLAKE JL (1980): Relative values for blood findings in relatively fit elderly persons. J. Am. Geriatr. Soc. 28, 308-314.

JOHNSON G, BARENTHIN I, WESTPHAL P (1984): Mouthdryness among patients in long-term hospitals. Gerodontology 3, 197-203.

JOHNSON MA, BROWN MA, POON LW et al. (1992): Nutritional patterns of centenarians. Int. J. Aging Hum. Develop. 34, 57-76.

JOYNT RJ (1990): Normal aging and patterns of neurologic disease. In: ABRAMS WB, BERKOW R (eds.): Merck Manual of Geriatrics. Rahway NJ, Merck Sharp & Dohme Research Laboratories.

JUSTICE C, HOWE JM, CLARK HE (1974): Dietary intakes and nutritional status of elderly patients. J. Am. Diet. Assoc. 65, 639-646.

KAHN SE, SCHWARTZ RS, PORTE D, ABRASS IB (1991): The glucose intolerance of aging: implications for intervention. Hosp. Pract. 26 (4A), 29-38.

KALU DN, MASORO EJ, YU BP et al. (1988): Modulation of age-related hyperparathyreodism and senile bone loss in Fisher rats by soy protein and food restriction. Endocrinology 122, 1847-1854.

KAMATH SK, LAWLER M, SMITH AE et al (1986): Hospital malnutrition: A 33-hospital screening study. J. Am. Diet. Assoc. 86, 203-206.
KANNEL WB (1988): Nutrition and the occurence and prevention of cardiovascular disease in the elderly. Nutr. Rev. 46, 68-78.
KANNEL WB (1990): CHD risk factors: a Framingham study update. Hosp. Pract. 25, 93-104.
KAPLAN GA et al (1987): Mortality among the elderly in the Alameda County study: behavioral and demographic risk factors. Am. J. Public Health 77, 307-312.
KASPER H (1987): Ernährungsmedizin und Diätetik. Urban & Schwarzenberg.
KASPER H, WILD M, HUSEMEYER I et al. (1994): Rationalisierungsschema 1994 der Deutschen Gesellschaft für Ernährungsmedizin (DGEM). Akt. Ernähr.-Med. 19, 272-232.
KATZ D, HOLLANDER D, SAID HM (1987): Aging-associated increase in intestinal permeability to polyethylene glycol 900. Dig. Dis. Sci. 32, 285-288.
KATZ S, BRANCH LG, BRONSON MH et al. (1983): Active life expectancy. N. Eng. J. Med. 309, 1218-1224.
KAURICH M (1990): The oral cavity and nutrition. In: MORLEY LE, GLICK Z, RUBENSTEIN LZ (eds.): Geriatric nutrition. A comprehensive review, 225-230. Raven Press, New York.
KAWANO S, TANIMURA H, SATO N et al. (1991): Age-related change in humans gastric mucosal energy metabolism. Scand. J. Gastroenterol. 26, 701-706.
KAYSER J, NEUMANN J, LAVOLLEY J (1972): Effets favorables exerces sur la longévité du rat Wistar par divers types de restrictions vitaminiques. CR Acad. Scie (D) (Paris) 274, 3593-3596.
KELIJMAN M (1991): Age-related alterations of the growth hormone/insulin-like-growth-factor I axis. J. Am. Geriatr. Soc. 39, 295-307.
KELLER HH (1993): Malnutrition in institutionalized elderly: How and why? J. Am. Geriatr. Soc. 41, 1212-1218.
KELLER HH (1995): Weight gain impacts morbidity and mortality in institutionalized older persons. J. Am. Geriatr. Soc. 43, 165-169.
KEMM JR, ALLCOCK J (1984): The distribution of supposed indicators of nutritional status in elderly patients. Age and Ageing 13, 21-28.
KERGOAT MJ, LECLERC BS, PETITCLERC C, IMBACH A (1987): Discriminant biochemical markers for evaluating the nutritional status of elderly patients in long-term care. Am. J. Clin. Nutr. 46, 849-861.
KHALIL T, WALKER JP, WIENER I (1985a): Effect of aging on gallbladder contraction and release of cholecystokinin 33 in humans. Surgery 98, 423-429.
KHALIL T, FUJIMURA M, TOWSED CM et al. (1985b): Effect of aging on pancreatic secretion in rats. Am. J. Surg. 149, 120-125.
KHAN TA, SHRAGGE BW, CRISPIN JS, LIND JF (1977): Esophageal motility in the elderly. Am. J. Dig. Dis. 22, 1049-1054.
KINZEL T, WEKSTEIN D, KIRKPATRICK C (1986): A social and clinical evaluation of centenarians. Exp. Aging Res. 12, 173-175.
KIRSCH M (1990): Bacterial overgrowth. Am. J. Gastroenterol. 85, 231-237.
KOHLMEIER L, KROKE A, PÖTZSCH J et al. (1993): Ernährungsabhängige Krankheiten und ihre Kosten. Schriftenreihe des Bundesministeriums für Gesundheit. Band 27. Nomos Verlagsgesellschaft, Baden-Baden.
KOHRS MB, O'NEIL R, PRESTON A, EKLUND D (1978): Nutritional status of elderly residents in Missouri. Am. J. Clin. Nutr. 31, 2186-2197.
KOIZUMI A, WEINDRUCK R, WALFORD RL (1987): Influences of dietary restriciton and age on liver enzyme activities and lipid peroxidation in mice. J. Nutr. 117, 361-367.

Koronchevsky V (1961): Physiological and pathological aging. New York, Hafner.

Kountz WB, Hofstatter L, Ackermann PG (1951): Nitrogen balance studies in four elderly men. J. Gerontol. 6, 20-33.

Krasinski SD, Russell RM, Samloff M et al. (1986): Fundic atrophic gastritis in an elderly population. Effect on hemoglobin and several serum nutritional indicators. J. Am. Geriatr. Soc. 34, 800-806.

Krasman ML, Gracie WA, Strasius SR (1991): Bilary tract disease in the aged. Clin. Geriatr. Med. 7, 347-355.

Kritchevsky F (1979): Diet, lipid metabolism and aging. Fed. Proc. 38, 2001-2006.

Krölner B, Toft B (1983): Vertebral bone loss: an unheeded side effect of therapeutic bed rest. Clin. Sci. 64, 537-540.

Krölner B, Toft B, Nielsen SP, Töndevald E (1983): Physical exercise as prophylaxis against involutional vertebral bone loss: A controlled trial. Clin. Sci. 64, 537-540.

Krondl M, Lau D, Yurkiw MA, Coleman PH (1982): Food use and perceived food meanings of the elderly. J. Am. Diet. Assoc. 80, 523-529.

Kuczmarski RJ (1989): Need for body composition information in elderly subjects. Am. J. Clin. Nutr. 50, 1150-1157.

Kupfer RM, Heppell M, Haggith JW, Bateman DN (1985): Gastric emptying and small-bowel transit rate in the elderly. J. Am. Geriatr. Soc. 33, 340-343.

Kushner RF (1992): Bioelectrical impedance analysis: A review of principles and applications. J. Am. Coll. Nutr. 11, 199-209.

Kwok T, Whitelaw MN (1991): The use of armspan in nutritional assessment of the elderly. J. Am. Geriatr. Soc. 39, 492-496.

Lansey S, Waslien C, Mulvihill M, Fillit H (1993): The role of anthropometry in the assessment of malnutrition in the hospitalized frail elderly. Gerontology 39, 346-353.

Larsson J, Unosson M, Ek A-C et al. (1990): Effects of dietary supplement on nutritional status and clinical outcome in 501 geriatric patients - a randomized study. Clin. Nutr. 9, 179-184.

Larsson L, Grimby G, Karlsson J (1979): Muscle strength and speed of movement in relation to age and muscle morphology. J. Appl. Physiol. 46, 451-456.

Lavizzio-Mourey R, Johnson J, Stolley P (1988): Risk factors for dehydration among elderly nursing home residents. J. Am. Geriatr. Soc. 36, 213-218.

Lawton MP, Brody EM (1969): Assessment of older people: self-maintaining and instrumental activities of daily living. Gerontologist 9, 179-186.

Leaf A (1984): Dehydration in the elderly. N. Engl. J. Med. 311, 791-792.

Leask RGS, Andrews GR, Caird FI (1973): Normal values for sixteen blood constituents in the elderly. Age and Ageing 2, 14-23.

Lee CJ, Johnson GH, Lawler GS (1981): Some clinical indices of nutrition and health status among elderly Kentucky residents volunteering to be survived. Nutr. Res. 1, 47-62.

Lehmann AB (1989): Review: Undernutrion in elderly people. Age and Ageing 18, 339-353.

Lehmann AB, Johnston D, James OFW (1989): The effects of old age and immobility on protein turnover in human subjects with some observations on the possible role of hormones. Age and Ageing 18, 148-157.

Lehr U (1996): Psychologie des Alterns. 8. Auflage. Quelle & Meyer, Wiesbaden.

Lemoine A (1981): Statut vitaminique de patients hospitalisés. Bibl. Nutr. Dieta 30, 81-89, Karger, Basel.

LENMARKEN C, SANDSTEDT S, SCHENCK HV, LARSSON J (1986): The effect of starvation on skeletal muscle function in man. Clin. Nutr. 5, 99-103.

LEON J, LAIR T (1990): Functional status of the noninstitiutionalized elderly: estimates of ADL and IADL difficulties, DHHS Publication No (PHS) 90-3462, National Medical Expenditure Survey Research Findings 4, Rockville, Md, US Department of Health and Human Services.

LESSER GT, MARKOFSKY J (1979): Body water compartments with human aging using fat-free mass as the reference standard. Am. J. Physiol. 236, R215-R220.

LEVIN P, JANDA JK, JOSEPH JA et al. (1981): Dietary restriciton retards the age-associated loss of rat striatal dopaminergic receptors. Science 241, 561-562.

LEWIS EJ, BELL SJ (1990): Nutritional assessment of the elderly. In: MORLEY JE, GLICK Z, RUBENSTEIN LZ (eds.): Geriatric nutrition. A comprehensive review, 73-88. Raven Press, New York.

LEXELL J, TAYLOR CC, SJOSTROM M (1988): What is the cause of the ageing atrophy? Total number, size and proportion of different fiber types studied in whole vastus lateralis muscle from 15- to 83-year old men. J. Neurol. Sci. 84, 275-294.

LIEPA GU, MASORO EJ, BERTRAND HAl (1980): Food restriction as a modulator of age-related changes in serum lipids. Am. J. Physiol. 238, E253-E257.

LINDEMAN RD, GOLDMAN R (1986): Anatomic and physiologic age changes in the kidney. Exp. Gerontol. 21, 379-385.

LINN BS (1984): Outcomes of older and younger malnourished and well-nourished patients one year after hospitalization. Am. J. Clin. Nutr. 39, 66-73.

LIPSCHITZ DA (1992): Nutrition and ageing. In: EVANS JG, WILLIAMS TF (eds.): Oxford textbook of geriatric medicine, 119-127. Oxford University Press.

LIPSCHITZ DA, MITCHELL CO (1982): The correctability of the nutritional, immune, and hematopoetic manifestions of protein calorie malnutrition in the elderly. J. Am. Coll. Nutr. 1, 17-25.

LIPSCHITZ DA, MITCHELL CO, STEELE RW, MILTON KY (1985): Nutritional evaluation and supplementation of elderly subjects participating in a „meals on wheels" program. J. Parent. Ent. Nutr. 9, 343-347.

LIPSITZ LA, GOLDBERGER AL (1992): Loss of complexity and aging. Potential applications of fractals and chaos. Theory to senescence. J. Am. Med. Assoc. 267, 1806-1809.

LIPSKI PS, KELLY PJ, JAMES OFW (1992): Bacterial contamination of the small bowel in elderly people: Is it necessarily pathological? Age and Ageing 21, 5-12.

LIPSKI PS, TORRANCE A, KELLY PJ, JAMES OFW (1993): A study of nutritional deficits of long-stay geriatric patients. Age and Ageing 22, 244-255.

LITCHFORD MD, WAKEFIELD LM (1987): Nutrient intakes and energy expenditures of residents with senile dementia of the Alzheimer's type. J. Am. Diet. Assoc. 87, 211-213.

LOESCHE WL, BROMBERG J, TERPENNING MS et al. (1995): Xerostomia, xerogenic medications and food avoidance in selected geriatric groups. J. Am. Geriatr. Soc. 43, 401-407.

LOPES J, RUSSELL D, WHITWELL J, JEEJEEBHOY KN (1982): Sceletal muscle function in malnutrition. Am. J. Clin. Nutr. 36, 602-610.

LÖWIK MRH, VAN DEN BERG H, SCHRIJVER J et al. (1992): Marginal nutritional status among institutionalized elderly women as compared to those living more independently (Dutch Nutrition Surveillance System). J. Am. Coll. Nutr. 11, 673-681.

MACLENNAN WJ, MARTIN P, MASON BJ (1975): Causes for reduced dietary intake in a long-stay hospital. Age and Ageing 4, 175-180.

MacMahon MM, Lynch M, Mullins E et al. (1994): Small intestinal bacterial overgrowth - an incidental finding? J. Am. Geriatr. Soc. 42, 146-149.
Mahoney FI, Barthel DW (1965): Functional evaluation. The Barthel Index. Md. State Med. J. 14/2, 61-65.
Mahowald JM, Himmelstein DU (1981): Hypernatremia in the elderly: Relation to infection and mortality. J. Am. Geriatr. Soc. 29, 177-180.
Majumdar SK, Shaw GK, Gorman PO (1982): Blood vitamin status in patients with alcoholic liver disease. Int. J. Vit. Nutr. Res. 52, 266-271.
Mäkilä E (1969a): Protein consumption and intake of essential amino acids, niacin and calcium before and after wearing complete dentures. Suom. Hammaslääk. Toim. 65, 125-133.
Mäkilä E (1969b): Effects of complete dentures on dietary intake and serum levels of pantothenic acid, folic acid and iron in edentulous persons. Suom. Hammaslääk. Toim. 65, 299-311.
Mäkilä E (1970): Carbohydrate and fat consumption and intake of food and energy before and after wearing compete dentures. Suom. Hammaslääk. Toim. 66, 11-15.
Marchesini G, Cassarani S, Checchia GA et al. (1987): Insulin resistance in aged man: relationship between impaired glucose tolerance and decreased insulin activity on branched-chain amino acids. Metabolism 36, 1096-1100.
Marchesini G, Bua V, Brunori A (1988): Galactose elimination capacity and liver volume in aging man. Hepatology 8, 1079-1083.
Markus HS, Tomkins AM, Stern GM (1993): Increased prevalence of undernutrition in Parkinson's disease and its relationship to clinical disease parameters. J. Neural Transm. 5, 117-125.
Marton KI, Sox H, Krupp JR (1981): Involuntary weight loss: Diagnostic and prognostic significance. Ann. Intern. Med. 95, 568-574.
Marx JJM (1979): Normal iron absorption and decreased red cell iron uptake in the aged. Bolld 53, 204-211.
Mason JB, Miller JW (1992): The effects of vitamin B_{12}, B_6, and folate on blood homocysteine levels. Ann. NY Acad. Sci. 669, 197-204.
Masoro EJ (1990): Physiology of ageing: Nutritional aspects. Age and Ageing 19, S5-S9.
Masoro EJ (1993): Dietary restriction and aging. J. Am. Geriatr. Soc. 41, 994-999.
Masoro EJ, McCarter RJM (1990): Dietary restriction as a probe of mechanisms of senescence. Ann. Rev. Gerontol. Geriatr. 10, 183-197.
Master AM, Lasser RP, Beckman G (1960): Tables of average weight and height of Americans aged 65 to 94 years. J. Am. Med. Assoc. 172, 658-662.
Mattila K, Haavisto M, Rajala S (1986): Body mass index and mortality in the elderly. Br. Med. J. 292, 867-868.
McCay CM, Crowell MF, Maynard LA (1935): The effect of retarded growth upon the length of the life-span and upon ultimate body size. J. Nutr. 10, 63-79.
McCay CM et al (1939): Retarded growth, life span, ultimate body size and age changes in the albino rat after feeding diets restricted in calories. J. Nutr. 18, 1-13.
McEvoy AW, James OWF (1982a): Anthropometric indices in normal elderly subjects. Age and Ageing 11, 97-100.
McEvoy AW, James OFW (1982b): The effect of a dietary supplement (Build-up) on nutritional status in hospitalized elderly patients. Hum. Nutr: Appl. Nutr. 36A, 374-376.

McEvoy AW, Dutton J, James OFW (1983): Bacterial contamination of the small intestine is an important cause of occult malabsorption in the elderly. Br. Med. J. 287, 789-793.

McGandy RB, Russell RM, Hartz SC et al. (1986): Nutritional status survey of healthy noninsititutionalized elderly: Energy and nutrient intakes from three-day diet records and nutrient supplements. Nutr. Res. 6, 785-798.

McIntosh WA, Shifflett PA (1984): Influence of support systems on dietary intake of the elderly. J. Nutr. Elderly 4, 5-18.

McIntosh WA, Shifflett PA, Picou JS (1989): Social support, stressful events, strain, dietary intake and the elderly. Med. Care 27(2), 140-153.

McMurdo MET, Rennie L (1993): A controlled trial of exercise by residents of old people's homes. Age and Ageing 22, 11-15.

McWhirter JP, Pennington CR (1994): Incidence and recognition of malnutrition in hospital. Br. Med. J. 308, 945-948.

Meier-Ruge W, Hunziker O, Iwangoff P (1991): Senile dementia: a threshold phenomenon of normal aging. Ann. NY. Acad. Sci. 621, 104-118.

Menden E, Hecht U, Zipp A, Schneider W (1989): Lebensdauer und Ernährung. Ernährungs-Umschau 36, 84-90.

Mendez L, Friedman LS, Castell DO (1991): Swallowing disorders in the elderly. Clin. Geriatr. Med 7, 215-230.

Mertz W (1992): Trace elements in aging. In: Munro HN, Schlierf G (eds.): Nutrition of the elderly. Nestlé Nutrition Workshop Series, Vol. 29, 145-149. Raven Press, New York.

Metges CC, Kästel B, Wolfram G (1994): „Essen auf Rädern" für ältere Menschen in München. Ernährungs-Umschau 41, 191-194.

Metropolitan Life Insurance Company (1983): 1983 Metropolitan height and weight tables. Statistical Bull. 64:2.

Meydani SN (1993): Vitamin/mineral supplementation, the aging immune response, and risk of infection (brief critical review). Nutr. Rev. 51, 106-109.

Meydani SN (1995): Vitamin E enhancement of T-cell-mediated function in healthy elderly: mechanisms of action. Nutr. Rev. 53, S52-S58.

Meydani SN, Barklund MP, Liu S et al. (1990): Vitamin E supplementation enhances cell-mediated immunity in healthy elderly subjects. Am. J. Clin. Nutr. 52, 557-563.

Meydani SN, Ribaya-Mercado JD, Russel RM et al. (1991): Vitamin B_6 deficiency impairs interleukin-2 production and lymphocyte proliferation in elderly adults. Am. J. Clin. Nutr. 53, 1275-1280.

Meyer JE, Pudel V, Huscarik-Felgedreher M (1980): Zum Eßverhalten im höheren Lebensalter. Nervenarzt 51, 493-497.

Micol W (1996): Arzneimittelverordnungen im hohen Lebensalter unter besonderer Berücksichtigung potentiell schwindelauslösender Präparate. Inaugural-Dissertation Universität Heidelberg.

Miescher E, Fortney SM (1989): Responses to dehydration and rehydration during heat exposure in young and older men. Am. J. Physiol. 257, R1050-R1056.

Mifflin MD, Jeor STSt, Hill LA et al. (1990): A new predictive equation for resting energy expenditure in healthy individuals. Am. J. Clin. Nutr. 51, 241-247.

Miller DK, Morley JE, Rubenstein LZ, Pietruszka FM (1991): Abnormal eating attitudes and body image in older undernourished individuals. J. Am. Geriatr. Soc. 39, 462-466.

Miller DS, Payne PR (1968): Longevity and protein intake. Exp. Gerontol. 3, 231-234.

MILLER PD, KREBS RA, NEAL BJ, MCINTYRE DO (1982): Hypodipsia in geriatric patients. Am. J. Med. 73, 354-356.
MITCHELL CO, LIPSCHITZ DA (1982a): Arm length measurements as an alternative to height in nutritional assessment of the elderly. J. Parent. Ent. Nutr. 6, 226-229.
MITCHELL CO, LIPSCHITZ DA (1982b): Detection of protein-calorie malnutrition in the elderly. Am. J. Clin. Nutr. 35, 398-406.
MITCHELL CO, LIPSCHITZ DA (1982c): The effect of age and sex on the routinely used measurements to assess the nutritional status of hospitalized patients. Am. J. Clin. Nutr. 36, 340-349.
MOBARHAN S, TRUMBORE LS (1991): Nutritional problems of the elderly. Clin. Geriatr. Med. 7, 191-214.
MOOLTEN SE (1972): Bedsores in the chronically ill patient. Arch. Phys. Med. Rehabil. 53, 430-438.
MOREIRAS-VARELA O, ORTEGA RM, RUIZ-ROSO B (1986): Nutritional status of an institutionalized elderly group in Segovia (Spain). Int. J. Vit. Nutr. Res. 56, 109-117.
MOREIRAS-VARELA O, VAN STAVEREN WA, CRUZ JAA et al. (1991): Euronut - Seneca: Nutrition and the elderly in Europe. Intake of energy and nutrients. Eur. J. Clin. Nutr. 45, Suppl.3, 105-120.
MORGAN AG, KELLEHER J, WALKER BE (1975): A nutritional survey in the elderly: Blood and urine vitamin levels. Int. J. Vit. Nutr. Res. 45, 448-462.
MORGAN DB, HULLIN RP (1982): The body composition of the chronic mentally ill. Hum. Nutr. Clin. Nutr. 36C, 439-448.
MORGAN DB, NEWTON HMV, SCHORAH CJ et al. (1986): Abnormal indices of nutrition in the elderly: a study of different clinical groups. Age and Ageing 15, 65-76.
MORGAN JB, YORK AD (1983): Thermic effect of feeding in relation to energy balance in elderly men. Ann. Nutr. Metab. 27, 71-77.
MORLEY JE (1990a): The role of nutrition in the prevention of age-associated diseases. In: MORLEY LE, GLICK Z, RUBENSTEIN LZ (eds.): Geriatric nutrition. A comprehensive review, 89-104. Raven Press, New York.
MORLEY JE (1990b): Anorexia in older patients: Its meaning and management. Geriatrics 45, 59-66.
MORLEY JE (1991): Why do physicians fail to recognize and treat malnutrition in older persons? J. Am. Geriatr. Soc. 39, 1139-1140.
MORLEY JE, KRAENZLE D (1994): Causes of weight loss in a community nursing home. J. Am. Geriatr. Soc. 42, 583-585.
MORLEY JE, LEVINE AS (1985): The pharmacology of eating behavior. Ann. Rev. Pharmacol. Toxicol. 25, 127-146.
MORLEY JE, SILVER AJ (1988): Anorexia in the elderly. Neurobiology of Aging 9, 9-16.
MORLEY JE, SOLOMON DH (1994): Major issues in geriatrics over the last five years. J. Am. Geriatr. Soc. 42, 218-225.
MORRIS CH, HOPE RA, FAIRBURN CG (1989): Eating habits in dementia. A descriptive study. Br. J. Psychiatry 154, 801-806.
MOWÉ M, BOHMER T (1991): The prevalence of undiagnosed protein-calorie undernutrition in a population of hospitalized elderly patients. J. Am. Geriatr. Soc. 39, 1089-1092.
MOWÉ M, BOHMER T, KINDT E (1994): Reduced nutritional status in an elderly population (>70 y) is probable before disease and possibly contributes to the development of disease. Am. J. Clin. Nutr. 59, 317-324.
MUNGAS D, COOPER JK, WEILER PG (1990): Dietary preference for sweet foods in patients with dementia. J. Am. Geriatr. Soc. 38, 999-1007.

MUNICE HL, SOBAL J, HOOPES M (1987): A practical method of estimating stature of bedridden female nursing home patients. J. Am. Geriatr. Soc. 35, 285-289.

MUNRO HN (1980): Major gaps in nutrient allowances: the status of the elderly. J. Am. Diet. Assoc. 76, 137-143.

MUNRO HN (1984): Nutrition and the elderly: A general overview. J. Am. Coll. Nutr. 3, 341-350.

MUNRO HN (1988): Aging. In: KINNEY JM, JEEJEBHOY KN, HILL GH, OWEN OE (eds.): Nutrition and metabolism in patient care, 145-166. W. B. Saunders Company, Philadelphia PA.

MUNRO HN, YOUNG VR (1978): Urinary excretion of N-methylhistidine (3-methylhistidine): a tool to study metabolic responses in relation to nutrient and hormonal status in health and disease in man. Am. J. Clin. Nutr. 31, 1608-1614.

MUNRO HN, SUTER PM, RUSSELL RM (1987a): Nutritional requirements of the elderly. Ann. Rev. Nutr. 7, 23-49.

MUNRO HN, MCGANDY RB, HARZT SC (1987b): Protein nutriture of a group of free-living elderly. Am. J. Clin. Nutr. 46, 586-592.

MURPHY C (1992): Age-associated changes in taste and odor sensation, perception, and preference. In: MUNRO HN, SCHLIERF G (eds.): Nutrition of the elderly. Nestlé Nutrition Workshop Series, Vol. 29, 79-87. Raven Press, New York.

MUSKAT E, WEIDEMANN U (1982): Die Ernährungssituation in hessischen Altenheimen. Akt. Ernähr. 7, 127-133.

N.N. (1991): What do elderly people really eat? Nutr. Rev. 49, 346-348.

NATIONAL RESEARCH COUNCIL (1989a): Recommended dietary allowances. 10th ed. Washington DC, National Academy Press.

NATIONAL RESEARCH COUNCIL (1989b): Diet and health. Implications for reducing chronic disease risk. National Academy Press, Washington DC, 563-593.

NEHEN HG (1992): Schluckstörungen im Alter. Geriatrie Praxis 3/92, 54-56.

NESTEL P (1992): Dietary fat for the elderly: what are the issues? In: MUNRO HN, SCHLIERF G (eds.): Nutrition of the elderly. Nestlé Nutrition Workshop Series, Vol. 29, 119-127. Raven Press, New York.

NGUYEN NH, FLINT DM, PRINSLEY DM, WAHLQVIST ML (1985): Nutrient intakes of dependent and apparently independent nursing home patients. Hum. Nutr. Appl. Nutr. 39A, 333-338.

NICHOLS JF, OMIZO DK, PETERSON KK, NELSON KP (1993): Efficacy of heavy-resistance training for acitve women over sixty: Muscular strength, body composition, and program adherence. J. Am. Geriatr. Soc. 41, 205-210.

NIKOLAUS T, SPECHT-LEIBLE N (1992): Das geriatrische Assessment. Schriftenreihe Geriatrie Praxis, MMV Medizin Verlag, München.

NIKOLAUS, T, BACH M, SIEZEN S et al. (1995): Assessment of nutritional risk in the elderly. Ann. Nutr. Metab. 39, 340-345.

NILAS L (1993): Calcium intake and osteoporosis. World Rev. Nutr. Diet. 73, 1-26.

NILSSON-EHLE H, LANDAHL S, LINDSTEDT G (1989): Low serum cobalamin levels in a population study of 70- and 75-year-old subjects. Gastrointestinal causes and hematological effects. Dig. Dis. Sci. 34, 716-723.

NOEL MA, SMITH TK, ETTINGER WH (1991): Characteristics and outcomes of hospitalized older patients who develop hypocholesterinemia. J. Am. Geriatr. Soc. 39, 455-461.

NOGUES R, SITGES-SERRA A, SANCHO JJ et al. (1995): Influence of nutrition, thyroid hormones and rectal temperature on in-hospital mortality of elderly patients with acute illness. Am. J. Clin. Nutr. 61, 597-602.

NOLEN GA (1972): Effect of various restricted dietary regimens on the growth, health and longevity of albino rats. J. Nutr. 102, 1477-1494.
NORDSTRÖM G (1990): The impact of socio-medical factors and oral status on dietary intake in the eighth decade of life. Aging Clin. Exp. Res. 2, 371-385.
NORTON L, Wozny MC (1984): Residental location and nutritional adequacy among elderly adults. J. Gerontol. 39, 592-599.
NORUM KR, PEDERSEN JI, WOHL SEM S (1989): Fat and carbohydrates. In: HORWITZ A, MACFADYEN DM, MUNRO H et al. (eds.): Nutrition in the elderly, 85-93. Oxford University Press, Oxford.
NOVAK LP (1972): Aging, total body potassium, fat free-mass and cell mass in males and females beween ages 18 and 85 years. J. Gerontol. 24, 438-459.
NRC s. NATIAONAL RESEARCH COUNCIL
NSI s. NUTRITIONAL SCREENING INITIATIVE
NUTRITION SCREENING INITIATIVE (1991): Nutrition screening manual for professionals caring for older Americans, Washington DC.
O'HANLON P, KOHRS MB (1978): Dietary studies of older Americans. Am. J. Clin. Nutr. 31, 1257-1269.
OLLENSCHLÄGER G (1993): Die Ernährung als Prävention vor Krankheit im Alter. Z. Gerontol. 26, 413-418.
OSTER P (1990): Psychiatrische Erkrankungen. In: KRUSE W, NIKOLAUS T: Geriatrie, 206-213. Springer Verlag, Heidelberg.
OSTER P, VOLKERT D, SCHLIERF G (1995): Ernährung im Alter. Schlußfolgerungen aus 18 Monaten Nachbeobachtung in der Bethanien-Ernährungsstudie (BEST). Münch. med. Wschr. 137, 280-282.
ÖSTERBERG T, STEEN B (1970): Relationship between dental state and dietary intake in 70 year old males and females in Göteborg, Sweden: A population study. J. Oral Rehab. 9, 509-521.
ÖSTERBERG T, BIRKED D, JOHANSSON C (1992): Longitudinal study of stimulated whole saliva in an elderly population. Scand. J. Dent. Res. 100, 340-345.
ÖSTERBERG T, HEDGARD B, SATER G (1984): Variation in dental health in 70-year-old men and women in Goteborg, Sweden. A cross-sectional epidemiological study including longitudinal and cohort effects. Swed. Dent. J. 8, 29-48.
ÖSTERBERG T, MELLSTRÖM D, SUNDH V (1990): Dental health and functional ageing. Community Dentistry and Oral Epidemiology 18, 313-318.
OVESEN L (1992): The effect of a supplement which is nutrient dense compared to standard concentration on the total nutritional intake of anorectic patients. Clin. Nutr. 11, 154-157.
PAINTER NS, ALMEIDA AZ, COLEBOURNE KW (1972): Unprocessed bran in treatment of diverticular disease of the colon. Br. Med. J. 2, 137-140.
PECK WA (1993): Consensus development conference: diagnosis, prophylaxis, and treatment of osteoporosis. J. Am. Med. Assoc. 94, 646-650.
PEINELT V (1992): Empfehlungen für die Speiseplangestaltung des Mittagessens in Betriebsrestaurants unter Berücksichtigung anderer Mahlzeiten. Wissenschaftlicher Fachverlag, Gießen.
PENN ND, PURKINS L, KELLEHER J et al. (1991): The effect of dietary supplementation with vitamins A, C and E on cell-mediated immune function in elderly long-stay patients. Age and Ageing 20, 169-174.
PENTLAND B, PENNINGTON CR (1980): Acute diarrhoea in the elderly. Age and Ageing 9, 90-92.

PFEIFFER E (1975): A short portable mental status questionnaire for the assessment of organic brain deficit in elderly patients. J. Am. Geriatr. Soc. 23, 433-441.
PHILLIPS P (1986): Grip strength, mental performance and nutritional status as indicators of mortality risk among female geriatric patients. Age and Ageing 15, 53-56.
PHILLIPS PA, BRETHERTON M, JOHNSTON C, GRAY L (1991): Reduced osmotic thirst in healthy elderly men. Am. J. Physiol. 261 (I Pt.2), R166-R71.
PHILLIPS PA, ROLLS BJ, LEDINGHAM JGG (1984): Reduced thirst after water deprivation in healthy elderly men. N. Engl. J. Med. 311, 753-759.
PICCONE PR, HOLT PR, CULPEPPER-MORGAN JA et al. (1990): Intestinal dysmotility syndromes in the elderly: measurement of orocecal transit time. Am. J. Gastroenterol. 85, 161-164.
PINCHCOFSKY-DEVIN GD, KAMINSKI MV (1986): Correlation of pressure sores and nutritional status. J. Am. Geriatr. Soc. 34, 435-440.
PINCHCOFSKY-DEVIN GD, KAMINSKI MV (1987): Incidence of protein calorie malnutrition in the nursing home population. J. Am. Coll. Nutr. 6, 109-112.
PODSIADLO D, RICHARDSON S (1991): The „Timed Up & Go“: A test of basic functional mobility for frail elderly persons. J. Am. Geriatr. Soc. 39, 142-148.
POLLITT NT, SALKELD MS (1977): Vitamin B status of geriatric patients. Nutr. Metab. 21 Suppl. 1, 24-27.
POPKIN BM, HAINES PS, PATTERSON RE (1992): Dietary changes in older Americans, 1977-1987. Am. J. Clin. Nutr. 55, 823-830.
PORRINI M, TESTOLIN G, SIMONETTI P et al. (1987): Nutritional status of non institutionalized elderly people in North Italy. Int. J. Vit. Nutr. Res. 57, 203-216.
POSNER BEM, SMIGELSKI CG, KRACHENFELS MM (1987): Dietary characteristics and nutrient intake in an urban homebound population. J. Am. Diet. Assoc. 87, 452-458.
POTTER JF, SCHAFER DF, BOHI RL (1988): In-hospital mortality as a function of body mass index: an age-dependant variable. J. Gerontol. 43, M59-M63.
PRENTICE AM, LEAVESLEY K, MURGATROYD PR (1989): Is severe wasting in elderly mental patients caused by an excessive energy requirement? Age and Ageing 18, 158-167.
PRICE WA, GIANNINI AJ, COLELLA J (1985): Anorexia nervosa in the elderly. J. Am. Geriatr. Soc. 33, 213-215.
PRINGLE R, PENNINGTON MJ, PENNINGTON CR, RITCHIE RT (1984): A study of the influence of a fibre bisquit on bowel function in the elderly. Age and Ageing 13, 175-178.
PRINSLEY DM (1989): Digestive system. In: HORWITZ A, MACFADYEN DM, MUNRO H et al. (eds.): Nutrition in the elderly, 219-223. Oxford University Press, Oxford.
RABINOVITZ M, PITLIK SD, LEIFER M et al. (1986): Unintentional weight loss. A retrospective analysis of 154 cases. Arch. Intern. Med. 146, 186-187.
RAJALA SA, KANTO AJ, HAAVISTO MV et al. (1990): Body weight and the three year prognosis in very old people. Int. J. Obesity 14, 997-1003.
RANTANEN T, ERA P, HEIKKINEN E (1994): Maximal isometric strength and mobility among 75-year-old men and women. Age and Ageing 23, 132-137.
RAPIN Ch-H, ROMAGNOLI-JUILLARD A, DEFAYOLLE M, POIROT P (1986): Nutrition, immunity and prognosis in the elderly. In: BERNARDI M, FACCHINI A, LABO G (eds.): Nutrition and metabolic aspects of aging, 31-37.
REAVEN EP, REAVEN GM (1981): Structure and function changes in the endocrine pancreas of aging rats with reference to the modulating effects of exercise and caloric restriction. J. Clin. Invest. 68, 75-84.
REID DL, MILES JE (1977): Food habits and nutrient intakes of noninstitutionalized senior citizens. Can. J. Publ. Health 68, 154-160.

REIFF TR (1989): Body composition with special reference to water. In: HORWITZ A, MACFADYEN DM, MUNRO H (eds.): Nutrition in the elderly. Oxford University Press, Oxford, 115-122.
RENVALL MJ, SPINDLER AA, RAMSDELL JW, PASKVAN M (1989): Nutritional status of free-living Alzheimer's patients. Am. J. Med. Sci. 298, 20-27.
REZEK DL (1987): Olfactory deficits as a neurologic sign in dementia of the Alzheimer type. Arch. of Neurology 44, 1030-1032.
RHEAUME Y, RILEY ME, VOLICER L (1987): Meeting nutritional needs of Alzheimer patients who constantly pace. J. Nutr. Elderly. 7(1), 43-52.
RHODUS NL (1990): Nutritional intake in both free-living and institutionalized older adults with xerostomia. J. Nutr. Elderly 10 (1), 1-6.
RHODUS NL, BROWN J (1990): The association of xerostomia and inadequate intake in older adults. J. Am. Diet. Assoc. 90, 1688-1694.
RICH MW, KELLER AJ, SCHECHTMAN KB, MARSHALL WG (1989): Increased complications and prolonged hospital stay in elderly surgical patients with low serum albumin. Am. J. Cardiol. 63, 714-718.
RINGE JD (1995): Skelettsystem. In: BIESALSKI HK, FÜRST P, KASPER H et al. (Hrsg.): Ernährungsmedizin, S. 423-436. Thieme Verlag, Stuttgart.
ROBERT JJ, BIER D, SCHOLLER D et al. (1984): Effect of intravenous glucose on whole body leucine dynamics studied with 1-13C-leucine in healthy young adult and elderly subjects. J. Gerontol. 39, 673-681.
ROBERTS PH et al (1948): Nutritional status of older women. Nitrogen, calcium, phosphorous retentions in nine women. J. Am. Diet. Assoc. 24, 292.
ROBERTS-THOMSON IC, WHITTINGHAM S, YOUNGCHAIYUD U, MACKAY IR (1974): Ageing, immune response and mortality. Lancet ii, 368-370.
ROBINSON G, GOLDSTEIN M, LEVINE GM (1987): Impact of nutritional status on DRG length of stay. J. Parent. Ent. Nutr. 11, 49-51.
RODRIGUEZ-OLLEROS A (1947): Gastritis in the toothless. Rev. Gastroenterol. 14, 180-185.
ROE DA (1985): Therapeutic effects of drug-nutrient interactions in the elderly. J. Am. Diet. Assoc. 85, 174-181.
ROE DA (1986): Nutritional assessment of the elderly. World Rev. Nutr. Diet. 48, 85-113. Karger, Basel.
ROE DA (1994a): Medications and nutrition in the elderly. Primary Care 21, 135-147.
ROE DA (1994b): Development and current status of home-delivered meals programs in the States: Are the right elderly served? Nutr. Rev. 52, 30-33.
ROLLS BJ (1992): Aging and appetite. Nutr. Rev. 50, 422-426.
ROLLS BJ (1993): Appetite, hunger, and satiety in the elderly. Crit. Rev. Food Sci. Nutr. 33, 39-44.
ROLLS BJ, MCDERMOTT TM (1991): Effect of age on sensory-specific satiety. Am. J. Clin. Nutr. 54, 988-996.
ROMAGNOLI-JUILLARD A, RAPIN CH, POIROT P (1984): Nutrition and immunity in the elderly. In: CHANDRA RK (ed.): Nutrition, immunity and illness in the elderly. Pergamon Press New York, Oxford, Toronto, 143-149.
RORICK MH, SCRIMSHAW NS (1979): Comparative tolerance of elderly from differing ethnic backgrounds to lactose-containing and lactose-free dairy drinks: a double-blind study. J. Gerontol. 24, 191-196.
ROSENBERG IH (1992): Nutrition in the elderly. Nutr. Rev. 50, 349-350.
ROSENBERG IH, MILLER JW (1992): Nutritional factors in physical and cognitive functions of elderly people. Am. J. Clin. Nutr. 55, 1237S-1243S.

Roubenoff R (1993): Hormones, cytokines and body composition: Can lessons from illness be applied to aging? J. Nutr. 123, 469-473.
Roubenoff R, Roubenoff RA, Preto J, Balke CW (1987): Malnutrition among hospitalized patients. A problem of physician awareness. Arch. Intern. Med. 147, 1462-1465.
Roubenoff R, Rall LC (1993): Humoral mediation of changing body composition during aging and chronic inflammation. Nutr. Rev. 51, 1-11.
Roubenoff R, Wilson PWF (1993): Advantage of knee height over height as an index of stature in expression of body composition in adults. Am. J. Clin. Nutr. 57, 609-613.
Rowe JW, Kahn RL (1987): Human aging: Usual and successful. Science 237, 143-149.
Rubenstein LZ (1990): An overview of aging - demographics, epidemiology and health services. In: Morley JE, Glick Z, Rubenstein LZ (eds.): Geriatric Nutrition. A comprehensive review, 1-10. Raven Press, New York.
Rudman D (1985): Growth hormone, body composition and aging. J. Am. Geriatr. Soc. 33, 800-807.
Rudman D, Feller AG (1989): Protein-calorie undernutrition in the nursing home. J. Am. Geriatr. Soc. 37, 173-183.
Rudman D, Feller AG, Nagray HS et al (1990): Effects of human growth hormone in men over 60 years old. N. Engl. J. Med. 323, 1-6.
Rudman D, Mattson DE, Nagraj HS et al. (1987a): Antecedents of death in the men of a veterans administration nursing home. J. Am. Geriatr. Soc. 35, 496-502.
Rudman D, Feller AG, Nagraj HS et al. (1987b): Relation of serum albumin concentration to death rate in nursing home men. J. Parent. Ent. Nutr. 11, 360-363.
Rudman D, Mattson DE, Nagraj HS et al. (1988): Prognostic signigicance of serum cholesterol in nursing home men. J. Parent. Ent. Nutr. 12, 155-158.
Russell D, Prendergast PJ, Darby PL et al. (1983): A comparison between muscle function and body composition in anorexia nervosa: the effect of refeeding. Am. J. Clin. Nutr. 38, 229-237.
Russell RM (1985): A discussion on ehtanol-nutrient interactions in the elderly. Drug Nutr. Interact. 4, 165-170.
Russell RM (1990): Gastrointestinal function and aging. In: Morley LE, Glick Z, Rubenstein LZ (eds.): Geriatric nutrition. A comprehensive review, 231-238. Raven Press, New York.
Russell RM (1992): Changes in gastrointestinal function attributed to aging. Am. J. Clin. Nutr. 55, 1203S-1207S.
Russell RM, Suter PM (1993): Vitamin requirements of elderly people: an update. Am. J. Clin. Nutr. 58, 4-14.
Ryan VC, Bower ME (1989): Relationship of socioeconomic status and living arrangements to nutritional intake of the older person. J. Am. Geriatr. Soc. 89, 1805-1811.
Sahyoun NR, Otradovec CL, Hartz SC et al. (1988): Dietary intakes and biochemical indicators of nutritional status in an elderly, institutionalized population. Am. J. Clin. Nutr. 47, 524-533.
Saltzman JR, Kowdley KV, Pedrosa MC et al. (1994): Bacterial overgrowth without clinical malabsorption in elderly hypochlorhydric subjects. Gastroenterology 106, 615-623.
Sandman PO, Adolfsson R, Nygren C et al. (1987): Nutritional status and dietary intake in institutionalized patients with Alzheimer's disease and multi-infarct dementia. J. Am. Geriatr. Soc. 35, 31-38.

SANDMAN RO et al (1983): Treatment of constipation with high-bran bread in long-term care of severely demented elderly patients. J. Am. Geriatr. Soc. 31, 289-293.

SANSTEAD HJ, HENRIKSEN LK, GREGER JL et al. (1982): Zinc nutriture in the elderly in relation to taste acuity, immune response and wound healing. Am. J. Clin. Nutr. 36, 1046-1059.

SCHÄFER RB, KEITH PM (1982): Social-psychological factors in the dietary quality of married and single elderly. J. Am. Diet. Assoc. 81, 30-37.

SCHAUDER P, WOIKE R, SCHÄFER G (1993): Vollkost im Rahmen der Klinikverpflegung: Vergleich der Nährstoffaufnahme mit den Zufuhrempfehlungen. Akt. Ernähr.-Med. 18, 139-142.

SCHIFFMAN SS (1983): Taste and smell in disease. N. Engl. J. Med. 308, 1275-1279.

SCHIFFMAN SS (1993): Perception of taste and smell in elderly persons. Crit. Rev. Food Sci. Nutr. 33, 17-26.

SCHIFFMAN SS, WARWICK ZS (1988): Flavour enhancement of foods for the elderly can reverse anorexia. Neurobiology of Aging 9, 24-26.

SCHLENKER ED (1993): Nutrition in aging. 2nd ed. Mosby Year Book Inc., St. Louis, Missouri.

SCHLETTWEIN-GSELL D (1984): Zur Ernährungssituation der Betagten. In: AEBI H (Hrsg.): 2. Schweizerischer Ernährungsbericht, S.262-272. Verlag Hans Huber, Bern.

SCHLETTWEIN-GSELL D (1989): Dietary assessment of nutritional intake. In: HORWITZ A, MACFADYEN DM, MUNRO H et al. (eds.): Nutrition in the elderly, 33-46. Oxford University Press, Oxford.

SCHLETTWEIN-GSELL D, DIRREN H, DECARLI B et al. (1991a): Ernährung und Ernährungsstatus von 361 70-75jährigen Betagten in drei Regionen der Schweiz. In: STÄHELIN HB, LÜTHY J (eds.): 3. Schweizer Ernährungsbericht, S. 255-279. Verlag Hans Huber, Bern.

SCHLETTWEIN-GSELL D, BARCLAY D, OSLER M, TRICHOPOULOU A (1991b): Euronut-Seneca: Nutrition and the elderly in Europe. Dietary habits and attitudes. Eur. J. Clin. Nutr. 45, Suppl. 3, 83-96.

SCHLIERF G (Hrsg.) (1986): Ernährung und Alter: Symposium der Dt. Gesellschaft für Ernährung am 9. Nov. 1984 in Heidelberg. Wissenschaftl. Verlagsgesellschaft, Stuttgart.

SCHLIERF G, KRUSE W, OSTER P (1990): Epidemiologie von Erkrankungen und Behinderungen Hochbetagter. Z. Gerontol. 23, 108-111.

SCHLIERF G, OSTER P, KRUSE W et al.(1989): Fehlernährung bei geriatrischen Patienten: Die Bethanien-Ernährungsstudie (BEST). Z. Gerontol. 22, 2-5.

SCHMIDT RF, THEWS G (Hrsg.) (1995): Physiologie des Menschen. 26. Auflage. Springer Verlag, Berlin, Heidelberg, New York.

SCHNEIDER E, VINING EM, HADLEY EC (1986): Recommended dietary allowances and the health of the elderly. N. Eng. J. Med. 314, 157-160.

SCHNEIDER R (1996): Vom Umgang mit Zahlen und Daten. Umschau-Verlag, Frankfurt.

SCHNEIDER R, EBERHARDT W, HESEKER H, MOCH KJ (1992): Die VERA-Stichprobe im Vergleich mit Volkszählung, Mikrozensus und anderen nationalen Untersuchungen. VERA-Schriftenreihe Band II. Wissenschaftl. Fachverlag Dr. Fleck, Niederkleen.

SCHOELLER DA (1989): Changes in total body water with age. Am. J. Clin. Nutr. 50, 1176-1181.

SCHOLS A, MOSTERT R, SOETERS P et al. (1989): Inventory of nutritional status in patients with COPD. Chest 96, 247-249.

SCHORAH CJ, NEWILL A, SCOTT DL (1979): Clinical effects of vitamin C in elderly inpatients with low blood vitamin C levels. Lancet i, 403-406.

SCHULTZ BM, FREEDMAN ML (1987): Iron deficiency in the elderly. Clin. Haematol. 1, 291-313.
SCHWARTZ RS, SHUMAN WP, BRADBURY VL et al. (1990): Body fat distribution in healthy young and older men. J. Gerontology 45, M181-M185.
SCILEPPI KP, BLASS JP, BAKER HG (1984): Circulating vitamins in Azheimer's dementia as compared with other dementias. J. Am. Geriatr. Soc. 32, 709-711.
SCOTT J (1977): Quantitative age changes in the historical structure of human submandibular salivary glands. Arch. Oral. Biol. 22, 221-227.
SCREEBNY LM, VALDINI A (1987): Xerostomia. A neglected symptom. Arch. Intern. Med. 147, 1333-1337.
SEGALL PE, OOKA H, ROSE K et al. (1978): Neural and endocrine development after chronic tryptophan deficiency in rats. I. Brain monomamine and pituitary responses. Mech. Ageing Dev. 7, 1-7.
SELTZER MH, SLOCUM BA, CATALDI-BETCHER EL et al. (1982): Instant nutritional assessment: Absolute weight loss and surgical mortality. J. Parent. Ent. Nutr. 6, 218-221.
SEM SW, NES M, ENGEDAL K et al. (1988): An attempt to identify and describe a group of non-institutionalized elderly with the lowest nutrient score. Compr. Gerontol. A 2, 60-66.
SHAMBUREK RD, FARRAR JT (1990): Disorders of the digestive system in the elderly. New. Engl. J. Med. 322, 438-443.
SHANK RE (1985): Nutrition principles. In: ANDREWS R, BIERMAN EL, HAZZARD WR (eds.): Principles of Geriatric Medicine, 444-460. McGraw-Hill Book Company, New York.
SHAVER HJ, LOPER JA, LUTES RA (1980): Nutritional status of nursing home patients. J. Parent. Ent. Nutr. 4, 367-370.
SHERMAN MN, LECHICH A, BRICKNER PW et al. (1983): Nutritional parameters in homebound persons of greatly advanced age. J. Parent. Ent. Nutr. 7, 378-380.
SHIZGAL HM, MARTIN MF, GIMMON Z (1992): The effect of age on the caloric requirement of malnourished individuals. Am. J. Clin. Nutr. 55, 783-789.
SHIZGAL HM, VASILEVSKY CA, GARDINER PF et al. (1986): Nutritional assessment and skeletal muscle function. Am. J. Clin. Nutr. 44, 761-771.
SHOCK NW (1968): Biologic concepts of aging. Psych. Res. Rep. 23, 1-15.
SHOCK NW (1972): Energy metabolism, caloric intake, and physical activity of the ageing. In CARLSON LA (ed.): Nutrition in old age, Xth Symposium of the Swedisch Nutrition Foundation, 12-23. Almqvist & Wiksell, Uppsala.
SHOCK NW, WATKIN DM, YIENGST MJ (1963): Age differences in the water content of the body as related to basal oxygen consumption in males. J. Gerontol. 18, 1-8.
SIDENVALL B, EK A-C (1993): Long-term care patients and their dietary intake related to eating ability and nutritional needs: nursing staff interventions. J. Adv. Nurs. 18, 565-573.
SIEBENS H, TRUPE E, SIEBENS A et al. (1986): Correlates and consequences of eating dependency in institutionalized elderly. J. Am. Geriatr. Soc. 34, 192-198.
SILVER AJ, GUILLEN CP, KAHL MJ, MORLEY JE (1993): Effect of aging on body fat. J. Am. Geriatr. Soc. 41, 211-213.
SILVER AJ, MORLEY JE, STROME LS (1988): Nutritional status in an academic nursing home. J. Am. Geriatr. Soc. 36, 487-491.
SILVERSTONE FA, BRANDFONBRENER M, SHOCK NW, YIENGST MJ (1957): Age differences in the intravenous glucose tolerance tests and the response to insulin. J. Clin. Invest. 36, 504-514.

SIMKO V, SHOUKRY M (1989): Absorptive capacity for dietary fat in elderly patients with debilitating disorders. Arch. Intern. Med. 149, 557-560.
SIMOPOULOS AP (1991): Omega-3-fatty acids in health and disease and in growth and developement. Am. J. Clin. Nutr. 54, 438-463.
SIMOPOULOS AP (1995): Genetic variation and nutrition. Nutrition Today 30, 194-206.
SIMOPOULOS AP, HERBERT V, JACOBSON B (1993): Genetic nutrition. Designing a diet based on your medical family history. Macmillian, New York.
SINGH S, MULLEY GP, LOSOWSKY MS (1988): Why are Alzheimer patients thin? Age and Ageing 15, 65-76.
SITZMANN JV (1990): Nutritional support of the dysphagic patient: methods, risks and complications of therapy. J. Parent. Ent. Nutr. 14, 60-63.
SJÖRGEN A, ÖSTERBERG T, STEEN B (1994): Intake of energy, nutrients and food items in a ten-year cohort comparison and in a six-year longitudinal perspective. Age and Ageing 23, 108-112.
SMITH CH (1990): Drug-Food/Food-drug- interactions. In: MORLEY JE, GLICK Z, RUBENSTEIN (eds.): Geriatric nutrition. A comprehensive review, 371-397. Raven Press, New York.
SMITH EL, SMITH PE, GILLIGAN C (1988): Diet, exercise, and chronic disease patterns in older adults. Nutr. Rev. 46, 52-61.
SMITH JL, WICKISER AA, KORTH LL et al. (1984): Nutritional status of an institutionalized aged population. J. Am. Coll. Nutr. 3, 13-25.
SMITH JM, SHEIHAM A (1980): Dental treatment needs and demands of an elderly population in England. Comm. Dent. Oral. Epidemiol. 8, 360-364.
SOERBY M (1987): Olfactory deficits in Alzheimer´s disease. J. Am. Diet. Assoc. 89, 392-397.
SOLOMON DH (1990): Introduction. Organ systems: metabolic and endocrine disorder. In: ABRAMS WB, BERKOW R (eds.): Merck Manual of Geriatrics. Rahway NJ, Merck Sharp & Dohme Research Laboratories.
SOMOGYI JC, KOPP P (1983): Nutritional status of the elderly in Zürich. Bibl. Nutr. Dieta 33, 121-131, Karger Basel.
SPEITLING A, HÜPPE R, KOHLMEIER M et al. (1992): Methodenhandbuch der Verbundstudie Ernährungserhebung und Risiofaktoren Analytik. VERA-Schriftenreihe Band I. Wissenschaftl. Fachverlag Dr. Fleck, Niederkleen.
STACHAN RW, HENDERSON JG (1976): Dementia and folic acid deficiency. Q. J. Med. 36, 189-197.
STÄHELIN HB (1986): Senile dementia in relation to nutritional factors. Bibl. Nutr. Dieta 38, 136-144. Karger, Basel.
STÄHELIN HB, GEY KF, EICHHOLZER M, LUDIN E (1991): β-carotene and cancer prevention: the Basel study. Am. J. Clin. Nutr. 53, 265S-269S.
STÄHELIN HB, HOFER HO, VOGEL M et al. (1983): Energy consumption in patients with senile dementia. Gerontology 29, 145-148.
STATISTISCHES BUNDESAMT (1988): Statistisches Jahrbuch 1988.
STATISTISCHES BUNDESAMT (1990): Todesursachen 1990. Metzler-Poeschel Verlag, Stuttgart.
STATISTISCHES BUNDESAMT (1992a): Statistisches Jahrbuch 1992.
STATISTISCHES BUNDESAMT (1992b): Im Blickpunkt: Ältere Menschen. Metzler-Poeschel Verlag, Stuttgart.
STATISTISCHES BUNDESAMT (1994): Im Blickpunkt: Ältere Menschen in der Europäischen Gemeinschaft. Metzler-Poeschel Verlag, Stuttgart.

STEELE MF, CHENIER TC (1990): Arm-span, height, and age in black and white women. Ann. Hum. Biol. 17, 533-541.
STEEN B (1988): Body composition and aging. Nutr. Rev. 46, 45-51.
STEEN B (1989): Body composition. In: HORWITZ A, MACFADYEN DM, MUNRO H et al. (eds.): Nutrition in the elderly, 108-114. Oxford University Press, Oxford.
STEEN B, ISAKSSON B, SVANBORG A (1977): Intake of energy and nutrients and meals habits in 70-year old males and females in Gothenburg, Sweden. Acta Med. Scand. 611, Suppl., 39-86.
STEEN B, ISAKSSON B, SVANBORG A (1979): Body composition at 70 and 75 years of age. A longitudinal population study. J. Clin. Exp. Gerontol. 1, 185-200.
STEEN B, LUNDGREN BK, ISAKSSON B (1985): Body composition at age 70, 75, 79 and 81 years: A longitudinal population study. In: CHANDRA RK (ed.): Nutrition, immunity and illness in the elderly, 49-52. Pergamon Press, New York.
STEINMETZ R (1976): Erhebungen über Verzehrsgewohnheiten und Nährstoffzufuhr älterer Menschen. Dissertation Justus-Liebig-Universität, Gießen.
STEINMETZ R (1978): Probleme der Ernährung Erwachsener im höheren Lebensalter. Ernährungs-Umschau 25, 35-37.
STEINMETZ R (1985): Ernährungsgewohnheiten im Alter. In: PLATT D (Hrsg.): Stoffwechsel und Ernährung im Alter, 11-24. Kohlhammer Verlag, Stuttgart.
STEVENS JC, BARTOSHUK LM, CAIN WS (1984): Chemical senses and aging: taste versus smell. Chem. Sens. 9, 167-179.
STEWART RB, MORE MT, MARKS RG et al. (1992): Correlates of constipation in an ambulatory elderly population. Am. J. Gastroenterol. 87, 859-864.
STIEDEMANN M, JANSEN C, HARRILL I (1978): Nutritional status of elderly men and women. J. Am. Diet. Assoc. 73, 132-139.
STROME LS, SILVER AJ, MORLEY JE et al. (1987): Decreased nutritional status in an academic nursing home. Fed. Proc. 46, 900-908.
STUCK AE, CHAPPUIS C, FLURY H, LANG NP (1989): Dental treatment needs in an elderly population referred to a geriatric hospital in Switzerland. Comm. Dent. Oral Epidemiol. 17, 267-272.
SUBOTICANEC K, STAVLJENIC A, BILIC-PESIC L et al. (1989): Nutritional status, grip strength, and immune function in institutionalized elderly. Int. J. Vit. Nutr. Res. 59, 20-28.
SUGARMAN B, MUNRO HN (1980a): Altered accumulation of zinc by human fibroblasts in culture. Life Sci. 26, 915-920.
SUGARMAN B, MUNRO HN (1980b): Altered 65Zn chloride accumulation by aged rats´ adipocytes in vitro. J. Nutr. 110, 2317-2320.
SULLIVAN DH (1992): Risk factors for early hospital readmission in a select population of geriatric rehabilitation patients: The significance of nutritional status. J. Am. Geriatr. Soc. 40, 792-798.
SULLIVAN DH, MARTIN W, FLAXMAN N, HAGEN JE (1993): Oral health problems and involuntary weight loss in a population of frail elderly. J. Am. Geriatr. Soc. 41, 725-731.
SULLIVAN DH, MORIARTY MS, CHERNOFF R, LIPSCHITZ DA (1989): Pattern of care: An analysis of the quality of nutritional care routinely provided to elderly hospitalized veterans. J. Parent. Ent. Nutr. 13, 249-254.
SULLIVAN DH, PATCH GA, WALLS C, LIPSCHITZ DA (1990): Impact of nutrition status on morbidity and mortality in a select population of geriatric rehabilitation patients. Am. J. Clin. Nutr. 51, 749-758.
SULLIVAN DH, WALLS RC (1994): Impact of nutritional status on morbidity in a population of geriatric rehabilitation patients. J. Am. Geriatr. Soc. 42, 471-477.

Sullivan DH, Walls RC, Lipschitz DA (1991): Protein-energy undernutrition and the risk of mortality within 1 y of hospital discharge in a select population of geriatric rehabilitation patients. Am. J. Clin. Nutr. 53, 599-605.

Suter PM, Golner BB, Goldin BR et al. (1991): Reversal of protein-bound vitamin B_{12} malabsorption with antibiotics in atrophic gastritis. Gastroenterology 101, 1039-1045.

Talley NJ, O'Keefe EA, Zinsmeister AR, Melton LJ (1992): Prevalence of gastrointestinal symptoms in the elderly: a population-based study. Gastroenteroloy 102, 895-901.

Tavares AR, Rabins PV (1987): Weight loss in Alzheimer´s disease: A longitudinal study. Z. Alternsforsch. 42, 165-169.

Tayback M, Kumanyika S, Chee E (1990): Body weight as a risk factor in the elderly. Arch. Intern. Med. 150, 1065-1072.

Teasley KM (1990): Immunologic markers of nutritional status. In: American Society of Parenteral and Enteral Nutrition (ASPEN): (ed.): 14. Clinical Congress, San Antonio January 1990, Silver Spring MD, USA, 141-146.

Testolin G, Porrinin M, Simonetti P (1986): Nutritional status of institutionalized elderly people in North Italy. Int. J. Vit. Nutr. Res. 56, 179-187.

Thefeld W (1986): Hämatologischer Status und Eisenversorgung. In: Schlierf G (Hrsg.): Ernährung und Alter, S. 61-69. Wissenschaftl. Verlagsgesellschaft, Stuttgart.

Thomas AJ, Bunker VW, Hinks LJ et al. (1988): Energy, protein, zink and copper status of 21 elderly inpatients: analysed by intake and biochemical indices. Br. J. Nutr. 59, 181-191.

Thomas DR (1994): Outcome from protein-energy malnutrition in nursing home residents. Facts and Research in Gerontology (Suppl: Nutrition), 87-95.

Thomas DR, Verdery RB, Gardner L et al. (1991): A prospective study of outcome from protein-energy malnutrition in nursing home residents. J. Parent. Ent. Nutr. 15, 400-404.

Thompson EN, Williams R (1965): Efffects of age on liver function with particular reference to bromsulphthalein excretion. Gut 6, 266-269.

Thorselius I, Emilson CG, Osterberg T (1988): Salivary conditions and drug consumption in older age groups of elderly Swedish individuals. Gerodontics 4, 66-70.

Timm S, Kuhlmann B, Meier-Baumgartner, HP (1990): Ernährungsempfehlungen für Patienten mit Kau- und Schluckstörungen. Leitfaden der medizinisch-geriatrischen Klinik Albertinen-Haus, Hamburg.

Tiscornia OM, Cresta MA, Lehmann ES et al. (1986): Effects of sex and age on pancreatic secretion. Int. J. Pancreatol. 1, 95-118.

Töbeck S (1993): Ernährungsempfehlungen bei Kau- und Schluckstörungen bei Patienten mit zentralen Läsionen. Ernährungs-Umschau 40, 411-413.

Todd JE, Lader D (1991): Adult dental health. HMSO, London.

Tomaiolo PP, Enman S, Kraus V (1981): Preventing and treating malnutrition in the elderly. J. Parent. Ent. Nutr. 5, 46-48.

Tontisirin K, Young VR, Miller M, Scrimshaw NS (1973): Plasma tryptophan response curve and tryptophan requirements of elderly people. J. Nutr. 103, 1220-1228.

Tontisirin K, Young VR, Rand WM, Scrimshaw NS (1974): Plasma threonine response curve and threonine requirements of young men and elderly women. J. Nutr. 104, 495-505.

Tramposch TS, Blue LS (1987): A nutrition screening and assessment system for use with the elderly in extended care. J. Am. Diet. Assoc. 87, 1207-1210.

Tripp F, Cordero O (1991): Dysphagia and nutrition in the acute care geriatric patient. Top. Clin. Nutr. 1991, 60-69.

TROTTER M, GLESER G (1951): The effect of aging on stature. Am. J. Phys. Anthropol. 9, 311-315.
TUCHSCHMID Y, TSCHANTZ P (1991): Complications en géronto-chirurgie: rôle de l'état nutritionel et de l'albuminémie. Helv. Chir. Acta 58, 771-774.
TUCKER DM, PENLAND JO, SANDSTEAD HH (1990): Nutrition status and brain function in aging. Am. J. Clin. Nutr. 52, 93-102.
TURNLAND JR, DURKIN N, COSTA F (1986): Stable isotope studies of zinc absorption and retention in young and elderly men. J. Nutr. 116, 1239-1247.
TURNLAND JR, MICHEL MC, KEYES WR et al. (1982): Copper absorption in elderly men determined by using stable 65Cu. Am. J. Clin. Nutr. 36, 587-591.
TUTTLE SG, BASSETT SH, GRIFFITH WH et al. (1965): Further observations on the amino acid requirements of older men. II. Methionine and lysine. Am. J. Clin. Nutr. 16, 229-231.
TUYNS AJ, PEQUIGNOT G (1984): Greater risks of ascitis cirrhosis in females in relation to alcohol consumption. Int. J. Epidemiol. 13, 53-57.
TWOMEY P, ZIEGLER D, ROMBEAU J (1982): Utility of skin testing in nutritional assessment: A critical review. J. Parent. Ent. Nutr. 6, 50-58.
TZANKOFF SP, NORIS AH (1977): Effect of muscle mass decrease on age-related BMR changes. J. Appl. Physiol. 43, 1001-1006.
UAUY R, SCRIMSHAW NS, YOUNG VR (1978): Human protein requirements: nitrogen balance response to graded levels of egg protein in elderly men and women. Am. J. Clin. Nutr. 31, 779-785.
UNOSSON M, LARSSON J, EK A-C, BJURULF P (1992): Effects of dietary supplement on functional condition and clinical outcome measured with a modified Norton scale. Clin. Nutr. 11, 134-139.
US DEPARTMENT OF HEALTH AND HUMAN SERVICES (1984): Normal human aging: the Baltimore Longitudinal Study of Aging, NIH PUB No 84-2450, Washington DC, US Government Printing Office.
US DEPARTMENT OF HEALTH AND HUMAN SERVICES (1986): Anthropometric data and prevalence of overweight for Hispanics: 1982-1984, DHHS Pub No (PHS) 86-1689, Washington DC, US Government Printing Office.
US DEPARTMENT OF HEALTH AND HUMAN SERVICES (1987): Anthropometric reference data and prevalence of overweight: United States 1976-1980, DHHS Pub No (PHS) 87-1688, Washington DC, US Government Printing Office.
US SENATE SPECIAL COMMITTEE ON AGING (1990): Aging America: trends and projections (annotated), Serial No 101-J, Washington DC, US Government Printing Office.
VAN STAVEREN WA, DE GROOT LCPGM, BLAUW YH, VAN DER WIELEN RPJ (1994): Assessing diets of elderly people: problems and approaches. Am. J. Clin. Nutr. 59, 221S-223S.
VAN THIEL DH, GAVALER JS (1990): The effect of age on the liver. In: MORLEY LE, GLICK Z, RUBENSTEIN LZ (eds.): Geriatric nutrition. A comprehensive review, 239-258. Raven Press, New York.
VANCE ML (1990): Growth hormone for the elderly? N. Engl. J. Med. 323, 52-54.
VARMA RN (1994): Risk for drug-induced malnutrition is unchecked in elderly patients in nursing homes. J. Am. Diet. Assoc. 94, 192-194.
VAUGHAN L, ZURLO F, RAVUSSIN E (1991): Aging and energy expenditure. Am. J. Clin. Nutr. 53, 821-825.
VELDEE MS, PETH LD (1992): Can protein-calorie malnutrition cause dysphagia? Dysphagia 7, 86-101.

VELLAS B, BALAS D, MOREAU J et al. (1990a): Adaptive response of pancreatic and intestinal function to nutritional intake in the aged. J. Am. Geriatr. Soc. 38, 254-258.
VELLAS B, CONCEICAO J, FONTAN B et al. (1990b): Malnutrition and falls. Lancet 336, 1447.
VELLAS BJ, ALBAREDE JL, GARRY PJ (1992a): Diseases and aging: patterns of morbidity with age: Relationship between aging and age-associated diseases. Am. J. Clin. Nutr. 55, 1225S-1230S.
VELLAS B, BAUMGARTNER RN, WAYNE SJ et al. (1992b): Relationship between malnutrition and falls in the elderly. Nutrition 8, 105-108.
VELLAS BJ, GARRY PJ, ALBAREDE JL (1994): Nutritional assessment as part of the geriatric evaluation: The mini nutritional assessment. Facts and Research in Gerontology (Suppl: Nutrition), 11-13; 59.
VERBRAUCHERZENTRALEN HESSEN UND HAMBURG E.V. (1990): Untersuchungsbericht zur Situation in Hamburger und Hessischen Alten- und Pflegeheimen sowie Wohnanlagen. Frankfurt am Main.
VERDERY RB, GOLDBERG AP (1991): Hypercholesterolemia as a predictor of death: A prospective study of 224 nursing home residents. J. Gerontol. 46, M84-M90.
VERMEER C, JIE KSG, KNAPEN MHJ (1995): Role of vitamin K in bone metabolism. Annu. Rev. Nutr. 15, 1-22.
VICKERY CE (1993): Drugs and nutritional considerations in the aged. In: SCHLENKER ED: Nutrition in aging, 204-235. Mosby Year Book Inc., St. Louis, Missouri.
VIJG J, WIE JY (1995): Unterstanding the biology of aging: The key to prevention and therapy. J. Am. Geriatr. Soc. 43, 426-434.
VIR SC, LOVE AHG (1979): Nutritional status of institutionalized and noninstitutionalized aged in Belfast Northern Ireland. Am. J. Clin. Nutr. 32, 1934-1947.
VIR SC, LOVE AHG (1980): Anthropometric measurements in the elderly. Gerontology 26, 1-8.
VOLKERT D (1990): Untersuchungen zur Ernährungssituation geriatrischer Patienten. Formen, Häufigkeiten und mögliche Ursachen der Mangelernährung. Dissertation Universität Hohenheim.
VOLKERT D (1993): Hygienische Aspekte der häuslichen Pflege: Anforderungen an die Ernährung älterer Menschen. Zbl. Hyg. 194, 80-88.
VOLKERT, D: unveröffentlichte Daten der Bethanien-Ernährungsstudie
VOLKERT D, OSTER P, SCHLIERF G (1988): Nährstoffzufuhr bei hochbetagten Menschen. Ernährungs-Umschau 35, 348-351.
VOLKERT D, FRAUENRATH C, OSTER P, SCHLIERF G (1989a): Mangelernährung bei Hochbetagten - Einfluß von körperlichen, geistigen, psychischen und sozialen Faktoren. Z. Gerontol. 22, 6-10.
VOLKERT D, FRAUENRATH C, KRUSE W, OSTER P, SCHLIERF G (1989b): Exsikkose, Hämatokrit und Flüssigkeitszufuhr bei Hochbetagten (Abstrakt). Geriatrie und Rehabilitation 2, 157.
VOLKERT D, FRAUENRATH C, KRUSE W, OSTER P, SCHLIERF G (1992a): Malnutrition in geriatric patients - Diagnostic and prognostic significance of nutritional parameters. Ann. Nutr. Metab. 36, 97-112.
VOLKERT D, FRAUENRATH C, MICOL W, KRUSE W, OSTER P, SCHLIERF G (1992b): Nutritional status of the very old: Anthropometric and biochemical findings in apparently healthy women in old people's homes. Aging Clin. Exp. Res. 4, 21-28.
VOLKERT D, KRUSE W, OSTER P, SCHLIERF G (1992c): Ernährungszustand bei geriatrischen Patienten mit und ohne Hirnleistungsstörungen: Beziehungen zwischen Mangelernährung und Demenz. Geriatrie Forschung 2, 145-156.

Volkert D, Wankmüller I, Oster P, Schlierf G (1992d): Dietary habits of the very old - an 18 months intervention study (abstract). Age & Nutrition 3, 133.

Voorrips LE, van Acker TMCJ, Deurenberg P, van Staveren WA (1993): Energy expenditure at rest and during standardized activities: a comparison between elderly and middle-aged women. Am. J. Clin. Nutr. 58, 15-20.

Voss KH, Masoro EJ, Anderson W (1982): Modulation of age-related loss of glucagon-promoted lipolysis by food restriction. Mech. Aging Dev. 18, 135-149.

Waldorf DS, Wilkens RF, Decker JL (1968): Impaired delayed hypersensitivity in an aging population. J. Am. Med. Assoc. 203, 831-834.

Walker D, Beauchene RE (1991): The relationship of loneliness, social isolation, and physical health to dietary adequacy of independently living elderly. J. Am. Diet. Assoc. 91, 300-304.

Wallace JI, Schwartz RS, LaCroix AZ et al. (1995): Involuntary weight loss in older outpatients: Incidence and clinical significance. J. Am. Geriatr. Soc. 43, 329-337.

Warnold I, Falkheden T, Hulten B, Isaksson B (1978): Energy intake and expenditure in selected groups of hospital patients. Am. J. Clin. Nutr. 31, 742-749.

Watkin DM (1987): Goal: „rectangularize" survival; objective: change behavior. Clin. Geriatr. Med. 3, 237-252.

Watkins DM (1957): The assessment of protein nutrition in the aged. Ann. NY Acad. Sci. 69, 902-915.

Watson PE, Watson ID, Batt RD (1980): Total body water volumes for adult males and females estimated from simple anthropometric measurements. Am. J. Clin. Nutr. 33, 27-39.

Watson R (1990): Feeding patients who are demented. Nursing Std. 4(44), 28-30.

Watts JH, Mann AN, Bradley L, Thompson DJ (1964): Nitrogen balances of men over 65 fed the FAO and milk patterns of essential amino acids. J. Gerontol. 19, 370-374.

Wayler AH, Chauncey HH (1983): Impact of complete dentures and impaired natural dentition on masticatory performance and food choice in healthy aging men. J. Prosthet. Dent. 49, 427-433.

Wayler AH, Kapur KK, Feldman RS, Chauncey HH (1982): Effects of age and dentition status on measures of food acceptability. J. Gerontol. 37, 294-299.

Wegener M, Borsch G, Schaffstein J et al. (1988): Effect of ageing on the gastro-intestinal transit of a lactulose-supplemented mixed solid-liquid meal in humans. Digestion 39, 40-46.

Weiffenbach JM (1984): Taste and smell perception of aging. Gerontology 3, 137-146.

Weiffenbach JM, Tylenda CA, Baum BJ (1990): Oral sensory changes in aging. J. Gerontology 45, M121-M125.

Weinberger M et al. (1986): Self-rated health as a predictor of hospital admission and nursing home placement in elderly public housing tenants. Am. J. Publ. Health 76, 457-462.

Weindruch R, Suffin SC (1980): Quantitative histologic effects on mouse thymus of controlled dietary restriction. J. Gerontol. 35, 525-531.

Weindruch R, Gottesman SR, Walford RL (1982): Modification of age-related immune decline in mice dietarily restricted from or after mid-adulthood. Proc. Natl. Acad. Sci. USA 79, 898-902.

Weindruch R, Walford RL (1982): Dietary restriction in mice beginning at one year of age: effect on life-span and spontaneous cancer incidence. Science 215, 1415-1418.

Weindruch R, Walford RL (1988): The retardation of aging and disease by dietary restriciton. Springfield Ill, Charles G Thomas.

WEINSIER RL, HUNKER EM, KRUMDIECK CL, BUTTERWORTH CE (1979): Hospital malnutrition. A prospective evaluation of general medical patients during the course of hospitalization. Am. J. Clin. Nutr. 32, 418-426.

WELCH PK, DOWSON M, ENDRES JM (1991): The effect of nutrient supplements on high risk long term care residents receiving pureed diets. J. Nutr. Elderly 10, 49-62.

WENGER R, ZIEGLER B, KRUSPL W (1979): Beziehungen zwischen dem Vitaminstatus, klinischen Befunden und den Ernährungsgewohnheiten in einer Gruppe von alten Leuten in Wien. Wiener Klin. Wochenschr. 91, 557-563.

WERNER I, HAMBREUS L (1972): The digestive capacity of elderly pepole. In: CARLSON LA (ed.): Nutrition in old age, 55-60. Almqvist & Wiksell, Uppsala.

WHITBOURNE SK (1985): The aging body. Physiologic changes and psychological consequences. Springer Verlag, New York.

WHITEHEAD WE, DRINKWATER D, CHESKIN LJ et al.(1989): Constipation in the elderly living at home. Definition, prevalence and relationship to lifestyle and health status. J. Am. Geriatr. Soc. 37, 423-429.

WILLIAMS CM, LUMBERS M, DRIVER LT (1990): Nutritional demands during rehabilitation from acute illness. Geriatric Medicine 20, 13-16.

WILSON TS, DATTA SB, MURRELL JS, ANDREWS CT (1973): Relation of vitamin C levels to mortality in a geriatric hospital: A study of the effect of vitamin C administration. Age and Ageing 2, 163-171.

WINTERER JC, STEFFEE WP, DAVY W et al. (1976): Whole body protein turnover in aging man. Exp. Geront. 11, 79-87.

WIRTHS W, STRAUCH RI, NIEDERMEYER C (1983): Informationsgrad und Informationsinteresse an Ernährungsproblemen im Alter. Akt. Gerontol. 13, 35-39.

WITTLER M, ARAB L, SCHLIERF G (1985): Übergewicht im Alter: Häufigkeit und gesundheitliche Bedeutung (Abstrakt). Ernährungs-Umschau 32, 204.

WOLF-KLEIN GP, SILVERSTONE FA, LEVY AP (1992): Nutritional patterns and weight change in Alzheimer patients. Int. Psychogeriatrics 4, 103-118.

WOLFRAM G (1992): Das moderne Konzept der Ernährung bei Gicht. Akt. Ernähr.-Med. 17, 24-32.

WOLINSKY FD, PRENDERGAST JM, MILLER DK et al. (1985): A preliminary validation of a nutritional risk measure for the elderly. Am. J. Prev. Med. 1, 53-59.

WOOD RJ, SUTER PM, RUSSELL RM (1995): Mineral requirements of elderly people. Am. J. Clin. Nutr. 62, 493-505.

WURTMAN RJ (1982): Nutrients that modify brain function. Sci. Am. 246, 50-59.

WYNNE HA, JAMES OFW (1990): The ageing liver (commentary). Age and Ageing 19, 1-3.

YEARICK ES (1978): Nutritional status of the elderly: Anthropometric and clinical findings. J. Gerontol. 33, 657-662.

YEARICK ES, WANG ML, PISIAS SJ (1980): Nutritional status of the elderly: Dietary and biochemical findings. J. Gerontol. 35, 663-671

YESAVAGE JA, BRINK TL, ROSE TL (1983): Development and validation of a geriatric depression screening scale: A preliminary report. J. Psychiatr. Res. 39, 37-49.

YOUNG VR (1990): Amino acid and proteins in relation to the nutrition of elderly people. Age and Ageing 19, S10-S24.

YOUNG VR (1992a): Energy requirements in the elderly. Nutr. Rev. 50, 95-101.

YOUNG VR (1992b): Macronutrient needs in the elderly. Nutr. Rev. 50, 454-462.

YOUNG VR, MUNRO HN, FUKAGAWA N (1989): Protein and functional consequences of deficiency. In: HORWITZ A, MACFADYEN DM, MUNRO H et al. (eds.): Nutrition in the elderly, 65-84. Oxford University Press, Oxford.

Yu BP, Bertrand HA, Masoro EJ (1980): Nutrition-aging influence of catecholamine-promoted lipolysis. Metabolism 29, 438-444.

Yu BP, Masoro EJ, Bertrand HA, Lynd FT (1982): Life-span study of SPF Fisher 344 male rats fed ad libitum or restriced diets. J. Gerontol. 37, 130-141.

Zaman Z, Roche S, Fielden P et al. (1992): Plasma concentrations of vitamins A and E and carotinoids in Alzheimer's disease. Age and Ageing 21, 91-94.

Zanni E, Calloway DH, Zezulka AY (1979): Protein requirements of elderly men. J. Nutr. 109, 513-524.

Zoli M, Iervese T, Abbati S et al. (1989): Portal blood velocity and flow in aging man. Gerontology 35, 61-65.

Zung WW (1967): Depression in the normal aged. Psychosomatics 8, 287-292.

Register